TRAICTÉ DES CHIFFRES,

OV SECRETES MANIERES D'ESCRIRE:

PAR
BLAISE DE VIGENERE, BOVRBONNOIS.

antes muerto que mudado

A PARIS,

Chez ABEL L'ANGELIER, au premier pillier
de la grand' Salle du Palais.

M. D. LXXXVI.

AVEC PRIVILEGE DV ROY.

TRAICTÉ DES CHIFFRES,
A TRES-VERTVEVX,
TRES-PRVDENT, ET DOCTE
SEIGNEVR, MON-SIEVR ANTOINE
SEGVIER, *conseiller du Roy en son conseil d'Estat, & priué; & Lieutenant ciuil és Ville, Preuosté, & Viconté de Paris.*

NTRE les autres dons de grace qu'il a pleu à Dieu impartir à l'homme, pour aucunement le recompenser des miseres & pauuretez où la transgression des premiers parens le fait naistre; & de tant de trauaux, mesaises, dangers, inconueniés, & malheurs à quoy sa fragilité l'abandonne, est l'vsage de la raison, & de la parole, que les Grecs, non sans grand mystere, comprennent sous le seul mot de λόγος; ce dont principalement il differe des bestes brutes, auec lesquelles il participe d'vn costé des facultez sensitiues de l'ame; & de l'autre, des naturelles auec les arbres & les plantes.

A ij

Or ceste parolle assistee de la raison est en nous, ce qu'en la diuinité la premiere emanation eternelle, assauoir le verbe, ou la sapience, *Quæ ex ore altissimi prodiuit primogenita ante omnem creaturam*, en l'Ecclesiastique 24. Double au reste; l'vne animee de viue voix, procedant de l'estomac par la langue, en mots articulez & distincts; Et l'autre, assauoir l'escriture, qui fait l'office de la parolle, comme muette & taisible, separee à part hors de nous, dont la main en est l'instrument: Toutes deux seruans d'exprimer les interieures conceptions de nostre ame, d'où depend le nœud & lien principal de la societé humaine; qui ne se sçauroit conseruer sans vne police bien ordonnee; ne la police s'establir sinon par le moien de la raison: laquelle, nonobstāt que dame & maistresse de toutes choses, sās le benefice de la parolle qui la iecte de puissance en action, ne pourroit sortir ses effects, ains demeurroit comme inutilement enseuelie à par soy dans l'estomac des personnes. Mais encore l'vne & l'autre que seroient elles sans le secours de l'escriture, leur commune coadiutrice, qui ne se peult restreindre d'aucunes bornes qu'elle ne s'extende par tout? Peu de chose certes, selon qu'on peult voir és sauuages des terres neufues, si barbares, inciuils, bestiaux, estans priuez de son vsage. Cela nous est aucunement representé par la loy dōnee de bouche au Prophete Moyse, & la loy escrite, qui est comme vne ame de l'autre tenant lieu du corps: car la loy dōnee de bouche, ce dient les sages Hebrieux en leur secrete theologie, n'a aucun fondement ny authorité sinon de la loy escrite; nomplus que la Lune n'a point de lumiere fors ce qu'elle en reçoit du Soleil; que Platon appelle la clarté transmise & infuse de la diuinité en nos ames, pour les conduire & esleuer à la cognoissance du monde intelligible : & celle de la Lune, l'instinct & discours naturel de raison, moiennant lequel, selon qu'il est exercé, nou-nous acquerons la science des choses celestes, & elementaires, au monde sensible. Mais les Cabalistes de leur costé, suiuant ce verset du pseaume 19. *Dies diei eructat verbum; & nox nocti indicat scientiam*, nomment ceste lumiere là, le iour, d'autant que c'est le Soleil qui le constitue; le fils, & le laict; le miroüer luisant aussi, & le sacrifice matutinal, qu'on offroit à Dieu pour l'auoir fauorable & propice : & l'autre, la nuict à laquelle la Lune preside, la fille, & le vin; comme l'interprete Elchana fort celebre docteur Hebrieu; le miroüer nō luisant tenebreux; & le sacrifice du soir, pour radoulcir la rigueur & seuerité de sa iustice: ou, cōme met plus particuliéremēt le Zohar, le sacrifice du matin s'addressoit à Dieu, qui est appellé feu māgeant, & reuniissant; & celuy du soir pour mitiguer les puissances nuisibles, aux aduersaires qui accusent les creatures deuāt le tribunal de sa maiesté, à la main gauche & partie du Septentrion; là où se faisoit diuision de la viande, à ce qu'à chacune desdites puissances ennemies, s'en distribuast sa part & portion. A ces deux encore se raportent l'Intellect agēt, plein

A iij

de formelles intelligences, qui tient lieu de maſle &
de Pere; & l'intellect materiel ou paſsible, de femelle, & d'vne generale tres-feconde mere du monde;
Dequoy ne s'eſloigne guere Platon, quād il diſcourt
au meſme endroit, de la formation de l'homme,
qui eſt la meſure de toutes choſes; *Qu'il eſtoit double,*
(l'vn interieur fault entendre, car il deſcrit cela d'vne
autre façon, & l'autre externe) *chacun auec ſes propres*
& particuliers ſentiments; l'ayant emprunté de Geneſe, là où au commencement il eſt dit, *Que Dieu*
crea l'homme à ſon image & reſſemblance; maſle & fe-
melle il les crea; neaumoins la femme n'eſtoit pas
encore produitte: ſi qu'il preſuppoſe l'homme interieur ſpirituel par le maſle, qui eſt le meilleur & plus
excellent; & par la femelle l'exterieur, corporel &
ſenſible, qui eſt le pire; comme le marque auſſi l'Apoſtre en tout-plein d'endroits. L'eſcriture au ſurplus
eſt double; la commune dont on vſe ordinairement; & l'occulte ſecrete, qu'on deſguiſe d'infinies
ſortes, chacun ſelon ſa fantaſie, pour ne la rendre intelligible qu'entre ſoy & ſes conſçachans: Ce ſont
les chiffres, comme on les appelle d'vn mot corrompu, auiourd'huy non appropriez à autres effects que
pour les affaires du monde, & les negociations &
practiques, auſſi bien des particuliers que des Princes; là où anciennement les Hebrieux, Chaldees,
Egyptiens, Ethiopiens, Indiens, ne ſ'en ſeruoient,
que pour voiler les ſacreſecrets de leur Theologie,
& Philoſophie; *Nam aliud Cabaliſta profert & ſcri-*

DES CHIFFRES. 4

bit, aliud subintelligit & legit; Afin de les garentir & substraire du prophanement de la multitude, & en laisser la cognoissance aux gens dignes; par ordonnance expresse du Talmud, qui porte; *Non dabunt arcana legis, nisi consiliario sapienti:* Pourautant qu'ainsi que parle le Philosophe Melisse dedans le dialogue du Sophiste; *Les yeux de l'ame du commun peuple, ne sçauroient bonnement supporter les lumineux estincellemens de la diuinité:* A quoy se conformant Sainct Denys; *Nous ne pouuons voir ne contempler Dieu* (dit-il) *sinon entant que ses luisans rayons viennent à s'introduire en nostre ame, pour y esclairer, tout ainsi que quelque chandelle ou flambeau dans vn fanal.* Le Soleil mesme, à l'exemple de celuy dont il est l'image visible; & duquel il est dit au pseaume 36. *In lumine tuo videbimus lumen;* ne se peult voir que par sa propre lumiere.

CE traicté donques sera de semblables vsages de chiffres, diuersifiez en plusieurs manieres; tant pour incidemment parcourir ce qui se presentera à propos de ces beaux & cachez mysteres, adombrez sous l'escorce de l'escriture; que pour à l'imitation de cela en traffer beaucoup de rares, & à peu de gens diuulguez artifices; partie de nous apris & receuz des autres, voyageant çà & là en diuers endroits de l'Europe; & la plus grand' part prouenans de nostre forge & meditation; non encore, que nous sçachions, touchez iusques icy d'aucun.

Contraste insuffisant

NF Z 43-120-14

TRAICTÉ

MAIS sous l'ombre & faueur de qui peult plus dignement sortir en lumiere, ce choix & eslitte de mes plus recherchez labeurs; car quel qu'il doiue sembler aux autres, à bon droict le puis-ie ainsi appeller, sçachant la peine que i'y ay euë, & le temps par moy emploié; que sous l'adueu de vostre si celebre & illustre nom, des-ja cogneu en tant de lieux? Ne fust-ce que pour tesmoigner à la posterité, qu'à tout le moins ay-i'eu cest heur par-my mes contrarietez & disgraces, de n'auoir esté priué en mes iours de la cognoissance & accez d'vn si excellent personnage; puis qu'il a pleu à Dieu me les prolonger iusqu'au temps que vos dons de graces se sont venuz à esclorre & espanoüir, ainsi que de belles fleurs au Soleil. En apres pour aucunement m'acquiter de l'obligation que ie vous ay; quand sans aucun mien precedant merite, vous auez daigné me cherir, aimer, estimer trop plus assez que ie ne vaulx: oserois-i'icy employer ce qu'en semblable dit le Poëte? ——— *Namque qui solebas* ——— *Meas esse aliquid putare nugas:* ——— *Quare habe tibi quicquid est libelli.* Ioint la memoire de feu Monsieur vostre pere, qui perpetuellement me sera en trescherre & venerable recommendation; pour auoir esté mesmement l'vn des principaux ministres, & premier conseil de la tres-illustre maison de Neuers, l'vne des grandes de nostre temps de ses moiens propres; A laquelle sont passez tantost quarante ans que ie faiz

seruice,

seruice, soubs voicy le quatriesme Duc; dont le premier fut Monseigneur FRANÇOIS DE CLEVES, gouuerneur de Champaigne & Brye; la bonté, doulceur, liberalité, courtoisie, & amour de son siecle: tout celà passe en heureux partage & succession, aux deux tres-illustres Princesses, seules demeurées de reste de tous messeigeurs ses enfans, Madame HENRIETE DE CLEVES sa fille aisnee, espouse de monseigneur LVDOVIC DE GONZAGVE, Duc de Nyuernois & de Rethellois, Prince de Mantouë; & madame CATHERINE, pourueuë à monseigneur le Duc de Guise, HENRY DE LORRAINE; tous deux pairs de France, & tres-valeureux exemplaires de toute vertu, magnanimité, & merite: tresfideles & affectionnez au seruice de ceste courone; & feruents zelateurs de l'honneur de Dieu, de la pieté, & maintenemant de la vraye catholique foy & doctrine.

CE GAGE donques d'obligation, marque d'vn eternel souuenir enuers celuy dont vous estes nay; auec plusieurs grands supports, plaisirs, & faueurs que i'en ay receu en particulier, m'est deu par raison demeurer à l'endroit de ses successeurs: Celuy, dis-ie, qui durant ses iours a esté l'vn des principaux ornemens de sa robbe: qui en tout ce qu'il est possible de souhaitter en vn tres-exquis personage, n'a esté precellé de nul, secondé de peu; si que tant plus l'on en cuidera prescher les louanges, tant plus en restera à dire. Et de vray fut il onques vn plus doux ny mieux composé naturel que le sien; plus egal, moderé, ne rassis? Iamais fut il veu en colere, ne trauersé de despit ou chagrin quelconque, dont il peut estre moins traictable & accessible vne fois qu'autre; quelque grosse masse d'affaires qui se deschargeast sur ses bras? Tousiours affable, tousiours luy mesme, d'vne chere gaye & riante; ioyeux en toutes ses actions; prest d'oir tresbenignement vn chacun: d'vn esprit prompt & vigoureux; infatigable au reste, & inuincible à toutes sortes de trauail, qui luy tenoient lieu de repos: Car ie ne cuide pas qu'il fust onques trouué oisif, ains tendu sans cesse à quelque occupation d'importance, côme vn arc prest à decocher; vigilant, soigneux, & exacte iusqu'aux moindres choses: mais parmy tout cela contemperé de la mesme euthymie & tranquillité de cerueau qu'on peult veoir en vn beau & serain calme d'eaux; & en vne glace de miroüer bien polie, où l'on se peult cōtempler tout à l'aise. De là procedoit en partie la solidité de son meur & net iugement, dont il n'a cedé à nul autre; nomplus que d'auoir esté sans contradiction, car on ne luy peult desrobber cela, l'vn des plus faconds, eloquents, & disers de son siecle, & des mieux parlants; d'vne pure naifueté de langage; sans peine, difficulté ne contrainte aucune, sans affectation trop elabouree, ny artifice recherché outre la mediocrité & deuoir; ains pour le faire court, du tout conforme à celuy qu'Homere attribue à Nestor τ̃ καὶ ἀπὸ γλώσσης μέλιτος γλυκίων ῥέεν αὐδή. Heureux certes pour vn tel thresor de vertus, vne telle mont-ioye de dons de graces, tant du corps que de l'esprit, & des biens aussi de fortune, l'vn des principaux moyens & secours pour l'exercice de la vertu: Heureux pour tant de dignités par luy obtenues durant tout le cours de sa vie: pour tant de charges honorables de luy administrées si louablement: Mais, *O matre pulchra filia pulchrior!* plus heureux assez que de tout cela, pour les enfans qu'il a laissez, dignes à la verité d'vn tel pere, & luy digne de tels enfans; cinq demeurez encor de reste, puis qu'il a pleu à Dieu prendre vostre aisné, monsieur de Soret à sa part, côme vne plantureuse gerbe destinee pour ses primices: Qui par voz dignes comportemens, par voz laborieuses occupations en toutes sortes de bons deuoirs, faictes ainsi valoir les talents de graces à vous delaissez en succession : Qui à guise de Biton & de Cleobis, lesquels s'atellerent eux mesmes à la carrozze de leur mere pour la mener aux solénitez Argiennes, Vou-vous esuertuez sans cesse, de rouller la reputation paternelle au temple de l'immortalité; non de moindre zele & ardeur que feroient cinq braues athletes, venans à se presenter sur les rengs pour debattre le prix à l'enuy, dans le parc des ieuz Olympiques: d'vne telle vnanimité entre vous, qu'il semble que ce ne soit qu'vne mesme ame, & vn seul vouloir espandu en cinq diuers indiuiduz, comme la faculté vitale, & le mouuement de la main se fourchât en autant de doigts: ou les cinq membres d'vn mesme corps, qui selon cest ingenieux apologue de Menenius Agrippa, dont il reconcilie la noblesse auec la commune, trauaillent d'vn mutuel accord, qui d'vne façon qui d'vne autre, pour la pouruoiance de l'estomac, dont prouient puis-apres leur maintenement à eux tous. Et telle est sans doubte la tant bien accordee & vnie correspondence de vostre diligent effort à l'vtilité du publicq; tout ainsi que quelque beau concert de musique, dont encore que les voix & les instrumēts tiennent chacun endroit soi sa partie, variees aucunemēt, le tout neaumoins se raporte en fin à vn accord vniuersel, q̄ paist les oreilles des escoutās d'vne gracieuse armonie. De fait, s'est il onques trouué nulle part vne plus estroicte & ferm' amitié entre freres? Tous pourueuz au reste de tresbelles dignitez & offices; Ce q̄ ie ne mets pas icy en cōpte pour vous honorer de voz charges, ains pour les decorer de vous: tous vacquans sans intermission apres les fonctions publiques: Pas vn oisif, pas vn inutile à māger son bien en repos, & à viure desidieusement de ses rentes, relasché à de vains plaisirs, à de molles voluptez & delices, chose assez cōmune à la plus part de la ieunesse, *Cui res non parta labore*, ce que met le Poëte pour l'vne des felicitez de ce mōde. Mais vous ne la cōstitués pas là, & pour tels me voulés point qu'ō vous tienne; ains du tout naiz pour le seruice de vostre Prince, pour le bien & vtilité de vostre Patrie, le confort, appuy & soullagement de voz concitoiens en general, que vous tenez au reng de freres, & de voz plus proches parents & amis, sans aucune particuliere acception de persone, sinon entant que le droict, equité & raison vous y meuuent; si que vouvous reseruez la moindre part de vous pour vous mesmes; remettans tout vostre aise, plaisir & repos, en ce que beaucoup d'autres attribueroient à vne trop ennuieuse & moleste coruee. Et en premier lieu, le chef de vostre maison pour ceste heure, Messire PIERRE SEGVIER, Cheualier sieur d'Aultry, Conseiller du Roy en son priué conseil, & President de la grand' Chambre, quelle preuue & monstre a-il tousiours faicte, quel tesmoignage a-il donné de sa suffisance, sincerité, preud'hommie, sollicitude, & grand iugement, tant au magistrat que vous exercez, qu'en celuy où il a succedé au lieu du Pere? Et mesmes assez recentemét en vne charge & commission si scabreuse, parmy des humeurs si bizarres, parmy des gens ainsi mipartiz & durs à ferrer? Enquoy certes il luy a bien esté mestier d'aller sagemét en besoigne, la sonde en la main, ainsi qu'vn aduisé pilote en vne marine incogneuë, pleine de bancs & de rochers; & comme dit fort bien le Poëte; *Conduire au loing sa barque, hors l'onde & la fumee.* A Q v'i ne se peult en apres mesurer en reformation de vie, grauité de meurs, pieté, deuotion, assiduité au trauail, vigilance, promptitude d'entendement, & rare doctrine: & en somme tout ce qui peult dependre de l'office & deuoir d'vn tref-digne & venerable Ecclesiastique, & bon iuge par mesme moien, Mon-

B iij

sieur le Doyan de nostre Dame, maistre LOYS SE-
GVIER, Conseillier en la mesme cour ? NON
moins richement d'autre part, se voient reuestuz &
parez de leurs ornemens de vertuz, & belles parties,
voz deux autres freres, Messire HIEROSME SE-
GVIER, Cheualier sieur de saint Brisson, conseillier
du Roy, & grand maistre & reformateur des eaux &
forestz en Normandie, ET finablement monsieur
maistre IEAN SEGVIER sieur de Villiers le plus
ieune de tous, conseillier du Roy, & maistre des re-
questes ordinaire de son hostel, vn tres-fauorit nor-
risson des muses, vn doulx & gracieux seiour & re-
traicte des bonnes lettres. NE les femmes pareillemét, qui ne veulent en cest endroit rien quitter aux
hommes; vrayes parangonnes les peult on dire, de
toute honesteté, courtoisie, bon exemple & pudi-
cité: tant vous estes heureusement naiz les vns & les
autres à la vertu, qu'il semble que vostre famille par
vne certaine occulte proprieté l'attire à soy, tout ainsi que la pierre d'Aimant fait le fer. Et quant à vous,
non assez iamais recommandé personage, qu'est-ce
que ie vous pourrois apporter icy en particulier de
louange ? quel loz, quel prix, quel honneur digne
de voz rares perfections & merites est il possible de
consacrer à l'eternité de vostre memoire, que le tout
ne vous soit en commun & par indiuis auecques
voz excellens freres ? Ont ils rien aussi chacun endroit soy, où tous les autres ne participent ? Car tout
ainsi que vous n'auez point partagé voz biens de

fortune, aussi n'auez vous ceux de l'esprit, ny voz dons de graces, tant hereditaires qu'acquises; entrelassez d'vne mutuelle cócorde, non d'autre sorte que les cinq costez & triangles de ce pentagone iadis mysterieusement reuelé au Roy Antioque, surnommé de cela Sauueur, pour le salut & conseruation de son peuple. Et de vray vous estes si vns, si vniz, & pareils en toutes choses, qu'on ne se sçauroit mescompter de vous prendre les vns pour les autres. De quel œil donques doibt-on penser, que ceste bien heureuse ame regarde du ciel empyree là hault, ces siens reiectons & prouins, combles de sa beatitude, proffiter ainsi, & s'estendre, fleurir & fructifier icy bas? Car il contemple de là, fault-il croire, toutes voz actions & comportemens; & s'en res-iouist comme il doibt: & nous les remarquons, obseruons, reueróns; moy entre les autres particulier admirateur de voz vertuz, esclairans en vous, tout ainsi qu'vne infinité de belles estoilles, que par vne seraine nuict on voit luire, briller, & estinceller à l'enuy, pour l'embellissement du ciel, à la gloire de leur Createur. Que si d'auenture ie me voulois temerairement entremettre de vous celebrer, pour tant d'excellentes & rares parties que Dieu & la nature ont semé en vous; & par vostre industrie & labeur les auez si bien cultiuees qu'elles ne cedent à nulles autres, ains se mesurent aux plus parfaictes, par quel bout fauldroit-il commencer, ny par où me deurois-ie prendre à en faire la monstre & reueuë; quand tous ces gros esquadrons de merites chargeroient à vn tas & en foulle, pour estre enroollez des premiers? Certes il semble que voz perfections s'entreportent presqu'vne enuie; & que ialouses l'vne de l'autre elles se supplanteroient volontiers; comme faict aussi de sa part vostre gloire & reputation aduenir enuers celle qui vous est acquise; à l'exemple des vagues du flux & reflux de la mer, dont les suruenantes, soit en venant hurter le riuage, ou se dilater sur la greue; soit en se retirant vers leur centre, se roullent le plus precipitement qu'elles peuuent, pour venir effacer & esteindre celles qui cuidoiét gaigner les deuants. Plustost doncq que de m'enfourner d'auantage en vn si profond labyrinthe, multiplié de tant d'allees & de retours, que toutes les fiscelles d'Ariadne ne m'en sçauroient desuelopper bague-sauues; nomplus qu'vn inexperimenté marinier, qui par sa folle outrecuidáce se seroit voulu engoulpher en vn vaste & demesuré Ocean, sans aucū secours ny adresse de quadran & charte-marine; il me sera beaucoup meilleur en vous admirant de me taire, que d'en discourir trop escharcement: ioinct que parauenture vostre nom desirroit d'estre escrit d'vne plus delicate & fameuse main que la mienne. Car à quel propos m'aduancer icy de faire vne grande leuee, pour puis-apres demeurer court? ou à tout euenement n'attoucher que du bout des leures, ainsi que pour faire l'essay à vn Prince, & passer comme en bódissant pardessus, vn si grand amas de voz tres rares singularitez, plus

malaisees

malaisées à parcourir, que d'espuiser & mettre à sec les intarissables sources de Lerne? Or que ie téde tous mes nerfs apres la viuacité de vostre esprit, contemperée d'vne modestie si grande; apres vn si meur & rassis iugement; ceste incomparable prudence, vne si heureuse memoire, vne telle doctrine & instruction non vulgaires en tout ce qu'vn admirable entendement doibt cognoistre; qu'auray-ie aduancé pour celà? Quand tant d'autres si loüables choses resteront encore à toucher, qui les secondent, & leur donnent lustre ainsi que faict l'or esgayé d'esmail aux pierreries y enchassées : car peut estre qu'elles s'enfuiront au grand galop deuant moy, me iugeans indigne de les attoucher & ratteindre. Vn trauail assidu inuincible en tout ce que vous auez en charge; vne infatigable occupation apres les negoces publiques; vn visage ouuert & deliberté, vn acces benin & affable; vne audience libre, paisible, gracieuse à quicóques s'adressent à vous, auec vne prompte expedition de leur faict; à tous propos, à toutes heures; point bizarre ne iournallier comme beaucoup d'autres, dont il faut plus soigneusement espier les commoditez, que le petit Pontife ne souloit iadis faire à Rome le nouueau Croissant, à fin de l'anócer au peuple; ains tousiours vn mesme, tousiours egal indifferemment à chacun: le tout accompagné puisapres d'vne telle reformation & sobrieté; d'vne si estroicte abstinence de toutes sortes non que de delices, mais de simples esbattemens & plaisirs, sinon

C

TRAICTÉ

ce que vous pouuez desrober de petites roigneures de téps à vous mesmes, à vostre repas & repos, pour l'employer iusques bien-auant en la nuit à la lecture des bons liures, seul soulagement & recreation de voz laborieuses solicitudes. Et ce qui est le plus admirable, vous côstitué en vn aage encore, qui n'a pas atteint guere plus que le tiers de sa naturelle carriere; ouquel le sang & les esprits sont les plus reschauffez & bouillans apres les resiouïssances, passetemps & bônes cheres des compagnies; dôt ce siecle,ny ceste ville ne manquent point: ains qu'au lieu de celà vou-vous soubsmettez si alaigremét à vne si grosse nuée d'affaires, qui sans aucune intermission viennent côme à grandes ondées pleuuoir sur vous, ores de la Iustice, ores de la police, ores d'infinis autres extraordinaires surcrez de coruées, en vne telle, non tant seulement affluence de peuple, ains confusion; fardeau certes trop que suffisant pour faire ployer souz luy vn Athlas, & vn Geryon à tout ses trois testes; en vn temps mesme si nubileux & chargé d'orages de contagion, troubles, & disette qui se preparent, si Dieu par sa saincte bonté n'y preuient. Quels grands outreplus accourcissemens auez-vous par vostre vigilante dexterité, auec vn incomparable trauail apporté au siege où vous presidez; autrefois comme submergé d'incidens & formalitez, par les malicieux subterfuges, chiquaneries & cauillations des parties propres, qui semblent prédre tout leur plaisir à s'entre-ruiner l'vn l'autre? Mais vous auez donné issuë au Penee, & desseché la Thessalie au precedant couuerte d'eaux; pour au lieu d'vne inondation deserte inutile, la reduire en vn territoire de tresproffitable labour & agriculture: auez par vne ferme & constante resolution comme en moins de rien, couppé la plus grand'-part des testes de ceste pernicieuse Hydre, renaissans de soy & en soy par vne multiplicatió carree & cubique: Dont lon ne vous sçauroit iamais trop recommander aux siecles futurs; ny vous honorer de loüanges assez condignes & meritoires; ensemble de toutes vos autres actions & comportemens; lesquels à quoy faire irois-ie icy parcourant plus au long, & par le menu? attendu qu'ils sont plus que notoires à vn chacun, & en veuë de tout le monde; ny plus ny moins qu'vn beau grád phanal hault esleué sur la pointe d'vn promótoire, pour l'addresse des nauigants à l'obscurité de la nuict. Au moien dequoy le meilleur sera de ployer mes voiles, & rentrát au port saluer vos perfections par ce celeusme d'allegresse du pseaume 65. *Tibi silentium laus*; veu que l'abondance de vos merites me lie la langue, serre les leures, & barre la bouche de passer plus oultre.

Vivez donques debonnaire, & bien-nay Seigneur, accomply & doüé de tant d'excellens dons de graces, viues & fructifiantes en vous, & non mortes & ensepuelies; côtent & satisfait en vous-mesmes de vos vertueux & loüables maintenemés, de vostre bon zele, vos sainctes intentions & efforts; que Dieu vueille par sa saincte grace tousiours benir de plus en

C ij

plus; & vous conseruer longuement icy bas au grãd benefice & soulagement du publicq, en parfaicte prosperité & santé, auec tref-heureuse & contente vie.

MAINTENANT pour venir à nostre subiect des occultes manieres d'escrire, communement appellees Chiffres, l'vsage en a esté de fort longuemain, voire apair presque de l'escriture, s'il n'est deuant: Car les Hieroglyphiques des Egyptiens, Ethiopiens, Perses souuerains mages entre tous les autres, les Brachmanes, & Gymnosophistes, qui sont les Indiés oriẽtaux, que Moyse Egyptien au 3. de son directeur appelle les Zabiens, & en compte d'estranges merueilles, ne sont à proprement parler, qu'vne maniere de chiffres; Bien est vray que nompas distincts en lettres, syllabes, & dictions, pour en teistre particulierement vne clause; ains certaines marques & notes comprenans chacune endroit soy quelque sens entier; ainsi que font à peu-pres nos deuises, dont elles sont fort approchantes; pour representer quelque mystere de la diuinité, ou secret de nature, ainsi qu'on peult veoir en Orus Apollo, Chæremon, & autres: Des modernes, puis cent ans en ça, s'y est fort heureusement exercé l'autheur du liure intitulé Polyphile. Nous encore vsons de ce mot *chiffre*, pour vn accouplement de lettres entrelassees, contenans les premieres du nom & surnõ, de quelqu'vn & quelqu'vne, de la plus plaisante forme qu'on y peult trouuer. Et les narrations des Indes occidentales portent; qu'à

Mexico ou Temeſtitan, lors que Fernand Cortes la conquit pour l'Empereur Charles le Quint, furent trouuez certains memoires & pancartes contenans les geſtes des Rois de ceſte regiõ, par des figures d'hõmes & animaux: Et quelques dix ou douze ans puis-apres, d'vn autre coſté au Peru, vne grand' quantité de cordelettes de cotton dans le cabinet du Roy Atabalipa, que les Indiens appellent *Quippos Camaios*, noüees à guiſe de patenoſtres de diuerſes couleurs, ſelon les choſes qu'ils vouloient repreſenter; le nombre deſquels nœuds au reſte marquoit les ans que leurs Ingues ou Caciques auoiẽt regné. Mais pour venir aux chiffres deſquels nous pretendons traicter, qui ſont vne vraye eſcriture cõplecte, par où ſe peuuent exprimer toutes ſortes de conceptions, & par le menu, d'autant qu'elle eſt formee de caracteres particuliers, conſiſtans en figure, ordre, & puiſſance; (Ie laiſſe à part les artifices de lettres non apparentes, comme trop vulgaires pour le iourd'huy, & pueriles; Neaumoins nous en toucherons quelque mot à la fin, auec des ruzes & inuentions de cacher furtiuement les depeſches;) la Scytale des Lacedemoniens, inuention d'Archimede Syracuſain, nous monſtre aſſez en Aulugelle liu. 17. chap. 9. l'antiquité de ces occultes & deſrobbees ſortes d'eſcrire. C'eſtoit vn baſton rond ou carré, d'enuiron trois doigts en diametre, long de pied & demy, autour duquel on reploioit comme vne longue liſte ou bande de papier ou de parchemin, de la largeur de quelques deux

Chiffre des Rois de Lacedemone.

poulces, en sorte que les entortillemens eniamboiét fort dru & menu l'vn sur l'autre, à la distance seulement d'vn bon dos de cousteau, ou peu plus. Et apres l'auoir ferm' arrestee és deux bouts auec de la cire, & marqué le commencement, on escriuoit le long des faces sur les replis, tant que le subiect se pouuoit estendre, & qu'il y en pouuoit tenir : lesquels estans desueloppez, tous les mots, voire la plus grand-part des lettres se trouuoient couppees par le milieu, à bié grand' distance encore les vnes des autres ; sans qu'il fust possible de les rassembler, qu'on n'eust vn semblable baston adiuxté au mesme calibre, pour les y entortiller comme au precedant, & remettre le tout en son ordre & assiette deüe. Il est la mesme fait métion outreplus de la ruze de Iules Cesar, qui en ses secretes depesches souloit vser de certaines transpositions, mettant les lettres l'vne pour l'autre, toutes de suitte, sans aucune distinction de vocables : Dequoy le grammairien Probus auroit fait vn traicté à part, de la maniere de les lire : mais bien maigre deuoit-il estre, attendu le simple artifice qui y estoit, selon le tesmoignage de Suetone en sa vie au chap. 56. *Per notas scripsit sic structo literarum ordine, vt nullum verbum effici posset : Quæ si quis inuestigare & persequi vellet, quartam elementorum literam, id est, D pro A, & perinde reliquas cõmutabat.* Et en celle d'Auguste 88. *Quoties autem per notam scribit, B pro A, C pro B, ac deinceps cadē ratione sequentes literas ponit : Pro x autē duplex a a.* Mais tout cela estoit bien grossier, & fort aisé à des-

couurir : trop plus ingenieux & subtils ont esté en
ces inuentions, les autres qui sont venus depuis; & ne
faut point faire de doubte qu'il n'y en ait assez de belles & exquises cachées, que les gens d'esprit se trassent & pourpensent pour eux, dont ils sont jaloux
& auares, sans en vouloir faire part au publicq ; suiuant la maxime ; Que le vin, l'amour, & le secret
esuentez perdent leur principale grace & vigueur :
car ceste campagne est large & ouuerte de tous
costez sans aucunes limites ne bornes dont elle
puisse estre restreinte. Et à quel propos, diront-ils,
diuulguer ainsi ces beaux artifices, ny les prostituer
indifferemment à chacun; attendu mesme que pour
les abbus qu'on en peut commettre, il s'en doit attendre plus de mal que d'vtilité? Celà, nous le démes-
lerons cy apres : Au surplus de ceux qui iusques icy
en ont mis quelque chose dehors, entre les autres a
esté l'abbé Tritheme; & Cardan incidemment par
endroits; puis Baptiste Porte Neapolitain en vn iuste volume à part, intitulé, *De furtiuis litterarũ notis*;
où toutesfois ce à quoy il insiste le plus, est d'enseigner les moiens de dechiffrer sans alphabet; exercice
certes d'vn inestimable rompement de cerueau, &
en fin vn trauail tout inglorieux; ioint qu'auec toutes les reigles & preceptes qu'on en peut donner,
dont il y en a à la verité qui y apportent beaucoup
de lumiere, il se trouuera à l'encontre assez de manieres de chiffres du tout inexpugnables & inuincibles,
à qui n'é aura le secret : Aussi n'en traicterõs nous icy

guere d'autres; parquoy tous les expediens deſſuſ-
dicts viennent à s'y amortir & eſteindre, & ne ſortent aucun effect. Quant à Tritheme, ç'a eſté à la verité le premier qui en a traſſé le chemin aux autres, à
tout le moins publiquemét; & ce en deux grands &
laborieux ouurages; l'vn imprimé, aſſauoir la Polygraphie, & l'autre non, qui eſt la Steganographie,
dót le precedát n'eſt que cóme vn precurſeur, s'il eſt
vray au moins ce qu'il en promet en ſon epiſtre à vn
Boſtius de l'ordre des Carmes, là où il ne parle que de
quatre liures; mais en ſa preface à l'Empereur Maxi-
milian ſur ladicte Polygraphie, il en promet huit;
entrepris, ce dict-il, à l'inſtance de l'electeur Palatin
Philippes, dont l'an 1499. il eſtoit ſur l'acheuement
du troiſieſme. J'ay veu ces trois liures-là eſcrits à la
main en pluſieurs endroits de l'Allemagne & Italie,
eſquels il n'y a autre choſe que certains formulaires
de prieres & oraiſons, auec les noms, marques, & caracteres de tout plein d'eſprits; ce qui pourroit a-
uoir meu Bouillus de le taxer en ceſt endroit d'art
magique; dequoy neaumoins il taſche bien de ſe
purger, iurant, proteſtant, & appellant Dieu à teſmoin, le tout eſtre ſelon la ſeule voye naturelle, & la
dexterité de l'entendement. Quoy que ce ſoit il eſt
bien malaiſé d'y cognoiſtre rien : Et faudroit pour
mon regard le ſier par le beau milieu, comme quelqu'vn fit autrefois le pöeme de la Caſſandre de Lycophron, pour veoir ce qu'il y auoit audedans, puis
qu'on n'y pouuoit rien diſcerner par dehors : ou
bien,

bien, comme on dict aussi auoir faict S. Hierosme des Satyres de Perse, dont ne pouuant assez bien comprendre à son gré les enigmes & obscuritez, *Intellecturis ignibus ille dedit*: Parquoy non mal à propos auroit dit le bon hermite Raymond Lulle, bien qu'en son lourdois, *Scriptura quæ vsui nequit intelligi, pro non scripta censeatur*. Outre donques que ces trois liures sont comme inutiles, qui n'auroit la clef du secret, ils ne me semblent pas auoir rien de commun auec les quatre dessusdicts mentionnez en l'epistre de Bostius: le premier d'iceux, selon qu'il promet, contenant plus de cent manieres d'escriture occulte, pour exprimer en infinies sortes tout ce qu'on vouldra, sans aucunes transpositions ny commutations de lettres l'vne pour l'autre; ny qu'on puisse en rié soupçonner que ce soit chiffre, soubs lequel il y ait autre sens caché que celuy qu'on voit en apert; attendu que ce sont tous mots clairs & intelligibles, d'vne suitte de paroles congruës; mais en l'interieur il y a toute vne autre chose reseruée à celuy qui entend l'artifice: & de celà il en ameine vn exemple que nous produirons cy apres en son lieu. Le second liure trop plus admirable que le precedát, est de transmettre sa pensee à qui qu'on voudra, pourueu qu'il sçache le secret; & à quelque longue distance que ce puisse estre; voire à plus de cent lieües d'Allemagne; sans paroles, sans escripture, marques, signes, ne notes quelconques; par vn messagier qui n'en sçaura rien; & pourtant ne le pourroit descouurir, quand

D

bien il seroit gehenné, tortionné de toutes sortes les plus cruelles : & sans message encore, voire à vn qui fust emprisonné trois lieües auant soubs la terre ; à toutes heures, & en tous lieux, sans aucune superstition, ny aide & moien de coadiuteurs esprits, ains par la seule voye de nature. Et combien, adiouste Agrippa, liu. premier, chap. 6. de son occulte philosophie, où il allegue de sçauoir l'artifice ; que le temps auquel cela se doibt effectuer ne se puisse precisement limiter ne prescrire, si faut il nomméement que ce soit en l'espace de 24. heures. Le troisiesme liure monstrera à vne persone idiote ignorante, qui n'aura onques sceu vn seul mot de Latin, en moins de deux heures, à le lire, & escrire passablement, en tout ce qu'il voudra exprimer de ses conceptions. Et le quatriesme, de les faire entendre à table beuuant, mangeant, deuisant, à tel qu'il voudra, au sermon, à la Messe, à Vespres, ioüant des orgues & chantant ; & en somme faisant toutes autres actions librement, sans les interrompre ne destourber pour cela ; ny interposer aucunes paroles, escriture, marques ne signes, voire à yeulx cloz ; auec telles autres infinies merueilles, excedans presque toute humaine creance ; si ce n'estoient que nous en voyons quelques-vnes qui d'arriuee sembleroiét impossibles totalement ; dont quãd l'on en voit la verité par effect, & qu'on en cognoist la maniere, on les tient non que pour faciles, ains pour ridicules. Et de faict qui eust sceu comprendre les admirables abregemens de l'Imprimerie ; & les horribles executions de la pouldre à canon, consistant de si peu d'ingrediens, & d'vn si legier artifice, si l'on ne les eust touchez au doigt & à l'œil par experience ? Et qui proposeroit à quelqu'vn, de luy faire lire à trauers vne muraille solide de trois pieds despoiz, ce qu'on escriroit de l'autre costé, ne seroit-il pas reputé pour vn effronté affronteur ? Ce neaumoins celà est bien aisé à faire, par le moien de quelque grosse piece d'Aymant, qui ait le pouuoir, comme i'en ay assez veu en plusieurs endroits, d'esmouuoir & faire bransler l'esguille d'vn quadran, à ceste interposition & distance; lequel soit assis sur vn tiers de cercle diuisé en vingt espaces, chacun seruant pour vne lettre de nostre alphabet ; car tout ainsi que l'esguille branslera, & s'arrestera à l'vn des costez (il en faut deux, & du tout semblables, vn de chaque part, situez à l'opposite) l'autre fera tout de mesme, & pourtant marquera lettre par lettre tout ce qu'on voudra exprimer. Ie ne diz pas qu'il y ait aucune commodité dont on se peust preualoir ny seruir en rien; mais tant est que celà se faict, & bien aisément, & par la seule voye de nature ; ce qu'auant qu'en sçauoir la cause, & maniere d'y proceder, sembleroit estre hors de toute la puissance des hommes : Si que ie l'ay seulement allegué pour monstrer, qu'on ne doibt pas du tout reiecter, ny tenir à fable & mensonge beaucoup de choses, qui de prime-face surpassent nostre apprehension. Et parauenture que la plus

D ij

TRAICTÉ

grand' part des promesses susdites seroient de mesme; plustost pour vne monstre & espreuue de quelque viuacité d'esprit, que pour vsage qui s'en poust tirer; comme pourroient estre certaines grimasses & mines des yeux, & de la bouche; gesticulations des doigts, des mains, & des bras; marches compassées des iambes; postures & assiettes des pieds; & semblables notes que touche Ouide en ses amours, *Multa supercilio, multa loquare notis*; dont on instruit les ieunes nouices és monasteres; ausquels il n'est pas loisible de parler en conuent, pour demander leurs menuës necessitez sinon par ces gestes: Heraclite mesme fit bien vne remonstrance à ses citoiens par des signes. Il y a d'autres artifices encore de se faire entendre distinctement par les doigts, ainsi qu'est la dactylogie de Beda: lequel a assez ingenieusement enseigné quant & quant, la maniere de compter par iceux; mais non pas esté le premier autheur de celà; car nous en voyons quelques traicts dans Pline, liure 34. chap. 7. qui a esté bien long temps auant luy, d'vne statue dediée par le Roy Numa à Ianus, dont la disposition des doigts mostroit le nombre de ccclxv. autant qu'il y a de iours en l'année. Et pourtant il ne faut pas du tout desdaigner telles choses; tesmoin cest amer repentir d'Alexandre, auquel vn quidam de peu d'estime, estant venu faire vne ouuerture tres-importãte pour ses affaires, d'auoir responce en huit ou dix iours, de la Macedoine iusqu'és hautes regiõs de l'Asie, là où les courriers y mettoient ordinaire-

Plutarque au traicté de trop parler.

ment plus de six sepmaines, il la reiecta d'arriuée, cóme vne vraye piperie impossible à effectuer: Puis y ayãt mieux pensé à loisir, il le fit chercher, mais pour neāt, car il n'en peut onques depuis auoir nouuelles: Et peut estre que c'estoit quelque pastre, lequel norry toute sa vie parmy les montagnes de ces quartiers là, en gardãt ses troupeaux y auroit rencõtré de fortune quelques creuasses à l'escart ; ainsi que fit finablement Sebastian de Magalhanes le destroit des Indes, pour passer de la mer de Nort en celle de Sur; & par ce moien l'vn & l'autre accourcir en bien peu de temps vn fort long destour de chemin, incogneu à tous. Car il y a beaucoup de choses tref-admirables, mais qui pour cela n'outrepassent pas si insolemmēt les barrieres de nostre creance, comme fait cest ainsi enuoier au loin nos interieures pēsées, sans aucũ porteur de pacquet, sans aucun message ne lettres, ny rié qui puisse en tenir lieu; attendu mesme qu'il n'y a aucune interposition d'esprits, à leur dire; lesquels quãt ainsi seroit, ie ne doute point qu'ils ne s'y trouuassēt bien empeschez, si d'auenture ce n'estoit par l'expres commandement ou permission de celuy qui seul peut faire telles merueilles. Non pourtant Agrippa l'a sceu, qui est vn renforcement de tesmoin ; car à quel propos l'eust-il voulu ainsi affermer par expres? Qu'Agrippa l'aye sceu ou non sceu, cela n'importe pas beaucoup de le croire, ou de le descroire, par ce que ce n'est pas vn article de foy; mais ie soupçonnerois aisément, si ce n'est ce qu'il explique au 3.

D iij

liu. chap. 43. *Quorum virtus imaginatiua est fortißima, ita vt se poßit insinuare cui velit, nulla loci neque temporis intercapedine impedita; &c.* Que ce deust estre ce *Da mihi talentum vt scisse videaris.* Denis Tyran de Sarragosse, & de la plus part de Sicile, à cause de ses cruels & iniques comportemés execrables, odieux, abhorré, detesté & de Dieu, & des hommes, se retrouuant en vn soucy perpetuel pour les aguets qu'on luy dressoit, vn passant le vint aborder en pleine audience, affronteur de vray, mais qui d'vne fort galante inuention luy va dire : Seigneur tu sçais le mauuais vouloir qu'on te porte, & quantes manieres de gens conspirent ordinairement contre toy, dót tu as tant d'affaire à te garder; si tu me veux donner vn talent d'or, autant veux-ie auoir pour ma peine, ie t'enseigneray vn moien, que nul desormais ne pourra machiner contre toy rien quelconque, que tu ne le descouure aussi tost. Le Tyran y presta l'oreille; & l'ayant appellé à part en son cabinet, luy demande quel pouuoit estre cest artifice; auec promesse de le contenter à son mot, voire mieux si celà luy reüssissoit. Ce n'est rien à la verité, dit-il lors, ny ne peut estre, cóme toy-mesme puis iuger; car il n'appartient fors aux dieux de sçauoir les pésers des hómes : Mais voici où la chose bat; On voit assez cóbié tu es tenát & rapedenare de tó naturel, si que tu ne desgainerois pas volótiers vne telle sóme qu'à bonnes enseignes; Donne la moy donques, & on ne fera point de doute que tu n'ayes sceu le secret; au moien dequoy cha-

Ce sont 6000. escus.

DES CHIFFRES. 16

cun se gardera de mesprendre. Il la luy donna, & luy fit d'abondant d'autres graces, si que tous en conceurent vne telle opinion, que persone n'osa plus de là en-auant rien attenter encontre luy. A cest exemple ie voudrois dire, que plusieurs sont, qui pour s'acquerir quelque bruit & reputation sur les autres, feignent sçauoir beaucoup de choses, à quoy iamais ils ne paruindrent, trascendantes la cõmune opinion des hommes : mais ils ne laissent pour cela de trouuer soubs l'ombre & credit de leur vaine iactãce, des assentateurs & partialistes, qui leur font la court, pour en mendier, à guise d'vne autre Chananee, les miettes & petits fragments qui viennent à tomber soubs la table : tant nous sommes d'vne tendre credulité, és choses mesmes où il y a le moins d'apparence. Et pourroit estre qu'Agrippa fust de cest escot, & qu'il se seroit voulu attribuer la consçachance de plusieurs secrets, qui parauenture ne sont pas arriuez iusqu'a luy : mesmement de l'esprit de l'or, qu'il afferme auoir sçeu extraire d'auec son corps, dont il auroit conuerty en fin or l'argent & le cuiure, non toutesfois sinon autant que montoit le poiz de celuy duquel il auoit esté separé, & non plus ; *Est enim* (ce dict-il) *spiritus ille forma extensa, & non intensa ; ideóque non potest vltra suam mensuram imperfectum corpus in perfectum transmutare ; quod tamen fieri alio artificio non inficior.* Mais par le progres de ses œuures il ne monstre pas, d'auoir esté si expert ne si aduancé és chimiques, qu'il ait penetré si auant. Trop bien quel-

Artifice pour tirer la teinture de l'or.
ques-vns se sont essaiez de tirer cest esprit ou plustost teinture, par le moien de la Pierre-ponce, seche sur toutes autres substances, & priuée entieremēt de tout sel; calcinant des lamines d'or deliees comme du parchemin, dans icelle, lict sur lict, en vn fort feu de reuerberation par deux ou trois iours; Puis refondant lesdites lamines, & les calcinant de nouueau, applaties comme auparauant; si qu'à la huict ou dixiesme reiteration, l'or reuiēt de 24. caracts, presqu'à seize; & comme au tiltre du letton: Puis auec de bon vinaigre distillé trois ou quatre fois, on extrait ladite teinture, embeüe dãs la secheresse de la Pierre-ponce; & apres auoir euaporé le vinaigre, reste au fonds certaine gomme de couleur de rubiz, qu'on fixe auec des huilles & liqueurs conuenables; mais elle est plus propre aux medicaments qu'à la transmutation des metaulx.

OR pour reprendre nostre propos, car ceste digression n'a esté, que pour monstrer le danger & inconuenient qu'il y a d'adiouster legierement foy à tout ce qu'on trouue dedans les liures; les promesses & asseurances de ces deux Tritheme & Agrippe, ont incité beaucoup de bons entendemens, à enquerir le moien de ceste transmission depensee, sans sortir hors de la nature, comme ils l'afferment: Surquoy quelques-vns ont imaginé, qu'il y auoit vne espece d'Aymant, dont les pieces choisies ainsi qu'il fault, l'vne à vn bout, & l'autre à l'autre, ont vne telle sympathie & correspõdence, qu'on ne sçauroit esbrâler,
& puis

& puis arrester vne esguille frottee de l'vne, que sa compagne ne face de mesme tout au propre instāt; Parquoy traffant vn alphabet autour d'vn cercle, marqué de lettres en lieu des heures; au milieu duquel soit assis vn quadrant auec l'vne de ces esguilles, l'effect s'en ensuiura tout pareil; que celuy que nous auons allegué cy dessus pour lire à trauers les murailles. Mais quant bié cela seroit vray, dont neaumoins ie ne voudrois pas me constituer le garend, il ne se raportera pas aux vingt quatre heures d'Agrippe : car par ceste voye de l'Aymant il faudroit que ce fut tout à l'instant mesme. L'an 1549. estant à Rome, ie vy le Cardinal de Carpi, vn seigneur de gentil esprit, & fort curieux des choses rares; apres s'estre fort longuement exercé, & fait faire infinies espreuues de ceste ouuerture, non sans de grands fraiz, n'auoir peu en fin y rien obtenir : nomplus que de cest artifice de perspectiue, où il sua sang & eau aussi, dont se vante le mesme Agrippa chap. 6. qu'il dict estre de l'inuention de Pythagore; escriuāt auec du sang dessus la glace d'vn miroüer propre à ce, & puis l'exposāt en certaine assiette aux raiz de la Lune lors qu'elle est au plein, par vne claire & seraine nuit : car cela se va reuerberer de sorte, à quelque longue distance que ce puisse estre, pourueu que ce luminaire soit lors esleué dessus l'orizon, qu'on peut remarquer en son rond tout ce qui sera trassé au miroüer. Quant aux effects de la pierre d'Aymant, ils sont à la verité fort estranges, & non moins les causes d'i-

Consideratiōs de l'Aymant.

ceux qui semblent surpasser de beaucoup toute humaine ratiocination; qu'vn mineral sourd, immobile & stupide, aye neaumoins de tels esprits, qu'ils puissent ainsi insensiblement desployer & transmettre dehors leur occulte faculté & vertu, à trauers mesmes les plus dures pierres; les bois plus solides & resserrez; les metaux; & le verre encore; auec autres semblables estoffes compactes, qui n'ont point de spiracles ne porositez : outre ce que ceste proprieté & vertu ne s'estend pas indifferemment enuers toutes choses, ny vne seule, mais enuers soy premierement, puis au fer, & à l'endroit du Pol artique; d'vne si loingtaine distance, dont il n'en sçauroit estre de plus grande pour nostre regard; comme de la terre iusqu'au dernier ciel, laquelle est presque incommensurable : le pol artique veux-ie entendre non ce point fixe autour duquel precisément, auec son correspondant opposite, se meut toute la machine du mode, ains la petite estoille qui en est la plus proche: Quant à l'antartique, ceste pierre n'y a aucune affinité; ce sçauent ceux par experience qui nauiguent outre la ligne de l'equateur. Si que ie m'hazarderois volontiers de dire, que toute l'escole Peripateticienne ensemble, qui faict profession de ratiociner de toutes choses, & n'ignorer rien des plus occultes & intimes secrets de nature, se trouueroit bien empeschee en cecy; aussi bien que Plutarque, lequel en la vi. des questions Platoniques se trauaille si fort à demesler ceste fusee; reputans tous ces doctes hommes à vne trop grande defectuofité & vergongne d'ignorer rien, & ne pouuoir à tout le moins rendre quelque raifon foit d'eftoc foit de taille, de toutes chofes; & de telles mefme en y a, que ny les demons ny les anges, qui doiuent voir beaucoup plus clair qu'vn efprit humain enueloppé de cefte efcorce corporelle, où il eft comme noyé dans la chair & le fang, n'en fçauroient pas venir à bout. Il y a encore vne autre chofe à obferuer en l'Aymant, mais cela fe peut referer à cefte maxime de *vis vnita*, qu'vne piece de deux ou trois liures fera plus d'effect en fon attraction, que quinze ou vingt ne feroient en menuz fragments & morceaux, enfacchez en quelque eftamine bien claire, ou dans vn rezeau, qui à caufe de leur rarité & clairvoyes ne peuuent empefcher les decoullemens infenfibles de fes fluxiōs fubtiles fpirituelles *ad extra*; ou comme les appelle le mefme Plutarque, groffes & flattueufes, puis que la pierre ny le bois ne les luy peuuent diuertir. Mais commēt à trauers cela, & le verre mefme, pourroit l'Aymant repoulfer l'air, attendu que l'air n'y peut pas refpirer? Au moien dequoy tout ce qu'il en met, & s'efforce de difcourir, que l'action que ce mineral a enuers le fer, depend de fa proportionnee fpongiofité, où il y a de petits foubfpiraux (ce dit-il) voyes & afpritez rabbouteufes, par où fes fluzions peuuent s'affeoir & prendre pied, eft en l'air, & par vne cōiecture fort à la volee : car encore que cela euft lieu, fi fera-il plus raifonnable de croire que ce fuft au fer quand

E ij

il est en masse, par ce qu'il est lors plus rare & poreuz que quant il est reduict en alchool, ou pouldre impalpable, laquelle se compresse plus, & pourtant à moins de vuide en ses parties, que nompas en grosse grenaille: & plustost encore en sa nature ferrugineuse, lustree & polie, que s'il estoit alteré de rouille: mais nous voyons tout le rebours.

OR toutes ces digressions icy, & encore dés le sueil de l'huys, comme on dict, que pourront elles sembler par raison, sinon autant de saillies extrauaguces hors de nostre propos principal? Mais nous n'entendons pas de nous y enclorre & assuiectir si estroictement, qu'il ne nous soit loisible de fois à autre de nous emanciper à faire quelque petits eschapatoires, sur ce qui se presentera de rare & de digne d'estre incidemment parcouru; mesmemét des occultes & secretes sciences, enseuelies pour le present; attendu qu'elles tiennent le mesme lieu enuers les vulgaires & triuiales, que font les chiffres à l'endroit de la commune escriture; les chiffres veux-ie dire, non ceux qu'on practique és cours des Princes, destinez pour les secretariats & depesches; ains d'autres bien plus spirituels & ingenieux; lesquels procedans d'vne reuolution circulaire, & multiplication carree & cubique, ensemble de tels autres artifices qui dependent principalement de l'Arithmetique & Geometrie formelles, comprises par les Hebrieux sous ce mot de Ghematrie, meritent d'estre non asseruiz à de tels ysages, ains employez aux profondes meditations de la Cabale, Magie, Alchimie : Que personne ne se scandalise de ces vocables de si mauuaise odeur par tout, & si descriez ; plustost leur donneray-ie d'autres noms; de la science elemétaire, la celeste, & supramondaine, ou intelligible ; tát par ce qu'elle traicte des intelligéces & substáces separées, cóme on les appelle, que pour ce qu'elle est digne sur toutes autres d'estre entédue, comme versant en la notice du Createur; car la plus grande perfection dont l'homme se doiue glorifier, est de paruenir à sa cognoissance, suiuant ce qu'il dit lui-mesme Ieremie 9. *Que le sage ne se glorifie point en sa sapience; ny le fort & robuste en sa force; ny l'opulent en ses richesses ; mais qui se veut glorifier, qu'il se glorifie à ce qu'il me sçait & cognoist.* Et de vray ce sont les trois sciences mystiques, appropriées à la notice des trois módes; l'Intelligible, le Celeste, & l'Elemétaire; represétez en premier lieu par ces trois lettres du mot אדם *Adam*; & pareillement les trois parties de l'hóme dit le petimonde; l'intellect, l'ame, & le corps, subiect à alteration & corruption, comme aussi est la partie elemétaire. Car il y a trois choses, dit le *Zohar*, qui se correspondent, & ont esté formees sur l'exemplaire de l'Archetype & premiere Idee; le Tabernacle du SEIGNEVR, que luy dressa Moyse; le Temple de Salomon; & le Corps humain; selon les trois manieres de nombres, qui s'y raportent, assauoir le vocal ou operatif qui est extraict de la mesure, au móde Elementaire; le formel extraict du vocal, au Celeste; & le

Tout plein de belles correspondances du nombre de Trois.

rationel ou diuin extraict du formel, à l'intelligible: la Diuinité se complaisant singulieremēt en ce sainct Ternaire, qui est le premier nombre impair; comme l'aduoüe mesme Aristote en ses liures du ciel & du monde, où il dit, que nous sommes instruicts de nature d'honorer Dieu selon le nombre de trois; que nous auons d'elle, ainsi que, pour vne loy & reiglement, lequel nous demonstre toutes les sortes d'extentions, tant és nombres, comme és figures, en longueur, largeur, profondeur; qui sont la ligne, la superfice, & le corps solide, ou le cube. Et Platon tout de primeface dés l'enfournement du Timee, pourautant qu'il veult là traicter de la formation du monde, en faict d'vn fort delicat artifice, absenter le quatriesme, à cause de son indisposition. Mais les Cabalistes, considerent encore ce nombre de trois par vn autre sens, en ce que multiplié par soy, il produit neuf, qui est son carré: Et ils prennent là dessus trois neufuenaires queüe à queüe, selon qu'on le marque au chiffre, à compter en ceste maniere 9 9 9. qui sont neuf cens nonāte neuf; dōt le premier en cōmençant à la main droicte suiuāt l'art & reigle de l'Algorisme, & que les Hebrieux & Arabes escriuent, est vn nombre simple, audedans de dix, qui pour estre formel & essentiel, à cause de sa simplicité est attribué aux neuf ordres d'Anges, qui sont du monde intelligible. Le secōd d'apres est des dixenaires, desia cōposé, & participant aucunement de la matiere, parquoy il est attribué aux neuf cieux. Et le troisiesme, des centenaires, encore plus composé & materiel, aux neuf genres des engendrables & corruptibles, au monde elementaire; lesquels se terminent en l'homme, qui est comme vn passage d'iceux aux choses celestes, & de là aux intelligibles : Si que le departement des fruicts & biens de la terre en l'ancienne loy, estoit estably & dressé de ce mesme ordre. Car des cēt portions appartenans à tout le peuple, le dixme en estoit mis à part pour les gens d'Eglise : & de ce dixme, la decime extraicte pour la part de Dieu : de maniere que les Centenaires comme plus materiels & grossiers, estoient destinez pour les laicz & prophanes: les dixenaires, aux leuites & prestres; & l'vnité ou decime de la decime, reseruee à DIEV ; qui estant tout, n'est toutesfois qu'vn, ainsi qu'on peult veoir au Zohar; *Toutes choses sont* VN *pour le regard de Dieu, mais pour le nostre plusieurs* ; comme les rameaux partans d'vne tige; infinis rayons, du Soleil; & les facultez & puissances de l'ame. Platon tout de mesme apres Parmenide; *Non tant seulement toutes choses sont en Dieu, ains tout ce qui est, entant qu'il est en Dieu, & procede de luy, n'est qu'*VN. Hermes pareillement en sa table, qu'on appelle de l'Esmeraulde; *Sicut omnes res fuerunt meditatione vnius, sic omnes res natæ fuerunt ab hac vna re adaptatione.* Ce que Procle en ses problemes theologiques dilate de ceste maniere : *Ainsi que toutes choses sont procedees d'*VN SEVL,*en semblable se hastent elles d'vne course continuelle, de retourner à cest* VN *là; auec lequel tant plus est grande la concorde dont elles*

Mystere du departemēt des biens de la terre en la loy Iudaïque.

TRAICTÉ

conuiennent, de quant plus elles participent de luy. Et ce pour se conformer à ce que dessus de Platon, & ce qu'il en met d'abondant en ses Epistres; *Que toutes choses partent du* TRESHAVLT; *& cherchent de retourner à luy derechef; là où consiste leur final repos, & soustenement de leur Estre.* L'VN donques, auquel le philosophe Leucippe constituoit de sa part le souuerain bié & felicité, adiousté aux trois dessusdits neufuenaires, qui ainsi arrengez de suitte, font neuf cens nonante neuf, parfera le nombre de mille; qui est le Cube du Dix, & la fin de tous nombres enuers les Hebrieux: De mesme le carré de trois, qui sont neuf, par l'addition de *l'Aleph*, deuient dix; outre lequel, ce dit Aristote au 3. des problemes, section 15. nul n'a iamais trouué point encore de nombre. Et les quatre lettres du grand nom יהוה, qui sont circulaires toutes, iointes ensemble faisans 26. par le mesme adioustement de l'aleph ou d'vN, arriuent à 27. le cube du ternaire, tant magnifié de Platon dans son Timee, en la premiere production du monde. Lequel nombre de 26. est encore denoté mystiquemét par ceste premiere lettre de l'alphabet א, composee d'vn ו Vau qui vault six, & de deux י Iod, chacun dix: au moien dequoy la plus grand' part des noms diuins commencent par ledit *Aleph*; comme אל *El*, אהיה *Ehieh*, que Platon appelle ὤν ou ὅν, ENS, qui ne differe du יהוה *Iehouah*, sinon qu'au lieu du *Iod* de cestui-cy, il y a vn *Aleph* en l'autre; c'est à dire au lieu de la fin, le commancement: denotant cela vn fort beau

Le dix est la fin de tous nombres.

beau secret; C'est que le nom de אהיה *Ehieh* qui designe le pere, fut celuy (en Exode 3.) que Dieu reuela à Moyse pour retirer corporellement les Israëlites de la seruitude d'Egypte; là où nostre redempteur *Iehouah* ou *Iahue*, est la fin & accomplissement de la loy, pour deliurer ceux qui croiront en luy; de la captiuité du diable, dont l'*Ammomino* le patron & genie tutulaire des Egyptiens, est vn symbole; car par tout ou vous trouuerez en l'Escriture ce mot de מצרים *miZraim*, qui veult dire Egypte, dont la propre signifiance est angustie & compression de douleur, cela denote tousiours quelque chose de sinistre & malencontreux. Il y a outre-plus, de ces mots diuins, commençans par *Aleph*, celuy אדני *Adonaj* Seigneur, que les Hebrieux ont tousiours prononcé au lieu du *Iehouah*; & אלהים *Elohim* approprié au sainct Esprit. En apres le carré de sept, qui sont 49. accreu d'vn N ou *Aleph* fait cinquante, qui est le nombre du grand Iubilé de pleniere remission, indulgence, & misericorde: lequel procede encore du cinq multiplié par dix, & au rebours. Et de ces deux nōbres, ou des deux lettres qui les denotent, assauoir le Iod, dix, & *He* cinq, est composé le tres-clement & benin nom de יה, *Iah*, dont nous parlerons cy apres. A la verité tout cecy n'est autre chose que pur chiffre, contenant tant par les nombres que par les lettres, de tresgrands & profonds secrets: dont en cest endroit s'en presente encore vn autre à considerer; assauoir que le simple & petit א ne vallant qu'vn, le maiuscule capital א vault

Iuppiter Ammon.

F

TRAICTE

mille, comme aussi le signifie le mot de *Aleph*: Si que Dieu est representé par ceste mesme lettre, en l'vnité de son essence, comme le principe de toutes choses, & la fin de tout; le premier & le dernier, en Isaie 44. Et à son imitation l'Apocalypse au premier & dernier chap. pour tant mieux exprimer ce mystere, soubs la premiere & derniere lettre de l'alphabet Grec, α, & ω; comme a fait aussi Orphee en l'hymne d'Apollon, *A toy le principe appartient :------Et toute fin à toy deuient.* Cecy nous est encore manifesté en ces deux noms de Dieu אל, *El* & יה *Iah*; dont le premier importe quelque fois sa seuerité & rigueur en nos offenses, comme en *Elohim*; & par fois sa benignité comme en *Emanuel*: lequel nom d'*Elohim* est reiteré 32. fois en la creation quant que de venir à celuy de יהוה; & fut inuoqué depuis Adam iusqu'à Abraham, denotant vn esprit Ignee, & par consequant le sainct Esprit; ce qui auroit peu mouuoir Heraclite de mettre le feu pour le commencement des choses: d'Abraham iusqu'a Moyse, celuy de שדי *Sadai*, qu'on traduit communement TOVT-PVISSANT, *In vmbra Dei omnipotētis commorabitur*, pseaume 91. où il est fort espouuëtable aux demons; mais il signifie plus proprement, *Qui suffist à soy, sans auoir affaire de rien*: Et de Moyse iusqu'à IESVS-CHRIT, l'ineffable quadrilettre יהוה, qui portoit tacitement son nom. Mais celuy de יה *Iah*, denote tousiours la douceur & clemence: & pourtant non en vain, & sans grād mystere l'Eglise a institué, que de la septua-

Les noms de Dieu inuoquez és trois loix.

gesime iusques à Pasques, qui est le temps de Penitence & reuersion, auquel nou-nous deuons reconcilier à Dieu, pour dignement receuoir sa grace, on ne chante point *Alleluiah, louez le Seigneur de misericorde*, iusqu'à ce que nou-nous soyons renduz capables d'icelle; Car en la diuine bonté la misericorde surmontera tousiours la iustice, s'il ne tient à nous; d'autant dient les Cabalistes, que le millenaire excede le quaternaire; & ce suiuant ce qui est escrit en Exode 34. *Deus gratiosus & clemens, puniens in quartum, & parcens in millibus.* Et au Deuteronome 5. *Ie suis le Seigneur qui rends l'iniquité des peres sur les enfans, en la trois & quatriesme lignee de ceux qui me haissent; & fais misericorde en beaucoup de milliers à ceux qui m'aymēt.* Car les estoilles innumerables dont le ciel est tout parsemé, semblent autant de souspiraux; par lesquels la grace & misericorde diuine s'espand icy bas sur ses creatures, & leurs mefaits, ny plus ny moins que l'eau à trauers les trouz d'vn arrousouer, dont lon regaillardist les herbes & plantes exanimees de chaleur excessiue & de secheresse. Mais quelle proportion y peult-il auoir de ce petit globe terrestre ioint auec la mer, si peu couuert de creatures, au pris de la grādeur du ciel, où les estoilles semblent s'entretoucher l'vne l'autre? Telle est sans doute le respect de sa mansuetude & clemence, enuers nos iniquitez & ingratitudes; *Quoniam secundum altitudinem cæli à terra,* parle le pseaume 103. *corroborauit misericordiam super timentes se.* Mais il n'en fault pas abuser, ains le craindre, & ay-

F ij

mer. Outre-plus le nom de אל *El*, commence par vn *Aleph*, qui designe le principe & l'vnité, & celuy de יה *Iah* par vn *Iod* qui vault dix, & est la fin de tout, combien que ce soit la plus simple lettre de toutes; lesquelles par consequant procedent de luy, comme les nombres de l'vnité, & les lignes du poinct; dont se forment puis apres les superfices, & de ces-cy les corps solides. Derechef le dix representé par le *Iod*, est vn nombre circulaire, aussi bien que ceux des autres lettres du sacré tetragrámaton, assauoir cinq par ה *He*, & six par ו *Vau*; car tout ainsi qu'en vn cercle ou sphere, par tout où est le commencement est la fin, & au rebours; en semblable le dix participe ceste double nature, la simplicité assauoir des nombres qui le precedent, & la composition des autres qui suiuent apres iusqu'en infiny. Ce qui pourroit auoir induit quelques-vns à syllogiser, que tout ainsi qu'il y a vn commencement és nombres, qui sont la mesure de toutes choses; & pareillement és lignes; là où ny de pluralité, ny de magnitude, il ne s'en peult assigner aucun bout ny terminaison, qu'on ne puisse aller plus-auant; de mesme que le monde a eu vn principe de l'vnité & du poinct, mais de fin il n'en aura pas; trop bien pourra-il souffrir quelque alteration, mais en mieux : Tout cela se conformant à ce que dit Algazel, que le poinct est aucune-fois la fin d'vne partie de la ligne, & le commencement de l'autre partie : & aucunefois le commencement de toute la ligne sans estre pour ce la la fin de la partie precedāte. Et là dessus ie me puis bien hazarder de dire, qu'il n'y a rien qui sensiblemēt demonstre plus cecy, que faict l'or, lequel a vn commencement de vray de ses principes composans, elabourez par de longues suittes de siecles, iusques à sa finale perfection; à laquelle estant vne fois arriué, il ne peut plus estre destruict & annichilé. Au reste que la facture premiere du mōde, quant à auoir esté plustost, ou plus tard qu'elle n'a, ne se doit pas considerer par le precedant, que les Theologiens appellent *à parte ante* : car deuant le monde il n'y auoit point de temps, selō lequel on peut mesurer ce plustost ou plus-tard, tout ainsi qu'hors du monde il n'y a point de lieu; ains *à parte post*, assauoir depuis la formation d'iceluy : car si depuis ladicte formation iusqu'à maintenant il y a cinq mille tant d'ans, Dieu le pouuoit bien auoir faict qu'il n'y en auroit pas neantmoins quatre cens ; & au rebours, plus de vingt mille. Toutes lesquelles choses ne sont que chiffre, où l'on ne sçauroit rien lire sans l'alphabet ; c'est à dire rien comprendre par la raison naturelle, sans la simple foy illuminee du sainct Esprit, qui nous a reuelé ce secret de la creation & principe du monde, dont dependent les principaux points de nostre creance. Et si cela seruira d'autant de preparatif & acces pour venir aux plus speculatiues modes d'escrire, par les circulaires, carrées, & cubiques reuolutions d'alphabets, dressez à l'imitation des *Ziruph*. Car les trois mondes dessusdicts, & leurs trois particulieres sciences se rapportent aux trois sortes d'escriture que nous auons : la commune & plus grossiere au monde elementaire, & au corps: les chiffres vulgaires, au celeste & à l'esprit: & les autres plus subtils & ingenieux, à l'intelligible, & à l'ame; comme pourroient estre, si au moins veritables sont les vanteries des susdicts Tritheme & Agrippe, ces spirituelles transmissions de pensee : a quoy si l'on ne peut atteindre si precisement, il faut neaumoins s'efforcer d'en approcher le plus pres qu'il sera possible, chacun selon sa portee & la capacité de son entendement; car en chaque art & science, il y a plusieurs degrez & mansions. Les dixaines donques, qui selon les Cabalistes ont toutes ie ne sçay quoy de diuin en elles; si qu'en la loy, Dieu les exige comme vn tribut & redeuance à luy propre & affectee, sont ainsi que les reposouers de tous nombres, & vn passage des plus simples aux plus composez; tenans lieu moien en cela, tel que faict la Lune entre les substances caduques du monde elementaire au dessous d'elle, & les celestes incorruptibles, bien qu'aucunement corporelles, estant au dessus; suiuant ce que dit Platon au conuiue, où il là faict participer de la terre & du Soleil: lequel est puis apres vn autre entre-moié plus subtil & essentiel, des choses celestes aux intelligibles totalement simples. C'est pourquoy il l'appelle le fils visible du Dieu inuisible; & que le pseaume 19. met, *Que Dieu y a planté son tabernacle*, car il est tenu pour donneur & pere de vie; corporelle faut il entendre, *Sol enim, & homo, hominem generant*, selon Aristote: & encore secondairement, comme ministre & instrument de celuy au monde intelligible, dõt au sensible il est l'image aperceuable à nos sentiméts; ce mõde là pur spirituel apellé pour ceste occasiõ en plusieurs lieux de l'escriture, *la terre des viuants*; en laquelle cõme en la diuine essence toutes choses germent & pullulent; mesme le verbe qui est-là eternellement engendré, & produit de l'intellect du pere, que le Zohar appelle l'air; duquel vient la lumiere qui est le fils, (*Splendor gloriæ eius*, 1. aux Hebr.) Car de אויר *auir*, air, vient אור *aor*, lumiere; ostant le *Iod*, lequel en *auir* represente la Paternité. Le fils au surplus est l'eau, qui vient de l'air, assauoir du pere, (*aqua sapientiæ salutaris* Ecclesiastic. 15.) Ce qui auroit parauenture meu le sage Thales à mettre l'eau pour le principe de toutes choses; & le S. Esprit est le sang, & le feu, procedant de l'air & de l'eau, selon le tesmoignage de Trismegiste au commancement du Pymandre, *Ex humidæ autem naturæ visceribus, syncerus ac leuis ignis protinus euolans alta petit*: car l'humide consiste en l'air & en l'eau.

OR en ce nombre dessusdit de 999. il y a vn autre mystere à considerer touchant les lettres de ceste forte intelligence מטטרון שר הפנים *Mettatron sar hapanim*, *le prince des faces mettatron*, qu'on prend pour l'ame du monde, (denotee enuers quelques Cabalistes par la ligne verte, comme ils l'appellent, qui enuironne tout l'vniuers; dite des vns la derniere *Mi-*

dah ou proprieté du monde archetype; & des autres *Cheter elion*, la supreme couronne, d'où tant à dextre qu'à seneſtre decoulent en premiere inſtance toutes les diuines influxions. Ce *mittatron* donques ou ame du monde, eſt ſelon leurs traditiōs la premiere choſe creée de toutes les creatures, dont elle contient en ſoy la perfection; (*Quæ prior omnium creata eſt*, en l'eccleſiaſtic. premier;) Ayant la charge d'introduire deuant la face du Souuerain, ceux qu'il luy plaiſt d'y appeller; comme on lit de Moyſe en Exode 33. & és nombres 12. *Ore enim ad os loquor ei*, dit Dieu à Aaron & Marie, parlant de luy: Et neaumoins il eſt eſcrit au meſme lieu d'Exode ſur la fin; *Videbis poſteriora mea, faciem autem meam videre non poteris:* pour autant que, *facies mea præcedet te*, dit-il dix ou douze lignes au deſſus; qui ne peut eſtre ſuiuant le pſeaume 80. *Oſtende faciem tuam, & ſalui erimus*; que le Sauueur & mediateur promis en la loy, *ordinata per angelos in manu mediatoris*; aux Galat. 3. *Vnus enim mediator dei & hominum Chriſtus* (à Timothée 1. 2.) qui eſt ſouuent appellé Ange en l'eſcriture; *Et vocabitur nomen eius magni conſilij Angelus*, Iſaye 6. Tellement que la face de Dieu ſeroit le Meſſihe, ſeul moien de noſtre ſalut; & nompas le *Mittatron* deſſuſdit, qu'aucuns à ceſte occaſion particulariſent pour le ſainct Archange Michel, auquel eſtoit le nom de Dieu, aſſauoir l'efficace & vertu d'iceluy, en Exode 23. *Voicy ie t'enuoye vn Ange pour te preceder, qui te gardera en la voye: Reſpecte-le, & adiouſte foy à ſa voix, ſans le meſpriſer; car il ne t'eſpar-*
gnera

gnera pas si tu peches; & de fait mon nom est en luy; ayant la charge d'offrir à Dieu les ames humaines; dôt il est appellé des Cabalistes כהן גדול Cohen gadol, le grand prestre; mais c'est côme vicegerend du souuerain sacrificateur, dont il porte le nom, le seau, le cachet, & l'office: Car ce mot de מיכאל Michaël ne signifie proprement autre chose sinon, *qui est celuy lequel soit côme Dieu?* A propos de ce qui est au 113. pseaume; *Quis sicut dominus Deus noster qui in altis habitat; & humilia respicit in cælo, & in terra?* Comme si celà vouloit inferer, que nul, fors celuy qui porte le nom de Dieu, auec son pouuoir & sa force, dependant du tres-sacré-sainct Quadrilettre יהוה Iehouah; *Quis sicut tu in fortibus Tetragramme?* en Exode 15. & à la verité il estoit bien raisonnable, que le peuple lequel Dieu auoit esleu entre tous les autres pour son Primogenite, (là mesme, chap. 4. *Filius meus primogenitus Israël.*) fust commis en la garde & protection du prince des Anges: & consequemment, apres l'obstination & incredulité des Iuifs enuers le Messie, que ceste tutelle & sauue-garde passast aux fils aisnez de sa vraye Eglise, les Rois de France tres-chrestiens; lesquels pourroiẽt auoir pris de là occasion d'establir leur ordre sous le nom & adueu de ce saint Archange, & iceluy choisi pour leur protecteur & patron : si que ce royaume a cest aduantage sur tous les autres potentats de la terre; & par especial autant plus encore de preeminẽce par dessus celuy des Israëlites, qu'à la foy Chrestienne par dessus la loy Iudaïque, nonobstant

G

qu'elle l'aye precedée en dacte de téps; mais elle n'estoit qu'vn type & figure de ce dont la nostre a esté l'accomplissement & perfectió; qui represente outre plus l'home interne, & la Iudaïque l'animal & exterieur seulement; selon qu'il auoit esté signifié par Cain, & Abel; Ismaël, & Isaac; Esau, & Iacob : dont la téporelle primogeniture va au rebours de la spirituelle; car tous ces aisnez ne denotent que l'homme animal, selon le dire de l'Apostre en la premiere aux Corint.cha.15. *Prius quod animale, deinde quod spirituale* : là où la diuine se doit en premier lieu attribuer à sa sapience; *primogenita ante omnem creaturam*, en l'Ecclesiastic.24. & au verbe incarné, *qui est le primogenite de toute creature*, aux Coloss.1. *Institué du* PERE *son heritier vniuersel*; aux Hebr.1. Et aux princes terriés puis apres, dessouz son authorité & adueu; selon le reng de la precedance d'eux acquise, tant par l'ordre qu'ils sont paruenus à la lumiere de l'Euangile, que pour leurs merites & bien-faicts enuers l'Eglise Catholique. Mais pour reuenir au propos dessusdict, la secrete Theologie Cabalistique tient, que tout ainsi que le *Nesamah*, νοῦς, ou *mens* qui est l'intellect, domine en l'ame du microcosme, qui est l'homme, aussi faict *Mittatron* au monde celeste; l'ame du Messihe en l'angelique; & en l'archetype *Adonai*. Et tout ainsi que la lumiere de l'ame raisonable est l'intellect agent, de mesme la lumiere de *Mittatron* est le *Sadai*; & la lumiere de l'ame du Messihe est *Elchai*, qui signifie le Dieu viuant; & la lumiere d'A-

donai est *l'Enſoph*, ou infinitude de la diuinité : Au ſurplus, que le petit monde, & le grand communiquent en l'intellect, comme faict le plus bas du ſuperieur, auec le plus hault de l'inferieur, à guiſe de la Lune, qui eſt la plus infime des choſes celeſtes, & la plus haute des Elementaires. Que le monde pareillement corporel & ſenſible, communique au *Mittatron*, qui eſt l'intellect agent du premier mobilé, & vn moyen entre la nature celeſte, comme inferieure, & la nature Angelique cóme ſuperieure à lui, ſelon qu'il eſt bié à plain expliqué au 2. cha. des Portes de la lumiere. Les lettres dóques de ce nom *Mittatron*, auec celles de *Sar harpanim*, ſelon le Calcul des Hebrieux, comme auſſi de שׁר צבאות *ſar Zeuaoth*, le chef de la gendarmerie celeſte, font le nombre deſſuſdit de 999. cópoſé du neuf qui eſt ſimple, & d'autant de dizaines, & de centaines. Celà nous a eſté encore repreſenté par le meſme Moyſe en la conſtruction du Tabernacle, lequel ſymboliſoit aux trois mondes ; & au microcoſme qui eſt l'homme, pour le quatrieſme. Car la premiere de ſes parties tout à deſcouuert, & à l'erte, expoſee aux vents, pluyes, greſles, neges, & autres impreſſions de l'air, qui ſe forment deſſoubs le cercle de la Lune, en perpetuel changement & alteration ; acceſſible au reſte à toutes ſortes de perſonnes & d'animaux, & en aſſiduelle viciſſitude de vie & de mort, à cauſe des continuels ſacrifices qui s'y faiſoient, denotoit le monde elementaire, compoſé d'eau, comme d'vne

TRAICTE'

substance coulâte & instable, lequel se peut proprement appeller le môde de tenebres & obscurité, suiuant ce que l'Euangile appelle le Tentateur tantost le prince des tenebres, tantost le prince de ce monde; Et en la creature raisonnable le corps. LA SECONDE partie de ce tabernacle resplandissante toute d'or, & illuminee par vn châdellier à sept pointes, qui sont sans doute les sept planetes, signifioit le monde celeste, participant de la lumiere & des tenebres, qui correspondent au feu & à l'eau; au moien dequoy les Hebrieux appellent le ciel אשמים *eschamaim*, de אש *esch*, feu, & מים *maiim*, eau; ayant corps de vray, mais incorruptible; & vn intellect qui le gouuerne, toutes-fois annexé à luy, & non libre ne vagabond; tout ainsi que le moteur assiste à la chose meuë. Et à ce propos voicy ce que touche vn Cabaliste Rabbi Ioseph ben Carnitol en ses liures des Portes de Iustice: *Sachez* (dit-il) *qu'il y a vne* *substance admirable au corps de l'hôme, appellee* לוז *luz, laquelle est toute sa force & vertu, voire la racine, & le fondement d'iceluy: & quand il meurt, elle ne s'enuolle pas, ny esuanoüist pour celà, ains quâd bien elle seroit reduite en vn tas dans le plus grand feu, ne se brusle ny consume point; ny ne sçauroit estre nomplus brisee dans vne meulle de moulin, ny concassee dans vn mortier, ains est permanente à tousiours; receuant mesme de la volupté & delices en l'homme iuste apres son decez, suiuant ce qui est escrit en l'Ecclesiastique* 26. *Et ossa eorum impinguabit; & de la peine & cruciment d'autre part és reprouuez, ainsi que d'i-*

*alias, Ossele.

ceux il est dict en Ezechiel 32. Et erit iniquitas eorum super eorum ossa. Laquelle substance, qui est le fondement de sa racine, est partie du lieu dict שמים schamaim les cieux, par vn mystere cogneu à ceux qui sçauent ce que c'est de ceste substance celeste; & dont chaque espece reçoit la force & vigueur de son Estre; car delà l'influence vient au lieu qui s'appelle שחקים Scheakim ou region Etheree. A quoy se rapporte ce que met Nonius Marcellus de l'ancienne mode Romaine a enseuelir les corps morts: *Prius quam in os iniecta gleba est, locus ille vbi crematum est corpus nihil habet religionis: Iniecta gleba, tunc & ille humatus est, & sepulchrum vocatur.* Mais tout cecy est bien plus ouuertement expliqué par Rabbi Moyse Egyptien, surnommé Rambam au premier liure de son *More haneuochim*, le directeur des doubtes, chapitre 69. Que l'ame qui reste de l'homme apres sa mort, n'est pas totalement ceste substance qui estoit en luy pendant qu'il viuoit icy bas, car ce n'est lors qu'vne preparation à la vie eternelle, ains celle qui demeure separee du corps apres son decez, qui est chose reelle & en acte. En quoy il a ensuiuy Aristote au 12. des Metaphysiques, où il parle de ceste nature; *Quæ non impeditur* (ce dict-il) *quin à morte hominis superfit.* A ce que dessus conuient encore ce que Paracelse en ses Archidoxes appelle *l'Esprit du ciel*: Et François Georges Venitien de l'ordre des freres mineurs grand Cabaliste, au premier cantique de son Harmonie du monde chap. 5. du 6. ton: L'homme vit auec les metaux d'vne vie venant d'enhaut,

Esprit metallique.

lesquels ont delà certain esprit tres-occult & caché, qui iamais, ou fort rarement n'en a peu estre separé par aucun artifice, combien que plusieurs s'y soient fort soigneusement trauaillez. Agrippa liure premier chapitre 14. apres les anciens philosophes, l'appelle l'Esprit du monde, & la Quint'essence; le moien par lequel l'ame s'associe & vnist au corps, auec toutes les proprietez specifiques introduites és animaux; car c'est le seminaire de leurs vertus: Au moien dequoy les Chimiques s'efforcent de l'extraire (dit-il) de l'or & argent, pour y transmuer les autres metaux imparfaicts. Mais plus apertement au 4. chapitre du 2. liure: *Il y a une chose creée de Dieu, qui est le subiect de toute merueille; laquelle est en la terre, & au ciel; animale en acte, vegetale, & minerale; trouuee par tout; cogneuë de fort peu de gens, & de nul exprimee par son droict nom, ains voilee d'innumerables figures & enigmes: sans laquelle ny l'alchimie, ny la magie naturelle ne peuuent atteindre leur complette fin.* Ce qu'il a transcrit de mot à mot des fragments d'Artephie, & de Kirannide. Geber, & les autres philosophes Chimiques appellent cela, *le corps spirituel fixe*: C'est à dire l'or; qui en sa nature estant le plus permanent au feu de toutes les autres substances; (*Cui rerum vni nihil igne deperit*, dict Pline liure 33. chapitre 3.) Par artifice se faict volatil, à ce que sa teinture qui n'est que citrine, se puisse hausser en couleur vermeille par l'action du feu, alors qu'il y sera rendu passible; & puis apres qu'il est rougy, on le fixe comme auparauant. Tous lesquels regimes de l'œuure philosophal Chimique se conformét à l'exemple de l'homme; au corps duquel toutes les vertus corporelles se retreuuent, ainsi qu'en son ame les vertus de toutes sortes d'esprits, dont il est dict le Microcosme ou petit monde; ayant double corps, l'vn materiel, & l'autre spirituel, selon l'Apostre en la premiere aux Corinthiens quinziesme; *Est corpus animale, & est corpus spirituale*: Celuy-là estant purifié ainsi qu'il doit, *per expoliationem corporis carnis*, aux Colossiens 2. monte auec le corps spirituel, autrement appellé Quint-essence, en laquelle reside (à propos du *lux*) toute la force & perfection du corps materiel; comme il appert au grain de froment, & autres semences, dont la partie materielle & imparfaicte se corrompt & reduit en terre; & l'autre en estant separee demeure, dont se vient à produire la plante selon son espece. Le mesme est-il de nostre corps; comme le parcourt tres-excellemment le dessusdict 15. chapitre aux Corinth. *Seminatur in corruptione, surget in incorruptione: Seminatur corpus animale, surget corpus spirituale*, &c. Comme s'il vouloit dire, qu'apres que le corps materiel corruptible se sera despouillé de son vestement terrestre & impur, la parfaicte portion d'iceluy se demeslera de ses ordes immondices grossieres; & s'en yra là haut adherer à Dieu, suiuant le dire de Zoroastre; *Il te faut monter à la vraye lumiere, & aux clairs rayons paternels, d'où ton ame t'a esté enuoyée, reuestuë de beau-*

TRAICTÉ

coup d'intellect: Et de Pythagore aussi en ces termes; Si delaissant ce corps contraint, tu passes en la liberté Etheree, tu seras vn Dieu immortel.

LA TROISIESME partie du Tabernacle estoit le *Sancta sanctorum*, representant le monde surceleste ou intelligible, tout de lumiere & de feu, le vray domicile des Anges, ou intelligences separees comme on les appelle, ministres du grand Dieu viuant; ce que denotoient les deux Cherubins d'or, qui alongeans leurs esles l'vn deuers l'autre, adombroiēt le propitiatoire: Et en l'hõme, c'est l'Intellect que les Hebrieux appellent *Nessamah*, & les Grecs νοῦς. Ce monde icy meut le Celeste, & le Celeste l'Elementaire; car par le moyen des rayons du Soleil & de la Lune, ensemble des estoilles qui se dardent contre la terre comme les fleches à vne butte, le ciel tenant lieu de masle agist enuers sa femelle la terre; pource que les corps ne peuuent ouurer que par attouchement. Et selon l'vnanime accord de tous les Platoniciens, dōt la maniere de Philosopher qui est principalement par les nombres, descend d'enhaut du souuerain Createur de toutes choses, encontre bas, tout ainsi que les Sephiroths par le tres-sacré-sainct Ternaire, en premier lieu dedans les cieux, & de là aux quatre Elemens; là ou au rebours celle d'Aristote, qui se retient entierement à la nature des choses sensibles, monte du bas encontre-mont par la sciéce des Elemens, & inferieurs principes des choses, iusqu'à la machine celeste & non plus, par le Quaternaire

La façon de philosopher de Platō & d'Aristote.

naire corporel & sensible; qui suiuant la doctrine de Pythagore, participe plus du corps & de la matiere; & le Ternaire de l'esprit, & de la forme. Selon donques les Academiques, tout ainsi qu'au monde ideal archetype toutes choses sont contenues en toutes choses, qui estoit aussi l'opinion d'Heraclite, de mesmes sont-elles encore au monde corporel & visible, comme le veut Anaxagore, tant au Celeste qu'en l'Elementaire; neantmoins par diuerses sortes; car le feu d'icy bas est grossier & bruslāt; & l'eau y accable & esteint la chaleur naturelle, où reside la vie des animaux; là où au ciel ceste chaleur n'est autre chose que le Soleil, qui viuifie tout icy bas au lieu de l'exterminer: & l'eau est la Lune, qui regente & meut les humiditez qui y sont, comme on peut voir és flux & reflux des marées, és mouëlles & ceruelles des animaux, & semblables substances: Ceste humeur celeste au surplus estant celle qui repaist, norrist & abbreuue les autres d'embas, pour le maintenement de tous les composez elementaires; laquelle correspond delà à ceste grand' mer ou piscine du monde intelligible, d'où par certains canaux se deriuent & coulent les Estres de tout ce qui est au dessouz de soy, dans la grande concauité des cieux. Le feu finalement au môde intelligible, est l'intellect Seraphique, assauoir vne charité tres-feruente, embrasée d'amour & dilection; & l'eau, les Cherubines influéces, à qui se rapporte le fleuue *Chobar*, au commencemēt du prophete Ezechiel; & le pseaum. 148.

Les Elemēs sont és trois mondes par diuers respects.

H

Que les eaux qui sont audessus des cieux, loüent le nom du Seigneur; ce qui ne se peut entendre que des intelligences angeliques. ET POVR le quatriesme mode est l'homme, le chef-d'œuure du Createur; participant de tous les trois auec lesquels il symbolise; pour le regard assauoir du corps, au monde Elementaire, comme celuy de tous les autres animaux; de l'esprit, au monde Celeste; & de l'intellect, representant en luy l'image de Dieu, à l'intelligible. Le mesme Rabbi encore, fils de Carnitol au liure cy dessus allegué, où il explique plus apertement tout cecy : *Les edifices du monde inferieur demeurent fermes & immobiles; mais les Spheres vont auant, & tornoient sans cesse; parquoy les choses basses sont dittes estre mortes, & les cieux auec tout ce qui y est, estre en vie. Que le fondement au reste de ces edifices est en haut, & le comble d'iceux en bas:* Si que l'homme est comme planté au Iardin de delices, qui est la terre des viuants, par les racines de ses cheueux; suiuant ce qui est escrit au 7. des Cantiques; *Coma capitis tui, sicut purpura regis iuncta canalibus*; assauoir ceux d'enhaut: ce qui denote d'autre-part, le secret mystere des Anges qui sont en l'ordre inferieur, desirans de monter; & de voir la face du SEIGNEVR יהוה. Et cela est representé par les Elemens; dont les eaux de leur naturel sont attirées contre bas; l'air flotte, va & vient de costé & d'autre en vn rouëment & circuit non reiglé; & le feu de soy tend tousiours contre mont: le tout à la similitude des trois mondes, dont l'elementaire est en bas; le celeste tornoye au milieu; & l'in-

L'hõme vn symbole de l'vniuers.

telligible s'esleue en hault par dessus tout; là où le tressacré-sainct nom de Dieu, le grand quadrilettre, en sa diuine essence, comme mesme tesmoigne l'Apostre aux Hebrieux premier, *portat omnia verbo virtutis suæ* ; mais de telle sorte que son fardeau est estably audessous de luy. Ce qui nous est encore signifié par les trois noms des superieures Zephiroh ou numerations; dont אהיה *Ehieh* tient le plus hault lieu du monde intelligible; אדני *Adonai* celuy du monde elementaire en bas : & le tetragrammaton יהוה *Iahve*, du celeste, au milieu des deux. Toutes lesquelles choses susdites nous seront rendues encore plus aisees & intelligibles, par la table suiuante.

H ij

	אלהים Elohim.	יהוה Iehouah.	אהיה Eheih.
Les 3. noms diuins.			
Les 3. personnes.	LE S. ESPRIT.	LE FILS.	LE PERE.
Leurs 3. Sephiroth ou numerat. prem.	Binah. Intelligence.	Chochmah. Sapience.	Cheter. Couronne.
Les trois mondes.	l'Elementaire.	Le celeste.	l'Intelligible.
Leurs noms, & Numer. y corresp.	ארני Adonai. Malchut, le regne.	יהוה Iehouah. Thipheret, ☉ beauté.	כתר Cheter. Le mediateur †
Les 3. principes.	La matiere. Le patient.	La forme. l'Agent.	l'Idee. l'Informant, ou Moteur.
Leurs similitudes par vn sceau ou cachet.	La cire, ou autre telle estoffe.	La figure y emprainte.	Le moulle creux, ou de relief, qui la marque.
Leurs 3. sciences. Leurs 3. correspond.	La Chimie. l'Art.	La magie. La nature.	La Cabale. l'Intelligence.
Les 3. Operateurs.	l'Homme, ou le Microcosme.	Le Messihe, ou Ame du monde.	Elohim, ou l'Esprit sainct.
Leurs 3. moiens, ou instrumens.	le feu Elementaire.	Le Soleil.	Le feu diuin, qui s'aparut au buisson ardent.
Les trois parties du Microcosme.	Le corps. Le sens. Isaac.	l'Ame. Le Iugement. Iacob.	Le Nesamah ou mens, l'intellect. Abraham.
Les trois manieres de ce corps.	Le Materiel. l'animal.	Le spirituel. Le rationel.	Le glorifié: l'Intellectuel.
Les trois substances du suiect phal.	l'Esprit fetend.	l'eau viue, ou seche.	le corps parfaict subtilié.
Le corps parfaict en ses 3. dispositions.	l'or, en sa nature.	Son esprit, ou quint-essence.	Son ame, ou teinture multiplicatiue.

COMME doncques l'homme soit vne mesure, & type de toutes choses; & la raison la principale partie de son ame, dont elle constitue la difference; la parole cóme vne fille de la raison, & l'escriture sœur muette de la parole, il s'ensuit de là que l'homme n'a rien de plus excellent ny d'exquis emanant de luy, que la parole & l'escriture, comme les deux actions qui approchent le plus de ce qui l'esloigne & faict differer des bestes brutes. Et sont ces deux parties en luy, à guise de deux beaux grands coursiers eslez ou Pegases attelez à vn char triomphal; non pour le promener sur la terre, ou le rouller sur la larg'estendue de la marine, comme Neptune fait le sien dans le 13. de l'Iliade; ains pour l'esleuer à trauers les nues en l'air, au temple de l'immortalité. Car encore que les faicts obtiennent la precedance deuant les dicts, & les escrits; n'y ayant personne qui ne deust plustost desirer d'estre Pompee ou Luculle, que Virgile, ne Tite-Liue; & Achille tel cóme Homere l'a celebré, que le Poëte mesme; neaumoins tous leurs beaux faicts d'armes, toutes leurs proüesses & cheualeries fussent bien tost demeurées esteintes & englouties de l'oubliance sans la parole, qui de main en main par vne certaine Cabale en transmet successiuement la memoire pour durer à perpetuité: mais plus encore sans l'escriture, qui faict assez mieux sans comparaison ce deuoir que la parole: car ainsi que souloit dire autrefois vn de noz anciens capitaines; Il n'y a si fort corps de cuirasse, fust-il mesme à toutes es-

Comparaison du parler & de l'escriture.

H iij

preuues, que la bien affilée plume d'vn bon authour ne transperse legierement. Cela s'est peu apercœuoir és orateurs Demades & Hortense, mis en parangon auec Demosthene & Ciceron; car les deux premiers l'vn Grec & l'autre Latin, bien que tref-eloquents & faconds sur tous les autres & d'auparauant & d'apres, n'ayans neantmoins rien laissé d'escrit, n'ont pas eu telle ne si durable vogue de renommée enuers la posterité, que les deux autres; dont la memoire de leurs diuins œuures ne pourra iamais deperir, ains par vne si longue suitte de siecles a resplandy sans s'offusquer, & faict encore plus que iamais, ainsi que deux claires estoilles, par tous les cantons de la terre: de sorte que la gloire qui se procree & acquiert du bien dire, peut bien de vray estre plus prompte & hastiue; & plus plausible de plainsant, comme estant secondee de la viuacité de la voix, & de la grace de l'action, qui ont plus de force que les choses muettes, selon que l'orateur Eschine le demōstroit à ceux qui lisoient les deux oraisons de la courone prononcees de luy & de Demosthene; mais celle des escris est bien de plus longue duree en recompence, à l'imitation des arbres & plantes, & de la fortune des hommes, voire de la condition de toutes les choses humaines, dōt le propre est de s'en aller ou plustost ou plus tard selon qu'elles viennent. Tellement que les lettres seules se peuuent acquerir l'immortalité sans les faicts; mais les faicts sans les lettres non: suiuant ce que dict assez proprement le Poëte Italian,

DES CHIFFRES. 32

de l'escriture, *Trahe l'huom' del sepulchro, e'n vita il serba*. Si que ie croy qu'il y a beaucoup de gens, pour le moins ie serois bien de cest aduis, qui auroient plus cher d'estre priuez de l'vsage de la parole, que du plaisir de lire & escrire; attendu la consolatió, & la renómée qui se peut trop mieux acquerir de ces deux, que nompas du parler; toutesfois il y a diuerses considerations en faueur de l'vn & de l'autre: La loy mesme que receut Moyse au haut du mont de Sinai de la bouche, & de la main propre du Createur, consistoit en parole & en escriture, comme nous auons desia dit dés l'entrée de ce traicté; laquelle escriture selon qu'alleguét les Cabalistes, a cest aduantage sur la parole, que beaucoup de secrets de la diuinité se representent par escrit, qui ne se sçauroient exprimer de bouche; car il n'y a vn seul petit point ou accét au *Thorah*, (c'est le Pentateuque) qui n'importe quelque grand mystere: & fut escrite (ce dient ils) expressément tout d'vne suitte, sans aucune separation de mots ny de clauses, du commancement iusques à la fin, tant que le tout ne sembloit estre qu'vne seule diction, si elle pouuoit estre aussi longue; à ce que le vulgaire, nonobstant que chacun l'eust deuant les yeux, & la sceussent par cœur, n'en peust entendre la secrete signifiance, de peur de mespris, ains seulement ceux du conseil, ausquels Moyse en cómuniquoit ce qui leur estoit necessaire pour l'exercice de leurs charges, & selon que leur portée en estoit capable; en se reseruant le surplus des sacré-se-

La Loy Iudaïque dictée de la bouche de Dieu, & escrite.

crets, mesmement de la Trinité, que de peur d'induire les Israëlites à idolatrie, où ils estoiét assez enclins, pour ne pouuoir comprendre ce tant haut mystere d'vne pluralité de personnes en vne si parfaite vnió, il ne leur à iamais voulu reueler qu'en paroles couuertes: trop bien en faisoit-il participant Aaron, & les septante *Sanhedrin*; & eux, leurs successeurs en semblable; dont seroit venu le nom de Cabale, comme qui diroit tradition receuë par l'oye, sans rien rediger par escrit: A quoy se conformerent depuis les Pythagoriciens, & les Druydes, au tesmoignage de Cesar dans le 6. de ses Commentaires. Mais ces mysteres Cabalistiques procedoient de la loy escrite, & ne consistoient pas si absolument en vne verbale tradition, que l'escriture n'en comprist la meilleure part; tant en la forme des caracteres, leurs points, accents, ordre, suitte, & assiette; qu'en la trásposition, commutation, & accouplemens des lettres; ce que les Hebrieux appellent *Ethbas*, *Tmurah*, & *Ziruph*; le Notariacon aussi, les equiualences de nombres, & la Ghematrie; ensemble tels autres artifices & obseruations; dont entre tous a escrit plantureusement vn Iuif Espagnol appellé Rabbi Ioseph Cicatilia de la ville de Salamanque, trois gros liures intitulez גנת אגוז *ghinat egoz*, le iardin du noyer; le premier traictant des dictions, le second des lettres, & le troisiesme des points & accents; à l'imitation dequoy sont bastis la plus part de nos chiffremens. Mais ceux des Hebrieux sont tous remplis de

Le mystere de la Trinité cogneu parfaictement de Moyse, & des autres prophetes Iuifs.

Cabale, proprement reception verbale.

Chiffres hebraïques.

DES CHIFFRES. 33

plis de treshauts & rares mysteres de la diuinité; ce qui est cause que nous ne pouuons moins que d'en toucher icy en passant quelque chose, selon que les occasions s'en presenteront à propos. Tout ainsi au reste que l'escriture est plus spirituelle que la parolle, qui tient plus du corps, car elle tombe souz le sentiment de l'oye, plus grossier & materiel que celuy de la veuë, ouquel consiste l'escriture, les chiffres comme nous auons des-ja dict sont aussi plus spirituels que nompas la commune escriture; parquoy ils se rapportent au sens mystique de la loy, caché dessouz l'escorce de la lettre. A ce propos le mesme Rabbi dessusdit au liure 1. *Des portes de la lumiere*; sur la diference de ces deux mots אמרה *Emirah*, diction ou parole, qui viét du verbe אמר *amar*, dire ou parler; & דברה *daberah*, de דבר *dibur*, raisonner, discourir, met que le premier denote la loy donnee de bouche à Moyse, qui est represétée par le nom diuin אדני *Adonai*; & l'autre assauoir la prolation (*daberah*) comme quand on trouue en l'escriture מדבר *medhaber*, il a parlé, (Dieu faut entendre) signifie la loy escrite, denotee par le sacre-sainct tetragrammaton יהוה: Au demeurant, que la loy escrite comme plus spirituelle & mysterieuse, est expliquée par la loy donnee de bouche, qui est le temple & tabernacle de la loy escrite, tout ainsi que ADONAI l'est de l'ineffable Quadrilettre: & comme il n'y aye point d'autre accez pour arriuer à ce sacré nom que souz la conduite & addresse de celuy d'ADONAI, lequel puise tou-

Diferéce de la loy donnee de bouche & de l'escrite.

I

tes ses benedictions & effects d'iceluy; aussi n'y a-il autre voye pour s'introduire és mysteres de la loy escrite, que par celle qui fut donnee de bouche. De cecy donques nous aprenons, que comme le tetragrammaton IAHVE ou IEHOVAH, selon qu'on le profere plus communemét, est bien plus sublime qu'ADONAI où seigneur; & la loy escrite que celle qui fut dictee de bouche, qui n'est qu'vne escorce ou escaille de l'autre; en semblable l'escriture doit aussi estre plus excellente que la parole; qu'Aristote & ses sectateurs dient n'estre autre chose en l'homme qu'vn ῥεῦμα λόγων, vn coulant ruisseau de raisonnemés; dont la source est la διάνοια ou discours mental; & le ruisseau qui decourt de ceste fontaine, la parole, laquelle conuient auecques DIEV, source de la raison en nous. Et tout ainsi qu'il n'y a point d'eau au canal, & en la piscine qui s'en procree, qui ne procede de la fontaine, aussi ne sort-il point de parole dehors, qui n'ait premiêr esté conceüe interieurement en l'ame; de laquelle parole les mots sont les signacles & notes, cóme les lettres le sont des mots. Surquoy le philosophe Ammonius dict, que les lettres ne font qu'exprimer & enoncier seulement, & les choses ne sont qu'enonciees; mais les paroles & intellections expriment & sont exprimees; les paroles, vne fois sans plus, bien qu'en deux sortes; Premierement lors que la raison se coulle & distille en la langue, puis quand la langue vient à battre l'air, le son en passe à l'intellection & oye, & de là les choses qu'elles representent penetrent par l'oreille à l'entendement, où elles s'attachent, & s'y impriment. Au contraire les intellections des choses sont exprimées doublement; assauoir par la parole, & par l'escriture; mais elles n'expriment qu'vne seule fois, soit par la viue voix, soit par l'escriture muette de soy; laquelle varieté nous demonstre la nature de noz paroles, entant qu'elles communiquent partie auec l'esprit,& partie auecques le corps: tellement qu'elles nous preparent vn accez & entre-moien de nous auoisiner de Dieu: Et cela cause la vertu qui se retrouue en certains mots & caracteres.

AV SVRPSVS il y a des chiffres de certains langages forgez à plaisir, aussi bien que de l'escriture, ainsi que le iargon des Gueuz & Bohemiens, & autres semblables; dont i'ay veu autrefois vn gros dictionaire imprimé à Venize, si ample & complect, qu'il n'y a rien quelconque qui ne s'y peust dire & escrire, bien plus distinctement qu'en Geneuois, Breton bretonnant, ou en Basque; ny parauenture qu'en Escossois. Il y a outreplus des chiffres qui qui sont comme moiens entre la parole & l'escriture, d'autant, qu'ils sont muets comme elle: & quant & quant ny plus ny moins que la parole attachez & ioincts auec la personne; qui s'en exprime par gestes de doigts, mines & guignemens des yeux, leures, &c. côme nous auons touché cy dessus: tellement qu'ils sont presque d'infinies sortes, à guise des notes & abbreuiations Ciceroniennes; car

Chiffres nō seulement d'escriture, mais de paroles, & de gestes.

I ij

TRAICTE'

chacun s'en forge à sa fantasie, tout ainsi que des alphabets, auecques ses cointelligens qui d'vne façõ qui d'vne autre plus ou moins artificielles & ingenieuses, selon la dexterité de leur esprit, ou qu'ils arriuent à en estre instruits par les autres. Mais la pluspart de ceux dont i'ay veu vser és cours des princes, consistent seulement en vne multiplication de caracteres faicts à plaisir; estimans que pour estre bizarres, incogneuz, & en grand nombre; le sens qui y est contenu ne pourra estre descouuert sans la communication de l'alphabet; car les voyelles, par ce qu'elles sont plus frequentes que les autres lettres, y sont triplees & quadruplees voire plus; & le reste à l'equipolent; auec des doubles, des nulles, & tout plein de notes à part; qui designent chacune vn mot; comme Empereur, Roy, armes, viures, Galleres, & autres semblables : Nonobstant tout celà neaumoins l'industrieuse & viue coniecture des hommes ne laisse d'en venir à bout, & penetrer dans le secret; bien qu'auec vn trauail extreme d'esprit, & vn rompement inestimable de teste. Car ie me resouuiens d'auoir veu en mes ieunes ans, estant nuorry auec le general Bayard, premier secretaire d'estat du grand Roy François, feu monsieur de la Bourdaiziere ayeul de ceux qui viuent pour le iour d'huy, auoir souuente-fois dechiffré, sans l'alphabet faut-il entendre, plusieurs depesches interceptes, en Espagnol, Italian, Allemand, ores qu'il n'y entédist rien, ou bien peu, auec vne patiéce

Chiffres cõmuns peu subtils & mal-seurs.

DES CHIFFRES. 35

de trois sepmaines à y trauailler cōtinuellement iour & nuit, premier qu'é pouuoir tirer vn seul mot: ceste premiere bresche faicte aussi, tout le reste vient bien tost apres, tout ainsi qu'en vn desmolissement de murailles. Mais plus excellemment beaucoup, le grand vicaire de sainct Pierre à Rome, Patriarche de Ierusalem, qui onques n'eut son pair en cecy; car en moins de six heures, par le moien de ses belles reigles, la viuacité de son esprit, & sa longue practique, & vsage en telles choses, l'an 1567. Ie luy viz dechiffrer vne grand fueille de papier en langue Turquesque, où il n'entédoit pas quatre mots, & si il y auoit plus de sept ou huict vingts caracteres tous differends. Comment c'est que celà se fait, il y a certains secrets & maximes pour y paruenir; comme de la frequence des lettres selon leurs degrez; de leurs suittes & concomitances; auec autres telles industrieuses considerations & ruzes, qui ont ie ne sçay quoy de commun auec les anagrammes & noms renuersez; enquoy les vns sont plus heureux que les autres. Et de fait toute l'escriture tant la commune que la chiffree, n'est guere autre chose que des anagrammes, attendu le peu de lettres dont par leurs diuerses transpositions & assemblemens se peuuent exprimer tant de diuers sens, iusqu'en infiny; reduittes premierement en syllabes, puis les syllabes en dictions, & ces dictions en fin tissues en clauses, & complecte oraison. Les dexteritez donques, & coniectures dessusdites de l'esprit humain, le conduisent

I iij

finablement en ces chiffres grossiers, à les descouurir: Au moien dequoy il a esté besoing d'en chercher d'autres plus ingenieux & plus seurs; plus in-
dissolubles & desrobbez; & quant & quant moins
difficiles à manier; parce qu'és autres on est ordinairement en danger, ou de perdre son chiffre, ou qu'il
soit liuré & trahy aux aduersaires, par celuy à qui on
le commet & s'en fie. Et pourtant, laissant là toutes
ces forests inutiles de caracteres multipliez sans propos, i'en ameneray icy de plus rares & plus subtils;
& dont il est non que malaisé, mais impossible d'en
venir à bout, quand bien mesme l'on en auroit mille & mille fois l'alphabet: lequel outre-plus ne se
peult iamais perdre ny esgarer, qu'il ne demeure
tousiours empraint en vostre memoire, pour le redresser en tous lieux par cœur, & à toutes heures que
vou-vous en voudrez seruir; sans qu'il soit besoin de
le charier autrement auec vous, qu'en vostre pensee;
ne qu'il puisse estre communiqué à personne, qui
s'en peust seruir sans vostre cointelligence & consentement. Car vn mesme alphabet peult seruir à
tous les viuants de la terre, & en tous langages, qui
pour cela ne pourront rien comprendre ny desuelopper des intentions les vns des autres, s'ils ne s'entr'entendent: Toutes choses qui de primeface sem-
bleroient non moins estranges & incroyables que
les promesses de l'Abbé Tritheme; & neantmoins
apres en auoir sceu l'artifice, ce n'est par maniere de
dire que ieu. Car tout gist és clefs, qui se peuuent in-

Chiffres plus exquis que ceux dôt on vse és cours des Princes.

finiment varier, demeurans renfermees secrettemét dans la pensee des consachans; & le chiffre où elles s'appliquent, tout ainsi qu'en vne serrure dont à tous propos on changeroit les gardes, tousiours vn mesme: lequel n'est basty que de nos communs caracteres si l'on ne veult; qui se transportent & changent les vns pour les autres d'infinies sortes par vne reuolution circulaire, ainsi que les *Ziruph* des Hebrieux, representez dans le liure de la formation qu'on attribue au patriarche Abraham; mais plus droictement à Rabbi Akiba, ce grád Talmudiste, qui pour auoir voulu opiniastrement adherer à deux faulx Messihes nommez *BarcoZbas* ou fils de mensonge, fut auec le dernier, pris finablement dans Bizerte par l'Empereur Adrian, & martyrisé tres-cruellement; assauoir escorché tout vif par esguillettes, & puis bruslé à petit feu, auec quarante autres seditieux, & innumerable nombre de Iuifs mis à mort, quelques six vingts ans apres la natiuité de nostre Sauueur; ausquels encore iusqu'auiourd'huy on celebre és synagogues vn solemnel anniuersaire & vn ieusne, le cinquiesme iour de la lune du mois de *Tisri*, qui respond à nostre Septembre.

PREMIEREMENT donques ie mettray le chiffre, que i'attribue quant à moy à vn certain *Belasio* de la suitte du Cardinal de Carpi, pour auoir esté le premier de tous ceux dont i'ay eu cognoissance, qui le practiqua & mit en auant l'an 1549. que ie fuz à Rome la premiere fois : Car le liure cy deuant allegué de Baptiste Porte, auquel il a inseré ce chiffre sans faire mention dont il le tenoit, ne sortit en lumiere que l'an 1563. Et si il le doibt auoir anticipé de quatre ou cinq ans, parce qu'il ne fut en vente que l'an 1568. Aussi le grand Vicaire de sainct Pierre cy dessus allegué, qui l'enrichit depuis de tout plein d'vsages, dependans neaumoins du premier fondement, en deferoit l'inuention à iceluy Belasio quant aux clefs; car pour le regard des commutations elles ont esté de tout temps, ainsi qu'il a esté dit cy deuant; & mesmes il y en a force tables en la Polygraphie de Tritheme, mais non gueres bien practiquees. Et pourautant que ces clefs si elles consistent de plusieurs mots tout de suitte, comme la plus-part sont qui prennent des carmes entiers de Virgile, & autres Poëtes, sont vn peu facheuses, & subiettes à s'y trauerser, qui est vne mort pour le dechiffreur, i'y ay, de mon inuention puis-ie dire, amené l'artifice de faire dependre toutes les lettres l'vne de l'autre, ainsi que par enchaisnement, ou liaison de maçonnerie; & ce par leur collocation & suiuances, selon que vous pourrez veoir cy apres. Ceste table au reste, soit à Belasio, soit à Baptiste Porte qu'on la vueille attribuer, n'est toutesfois à parler au vray, de l'vn ny de l'autre, ains contretiree sur les *Ziruph* du *Iezirah*, de 22. lettres pareillement, combien qu'on se puisse passer de vingt, pour en faire vn chiffre carré; & de moins encore, afin de mesnager les autres pour seruir de nulles, & d'vn sens secret reserué à part; ce qui n'a

esté

DES CHIFFRES.

esté iusques icy obserué de nul, dont on en ayt peu auoir cognoissance.

OR en tous ces changemens & transpositions de lettres communes, il ne se trouue point de sens en appert auāt que d'en leuer le masque, c'est à dire les remettre en leur deuë assiette suitte & valeur, nō-plus qu'en des caracteres faits à plaisir; mais on les prend pour estre plus en main, & aisees à figurer: Trop bien seroit-ce le meilleur qu'il y en eust, pour oster toute soupçon de chiffre, qui est le souuerain but de cest artifice, auquel plusieurs ont aspiré, la plus-part d'iceux sans effect, comme il se dira vers la fin. Mais ce n'est pas ainsi des chiffres Hebrieux, qui iamais ne sortent de leurs caracteres; & si il y a tousiours quelque sens de grand mystere & importance; pour raison qu'ils tiennent leursdits caracteres estre diuins, & formez de la propre main de Dieu mesme; *Scriptura quoque Dei erat sculpta in tabulis*, en Exode 32. Et ce auant la creation du monde, comme met Rabbi Moyse Egyptien au 65. cha. du premier liure de son directeur, apres le Talmud au liure de *Pesah seni* pasque seconde; esquels caracteres il n'y a rien de friuole ny d'oisif, & sans quelque occulte signifiance en leurs figures, assemblemens, separations, tortuositez, directions, defaillances, surcrez, grandeur, petitesse, conformité de similitude, tiltres, accents, coronemens, cloison, ouuerture, suitte, valeur, & disposition. Et pource que les Hebrieux n'ont point particulierement de voyelles

Tous les chiffres Hebraïques ont double sens, l'un appert & l'autre caché.

Les figures des lettres Hebraïques ont signifiance.

-K

TRAICTÉ

rengees en ordre de l'alphabet, parquoy il fault que les consonantes en facent l'office, selon leurs diuerses assiettes & concomitances, il ne se trouue guere de suittes de lettres en ceste langue, dont il ne se puisse tirer quelque sens, de toutes les sortes qu'ō les puisse renuerser & torneuirer. Aussi sont-ils tous carrez & sans aucunes de ces liaisons telles qu'on voit en l'escriture Syriaque, & en l'Arabesque, fort gentilles & de plaisant aspect, pour monstrer que ceste langue, ny l'escriture, ny le peuple, n'ont iamais rien eu de commun auec les autres nations, ains sont tousiours demeurez à par-eux, comme vne chose separee du reste de la generation des hommes. La loy au surplus, à propos de ceste escriture, que Dieu donna à Moyse és deux tables susdites, estoit escrite tout d'vne teneur, sans aucune separation de syllabes, ne de dictions; & persees à iour de costé & d'autre; Si que chacun, à ce que disent les Rabbins, y lisoit diuersement à sa fantasie, à la main droicte, & à la gauche, par le deuant, & à l'enuers; du hault en bas, du bas en hault; Moyse s'en retenant deuers luy la vraye intelligence occulte, selon que Dieu la luy auoit reuelee; dont le secret consistoit, partie en la forme des caracteres, partie en la vraye & propre distinction des vocables: Ce qui ne se trouue pas de la sorte és autres langues & escritures, parquoy ces mysteres ne s'y peuuent representer bonnement; bien qu'elles ne soient pas du tout

Les Iuifs de tout temps vn peuple fort particulier.

Merueilleuse escriture des dix commandemens de la loy.

destituees des leurs, comme Socrate le discourt dedans le Cratyle, où entre plusieurs autres particularitez il en parle ainsi : ἐπεί περ συλλαβαῖς τε καὶ γράμμασιν ἡ μίμησις τυγχάνει ὅσα τ᾽ οὐσίας ὀρθοτ. τόν ἐςτι διελέϟαι τὰ ϛοιχῆα πρῶτον, &c. Pourautant (dit-il) que l'imitation de l'essence consiste és syllabes & lettres, c'est le droit de distinguer en premier lieu les Elemens. Dont quelques-vns ont esté meuz d'en vouloir tirer l'Ethymologie, quasi *Hylementa*, c'est à dire materiels & importans l'essence de la chose ; ainsi mesmes que le tesmoigne le *Iezirah*, & ses commentateurs Rabbi Isaac, Iacob Cohen, Tedacus Leui, & autres ; Que les considerations de toutes choses dependent des vingt-deux lettres, qui en sont le vray fondement ; car auant la creation du monde elles furent premierement extraictes des dix Sephiroths ou diuines attributions ; tres-simples au reste sur toutes autres simplicitez, sans aucun adioustement de matiere, & retenues iusques à leur explication, dans le *Belimah* (taciturnité ou silence) de la diuinité. A quoy se conforme ce que le Zoar dit, *qu'Adam imposa les vrayes & propres appellations de toutes choses ; composant chasque nom par des lettres qui denotent les influences des astres, destinez pour le ministere & seruice de la chose qu'ils representent.* Lesquelles lettres sont, comme les parties du corps, & les poincts, & accents d'icelles en lieu d'esprit, & de vie ; au

K ij

moyen dequoy il ne fault pas trouuer estrange si on les dit estre la facture propre du Createur, puis qu'elles sont l'vn des principaux instruments de le celebrer, & magnifier en ce dessusdit *Belimah* ou silence; car elles sont muettes de soy & non babillardes, Si qu'elles ont beaucoup plus d'emphase que les paroles; comme le tesmoigne assez ce beau traict dont vse nostre Redempteur en S. Iean 8. enuers les Scribes & Pharisiens, qu'il confond & estonne plus en leur escriuant ie ne sçay quoy du bout du doigt dedans la pouldre, qu'il n'eust parauenture fait verballement auec des blasmes & reproches. Aussi est ce silence fort recommandé en maints endroits de l'escriture; *In silentio & spe erit fortitudo vestra,* Isaie 30. Et és lamentations de Ieremie 3. *Bonum est præstolari cum silentio salutare domini.* Ce qui est cause que le Sauueur en sainct Luc 10. enuoiant ses disciples cueillir la moisson spirituelle, *leur deffend de saluer personne en la voye,* afin d'euiter toute distraction & empeschement: Ce qu'auparauant auoit aussi enioint le prophete Elizée à son garçon Giezi, lors qu'il le depescha pour aller resusciter l'enfant de la Sunamite, 4. des Rois, 4. *Si occurrerit tibi homo, non salutes eum.* Car le silece esleue plus nostre cœur à Dieu que la parole: Et pourtāt Iudith estant sur le poinct d'executer ce grand & hazardeux exploict sur Holoferne, pour le salut & conseruation de sa Patrie, fait, en son histoire 13. sa priere à Dieu, *cum lachrimis & labiorū motu in silentio:*

*recommā-
dation du
silence.*

DES CHIFFRES. 39

Par ce qu'il aime mieux estre prié, honoré, & remercié de cœur, que des leures à bouche ouuerte; *Tibi silentium laus*, met le pseaume 65. Et Trismegiste à Tatius, *Quãd tu seras paruenu à la cognoissance sublime, louë Dieu tacitement en silence*. Et de faict il est trescouuenable és lieux d'enhaut, comme le marque S. Denis au 4. des noms diuins, definissant l'Ange; où entre autres particularitez il lui attribue; *Que c'est luy qui rend manifeste la bonté & perfection du silence, laquelle est és occultes cachettes de Dieu*. Ce qui conuient auec l'explication du Zohar sur ce lieu du 14. d'Exode, où Dieu dit à Moyse, *Pourquoy cries-tu à moy de la sorte?* encore qu'il soit à croire qu'il parlast tout bas à par soy, voire en sa pensee, tant seulement; car ce mot de צעק sans ו *Vau* auec lequel il s'escrit ordinairement, signifie voix destituee de son & de bruit, & qui est de la seule intétion du cœur: laquelle voix ainsi basse & taisible, selõ Rabbi Eliezer est la plus efficace de toutes; voire bien plus que celle qui est accompagnee de clameur, à cause que l'eleuation de la pensee y est plus forte & attentiue; si que beaucoup d'adiuratiõs se font en murmurant tout bas. Et le Sauueur mesme en sainct Iean 4. *Veri adoratores* (dit-il) *adorabunt patrem in spiritu & veritate*: & l'Apostre en la 1. aux Corinthiens 14. *psallam spiritu, psallam & mente*. Toutes-fois le Zohar adiouste que trois choses sont requises pour obtenir l'effect & benediction de noz prieres; assauoir la pensee, l'intention, & la parole; la pensee, par ce que l'oraison ne doit estre inconside-

Trois choses requises és prieres qu'õ fait à Dieu.

K iij

rément & à la volee de tout ce qui nous pourroit venir à la fantasie & en volonté; car celuy qui prie doit bien sçauoir ce qu'il demande, ainsi que le deduit fort bien Socrate dans le second Alcibiade; là où il dict, que les prieres temeraires sont vrays blasphemes: ce qui se conforme à ce que le Sauueur dict en sainct Matthieu 20. des enfans de Zebedee; *Nescitis quid petatis*. L'intention, parce que la requeste qu'on faict à Dieu, doit estre dirigee à quelque fin qui soit raisonnable & legitime. La parole, pour autant que celuy qui prie doit exprimer ce qu'il desire d'obtenir: mais ceste parole peut estre de deux manieres, l'vne mentale & du tout taisible, qui pour le regard de Dieu est suffisante, attendu que c'est luy seul, *qui scrutatur renes & corda*, pseaume 7. Et l'autre est vne vocale expression de ses interieurs projets, necessaire à l'endroit des Anges, qui ont la charge de luy presenter noz prieres; & ils ne peuuent pas cognoistre le secret de noz cœurs sans paroles qui les expriment, ou que Dieu ne les leur reuele. Le mesme touche pareillement Proclus; que ceux qui se veulent preualloir d'vne oraison, où le nom de Dieu soit inuoqué en termes exprés, doiuent aussi auoir trois choses: la cognoissance de ce nom, dont la signification soit appropriee à la demande; suiuant le psalmiste 91. *Protegam eum, quoniam cognouit nomen meum*: Car encore que le vray nom de Dieu ne soit qu'vn seul, cogneu tant seulement du Fils, neantmoins l'escriture luy en attribue plusieurs selon la diuersité des effects; tellement que Moyse, (és nombres 20.) pour auoir voulu employer celuy d'Elohim, qui est de seuerité & de rigoureuse iustice; Dieu n'operant iamais rien par ce nom là sans la punition de quelqu'vn; en frappant de sa verge la pierre pour auoir de l'eau, en lieu de dire gracieusemét qu'elle en iettast hors, par le nom de grace & de misericorde, EL, suiuát ce que Dieu luy auoit ordonné; il ne peut onques obtenir pardō de ceste offense; ains furent luy & son frere Aaron priuez d'introduire les Israëlites en la terre de promission. Le second point de la priere est l'affinité & conuenance que doit auoir le requerant auec l'inuoqué, suiuant ce que met l'Apostre en la premiere aux Corinthiens 13. *Nemo potest dicere Dominus* IESVS *nisi in spiritu sancto.* Et le troisiesme est l'vnion; car les membres ne peuuent obtenir aucun benefice du chef, s'ils ne sont vniz auec luy. Toutes lesquelles choses dessusdictes, & autres semblables contenues encore plus particulierement au Zohar, ont esté par nous alleguees sur le propos de la parole & de l'escriture laquelle se cōforme au silēce, & est de plus grād force que la parole. A l'imitatiō dequoi le grād Roy FRANÇOIS bastit les beaux vers subsequents sur le tombeau de Madame Laure, fauorite en son viuant du poëte Petrarque; & tant celebrée de luy;

> *O diuine ame estant si estimee,*
> *Qui te pourra loüer qu'en se taisant?*
> *Car la parole est tousiours supprimee;*

TRAICTE

Quand le suject surmonte le disant.

MAIS à quel propos ceste soubs digression encore de ce tant valeureux & magnagnime Prince ? afin de rauiuer tousiours en passant quelque estincelle de sa tres-heureuse recommendation & memoire; pour auoir en ses iours restauré les arts, sciéces & bónes lettres, lors ensevelies de treslongue main; & banny l'ignorance & la barbarie non tant seulement de son peuple, mais de toute la chrestienté aussi;

———————— *Quique per artes*
Fluctibus è tantis vitam, tantisque tenebris;
In tam tranquilla, & tam clara luce locauit;

comme dit le Poëte Lucrece: Et ce, entre autres choses, par l'introductió des lecteurs publiques; l'vne des plus grandes commoditez & secours que les estudes puissent auoir, voire comme vne vraye pepiniere & seminaire des bonnes lettres : enquoy deux ou trois mille escus qu'il peut auoir employé tous les ans, durant la moitié seulement de son regne, car il en auoit des-ja bien commandé quinze, lors qu'il entreprit ce bon œuure, luy ont plus acquis d'honneur & de gloire, de louange, de graces, remerciemens, & de bien-vueillance engrauée au fonds du cœur d'infinis excellens personnages, que cent millions de millions d'or, si autant s'en pouuoit recouurer, qu'il eust peu despendre apres des guerres & conquestes plus memorables que celles d'Alexandre le grád, de Pompee, ny Iulles Cesar: Plus que tous les insolents edifices des Roys d'Egypte, ny que toutes les tes les ambitieuses distributions des Empereurs Romains, en la plus florissãte vogue de leur Monarchie. Que puisse ceste bien-heureuse ame qui nous a esté cause d'vne telle benediction, la plus grande apres la grace de Dieu que l'homme sçauroit souhaitter en ce monde, ioyr à iamais du repos & felicité eternelle là haut au ciel; & icy bas d'vne memoire & reputation pardurable.

CE GRAND ROY donques fut le restaurateur & pere des lettres enuers son peuple; & comme vn autre Apollon au milieu de la sacree trouppe des Muses sur le mont Heliconien. Mais i'en changeray icy la signifiance auec le propos; & les prendray pour les caracteres de l'escriture Hebraique; vingt deux en nombre, dont il y en a cinq de redoublez pour mettre à la fin des vocables, & par ce moien accomplir le nombre de vingt sept; cube du sacré ternaire, ouquel Platon s'estudie de demöstrer dans son Timee, que le monde a esté creé; comme tenant lieu du masle, de l'agent, & de la forme; auec le huit, le cube d'autre part du binaire ou du deux, qui represente la femelle, le patient, & la matiere: En quoy, comme en tout le reste de sa doctrine, il s'est conformé aux traditions Mosaiques, touchant mesme ce nombre de 27. car le semblable se trouue dans le liure de Iezirah, & celuy du Zohar bien au long; où il est expressement dict, que le monde fut fabriqué par les 22. lettres de l'alphabet; dont il y en a trois qui conuiennent aux trois Elemés, ainsi que nous deduirõs plus

Grãds mysteres contenus és lettres Hebraiques.

L

à plain cy apres; douze auec les 12. signes du Zodiaque; & sept auec les 7. estoilles erratiques au monde celeste; comme les trois autres en l'Elementaire. Et se prononçent ces lettres de deux façons; ou par vne prolation lasche & remise, ou par vne esclatante & aiguë; lors qu'elles representent les Planetes estans en leurs vrays & à eux appropriez domiciles; & la relaschee & doulce quand ils se trouuent és autres maisons, comme les appellent les Astrologues; car leurs vertus & effets sont là moindres & plus debiles. Toutes ces lettres au surplus representent les parties materieles des composez, par ce qu'elles sont muetttes de soy, & côme mortes, sans aucune prolation, qui tient lieu de vie; tout ainsi que seroient les pieces de quelque corps mort; iusqu'à ce que les points seruans de voyelles leur soient apposez, qui leur donnent comme vne vie, & mouuement. Mais cela pourtant n'est pas du tout amené à sa complecte perfection, premier que de receuoir les accents, lesquels leur sont en lieu de formes operatiues, correspondantes aux mouuemens & influences superieures: De maniere q̃ qui sçait deüemét pronôcer le langage Hebrieu, & garder les quantitez & accents comme il faut, represente par là toute l'harmonie celeste, & la supramôdaine encore; ce qui ne peut pas arriuer és autres lãgues & escritures, qui sont priuees de ces mysteres. Cela est cause qu'en beaucoup d'endroits, & mesmes en nostre religion, nous gardons encore quelques mots Hebrieux, côme de plus grã-

de vertu & emphase: Et Orphee defend par exprez
qu'en l'operation des merueilles on n'aye point à les
changer. Par les lettres donques sont representees
toutes les parties des composez, & sont comme la
matiere d'iceux: par les points, toutes les sortes des
formes qui les viuifient: & par les accents, toutes les *Rapport des lettres de l'alphabet Hebraïque, aux choses creées.*
deues operatiōs de la matiere & de la forme iointes
ensemble à la constitution d'vn corps, correspondantes à leurs principes celestes, & à leurs diuines
Idees: desquels trois viennent à estre produites non
seulement les especes des choses, mais les indiuiduz
mesme d'icelles. Et ont esté les Cabalistes si specula-
tifs, parauenture trop curieux, entant que la coniecture de l'esprit humain s'est peu estendre, de penser
par les diuers assemblemens des lettres, atteindre à
sçauoir le nombre des choses creées; qui se pourroit
bien supputer, mais nompas proferer, ny presque
comprendre, fors de celuy qui sçait le compte des
estoilles, & leur donne à toutes des noms; des poils
estans en nostre teste, & tout le reste de la personne;
des grains de sablon, & goutes de pluye: Car de la diuersité des Ziruphs, ou accouplemens, & suittes de
lettres, sans aucun meslange de points, vient à resulter vn nombre, qui est autant comme infiny pour
nostre regard; assauoir 112400 2590 8271 9680000.
Que si l'on y veut adiouster les points, le nombre ne
se pourroit pas exprimer, ny conceuoir presque de
nous; combien qu'Archimede en son traicté de l'A-
rene se soit ingeré de trouuer vne maniere de cōpter

L ij

qui va iusques en infiny: mais cela est reserué au seu Dieu, & passe l'apprehension de ses creatures: duquel côme de l'Archetype & premier patron ouquel consistent les supremes & premieres sources, procedent secondairemét les ruisseaux ou canaux, comme les nomment les Cabalistes, coulás en bas; & les primordiaux fondemens de toutes choses, denotez par les quatre lettres du grand nom ineffable יהוה, qui representent les quatre Elemens: Et de là resulte finablemét toute la diuerse multitude des indiuidus, causee de la varieté de ces premieres & secondes influxions & decoulemés en tout ce qui a esté produit & se produira iusques à la consommation du siecle: lesquelles influxions susdites sont representees enuers les Hebrieux par les lettres de leur alphabet, qui contiennent toutes sortes de proportiós numerales; & à l'êdroit des Pythagoriciés & Platoniciens par les nôbres; le tout neátmoins tendát à vn mesme but & effect. Mais il ne faut pas entédre ces nombres-là estre les vocaux ou vulgaires, dont nous comptons communément; ny pour le regard des caracteres ou lettres, celles de l'escriture nôplus; ains ce qui est representé par les nombres formels ou celestes, & les rationels ou diuins: Car riê ne se peut exprimer, ny de parole ny par escrit, qui n'aye Estre; parce que de ce qui n'est point, il n'y a point aussi de mots: & pourtant tout caractere qui exprime, correspód à la chose qui en est exprimee; & tout nóbre pareillement à ce qui est nôbré d'icelui, & aux choses qui sont distinguees

Distinction des nôbres.

DES CHIFFRES. 43

en les nōbrant: qui est à peu-pres ce que veut inferer le philosophe és metaphysiques; *Species se habent sicut numeri, in quibus vno variato, mutatur species; Nam si ternario addatur vnus, fit quaternarius; & sic de aliis.* Tout cecy traicte le Zohar bien au long: ce qui cōuient du tout à ce mot de Chiffres, qui signifie tant les nombres que l'occulte escriture: & par ce moien nō hors de propos, ains trescōuenant à nostre principal subiect. Poursuiuant lequel nous disons, que ces 22. caracteres de lettres selō ce que dessus, sont les Idees de toutes les creatures formees, & à former: Car ainsi comme toutes choses se cognoissent par leur droite appellation, laquelle ne nous peult estre representee que par la parole ou l'escriture, dont la peinture & sculture auec tels autres arts qu'on appelle imitatrices, son comme vne branche & dependance; par consequent outre ce que l'escriture est plus spirituelle que la parole, & les mots escrits plus pregnans pour nous manifester l'essence de la chose qu'ils representent, que les proferez de viue voix, d'autāt qu'on y insiste plus; il y a tout plein de mysteres à considerer à loisir en la figure des caracteres, que les paroles qui passent viste comme vne flesche bien empennee, dont Homere les auroit appellees ἔπεα πτερόεντα, ne nous permettent pas d'obseruer si exactement; & ne le pourrions en sorte quelconque sans le moien de l'Escriture; si qu'il n'y a rien de plus propre pour demonstrer l'ordre de la composition des substances. Car tout ainsi que les

Considerations admirables touchant les lettres Hebraïques; et l'escriture qui en est formee.

L iij

elementaires indiuiduz, consistent primitiuement des qualitez simples, chauld, froid, sec, humide; lesquelles accouplees deux à deux ensemble constituent vn Element, feu, eau, terre ou air: & deux Elemens associez, l'vne des quatre substances Chimiques, sel, mercure, soulphre, verre; qu'Hermes appelle les grands Elemens; Raymond Lulle, & autres modernes, les elemens redoublez: & ces quatre substances ensemble finablement le composé, tant mineral, vegetal, qu'animal: En semblable des poincts & lignes se forment les lettres; des lettres puis apres les syllabes; des syllabes les mots & dictions; & des dictions l'oraison complecte; qui se resoult tout ainsi qu'vn corps par la separation de ses parties, & substances, iusqu'à retourner en ses premiers & plus simples Elemens & principes. Tout cecy à encore vne fort belle analogie & proportion non à outrepasser soubs silence, enuers la disposition d'vn estat; les lettres singulieres & à par soy representans côme le populasse & l'ordre des artisans, & laboureurs, qui viuent au iour la iournee du trauail de leurs bras; les syllabes, les bourgeois qui ont desia quelques facultez & moyens; les dictions, la noblesse & les principaux & plus apparents citoiens; les clauses, les Princes & grands seigneurs; & finablement l'œuure côplect, le souuerain magistrat: En quoy la mesme correspondence est requise de l'humilité, respect & deuoir d'obeissance des moindres enuers de plus grâds qu'eux: Et au reciproque de gracieuseté, doulceur, &

bon traictement des grands aux moindres; le tout
selon leurs rengs & degrez, comme on peult veoir
en vne escriture; dont si lon vient à changer l'ordre
& contexte, tout ainsi qu'en vne maçonnerie bien
ordonnee, transposant les lettres, syllabes, dictions
& clauses hors de leur collocation deüe, & leur suitte, le sens qui y estoit auparauant exprimé, vient à
s'esvanoüir du tout, ou s'alterer en vn nouueau. Ce
n'est donques pas vn petit mystere que des lettres
& de l'escriture; & ne se fault pas esbahir si par ces
deux mots se comprennent toutes les arts & sciences: lesquelles lettres estás separees, & reduittes à part
seule à seule, sont comme la forme desnuee de toute
matiere, mais par leurs conionctions & accouplemens, viennent à nous representer quelque chose
perceptible à nostre sens; à guise d'vn oiseau qui
viét à se façonner, & puis esclorre hors de la cocque;
ou vn vegetal qui se iecte de puissance en actió hors
de sa semence: Le tout à l'exemple du grand & premier exemplaire, lequel en sa propre essence & substance qui sont en luy vne mesme chose, estant renclos dans son *Ensoph* ou infinitude hors du monde
sensible, s'y vient à espandre par ses Sephirots ou
emanations, comme les clairs rayons du Soleil à trauers vn gros amas de nuees, & produire audessoubs
de luy les effects conceuz en sa premiere Idee ou
image, qui est le verbe & le fils, la forme des formes,
& l'ame de tout l'vniuers, comme il a esté dit cy deuant de Mertatron; dont aussi bien par l'art calcula-

toire des Cabalistes, les lettres en leur valeur de nombres equipollent à celles du nom de Dieu שדי *Sadai*, car l'vn & l'autre font 314. Les traditions desquels outre-plus portent, que l'escriture de Dieu est en la conuexité exterieure de toute la machine du monde; à quoy bat ce que veult dire Rabbi Ramban Gerundense; *Que par la Cabale il nous appert l'escriture auoir esté vn feu obscur & caligineux, sur le doz d'vn feu blanc & resplendissant à merueilles*: Lequel feu obscur ou premier, assauoir l'obscurité de l'ancienne loy; Moyse Egyptien au second liure de son directeur, chap. 31. appelle tenebres, suiuant (dit-il) ce qui est contenu au Deuteronome 4. *Il y auoit sur le mont Oreb des tenebres, nuees espoisses, & grande obscurité; Et le Seigneur parla à vous du milieu du feu*: Resumant puis apres le mesme au 5. ensuiuant; *Apres que vous auez oy sa voix du milieu des tenebres*. Mais en Dieu les tenebres & la lumiere sont vne mesme chose, côme le porte tout apertement le pseaume 139. *Sicut tenebræ eius, ita & lumen eius*; ce qu'a voulu imiter Mahomet en la 65. Azoare de son Alchoran; *Vobis ignem clarum atque fumosum immittam*: Et pour le regard du feu blanc & resplendissant, le mesme Rabbi fils de Maimon, met que le feu noir represente la terre; le rouge l'eau; le bleu l'air; & le blanc, le ciel. Au surplus l'escriture des anges, dont nous parlerons plus-amplement cy apres, est par le dedans, au creux assauoir, & concauité du ciel; à propos de ce qui est dit en l'Apocalypse chap. 5. *Ie vis en la main droicte de*

celuy

celuy qui estoit assis sur le throne, vn liure escrit dedans & dehors, seellé de sept seeaux: Et ce qui est escrit en Exode 33. Que Moyse ne peult voir Dieu en la face, mais par derriere tant seulement; c'est à dire par ses effects: Plus au chap. precedant; Que les deux premieres tables qui furent brisees, estoient escrites de costé & d'autre; pour representer les deux sens de la loy, l'vn literal, & l'autre anagogique, cogneu de Moyse, & de ceux ausquels il en vouloit faire part; à chacun selon son degré, & capacité de l'entendement : Comme le tesmoigne mesme Gregoire Nazianzene au liure de l'estat des Euesques, parlant dudit Moyse; Qu'il receut la loy, assauoir celle qui dependoit de la lettre, pour la multitude du peuple; mais ce qui concernoit l'esprit, pour les constituez seulement dessus eux. Et au premier de la Theologie; Qu'il donna sa loy en des tables de marbre ferme & solide, graué à iour des deux costez, pour raison du manifeste & occulte d'icelle: Celuy-là pour la pluralité du vulgaire, qui coustumierement s'arreste plus aux choses basses & caduques; Et cestui-cy pour vn petit nombre de gens esleuz, qui esleuent leurs pensemens à la contemplation des choses haultes & diuines, où ils paruiennent finablement. Cela est touché aussi au 4. d'Esdras chap. 14. *Hæc in palam facies verba, & hæc abscondes*: A quoy se rapportent les deux especes de la Cabale; l'vne de *Beresit*, qui verse autour des choses sensibles; & l'autre de *Mercaua* ou throne diuin, qui est des intellectuelles, & abstraictes de la grosse matiere: Et semblablement tout le fait des Chiffres,

M

qui couurent foubs l'exterieure apparence de certains caracteres non intelligibles, vn fens fecret, referué à la cognoiffance de ceux qui en fçauent la practique & vfage.

DES CHIFFRES donques dont nous auons fait cefte premiere digreffion & faillie, la premiere table en eft telle, où il y a infinis coups à ruer; dont nou-nous contenterons d'en toucher icy les principaux traicts, fur lefquels la dexterité des bons efprits en pourra forger plufieurs autres.

A	a	b	c	d	e	f	g	h	i	l
B	m	n	o	p	q	r	s	t	u	x
C	a	b	c	d	e	f	g	h	i	l
D	x	m	n	o	p	q	r	s	t	u
E	a	b	c	d	e	f	g	h	i	l
F	u	x	m	n	o	p	q	r	s	t
G	a	b	c	d	e	f	g	h	i	l
H	t	u	x	m	n	o	p	q	r	s
I	a	b	c	d	e	f	g	h	i	l
L	s	t	u	x	m	n	o	p	q	r
M	a	b	c	d	e	f	g	h	i	l
N	r	s	t	u	x	m	n	o	p	q
O	a	b	c	d	e	f	g	h	i	l
P	q	r	s	t	u	x	m	n	o	p
Q	a	b	c	d	e	f	g	h	i	l
R	p	q	r	s	t	u	x	m	n	o
S	a	b	c	d	e	f	g	h	i	l
T	o	p	q	r	s	t	u	x	m	n
V	a	b	c	d	e	f	g	h	i	l
X	n	o	p	q	r	s	t	u	x	m

Premier chiffre, par vne reuolution circulaire de commutations d'alphabets.

OR en premier lieu on peult bien aisément aperceuoir qu'il seroit malaisé, voire presqu'impossible de mettre cest alphabet en obly; Ne qu'il peust sortir de la memoire pour imbecille qu'elle peust estre, d'vn qui l'y auroit vne fois imprimé & conceu, qu'il ne s'en puisse resouuenir & le redresser à toutes heures qu'il voudra: si qu'il n'est point autrement besoin de le porter auecques soy: & quant bien on l'y porteroit, voire qu'il vinst à estre diuulgué par tout de la mesme sorte que vous le voyez icy exposé au public sans aucune couuerture ne desguisement, pour cela neaumoins personne n'en sçauroit faire son profict, ne descouurir l'intention d'vn autre, s'il ne s'entendoit auec luy; d'autant que tout gist au secret des clefs, qui dependent des lettres capitales marquees en teste à la main gauche des alphabets: Et se peuuent ces clefs varier en autant de sortes qu'on veult, presqu'en infiny, fust-ce pour escrire vne mesme chose sans sortir hors du present chiffre, toutes differentes l'vne de l'autre. Il fault estre aduerty au reste que le *y*, & le *z* ont esté reseruez icy pour trois effects, dont ie n'en ay point encore veu practiquer és chiffres qu'vn seulement; les deux autres sont de nostre meditation. Le premier, pour seruir de nulles; & cela est assez commun; le second pour menager vn sens secret & à part, qui ne consiste pas és caracteres, mais au lieu où ils sont situez & assis, comme nous le monstrerons cy apres. Et le troisiesme

DES CHIFFRES. 47

me pour faire diſtinction des mots, quād l'vn de ces deux caracteres ſera mis à la fin de chacun d'iceux; qui eſt vn grand ſoulagement pour le dechiffreur, auquel ceſte confuſion de dictions eſt vn inutile ſurcrez de trauail, ſans aucun fruit; car pour cela, le chiffre eſtant inuincible de ſoy, ceux qui en cuideroient venir à bout ſans auoir communication du ſecret, meſmement des clefs, n'en auront pas meilleur marché. OR prenons pour exemple ce ſubject cy: *Les choſes ſe preparent de tous coſtez pour.* Mais à quel propos ſ'immiſcer encore és affaires du mōde, dont nou-nous ſommes ſi eſloignez & banniz de tant lōguemain? Certes il eſt trop plus expediét pour nous, de ſe retenir en noz ſolitaires exercices de l'ame, puis qu'auſſi bien n'attendons nous plus ſinon l'heure de la rendre à celuy qui nous la donnee: Parquoy prenons pluſtoſt à la bonne heure ceſt autre icy, conforme à noſtre vacation;

Au nom de l'eternel ſoit mon commencement,
Qui eſt de tout principe, & parachcuement.

Mais d'autre part quel beſoin eſt il d'eſcrire en chiffre, cōme vne choſe recelée qu'ō veut couurir, ce que chacū doit auoir tout ouuertemét au front, és yeux, bouche & mains; & brief en tous ſes proiets, actiōs, faicts & dicts? Ce qui eſt vray; mais d'autant qu'il le faut auparauant auoir empraint en ſecret ſilence dās le fonds du cœur & de l'ame; & que l'eſcriture eſt plus mentale que la parole qui tient plus du corps;

M iij

& les chiffres plus spirituels que la commune forme d'escrire, il n'est point aussi inconuenient de prendre de tels suiects en iceux, nomplus que quand on dóne des exemples aux ieunes enfans, de quelques belles sentences & dits moraux, pour les accoustumer tousiours d'autant à vertu, & les emboire de bonnes mœurs. Dauantage, par l'escriture vulgaire comme il sera dit cy apres, vne mesme chose ne se pouuant escrire que d'vne sorte, là ou presque d'infinies en chiffre, par les diuerses transpositions, cómutations, & figures de caracteres, tout cela estant libre; & l'autre asseruie, Dieu y pourra estre plus conuenammét exprimé; lequel demonstre en ses ouurages de se delecter de la varieté & diuersité des choses, selon le dire du Poete Italian, *E per questo variar natura è bella*; ainsi qu'on peut apperceuoir en tant de beaux chefs d'œuure de la nature tous differends, qui procedent de la diuerse proportion des meslages de quatre substances elementaires sans plus, à guise de la diuerse mixtion & suitte des lettres, dont se forment tant de dictions: & en l'infinitude des estoilles, qui ont neátmoins toutes leur nom, & leurs effects à part; comme aussi ses administratoires esprits excedans en nóbre les estoilles, & tous les humains qui furent onques, sont, & seront, d'autant que le monde intelligible surpasse la concauité des cieux; & ceste vaste concauité celeste, le petit globe de la terre. PRENONS donques qu'on vueille representer le sujct susdit par le moien de ceste table; & que la clef du chiffre soit,

DES CHIFFRES. 48

Le iour obscur, & la nuict claire: mais partons là en deux, pour faire voir la difference qu'il y aura, ne se seruant que de la moitié en ce premier; ouquel vous procederez en la sorte. Cherchez en la colonne des capitales, la lettre L, qui est la premiere de nostre clef, & voyez quelle lettre respond en son alphabet à celle de A, la premiere aussi du sujet; ce sera S. Poursuiuez ainsi de lettre en lettre tant que la clef se pourra estendre; Puis estant au bout vous la reitererez de nouueau : u de e, donne a: n de i, f: o de o, h: m de u, l: d de r, s: e de o, u: l de b, x. e des, s: t de c, i: e de u, r: r de r c: n l de f: e de e, o: l de i, r: s de o, c: o de u, b: i de r, n: t de o d: m de b, a: o de s, l: n de c, c: c de u, p: o de r, l: m de l, e: m de e, c: c de i, s: n de o, g: e de u, p: e de r, t: m de o, g: e de b, q: n de s, i: t de c, i. Adioustez y ces quatre lettres au deuant pour perdues, & ne seruans de rien que pour embrouiller; d r g q, & inserez au bout de chaque mot l'vne des deux gardees pour mille, assauoir y & z; pour les distinguer l'vn de l'autre, vostre cotexte sur ceste clef de, Le iour obscur, pour ce premier vers, *au nom de l'eternel soit mon commencement*, sera tel : d r g q s a y f h l z s u y x s r c f o r z o b n d y a l c z p l e c s g p t g q i i y. Que si vous le voulez escrire par l'autre clef, *la nuit claire*; vous ferez de mesme, a de l, s: u de a, i: n de n g: o de u, b: m de i, e: d de t, r: e de c, p: l de l, r: e de a, q: de i, b: e de r, r: r de c g: n de

TRAICTE'

l, f:e de *a, q: l* de *n, q: s* de *u, f:o* de *i, g: i* de *t, m: t* de *c, i: m* de *l, e: o* de *a, c: n* de *i, f: c* de *r, r: o* de *e, l: m* de *l, e: m* de *a, a: a* de *n, r: n* de *u, a: c* de *i, u: e* de *t, s: m* de *c, b: e* de *l, m: n* de *a, b: t* de *i, b.* Premettez ces autres quatre lettres pour varier, car cela n'importe pas; puis qu'elles ne seruent de rien *fsbm*, & inserez les nulles à la fin des mots comme dessus; il y aura *fsbmsiygbezrpyrqbtgfqqz fgmiyecfzreearausbmbb*. Voiez à ceste heure cóme il differe en tout & par tout du precedant, & ce par le seul changemét des clefs, sur vn mesme alphabet; si que pour l'auoir ce n'est rien qui n'aura le secret des clefs; lesquelles se pouuás changer tant qu'ó veut, il est impossible par consequant, que coniecture aucune pour subtile qu'elle puisse estre; ne patience & assiduité de labeur; ne ruze & vsage des dechiffremés, peust iamais mordre sur cestui-cy. Quát ausdites clefs, il n'est pas possible ny necessaire nomplus d'en prescrire ne limiter aucune reigle, attendu que cela depend de la volonté de chacun, qui se les peut forger à sa fantasie d'infinies sortes. Les vns s'é-

Quelques reigles generales des clefs.

tredonnent certaine quantité de mots conuenuz entr'eux; le premier desquels doit seruir pour la premiere depesche; le second pour la seconde; & ainsi du reste: il est bien vray que tant plus longue est la clef, tant plus sera malaisé le chiffre à descouurir; mais tát plus difficile aussi & embrouillé tát au chiffrer qu'au dechiffrer; au moien dequoy quelques-vns prennent plusieurs dictions tout de suitte, & mesmes des vers

vers entiers de quelque Poëte : les autres se contentent de la dacte du mois, & du iour de la depesche; cóme pourroit estre, *le quinziesme d'Octobre*, & semblables : les autres y emploient le dernier mot qui precede l'escriture chiffree, ou l'vne des lettres mises deuant en lieu de nulles, qui leur sert de clef par mesme moien ; sur laquelle ayans chiffré tout le premier mot, il pourra seruir de clef au second ; le secód au tiers, & ainsi des autres : que s'il y a quelques interualles d'escriture commune, ils le continuent au chiffrement qui vient puis apres ; ou bien le recommancent de nouueau : ou prennét vn autre chemin & addresse, selon qu'il aura esté conuenu auecques leurs correspondans. D'autres poursuiuent & euacuent tout l'alphabet lettre apres autre, commançant à laquelle que bon leur semble, tant que la reuolution soit parracheuée ; & puis recommancent circulairement, qui est vne grande multiplication de labeur : si que ie m'aresterois plus volontiers à vne seule lettre, dont de main en main partira successiuement tout le reste, cóme si elles venoient à naistre les vnes des autres ; & en cela l'on peut proceder doublemét ; ce qui se pourra mieux esclarcir & comprendre par les exemples : ou en chiffrant tousiours la subsequente par la precedente en ceste sorte sur le mesme sujet dessusdit ; *Au nom de l'eternel*, dót la clef soit *D*, nous dirons ; *a* de *d*, donne *x* : *u* de *a*, *i* : *n* de *u*, *a* : *o* de *n*, *h* : *m* de *o*, *g* : *d* de *m*, *u* : *e* de *d*, *p* : *l* de *e*, *t* : *c* de *l*, *m* : *t* de *e*, *l* : *e* de *t*, *s* : *r* de *e*, *h* : *n* de *r*, *i* : *e* de *n*, *x* : *l* de *e*, *t*.

N

TRAICTE

Tellement que par ceste voye prenant D pour clef, il y auroit *d x i a h g u p t m l s h i x t*. A quoy vous pouuez inserer les nulles, & Z. pour la distinction des mots. Pour le dechiffrer, procedez ainsi : *x* de *d*, faict *a*: *i* de *a*, *u*: *a* de *u*, *n*: *h* de *n*, *o*: *g* de *o*, *m*. & ainsi du reste. L'autre maniere plus occulte, est qu'on chiffre la subsequente de l'escriture intelligible, non sur la precedente d'icelle, mais sur celle qui est desguisee; en ceste maniere, *a* de *d*, qui est la clef dira *x*: *u* de *x*, *h*: *n* de *h*, *e*: *o* de *e*, *e*: *m* de *e*, *c*: *d* de *c*, *o*: *e* de *o*, *u*: *l* de *u*, *m*: *e* de *m*, *x*: *t* de *x*, *g*: *e* de *g*, *n*: *r* de *n*, *a*: *n*, de *a*, *b*: *e* de *b*, *q*: *l* de *q*, *o*. assemblez ce sera ; *d x h e e c o u m x g n a b q o*. Pour le dechiffrer, *x* de *d*, fait *a*: *h* de *x*, *u*: *e* de *h*, *n*: *e* de *e*, *o*: *c* de *e*, *m*.

MAIS tout cecy se peut practiquer aussi bien, voire trop mieux, par la table encore suiuante, combien que tout reuienne presqu'à vn, prenant les capitales trauersantes qui sont au front d'enhaut, pour le sens qu'on veut exprimer : & les perpendiculaires au costé gauche descendant en bas, au lieu de clefs. I'en ay mis icy deux rengees ; l'vne de noir, l'autre de rouge, pour monstrer que les alphabets tant de l'escriture, que des clefs, se peuuēt transposer & chāger en tant de sortes qu'on voudra ; afin d'en oster la cognoissance à tous autres qu'à ses correspondans. Pour chiffrer donques les mesmes mots, *au nom de l'eternel*, sur la clef *le iour obscur* procedez ainsi : *a* de l'alphabet transuersal marqué de *rouge*, se vient rencontrer auec *l* du perpendiculaire en la chambre de

DES CHIFFRES. 50

b: n deo, fera p: a dei, n: o de o, s: m de n, a: d de r, m: e de o, i: l de b, c: e de s, v: t de c, n: e de n, p: r de r, c: n de l, o: e de e, a: l de i, '. Somme bqnsami conqcoal. & ainsi du reste. Ceste table de vray n'a esté ignoree de l'Abbé Tritheme, en sa Polygraphie, ny de plusieurs autres; si ont bien les beaux vsages d'icelle; car il embrouille tout cela; & ceux qui se sont meslez de l'interpreter en vne confusion d'orchemes; & infinité de reuolutions d'alphabets, laborieux & embrouillez ce qui se peut, & auec tout cela inutiles; de fort peu d'industrie au reste, & inuention; la où ceste table peut seruir pour tout.

N ij

		O	P	Q	R	S	T	V	X	A	B	C	D	E	F	G	H	I	L	M	N
		E	F	G	H	I	L	M	N	O	P	Q	R	S	T	V	X	A	B	C	D
O	E	a	b	c	d	e	f	g	h	i	l	m	n	o	p	q	r	ſ	t	v	x
P	F	b	c	d	e	f	g	h	i	l	m	n	o	p	q	r	ſ	t	v	x	a
Q	G	c	d	e	f	g	h	i	l	m	n	o	p	q	r	ſ	t	v	x	a	b
R	H	d	e	f	g	h	i	l	m	n	o	p	q	r	ſ	t	v	x	a	b	c
S	I	e	f	g	h	i	l	m	n	o	p	q	r	ſ	t	v	x	a	b	c	d
T	L	f	g	h	i	l	m	n	o	p	q	r	ſ	t	v	x	a	b	c	d	e
V	M	g	h	i	l	m	n	o	p	q	r	ſ	t	v	x	a	b	c	d	e	f
X	N	h	i	l	m	n	o	p	q	r	ſ	t	v	x	a	b	c	d	e	f	g
A	O	i	l	m	n	o	p	q	r	ſ	t	v	x	a	b	c	d	e	f	g	h
B	P	l	m	n	o	p	q	r	ſ	t	v	x	a	b	c	d	e	f	g	h	i
C	Q	m	n	o	p	q	r	ſ	t	v	x	a	b	c	d	e	f	g	h	i	l
D	R	n	o	p	q	r	ſ	t	v	x	a	b	c	d	e	f	g	h	i	l	m
E	S	o	p	q	r	ſ	t	v	x	a	b	c	d	e	f	g	h	i	l	m	n
F	T	p	q	r	ſ	t	v	x	a	b	c	d	e	f	g	h	i	l	m	n	o
G	V	q	r	ſ	t	v	x	a	b	c	d	e	f	g	h	i	l	m	n	o	p
H	X	r	ſ	t	v	x	a	b	c	d	e	f	g	h	i	l	m	n	o	p	q
I	A	ſ	t	v	x	a	b	c	d	e	f	g	h	i	l	m	n	o	p	q	r
L	B	t	v	x	a	b	c	d	e	f	g	h	i	l	m	n	o	p	q	r	ſ
M	C	v	x	a	b	c	d	e	f	g	h	i	l	m	n	o	p	q	r	ſ	t
N	D	x	a	b	c	d	e	f	g	h	i	l	m	n	o	p	q	r	ſ	t	v

OR sur ceste diuerse varieté de chiffremens, se presente vne belle consideration; qu'vne mesme chose se pouuant par la voye d'iceux escrire d'infinies sortes, sans sortir des mesmes caracteres & lettres, moiennāt leurs saulx & permutations; ce neaumoins quand elles sont en leur vraye signification, valeur, & assiette, selon qu'on a de coustume de les emploier, sans les desguiser ne peruertir l'vne pour l'autre, il ne se peult que d'vne seule: Et que doibt on donques inferer & recueillir de cela, outre ce qui depend du commun vsage de l'escriture pour les traffiques & negoces du monde? attendu que Platon tient pour vn blaspheme & sacrilege d'apliquer les mathematiques à aucun vsage prophane; n'aians pas esté eslargies à l'esprit de l'homme pour les asseruir à cela; car comme il met dans le Politique elles sont libres & exemptes de toute action, & destinees tant seulement à la partie contemplatiue pour l'esleuer à la cognoissance des choses diuines; qui selon le Zohar repurge nostre ame, & la rend belle; & par consequant nous aproche du souuerain bien, appellé aussi *Tiphereth*, & des Grecs καλὸν, le bon & le beau; auquel elles nous seruent comme d'escallier, ce dit-il au 7. de la Rep. afin de cognoistre Dieu, & l'ayant cogneu, entāt que par nostre capacité & effort nounous esuertuons d'y paruenir, plus ou moins les vns que les autres, l'aimer de tout nostre cœur & pensée, & le reuerer en ses grands merueilles qui de toutes parts se representent à nostre veuë: mesmement ce

A quoy se doiuēt proprement apliquer les Mathematiques.

TRAICTÉ

tant beau chef d'œuvre du ciel, orné d'vn si grand nombre de lumieres, où l'Astrologie nous semond d'addresser les yeux, comme à vne introduction ou acces pour passer plus outre au monde intelligible, suiuant le pseaume 19. *Les cieux racomptent la gloire de Dieu; & le firmament anonce l'ouurage de ses mains:* & le Poëte nonobstant que Ethnique;

Pronáque cùm spectent animalia cætera terram,
Os homini sublime dedit, cælúmque videre
Iussit, & erectos ad sydera tollere vultus.

L'arithmetique de son costé n'est pas nomplus en vn mesme vsage & practique enuers les marchans & banquiers, pour seruir à trouuer leur compte, cóme à l'endroit du philosophe: Ny la geometrie aussi peu, qui ne doibt verser qu'à l'inquisition & notice du VRAY & TOVSIOVRS ESTANT, & nompas estre rauallee aux arts mecaniques, ny aux choses sensibles caduques, comme dit le mesme Platon; car elle nous destourne de là pour penser aux intelligibles & eternelles, où gist le dernier but de toute la philosophie; octroiee à l'homme pour le retirer de ce qui est transitoire, incertain, vagabond, à quoy nostre sentiment d'ordinaire s'attache le plus, cóme au plus prochain de sa perception, à ce qui est veritablement, & persiste tousiours en vn mesme estat. Et la musique finablement nous transporte & rauist les oreilles à ses melodieux mouuemens & accords; non pour les chatouïller d'vn son delicat tendant à la volupté & plaisir sensuel, ce que Pythagoras blasmoit tant, ains à ce que par ses cótemperees proportions nous puissiós reduire les extrauaguez roddemens & circuits de nos ames, quand elles s'esgarét de leur droicte routte, au vray sentier de leur deuoir; & r'adresser nostre pensee à l'harmonie qui luy est propre; laquelle il fault aller chercher és choses celestes, & de là consequemment és diuines: car c'est celle-là, dit Zoroastre, dont l'homme tressault tout de ioye pour se sentir l'auoir en luy, comme vn beau concert de musique, auquel il est admis auecques la Diuinité & les anges: Mais seló Procle, soudain qu'il peche elle s'absente, si qu'il en demeure priué. Et de faict le mauuais Demon, à ce que dict les Cabalistes, perdit totalement en sa cheute, lors qu'il se reuolta de l'obeïssance de son Createur, l'harmonie qui estoit en luy, c'est à dire ceste belle conuenance & accord qu'il auoit au precedant en soy-mesme, enuers Dieu, & toutes sortes de creatures, qui par certaines analogies de degrez & relations se correspondent les vnes aux autres. Aussi n'y a il que les ames bien-nees, comme dit Pindare, ou l'harmonie puisse auoir lieu : & ne peuuent les malins esprits comporter vne bonne musique d'accord, d'autant que cela est hors de leur disproportionnee nature; tesmoin celuy dont le Roy des Israëlites Saül estant possedé, Dauid par interualles au son de sa harpe le contraignoit de s'absenter, pour le moins de demeurer coy: Et Pythagore comme le racomptent Ciceron & Boëce, par ie ne sçay quelle melodie d'vn air musical

propre à ce, ramena en son bon sens vn ieune homme tout depraué & furieux. Le mesme se lit de Terpandre, d'Arion Methymneen, & d'Ismenias Thebain, qui reduirent tout plein de gens tresperuertiz & debauchez au droit chemin de la vertu: Et Antigenidas au son de ses flustes ne fit-il pas à Alexandre mettre la main aux armes; & tout à l'instant les poser, selon la diuersité de ses airs? Tellement qu'il n'y a rien plus conforme à l'ame raisonnable qu'vne melodieuse harmonie: aussi n'estoit anciennement la musique destinee à autre effect que pour le seruice diuin. A plus forte raison il semble aussi que les lettres & l'escriture doiuent estre principallement emploiees pour honorer & seruir Dieu; pour la saincte meditation de sa loy; & nous representer à l'entendement ses merueilles; ou comme parlent les Cabalistes conformement à ce que dessus de Platon, pour attirer les creatures à la cognoissance de leur Createur; car selon qu'il a esté dit cy deuant ils reputent les caracteres Hebraïques, non tant seulemét pour les premiers de tous les autres; ains mesme pour l'vn des ouurages du *Bresit* ou creation. En-apres la droicte escriture, qui est tout apertement significatiue, monstre tousiours le veritable qui ne peult estre sinon vn; & la desguisee par chiffres, le faulx qui est diuers & multicuple, suiuant le dire du Philosophe au second des Ethiques; *Que le bon & le bien ne sont que d'vne seule sorte; mais le mauuais, & le mal, de plusieurs.* Si que l'escriture aperte se raporte à
la

la ligne droicte, qui est la plus briefue & courte de toutes, comme la definissent les Mathematiciens; & auec ce tousiours vne & semblable à soy ; A propos dequoy il est escrit qu'Abraham vit durant sa vie par la ligne droicte, le iour du Messihe, & s'en resioit: Et les chiffres d'autre costé equipolleront à la ligne courbe & tortue, dont il y en a d'infinies sortes, selon que plus ou moins elles s'aprochent ou esloignent de la ligne droicte. Laquelle tient outre-plus de ce que Platō appelle ταυτὸν, *le mesme*; les Hebrieux dient אוה *Hu*, qu'ils constituent pour le premier nom attributif de la Diuinité, suiuāt le pseaume 102. *Tu autem idem ipse es*: Et le 42. d'Isaie, *Ani Adonai Hu semi, Le Seigneur luy, ou moy-mesme c'est mon nom*; Virgile au 10. de l'Eneide l'approprie au grand Dieu Iupiter; *Rex Iupiter omnibus idem*. Et est ce ταυτὸν la supreme Idee des choses qui sont tousiours d'vne mesme sorte, sans point receuoir d'alteration ny de changement : là où le chiffre se raporte à l' ἕτερον l'Avtre, qui est la forme de celles qui se comportent diuersement : Parquoy les Pythagoriciens prenoient le Mesme pour le bon principe, l'vn le permanent, le droict, le vray, le finy : Et l'Avtre, pour le mauuais, le diuers, variable, tortu, faulx, & infiny: Et les Egyptiens celuy-là pour Osyris, & le Nil; cestui-cy pour Typhon, & la mer : Qui est la cause pour laquelle Achille au 9. de l'Iliade deteste si fort l'autre, le diuers, varié desguisé;

Ἐχθρὸς γάρ μοι κεῖνος, ὁμῶς ἀΐδαο πύλῃσιν,
Ὅς χ' ἕτερον μὲν κεύθει ἐνὶ φρεσὶν, ἄλλο δὲ βάζει.

TOUT ainsi donques que sous le chiffre est cachee la vraye escriture, & le sens qui nous represente la cognoissance de la chose que nous voulons exprimer, & produire en euidence hors la conception de nostre pensee; & que de la supposition du faulx se tire par fois de la verité; En semblable le texte de la loy pris cruëment & à la lettre, est comme vn chiffre du mystere caché là dessous: De sorte que la religion Iudaïque auecques sa pluralité de sacrifices & ceremonies superficielles, n'estoit qu'vn chiffre & adombrement des vrais & reels sacrements de celle de grace; suiuant ce que les Cabalistes mesmes aduoüent sur ce texte de l'Ecclesiaste, composé, à ce qu'allegue le Zohar par le Roy Salomon au desert, durant les sept ans qu'il y demeura; y aiant esté trasporté & tenu captif par le demon *Asmodai* Prince de la pecune, du luxe, & ambition, qui le surprit en la propre amorse & embusche que le Roy luy auoit dressee; se fondant icelui Zohar sur ces mots contenus au mesme traicté; *fui Rex Israël in Ierusalem*; quasi qu'il ne l'estoit plus lors qu'il le fit: Ce texte au surplus de l'Ecclesiaste, est, *Vanitas vanitatum & omnia Vanitas*; qu'ils exposent que la loy mesme puis qu'il n'exclut rien, estoit vaine & friuole iusques à l'aduenement du Messie. Pareillement les choses materielles & sensibles, sont comme vn chiffre des formelles & intellectiues, le monde Elementaire, du

Toutes les choses de ce monde ne sont qu'vn vray chiffre.

Celeste, le Celeste, de l'Angelique; & cetui-cy, de l'Archetype: qui sont les roües d'Ezechiel enueloppees l'vne dans l'autre; & la communicatiō successiue de la lumiere procedant du throne de Dieu, là où en est la premiere source, à la dixiesme Sphere, ou ciel Empiree; & de là au Soleil; du Soleil à la Lune; & d'icelle aux choses sensibles du monde Elementaire. Car tout ce que le ciel nous influe & transmet, est la lumiere accompagnee de chaleur, dont dependent toutes les diuerses facultez & vertus imprimees d'enhault icy bas en la varieté des especes, par les rayons des deux luminaires & des estoilles : en sorte que la lumiere est celle qui charrie tous ces effects quant & soy. Au Microcosme, ou petit monde puis-apres qui est l'homme, formé sur l'exemplaire de l'vniuers, les parties constitutiues de son corps, diuerses entr'elles, ensemble les substances dont elles sont composees, tiennent lieu aussi de leur part d'vn chiffre de l'ame, vniforme, & simple de soy; & l'ame d'vn chiffre de l'Intellect. Brief que tous ces trois mondes, & ce qui leur symbolise és creatures estans en iceux; voire entierement toute la nature, n'est qu'vn chiffre & secrete escriture du grand nom & essence de Dieu, & de ses merueilles; les faits mesmes, les proiects, les dits, actiōs & comportemens des humains, que sont ce pour la plus grand-part sinon chiffre? Quand sous vne dissimulee & hypocritique apparéce de zele, pieté, deuotion, charité, douceur, debonaireté, preud'hommie, & autres droictes, sainctes,

O ij

& loüables intentions, que nous pouuons accomparer aux caracteres d'vne double escriture, dont nous parlerons cy apres, ils voilent vne intelligence secrete reseruee à par-eux, de leur malignité de courage, haines, rancunes, felonnies, partialitez, auarice, vaine-gloire, ambition, desir de sang, & de vengeance; dont en a deuers luy l'alphabet, celuy seul, *à qui rien ne se sçauroit desguiser.* Au moien dequoy tout ainsi qu'vne mesme chose, selon qu'il a esté dit cy dessus, ne se peult representer que d'vne seule sorte en la vraye & droicte escriture; & d'infinies alteree en chiffre, qui toutes ne tendent qu'à exprimer vn mesme sens; En semblable toutes les creatures sont comme notes, marques & caracteres du Createur plongé occultement dedans elles, ainsi qu'est le sens dans l'escriture; & l'escriture manifeste dedans l'obscurité des chiffres; dont quelques-vns peuuent auoir esté meuz d'estimer, Dieu n'estre autre chose fors tout l'vniuers, que son intellect ou premiere cause gouuerne & administre par les secondes; & les secondes par les tierces; & ainsi des autres; qui sont les Hierarchies influans d'ordre en ordre, de degré en degré, de reng en reng la puissance & vertu de l'Archetype encontre bas, par les intelligences, & par les cieux en toutes choses: A quoy se conformât S. Denis en sa Hierarchie Angelique, dit; *Que les intelligences superieures illuminent tousiours les inferieures. Que si quelqu'vn veut sans aucun entremoien paruenir à la Sapience, il luy fault s'adresser à Dieu: Qui la donne* abondamment à chacun sans reproche (comme dit S. Iaques au premier de sa Canonique) & elle luy sera oſtroiee.

TOVT ce que deſſus procede ſelon l'ordre des dix Sephiroths, ou diuines meſures & numerations que les Cabaliſtes appellent les veſtemens de la Diuinité, (Amictus lumine ſicut veſtiméto, pſeaume 104.) à chacū deſquels Sephiroths eſt attribué vn des noms diuins : dont la premiere qui ſe refere à la diuine Eſſence יהוה Ehieh, & repreſente particulierement le PERE, ſe coulle & influe par l'ordre des Seraphins au premier ciel mobile, & de là à toutes choſes à qui elle donne l'Eſtre; eſtant ditte כתר Cheter ou corone; & denotee par la lettre ש Shin, qui a la forme d'vne corone à trois fleurōs, & eſt vn ſymbole de la TRINITÉ : Mais en autre ſorte la corone qui eſt toute ronde, ſe marque encore par ceſte non-valeur au chiffre à compter 0, quant elle eſt ſeule & à par ſoy; mais accōpagnee d'vn 1. fait 10. dix : Si que les notes des chiffres ne ſont pas du tout deſnuees de myſteres contenuz deſſous leurs figures. Le nom d'EHIEH au ſurplus, combien que les Grecs taſchēt de le repreſenter par ὤν, les Latins ENS, ESTANT, ne ſe peult toutesfois guere bien exprimer en autre langue que l'Hebraïque, par vn ſeul mot, ny traduire que par vne circonlocution de paroles : car eſtant de quatre lettres il conuient ſeulement à Dieu, dont il ſignifie l'Eſſence; entant qu'elle reſide audedans de luy, ſans ſ'en expliquer ne ſortir dehors : Parquoy

Les dix Sephiroths ou diuines numerations, tant celebrees des Cabaliſtes.

1.

il est attribué au PERE, & denote tous les trois tẽps en l'Eternité; & vne pluralité de personnes auec vne vnité de nature: En Exode 3. quand Moyse demande à Dieu quel est son nom? IE SVIS (respondit-il) QVI FVS, QVI SVIS, QVI SERA: Ce qui ne se peult pas approprier aux creatures, qui sont en vne continuelle mutation, là où Dieu est perpetuellement immuable; *Ego dominus, & non mutor*, dit-il en Malachie 3. & le pseaume 103. parlant des cieux; *sicut opertorium mutabis eos, & mutabuntur: tu autem idem ipse es, & anni tui non deficient*: Car c'est luy qui communique & donne l'estre à toutes choses par sa premiere emanation, qui est son verbe, יהוה, & second quadrilettre. A ce propos n'est pas aussi sans vn grand mystere, ce qui est escrit au 18. de S. Iean, que les Iuifs venans soubs la conduitte de Iudas pour prendre nostre Sauueur au iardin, soudain qu'il leur eut prononcé ces mots, EGO SVM, conformes à ceux de l'Exode (ie les mets en Latin comme faict l'Euangeliste en Grec ἐγώ εἰμι, combien que IESVS-CHRIST ne parlast ne l'vn ne l'autre, ains le vulgaire Syriaque; mais pour ce qu'ils sont plus signifians qu'au François,) ils tomberent esuanoüis tous à la renuerse, par la vertu & efficace de ces paroles, qui le denotoient estre Dieu, suiuant son estre & immutabilité eternelle. Et à cecy conuient encore, que quand le PERE suscita Moyse pour aller deliurer les enfans d'Israël de la seruitude d'Egypte, il vsa des mesmes mots que fit le Fils, quand il se laissa prendre

& crucifier pour nous rachepter de celle du diable. Par ce mot de אהיה *Ehieh* au reste qui est le futur du verbe היה *haiah*, *sum*; les Talmudistes interpretent estre signifiee l'eternité de Dieu; par ce que le temps aduenir presupose le present, & le passé, qui sont les trois differences du temps, reduittes en la diuinité tant seulemēt au present; à cause qu'elle est exempte des bornes & circonscription des deux autres, toutes choses luy estans presentes; *mille anni dies vnus*, pseaume 90. & en la 2. de S. Pierre. A propos dequoy non indoctemēt a dit Nehemanides, *que Dieu est ceste existence & subsistance qui n'est passee, ny ne passera*, &c. Car il est tousiours, sans auoir eu commencemēt, ny n'aura aussi peu de fin, d'autant qu'il outre-passe tout respect du temps; & qui seul peut dire, ὁ ὢν, καὶ ὁ ἦν, καὶ ὁ ἐρχόμενος, en l'Apocalypse premier: ce que les lettres aussi de ce nom אהיה *Ehieh* monstrent, auec vn fort grād mystere; dont la secōde ה *he* & la troisiesme *Iod*, denotent la tierce personne du preterit de ce verbe, qui est la premiere aux Grecs, aux Latins, & à nous; assauoir הייתי *haiithi*, il fut; lequel mot me fait incidemment resouuenir, & non sans propos, de ce vers si commun en la bouche de tout le monde, *Conueniunt rebus nomina sæpe suis*, Si qu'on a changé autresfois les noms infaustes & malencontreux en d'autres de meilleur presage; comme celui de *Maleuente* en *Beneuent*; liure 9. de Tite Liue; *Segeste* qui fait allusion à *Seges* moisson, au lieu d'*Egeste*, indigence & penurie: *Epidamne* en *Dyrrachium*, dans Festus;

Mystere du mot Ehieh.

& autres semblables. Ie dis donques qu'au premier descouurement des Indes occidentales par les Espagnols sous Christofle Coulon Geneuois, qui leur fut autheur de ce bien, le premier lieu où ils s'habituerent, ce qu'ils appellent *Poblar*, fut l'Isle appellee de ces sauuages Haithi, dont ils changerent le nom en celui de l'Espagnolle; mais ce fut bien au rebours de peupler; car comme le tesmoignent mesmes Pierre Martyr, Gonçalo d'Ouiedo, & autres leurs propres historiographes, y aians trouué à leur arriuee plus de quinze ou seize cens mille ames, ils les traicterent si humainement, qu'en moins de deux ans ils eurent consumé & reduit à rien tout ce grád nombre de peuple: Si qu'à bon droict ceste pauure miserable Isle, l'vne des plus belles & plus riches du monde, pouuoit bien dire, si elle eust parlé, IE FVS, (*fuimus Troes, fuit Ilium & ingens;*) selon la signification du mot Hebrieu *Haiithi*; qui en l'ancien langage de ce pays là, vault autant à dire, comme dur ou aspre, denotant parauenture (selon le prouerbe cy dessus allegué) le dur & aspre traictement qu'elle deuoit finablement receuoir de ces cóquerans. Ce mot donques d'Aithi, pour reprendre nostre propos, signifie *Ie fus*: la quatriesme lettre redoublee & coniointe auec vn יה *Vau*, particule copulatiue היה *Houe* le present, *Ie suis*: & la premiere assauoir א *Aleph*, qui se met tousiours au commancement de la premiere personne de tous les verbes au futur, *Ie seray*: Si que ce mot de *Ehieh*, contient en soy mystiquemét tou-

tes

res les differences des trois temps du verbe substantif, *Ie fus, Ie suis, Ie seray*; pour representer la sempiternelle stabilité & permanence de Dieu; & par mesme moien le secret de la Trinité. Le nom d'*Ehieh* au reste est vn nom de clemence & misericorde, comme *Iah*, & *El*, approprié au pere, qui ne peult iamais estre autre enuers ses enfans, *Quomodo miseretur pater filiorum*, porte le pseaume 103. Au moien dequoy l'escriture en vse ordinairement quand il est questiõ de lui requerir quelque grace, cõme és Nombres 12. Moyse voulãt obtenir la guerison de sa sœur Marie qui auoit esté frappee de lepre, il fait sa priere à Dieu en ces termes, *El na rapha la*; *Dieu de pitié ie te supplie gueris celle-cy*. Et pourtant nostre Sauueur en S. Iean 5. dit; *Neque enim Pater iudicat quemquam*. Là ou le nom de אדני *Adonai*, qui est le dernier des Zephiroths, ainsi qu'*Ehieh* le premier, est tousiours de rigueur & iustice; & *Elohim* le plus souuent; *Scimus quia peccatores Deus non audit*, en sainct Iean 9. יהוה *Iehoua* qui est au milieu, attribué à Tiphereth, autrement la ligne moienne, est commũ à l'vn & à l'autre, tant à la grace qu'à la iustice; mais en ce cas il est punctué comme *Elohim*: Neaumoins la clemence preuault à la rigueur en luy, suiuant ce qu'il dit, *Nolo mortem peccatoris, sed magis vt conuertatur & viuat*. LA SECONDE numeration est חכמה *Hochma* Sapience; & son nom le Sacresainct tetragrammaton ineffable יהוה ou le , *Iod* seul, lequel enuers tous les Cabalistes importe autant que les quatre lettres, tant

II.

Mysteres du tetragrammaton Iehoua.

parce que DIX denoté par le *Iod* comprend les quatre premiers nombres reduits ensemble, 1. 2, 3. 4. lesquels font dix, que pource que tous les caracteres Hebraïques sont formez du seul *Iod*, qui n'est qu'vn poinct, dont il n'y a rien de plus simple; & par consequant de plus à propos pour symboliser à la simplicité de l'Essence diuine. Il a puisapres vn petit tiret s'abaissant en bas, conforme à la ligne, premiere dimention és geometriques; & au binaire, la premiere alterité és nombres, conuenante aux anges: ce qui estoit representé en l'arche de l'alliance par les deux Cherubins qui la couuroient de leurs esles; comme si cecy nous vouloit denoter l'effluxion qui s'espand de Dieu par les anges sur toutes ses autres creatures, plus composees selon les rengs d'aproximation ou eslongnement de la pure & premiere simplicité; & selon l'ordre des Sephiroths, qui sont comme des vestemens, par le moien desquels nous sommes aucunement approchez de la cognoissance de la tressaincte simplicité de Dieu, signifiee par ce quadrilettre ineffable יהוה; auquel comme en vne tresbelle glace bien polie & lustree, resplandist par certain rebattement & reflexion, ceste noble nature Angelique proche ministre de la diuinité: Cela est cause que quelquefois le verbe est appellé ange en l'escriture; *Vocabitur nomen eius, magni consilij angelus*; & en force endroits de l'Apocalypse. Et tout ainsi qu'en vn miroiier caue se venans à resserrer les raiz du Soleil, fut-ce en plein cœur d'hyuer, qui auparauant espandus n'eschauffoient que bien laschement : & en ce racueil ils enflammét les estoffes qu'on leur expose; En semblable l'intellect humain, qui est en lieu du miroüer, venant à racueillir les raiz de la diuinité, enflame son ame coniointe à soy, en l'ardeur d'vne charité; suiuant ce que le tesmoigne le Pymâdre d'Hermes. Le binaire donques auecques l'vn vient à procreer le Ternaire : car des lignes puisapres sourd la premiere figure plaine, renclose en soy, qui est le triangle : des triangles le carré : & des carrez, les corps solides; dont les cinq premiers, assauoir la pyramide, le cube, l'octaedre, l'icosaedre, & le dodecaedre, sont tous formez de lignes droictes; & le cercle & globe, des courbes; comme le I O D l'est de deux demycercles accouplez ensemble, auec vn petit filament qui en sort, à guise du germe en la semence des Vegetaux, qu'à ceste cause il represente, ensemble le monde elementaire où toutes choses vont par droicte ligne : & des deux hemycicles, l'vn le celeste qui torne tousiours circulairement; & l'autre l'intelligible : Lequel germe se boutte dehors encontremont, moiennant la chaleur viuifiante decoullant du ciel, pour la procreation & renouuellement de son espece. Car le propre des choses haultes, comme sont les raiz du Soleil, de la Lune & des estoilles, dont elle est comme vn ventre & matrice, ainsi que la terre l'est des plantes, est tousiours d'influer en bas, sans iamais remonter en

P ij

haut: Et des basses, telles que sont les flames de ce feu cy inferieur, de tirer droict encontremōt: lequel feu de son naturel s'esleuāt tousiours, tasche de trāsmuer en soy toutes les choses où il peut mordre, pour les y rauir & porter; mais la terre, les pierres, les metaulx, & telles autres substances qui ne veulent obeïr à son actiō, il les laisse en leur deiection d'excrement aride & priué de la substance nutritiue: Comme si ces deux natures cherchoient de s'entrerencontrer, & venir audeuant l'vne de l'autre: dont Dieu est dit descendre en nous; & nous, d'esleuer nostre cœur à luy: Si que le Messihe comme Dieu descendit icy bas pour s'y vestir de nostre chair, *A summo cælo egressio eius*, pseaume 19. Et comme homme remonta la hault par sa vertu propre; *Si videritis filium hominis ascendentem vbi erat prius*: en S. Iean 6. Ainsi ceste seconde numeration, & son nom attributif, represente le primogenite, & le FILS qui est la Sapience du pere, *Per quem fecit & sæcula*, aux Hebr. 1. laquelle influe par l'ordre des Cherubins au ciel estellé; où il imprime les Idees de toutes les choses qui se produisent à chaque moment; lesquelles retornent finablement à ce dont elles decoullent, comme les sources des fontaines, & les riuieres qui en procedēt s'en vont rendre à la mer dont elles viennent; le corps à la terre, & l'intellect à Dieu, qui nous l'a donné. Au surplus encore qu'il y ait quatre lettres en ce tetragrammaton יהוה qui sont toutes voyelles imprononçables ainsi arrengees, il n'y en a neaumoins que trois differentes ; lequel nombre de trois multiplié en foy produit neuf, autant qu'il y a de nombres fimples, de fpheres mobiles, & d'ordres d'Anges; car ה y eft redoublée, dont la premiere des deux qui eft dans le mot la feconde, monftre l'interieure production que les Theologiens appellent *ad intra*, des perfonnes diuines : & la feconde ה qui eft au dehors à la fin du mot, *ad extra*, la nature des chofes, & le monde fenfible : ou bien la double production des creatures ; affauoir des Idees au monde fupreme intelligible, qui font les premieres creées ; & des chofes particulieres formées deffus le moulle & patron des Idées, au celefte & elementaire, tout ainfi que la parole, & l'efcriture fur les interieures conceptions de l'ame. Les deux הה reprefentent encore en ce facré nom, la double nature du MESSIHE; affauoir celle qui fuit immediatement apres le י *Iod*, la diuine ; lequel *Iod* denote le PERE, car le ו *Vau* qui vient apres au troifiefme lieu, eft le Symbole du SAINCT ESPRIT; fi que cefte ה eft au milieu des deux : & la derniere, la nature humaine d'iceluy noftre Redempteur. Et derechef, les deux perfonnes emanantes du PERE defigné par le *Iod*, qui vaut dix, autant que ces deux הה enfemble, chacun cinq : le premier denotant le FILS, & l'autre le SAINCT ESPRIT, conioincts par la particule copulatiue ו *Vau*; lequel vallant fix, vn affauoir auecques cinq, demonftre l'vnité confubftantielle de ces trois perfonnes. De ces deux הה f'enfuit puis apres le fecret

P iij

TRAICTE'

du grand Iubilé: car multipliez-le l'vn par l'autre, ce feront 25. lefquels redoublez felon qu'ils font deux, produiront cinquante, qui eſt le Symbole dudit Iubilé. Ce font les chiffres tant par les lettres que par les nombres, dont Moyſe & les autres prophetes ſe font feruis pour traitter occultement les profonds myſteres de la Trinité, & de l'incarnation du verbe, de peur que les diuulgant trop appertement à des gens ſi acariaſtres & enclins à l'idolatrie, ils n'en fiſſent mal leur profit. En apres ces trois lettres י. ה. ו. ſōt circulaires és nombres qu'elles repreſentent, tant par la ligne droicte, que par le carré, & le cube; car ils ſe terminent touſiours en eux-meſmes, comme le *Iod* qui vaut dix, & cela eſt la ligne extenſiue, ſi vous le multipliez par luy-meſme, il produira cent, qui eſt ſon carré, & vn nombre de dix dixaines: & ces cent derechef encore par luy, ce feront mille ou cent dizaines, qui feront le cube de dix: Et ainſi de dizaine en dizaine iuſqu'en infiny. De meſme multipliez le cinq par luy, qui eſt repreſenté par *He*, ce feront 25. & cinq fois 25. donneront 125. le *Vau* qui vaut ſix, fera tout de meſme; car 6. fois 6. font 36. & ſix fois trente ſix 216. par où l'on peut apperceuoir que les nombres denotez par ces trois lettres, dix par *Iod*, cinq par *He*, & ſix par *Vau*, ſe rencontrent touſiours à la fin de leurs productions; ce qui n'eſt pas ainſi des autres qui ſortent touſiours dehors d'eux: comme 2. fois 2. font quatre, qui n'eſt plus le deux, ny deux fois 4. qui font huict, le 2. ny le 4. deux fois trois font 6. & trois fois trois, 9. & ainsi du reste. Il y a encore d'autres choses à considerer au nombre de six, dont nous parlerons cy apres. Quant aux autres sacrez mysteres de ce tres-sainct nom, qui sont infinis, il ne signifie rien proprement, car il est imprononçable de soy, mais il denote ce qu'en Latin nous dirons trop mieux qu'en François, ENS IPSVM, l'essence subsistante de Dieu; estant composé de יה *Iah Deus*, & de הו *Hu ipse*, mais renuersé; par ce qu'encore que ce mot de *Hu* s'escriue par trois lettres הוא, neaumoins l'aleph ne se prononce aucunement, ains n'est là mis que pour representer le secret de la TRINITE. LA TROISIESME numeration est בינה *Binah* prouidence ou intelligence, & son nom אלהים *Elohim*; l'vn & l'autre attribuez au SAINCT ESPRIT. Elle influe par l'ordre des thrones en la sphere de Saturne; qui est la cause que les Cabalistes appellent le Saturne supramondain du monde intelligible, de ce nom *Binah*, denotant la penitence, & la remission des pechez, qui se faisoit au bout de la multiplication carree du septenaire icy bas; & le grand Iubilé ou sabbath des sabbats au siecle futur; dont ils escriuent en ceste sorte; *Qui sçaura que c'est du nombre de dix en l'arithmetique formelle, & cognoistra la nature du premier nombre spherique ou circulaire, entendra quel est le fondement du grand Iubilé*; ne voulans entendre par là, sinon le nombre de cinquăte, qui se produit du dix multiplié par le cinq qui est le premier nombre circulaire, representé par la lettre

III.

ה *He*, comme nous auons dit cy dessus; laquelle auec le *Iod* qui vaut dix fait יה *Iah*. Ce nombre de cinquāte, resultant du tout qui est dix, & de sa moitié cinq, par leur multiplication carree, represente les 50. portes de l'intelligence, dont les 49. furent reuelees à Moyse: vne moins puis apres, assauoir 48. à Iosué: 47. à Salomon; & ainsi des autres; selon que le deduit bien au long Rabbi Moyse Gerundense apres les Talmudistes, aut traité des vœuz, sur ce lieu du pseaume huitiesme. *Minuisti eum paulominus ab angelis*; car onques à autre ne peut arriuer à la cinquantiesme, que le Iuste Messihe, c'est à dire à veoir Dieu en la simple essence de son nom tetragrammaton יהוה tout à descouuert, & sans aucun voile ne vestement: de la lumiere duquel vestement, selon Rabbi Eliezer en ses chapitres, fut creé le ciel, ou le monde intelligible, comme l'interprete Rabbi Moyse Egyptien, auec les autres Cabalistes, en son directeur liu. 2. chap. 27. Et dela nege estant soubs son throne, la terre ou le monde visible, qui est la troisiesme des cinquante portes; & l'intelligible est la seconde. Le תהו *Tohu*, Chaos ou matiere informe, que S. Ierosme traduit *Inane*, & les 72. ἄορατος inuisible, est la quatriesme. Le בהו *Bohu*, le lieu vuide, ou la forme immaterielle qui se deuoit produire en estre, de la puissance où elle estoit dans le Chaos (c'est la priuation d'Aristote) la cinquiesme: & ainsi du reste de reng en reng selon qu'il est contenu au commencement de Genese. Ces trois premieres numeratiōs iusqu'icy

font

sont signifiees par les trois lettres que le *Iesirah* appelle les meres, comme nous dirons plus aplain cy apres; assauoir א *aleph*, ם *mem* cloz, & ש *schin*: aleph denotant le commencemét & la diuine essence *Ehieh*, qui est le PERE, & premiere conception: *Mem* le FILS & la parole: & *Schin* L'ESPRIT; lequel Schin en sa figure Hebraïque ש à cause de ses trois pointes ou fleurons s'esleuans du dedás d'vn demy cercle, est vn Symbole de la tres-sainte TRINITE. Mais auant que sortir de ce nom *Elohim* qu.est attribué en particulier au SAINCT ESPRIT, comme aussi est la lettre ה *He*, valant cinq és nombres, autant qu'il y a de lettres en iceluy, les Cabalistes apres Moyse le mettent pour l'ouurier du móde;& le verbe comme pour l'instrument dont le proiect & dessein du grád Archetype le PERE à sorty effect: au moiē dequoy ce mot *d'Elohim* est repeté par 32. fois à la creation des choses dedans Genese, auant que de venir à former l'homme; comme le deduict bien au long Rabbi Ioseph en ses liures des portes de la iustice: & ce pour denoter les 32. sentiers de la sapience, mentionnez dés l'introite du liure dudit *IeZirah* ou formatió; moiennant lesquels (poursuit-il) a esté creé tout le monde par les *Ziruphs* ou diuerses transpositiós des lettres de ce mot *Elohim*: si qu'en tous les caractères Hebrieux, il n'y en a point dont le tetragrammaton ineffable יהוה se daigne vestir sinon de ces deux לב *Leb*, c'est à dire cœur, dont le *Lamed* vaut trente, & le *Beth* deux; en ceste sorte; לב, לה, לו, בי, בה, בו. Car tout

Elohim mot attributif du S. Esprit, & de la iustice de Dieu

32. Semitæ sapientiæ.

Q

ainsi que le cœur est celuy qui souſtient l'eſprit de vie dans le corps de l'homme, l'eſprit de meſme souſtient l'ame, & l'ame en ſon reng l'intellect. Auſquels 32. ſentiers de ſapience noſtre cœur eſt apte de monter ſuiuant le pſeaume octante quatre, *aſcenſiones in corde ſuo diſpoſuit*; aſſauoir au ciel, en Amos 9. *qui ædificat in cælo aſcenſionem*. A propos dequoy, le Rabbi ſuſdict met, qu'Anne mere de Samuël, en l'eſleuement & montee de ſon oraiſon, alla iuſques au lieu de la ſuperieure fatalité, d'où depend la grace & octroy d'auoir lignee, de la prolongation de vie, & de l'abondance des viures, & non du ſeul merite des perſonnes; leſquelles trois choſes il faut mendier & obtenir de là hault : parquoy elle prioit ſur le nom tetragrammaton יהוה, & non d'Adonai, Seigneur. Ce nombre de trente deux, au reſte eſt dedié à la iuſtice diſtributiue, pour autant qu'il ſe peut partir, comme tous les autres procedans des redoublemens du binaire, touſiours également par la moitié, iuſqu'à la premiere ſource des nombres; trentedeux, 16. 8. 4. 2. 1. mais il y a d'autres myſteres à conſiderer là deſſus. En apres le Sacré Quadrilettre יהוה, ne ſe trouue point en Geneſe ſinon apres les trentedeux repetitions *d'Elohim*, en ceſt endroict du deuxieſme chapitre, *Celles-cy ſont les generations du ciel & de la terre, quand elles furent creées au iour que* יהוה אלהים *le Seigneur Dieu Iehouah Elohim fit le ciel & la terre.* pour demonſtrer que le FILS eſtoit auſſi interuenu à la fabrication du monde, en laquelle l'escriture ne les separe point l'vn de l'autre; *Verbo domini cæli firmati sunt, & spiritu oris eius omnis ornatus eorum*, pseaume trente trois. Or que le nom d'Elohim qui est le plurier de אלוה *Dieu*, pour denoter la pluralité des personnes, represente en particulier le SAINCT ESPRIT, nous en auons beaucoup de tesmoignages des Cabalistes, qui l'interpretent pour vn esprit de nature de feu; au premier de Genese, *& spiritus Elohim ferebatur super aquas*, lesquelles eaux il fomentoit par sa chaleur ; conformement à Trismegiste dés l'entrée de son Pymandre; *Ex humida autem naturæ visceribus syncerus ac leuis ignis euolans, &c.* car l'eau represente le verbe & la sapience; *Aqua sapientiæ salutaris potabit illum*, en l'Ecclesiastique 15. Et derechef; *apposuit tibi aquam & ignem*; c'est à dire la misericorde & iustice. Et de faict Dieu a double Tribunal; l'vn de seuerité & rigueur, à la main gauche au Septentrion, designé par *Elohim*, principalement auec l'adiectif de גבור *gibor*, fort & robuste : & l'autre de clemence à la main droicte & au midy, suiuant cecy du 3. de Genese, *ambulabat leuiter ad meridiem*, ne voulant pas punir à toute outrance noz premiers peres; & au premier des Cantiques, *Vbi pascas, vbi cubes in meridie*. Ce qu'importe le nom de יה *Iah* ; lequel estant tiré des deux premieres lettres du grand nom יהוה, si vous les defalquez de אלהים *Elohim*, restera אלם *Ilem* muet; comme si celà vouloit inferer, que si de la iustice designée par *Elohim*, vous en separez le

Le double tribunal de Dieu, de seuerité, & clemence.

Exēple des chiffres Hebraiques.

TRAICTÉ

nom de misericorde, il faudra qu'elle demeure muette. Mais il semble pluſtoſt que ce ſoit le rebours: car quãd vn prince ſe laiſſe aller par importunité de prieres ou autrement, de remettre à vn malfaicteur, ou luy moderer la iuſte punition qu'il a meritée, celà eſt clorre la bouche à ſes iuges, & les baillonner, qu'ils n'oſent y proceder comme ils doiuét: là où au contraire il n'y a rien qui les puiſſe faire parler plus haut, qu'vn vniuerſel deniement & refus de toutes ces manieres de graces, pardons, remiſſions & abolitions abuſiues, impetrées illegitimement, vrays ſeminaires & pepinieres de toutes mal-verſations & forfaicts. Il faut doncques chercher d'autre endroict l'intelligence de ce myſtere; & preſuppoſer que tout ainſi que le futur qui eſt le troiſieſme temps, includ les deux autres, aſſauoir le preſent, & le paſſé, combien qu'en la diuinité tout ne ſoit qu'vn; *Quid eſt quod fuit? Ipſum quod futurum eſt. Quid eſt quod factum eſt? ipſum quod faciendum eſt*; en l'Eccleſiaſte 1. en ſemblable le nom d'*Elohim* aſſigné au SAINCT ESPRIT, qui eſt la tierce perſonne procedant des deux autres, contient tacitement en ſoy leurs trois noms; les trois elemens, principes de toutes choſes, car l'air n'eſt reputé que pour vne colle qui les conglutine & aſſemble; les trois loix; & les trois differences & meſlémens de la miſericorde auec la Iuſtice. Et en premier lieu ce mot de אל *El* c'eſt à dire Dieu, qui ſont les deux premieres lettres dudit אלהים *Elohim*, repreſente le PERE, la terre des viuants, & la loy de nature; contemperé au reste de clemence & seuerité; *Ie suis le Seigneur ton Dieu, visitant l'iniquité des Peres sur les enfans en la trois & quatriesme generation, de ceux qui me haissent; & faisant misericorde à milliers à ceux qui gardent mes commandemens.* Les deux autres lettres puisapres suiuantes, qui font *Iah* par anagramme, lequel est du tout pitoyable & clement sans aucune adiointe rigueur; car elles sont là *ziruphees*, ou renuersées l'vne deuant l'autre, selon le cinquiesme alphabeth, & non sans mystere, denotent le FILS, l'eau, & la loy de grace: Et les cinq caracteres ensemble, par l'adiouxtement du ם *mem* final du tout clos, le SAINCT ESPRIT, le feu, & la loy escrite, qui estoit toute de seruitude & rigueur; côme aussi est le nom en soy, *In dextera illius ignea lex*, en Deuteronome 33. Laquelle lettre de *mem* close, dans le *IeZirah* est prise pour vn symbole de silence. Et pourtant si du nom אלהים *Elohim*, qui includ les trois loix susdites, vous en eclipsez יה *Iah*, qui est celle de grace, laquelle s'en est venue finalement à esclorre & emanciper; car de tout temps l'Euangile estoit adioint secretement auecques la loy Iudaïque, comme le presuposeassez ce lieu cy de l'Apostre aux Galates 4. *Testamentum primum fuit in monte Sina in seruitutem generans, qui mons est coniunctus ei quæ nũc est Ierusalem, &c.* ce qui se doit entendre mystiquement, & non à la lettre; parce qu'il y a plus de dix iournées de l'vn à l'autre: Ce que non seulement tesmoigne aussi saint

Exode 10.

Auguſtin, au quatorzieſme de la Trinité, mais Elchana meſme l'aduouë, treſ-celebre docteur Hebrieu; *Quod lex præexiſtebat in verbo Dei antequam daretur*; ou ſi nous le voulons prendre par le contrepied, la loy eſtoit comme groſſe de l'Euangile, qu'elle a enfanté à certaine periode de temps, auquel par l'incarnation du verbe ſe ſont manifeſtées les grandes merueilles de Dieu, ſuiuant le pſeaume 88. *Nunquid cognoſcentur in tenebris mirabilia tua?* Et au 119. *Reuela oculos meos, & conſiderabo mirabilia de lege tua.* Si donques du mot *Elohim* vous venez à diſtraire ces deux lettres יה, c'eſt à dire la loy de Grace d'auec la naturelle, & la Moſaïque, il faudra qu'elles demeurent du tout muettes, & baillonnées comme ayans eſté parfaictes & accomplies en, & par la loy Chreſtienne, où toutes les religions doiuent tendre. Que le SAINCT ESPRIT au reſte ſuiuant l'attribution de ſon nom *Elohim*, ſoit pris pour l'exacte ſeuerité de rigueur, ſelon que mettent les Cabaliſtes, qui appellent le dur & aſpre iugement דין *Din*, dont le monde à ce qu'ils dient eſt maintenu, c'eſt à dire que ſans cela, qui retient les meſchans & peruers en bridde, tout iroit en combuſtion çen deſſus deſſous; le Sauueur meſme ſemble le monſtrer tacitement en ſainct Marc 3. & ſaint Luc douzieſme quand il dict; *Omnis qui dicit verbum in filium hominis, remittetur illi: Ei autem qui in Spiritum ſanctum blaſphemauerit, non remittetur in æternum.* Si que les deux proprietez de ces deux diuins noms, ne ſe sçauroient par aucune Cabale plus apertement demonstrer, que par ces tesmoignages de l'Euangile. AINSI voila les trois superieurs Sephiroths, Cheter, Hochmah, & Binah, ausquels respondent les trois diuins noms Ehieh, Iehoua, & Elohim, qui sont de toute eternité conioints inseparablement ensemble, & ne se separeront eternellement nomplus: n'ayant esté possible de tout le temps que le monde a esté creé, qu'Ange quelconque là hault au ciel, Prophete aussi peu, ne Roy en la terre, ait peu arriuer de s'y ioindre, selon le dessusdit Rabbi Ioseph Salemitain fils de Carnitol. LA QVATRIESME numeration est חסד Chesed, clemence, bonté, grace, misericorde; & le nom אל El: laquelle influe par l'ordre des *dominations* en la sphere de Iupiter, les patrons, effigies, & exemplaires de tous les corps. LA CINQVIESME גבורה Gheburah, pouuoir, force, seuerité, iugement, & punition des forfaits; qui influe par l'ordre des *Potestez* en la sphere de Mars, guerres, desolations, pilleries, rançonnemens, & semblables afflictions de peuples: Le nom d'icelle est אלהים Elohim. LA SIXIESME, תפארת Tipherets, grace, beauté, ornement, & delices, qui influe par l'ordre des *Vertus* en la sphere du Soleil, y eslargissant clairté, lumiere & vie: Et de là vient à produire toutes sortes de mineraux & metaux, dont l'or est le chef, comme le Soleil qu'il represente, l'est des corps celestes;

IIII.

V.

VI.

le pain, & le vin au genre vegetal; & l'homme sur tous les autres animaux: Le nom qui y assiste est le tetragrammaton אלוה *Eloah*. LA SEPTIESME נצח *Nezeh*, triomphe victoire; & le nom יהוה צבאות *Iehouah Sabaot*, le Seigneur des armees. Elle influe par l'ordre des *Principautez* en la sphere de Venus, vn zele, & amour de iustice: & de là s'en vient produire au monde elementaire les arbres, plantes, herbes, & autres vegetaux. LA HVICTIESME est הוד *Hod*, loüange, honneur, & formosité, qui influe par l'ordre des *Archanges* en la Sphere de Mercure; & de là vient produire les animaux. Le nom est אלהים צבאות *Elohim Sabaot*, le Dieu des exercites, non pour la guerre & la rigueur, mais pour la pieté & concorde. LA NEVFIESME יסוד, *Iesod*, base, fondement, redemption & repos, qui influe par l'ordre des anges en la sphere de la Lune, vne croissance, & descroissance de tout ce qui est audessous d'elle. Le nom אלחי *Elchai*, le Dieu viuant, ou שדי *Sadai*, Tout-puissant; ou plustost qui suffist à soymesme sans auoir besoin de rien de dehors. Surquoy il fault faire vne distinctiõ, que la Lune, entant qu'elle est le receptacle de toutes les superieures influences, respond à la derniere numeration, *Malchut*, en descendant; & pourtant elle est ditte pour le regard du monter en hault, la premiere terre des viuants; presuposé que celle d'icy bas est des choses mortes, comme estans transitoires & caduques, & le second Tabernacle: mais entát qu'elle est en particulier vn Planette, elle reçoit sa force

force & vertu de ceste numeration de Iesod ou fondement, à qui est annexé le nom *Elchai*. LA DIXIESME, מלכות *Malchut*, regne & Empire; l'Eglise, & le temple de Dieu; (*Quoniam domini est regnum*, au pseaume 22.) & la porte pour y entrer; laquelle influe par l'ordre animastique, ou des ames bien-heureuses, és creatures raisonnables, la cognoissance des choses, le sçauoir, & l'industrie: Le nom diuin qui y preside est אדני *Adonai*, Seigneur. Et à ce propos les Cabalistes entre leurs autres traditions mettent *Que, peccatum Adæ fuit truncatio regni à cæteris plantis;* Quant par sa curiosité il voulut gouster du fruict de science de bien & de mal, contre le commandemēt de Dieu; pour raison dequoy le *Malchut* ou le regne qui est l'arbre de vie, & la derniere influence diuine des dix Sephirots, procedans toutes à guise de branches de la racine *d'Ehieh* ou diuine essence, fut par sa preuarication, desmembré des autres plantes, c'est à dire ses descendans, de la Iustice originelle où il auoit esté formé.

VOILA les dix Sephirots, ou numerations & mesures tant celebrees des Cabalistes, auec les noms attributifs y annexez; dont ils tiennent Moyse & les autres Prophetes estre paruenuz à la cognoissance du *Merchana*, & du *Bresit*, c'est à dire des diuins secrets, & de la nature; & faict des choses merueilleuses transcendans la portee & creance humaine. A ces Sephirots se raporte la pluralité des Dieux en Orphee, ou plustost les diuers effects procedans du grand Dieu, ainſi que du Soleil ſont tous ſes lumineux rayons: Plus la cheſne d'or au 8. de l'Iliade, par laquelle Iupiter tire à ſoy toutes les puiſſances celeſtes, & quant & quant la terre & la mer, auec toute la machine du monde: La vraye eſchelle pareillement de Iacob, par où montent nos meditatiõs, nos vœuz, prieres & offrandes, là hault au throſne diuin; Et ce par quatre graduations, aſſauoir le ſens, l'imagination, la fantaſie, & l'intelligence; & que ſe coulent les diuines influxions en deſcendant icy bas par le ciel, comme à trauers certains tuyaulx & ſorbataines, qui eſt le vray mariage de luy auec la terre; dont depend toute la magie naturelle des anciens Chaldees, & Perſes, treſverſez & expers en la cognoiſſance des choſes celeſtes, & Elementaires; enuers leſquels ce mot de *Mage* ſonnoit le meſme que de Brachmane ou Gymnoſophiſte aux Indiés; de Preſtre aux Egyptiens; de philoſophe enuers les Grecs; & de חכם *Chacam* ou prophete aux Hebrieux: Et nompas ceſte deteſtable, orde & ſalle Magie qui a acquis le nom de Nigromance, exterminee à bon droict de l'Egliſe, pour eſtre ſans aucun fondement ne verité, ains toute abuſiue, deceptoire, & pleine de blaſphemes; comme dependant du premier rebelle de ſon Createur, ennemy de la verité, & du genre humain, Prince de tenebres, d'erreur & menſonge; par le commerce & alliance que les abandonnez de Dieu contractent auec luy, tels que Balaam en Geneſe; Et Laban peult eſtre encore, le plus excellent

Magie licite, & illicite.

Magicien de tous les orientaux, comme tefmoigne le Zohar; qui adiouxte icelui Laban auoir changé par dix fois à Iacob fon loyer felon les conuenances qu'ils auoient enfemble, afin d'experimenter contre luy les dix degrez d'enchantemens dont il eftoit fouuerain maiftre. Laquelle magie du temps de Moyfe, qui alencontre de ces dix efpeces de charmes, en vertu des dix Sephirots affligea Pharaon & les Egyptiens des dix playes, nonobftāt le complot de Ammomino & Amael liguez enfemble contre luy, eftoit en grandiffime vogue, & fort familiere aux Indiens orientaux; depuis le Malabar iufqu'à la Chine & Cathay, que Rabbi Rambam fils de Maimon en tout plein d'endroits du 3. liure de fon directeur appelle les Zabiens, où il allegue d'eftranges merueilles de leurs fortileges & fuperftitions : Et eft vne chofe bien à remarquer, que la plus-part de ce qu'il en racompte, f'eft trouué depuis eftre prefque du tout conforme aux façons de faire des Indiens occidentaux de la nouuelle Efpagne, Caftille de l'or, & du Peru; & autres lieux tant de la terre ferme, que des Ifles de ce nouueau monde. Tout le fait dóques de la Magie qui eft licite (quelques-vns la prefupofent eftre tacitemēt touchee dans les hymnes d'Orphee) eft de cōioindre les vertus agentes aux effects paffibles; & aprocher les chofes elemer taires d'icy bas, aux actions & effects des eftoilles & corps celeftes, ou pluftoft des intelligences qui leur affiftēt, par des materiaux à ce propres & conuenables; auec

P ij

des paroles, caracteres, suffumigatiõs, & prieres; cõme si l'on imprimoit la figure d'vn seeau ou cachet en de la cire, ou autre semblable estoffe: le tout accõpagné de ce que les Hebrieux appellét כונה *Cauanah*, forte & esleuee intention, sans laquelle riẽ ne se peut bonnement faire; car aprochant fort de l'exstase ou rauissement d'esprit, elle tient le mesme lieu és operations admirables, que l'ame fait dans nostre corps, qu'elle viuifie. Il n'y a au reste facultez ne vertus occultes separees seminairement, les vnes au ciel, les autres en terre, ainsi qu'est le moulle de la matiere qu'õ veult mouller; ou comme nos conceptions interieures à l'endroit des mots ou des lettres qui les exprimét, que le Mage ne les puisse vnir par ensemble, & tirer en acte. Neaumoins quelque œuure miraculeux qu'on puisse produire, soit par la voye de la Magie, ou de la Cabale, ny en autre sorte, il en faut referer tout le principal effect au vouloir & puissance de Dieu: Car tout ainsi q̃ l'hõme produit naturellemét son semblable, qui est son ouurage, cõme la facture du monde celui du souuerain Createur, de mesme le Mage faict par artifice les siens. Mais comme les choses naturelles soient plus parfaictes que celles de l'art, qui ne fait qu'imiter la nature, selon Aristote au 2. des Physiques, Aussi sont les diuines plus à estimer, & plus accõplies sans cõparaison, q̃ de la nature; ainsi que mesmes le tesmoignét les enchãteurs de Pharaõ dedãs le 8. d'Exode; quãd Aarõ estendãt sa verge vindrẽt à naistre des moucherõs de la poulsiere, car n'en pouuás faire autant par leurs charmes, ils furẽt contraints d'aduoüer, *Digitus Dei hic est* : Si que tous les mots, tous les sacrez noms, caracteres, figures, signacles, & nombres formels, qui ont plus de puissance qu'aucune materielle qualité; auecques leurs accõpagnemés de parfuns, luminaires, & semblables choses externes, qui les secõdét, n'õt en magie ny en Cabale vertu aucune ny efficace, sinon entant qu'elles se cõforment à la voix & la main de Dieu, c'est à dire à la parole & escriture; d'où vient que les mots estranges qui ne signifient rien enuers nous, & lesquels neantmoins Zoroastre & Orphee defendent de changer en d'autres, mesmement les Hebraïques, qui sont la primitiue source de tous les autres, peuuent plus que les paroles signifiantes & intelligibles : Car encore qu'il y ait beaucoup de mots qui nous semblẽt faits à plaisir, ou à l'aduenture, pour ne signifier rien que ce soit en langue quelconque, ils pourroient estre neantmoins tout ainsi qu'vne escriture en chiffre, dont ne pouuans tirer aucun sens ceux qui n'entendent le secret, les autres qui en cognoissent l'artifice sçauent fort bien discerner que cela veut dire: Et le mesme pourroit estre des caracteres, & des paroles, qui estans incogneuës de nous, ne laissent d'auoir quelque signifiance enuers les esprits où elles s'addressent. CECY a esté parcouru incidemment de la magie, par ce que c'est la science du monde celeste, qui comprend en soy les dix cieux ou spheres; qui sont les instruments & moiens par lesquels agist

R iij

en nous la diuinité; aſſauoir neuf mobiles, & le dixieſme ferme & ſtable, dit d'aucuns le ciel empyree, & en l'eſcriture le ciel du ciel, *en domini Dei tui cælum eſt, & cælum cæli* : au Deuteronome 10. & au plurier encore *les cieux des cieux*, qui n'eſt pas ſans myſtere; au 3. des Roys, 8. *Si enim cælum, & cæli cælorum te capere non poſſunt* ; Et pour raiſon de ſa ferme ſtabilité, la terre des viuants; *Cùm dedero gloriam in terra viuentium*, Ezechiel vingt ſix, en laquelle eſt planté l'arbre de vie, & le throne de Dieu aſſis & poſé en ceſte mer de verre reſſemblant au criſtal, dont faict mention l'Apocalypſe 4. & 15. A ces numerations & meſures

Les dix predicaments ſe rapportẽt aux dix Sephirots.

encore des Sephirots, limitez au nombre de dix, qui eſt la fin de tous les nombres, & par conſequent la meſure de toutes meſures, on approprie les dix categories ou predicaments de dialectique, qui comprennent toutes les circonſtances des choſes; aſſauoir l'eſſence ou ſubſtance; la qualité, quantité, relation; quand, qui denote le temps; ou, le lieu; la ſituation ou aſſiette; l'habitude, l'agent, & le patient. Puis il y a cinq predicables; le genre, l'eſpece, la difference, le propre, & l'accident : Leſquels deux font quinze, autant que denotent les deux lettres de ce nom יה *Iah*; dont le *Iod* qui vaut dix, repreſente les dix predicaments; & *He*, cinq, autant de predicables; par

Rapport des dix cõmandemẽs, aux dix Sephirots.

ce que toutes choſes ont eſté faictes en la vertu de ce ſainct nom. A ces dix Sephirots outreplus, & aux dix ſpheres, reſpondent les dix commandemens de la loy, ſelon Abraham Aben Ezra en ſon commentaire d'iceux; dont le premier, qui monstre la tres-simple vnité du PERE, & qui est comme la base & fondement du Tout, *Ie suis le Seigneur ton Dieu qui t'ay retiré hors d'Egypte, de la maison de seruitude*; TV N'AVRAS AVTRE DIEV QVE MOY; se rapporte à la dixiesme Sphere immobile, comme soustenant le throne de Dieu, *Cælum sedes mea est, & terra scabellum pedum meorum*, en Isaie 66. qui de là meut le premier mobile, & consequemment tout le reste; *gaudent omnes mouente patre*, dit S. Denis en ses hierarchies, parlant des intelligéces, qui estans meuës meuuent les Spheres & les corps celestes où elles president; Si qu'Hermes diffinist Dieu estre vn cercle dõt le centre est par tout, & la circonference nulle part: Ce qui est tout apertement representé par ces deux notes de chiffre 10. faisans dix, dont la premiere qui vaut vn, est cõme vn point indiuisible ou le cẽtre qui est par tout, car il n'y a nombre où l'vnité ne se puisse trouuer, d'autant qu'ils partent tous d'elle, & ne sont autre chose qu'vn amoncellement d'vnitez enfilees les vnes aux autres; & le *o* ou zero, qui est rond en façon de circonference, est dict comme n'estre en aucun lieu, par ce que de soy il ne fait rien, parquoy il se rapporte à *l'Ensoph*, non finy, ou infiny. LE SECOND precepte; *Tu ne feras aucune representation ny semblance, ny image qui est és cieux en hault, ou en bas en la terre, ny en l'eau, pour les adorer*, conuient à la 9. sphere, & premier mobile, qui meut & rauist auec soy toutes les autres subiacentes en 24. heures; & au FILS, qui est le premier mouuement de toutes choses, procedant du PERE immobile: & à ce propos Boëce fort elegamment,

Terrarum cælique Sator, qui tempus ab æuo
Ire iubes; stabilísque manens das cuncta moueri:

Lequel FILS a banny & extirpé toutes les idolatries du monde, là ou son Euangile est annoncé. LE TROISIESME, *Tu ne prendras point le nom du Seigneur ton Dieu en vain; car le Seigneur ne tiendra pour innocent celuy qui le prendra en vain*; à la huitiesme sphere, où sont toutes les estoilles fixes, le Zodiaque auec les 12. signes, & les 48. principaux astres figurez cóme on les voit en Hyginius, & plusieurs autres astrologues. Et ne faut pas estimer que ce soit chose faite à plaisir que de ces images celestes, formees de plusieurs estoilles de la sorte qu'on les represente, car plusieurs excellens hommes iadis Chaldees, Indiens & Egyptiés les ont obseruees estre telles, par le moien de certains instruments appropriez à cela: ce qu'ils ont peu faire, & les discerner mieux & plus distinctement que nous, à cause des grádes plaines de ces quartiers là, & de la cótinuelle serenité du ciel qui y regne. Au surplus pour ce q́ les principales vertus celestes consistent en ceste 8. sphere; & que le S. Esprit est dispensateur de toutes vertus, on la luy attribue pour ceste cause, estant la 3. en ordre, cóme il est la tierce personne de la TRINITE': Ioint que prendre le nom de Dieu en vain, & en abuser, est cóme vn peché particulieremét contre le S. ESPRIT, ainsi que se

pariurer

pariurer est pecher contre sa propre conscience, qui lui symbolise; ce qui n'est pardonné en ce siecle icy, ny en l'autre; *Non peierabis in nomine meo, nec pollues nomen Dei tui*, Leuit. 19. LE QVATIESME; *Souuienne toi de sanctifier le iour du Sabbat*, à la Sphere de Saturne, lequel est vn infauste, malin & nuisible planete; Dont Moyse iugeoit ne se deuoir rien entreprendre ne faire ce iour là, ains demeurer du tout en repos, & vacquer au seruice diuin; par ce qu'il preside à la premiere heure du Samedy, qui commance au soir à la nuit; comme fait Mars à la derniere, qui est pernicieux aussi de sa part; & cela ne se rencontre en pas vne des autres iournees : pour raison dequoy le Zohar & autres Cabalistes alleguent, que les mauuais esprits ont plus de puissance de nuire à toutes les quatriesmes & septiesmes nuicts, ausquelles ces deux planetes president, qu'en autre temps de la sepmaine. LE CINQVIESME, *Honore ton pere & ta mere; à fin que tes iours te soient prolongez sur la terre*; à la Sphere de Iuppiter qui est beneuole, & represente la paix, amour, pieté & clemence; comme faict aussi la Sphere ou numeration de *Chesed*, & le nom diuin *El*, lequel luy est attribué. LE VI. *Tu ne tueras point*, à Mars, qui preside aux guerres, meurtres, effusion de sang, pilleries & autres telles violences. LE VII. *Tu ne commettras adultere*, à Venus; suiuant l'opinion des Brachmanes & Gymnosophistes; ensemble des autres philosophes de l'Inde, qui la mettent au dessus du Soleil, combien que

S

TRAICTE'

la plus commune opinion, au deſſous; & pour ce qu'elle reſpond à la numeration *NeZach* ou victoire, cela nous admoneſte, que nou-nous deuons efforcer de vaincre noz illicites concupiſcences. LE VIII. *Tu ne deſroberas point*; au Soleil, lequel rauit, ſubſtrait, & deſrobe à toutes les eſtoilles leur clarté, & lumiere, qu'il eſteint & offuſque. LE IX. *Tu ne porteras aucun faux teſmoignage contre ton prochain*, à Mercure auquel on attribue la langue, ſi qu'en ſes ſacrifices les Payens luy offroient ceſte partie des victimes; & eſt au reſte patrõ de toute tricherie, barat, deception & fraude. Et LE X. *Tu ne conuoiteras point la femme de ton prochain, ny ſa maiſon, ſon ſerf, ſon bœuf, ny autre choſe de ſa ſubſtance*, à la Lune; la plus baſſe de tous les corps celeſtes, ainſi que la conuoitiſe eſt la plus infime & abiecte paſſion de noſtre ame.

CES DIX Sephirots ou meſures, ſont outre-plus des Cabaliſtes appellees de ce nom *Belimah*, c'eſt à dire *ſans aucune additiõ*, telles que ſont les nombres, treſſimples de ſoy, & premiere origine de toute apprehenſion & demonſtration. Car tout ainſi que les caracteres cõme plus compoſez & materiels conuiennent à la Magie, qui eſt vne moiéne operation entre les choſes celeſtes & les terreſtres, que la Chimie prẽd pour ſon ſubiet en ſes artifices, dont le feu en eſt l'inſtrument, ainſi que la chaleur du ciel, du Soleil, & des aſtres qui ſe vient empraindre icy bas, l'eſt de la nature; *Sublato enim calore nullus omnino fit motus*, dict le philoſophe Alphide; les nombres auſſi ſõt plus pro-

DES CHIFFRES. 70

pres à la Cabale, cóme estans vn acces & passage des choses celestes aux intelligibles. Et quát aux lettres, elles tiennét vn moien lieu entre les nombres & les figures : A propos dequoy ce mot de בלימה Belimah signifie encore taciturnité ou silence, pour monstrer que les choses diuines, se peuuent plustost & plus cómodément atteindre par vne profonde meditation de pésee recueillie en soy, que par vn gazouillement de Sophistes: & pourtant la philosophie Pythagoriciéne, plus spirituelle que nulle autre de tous les Gentils, estoit fondee là dessus. Mais pour dire quelque chose encore des Sephirots, qui soit plus approchant & cóforme à l'escriture, & mesme aux chiffres, ils sót representez par les trois lettres appellees meres dás le liur. de *Iezirah*, lesquelles symbolisent aux 3. Elemés; & par les sept doubles, qui denotent les 7. Planetes; à qui les douze simples qui restét representás les 12. signes du Zodiaque seruét de domiciles, pour parfaire le nombre de 22: & ce à l'exemple que chaque cercle en sa circonferéce contient 22. septiesmes de son diametre: de maniere que tout ainsi q̃ des diuers aspects des 7. planetes en ces 12. signes, là où ils iouent cóme aux barres, viennét à se produire dans les 4. Elemens où ils s'espandét, tous les corps en semblable des caracteres de l'escriture qui leur symbolisent se formét les nós de toutes choses qui en sont cóposees. Toutes lesquelles cósideratiós ne tendét point à autre but q̃ de no⁹. aprocher de la diuinité; & elle reciproquemét de nous, par l'intellect qu'il luy a pleu nous eslargir,

S ij

qui nous ioinct à elle, moyennant ses emanations, que les Cabalistes appellent vehicules & vestemens: car selon leurs traditions, *Nulle chose spirituelle descendant en bas, n'opere sans quelque voile & couuerture*; selon que l'experience nous monstre, ne pouuoir si bien endurer l'esbloissement des raiz du Soleil à veuë immediate tout à descouuert, que quand ils viennét à estre rabbatuz par l'interposition de quelque crespe ou estamine, qui amortist aucunement & rebouche leur par trop penetrante lueur: Et de ceste sorte se monstra Moyse aux enfans d'Israël, au retour de sa conference auec Dieu; lequel luy auoit empraint vne clarté si estincellante en la face, qu'ils ne la pouuoient supporter. Ces numerations derechef sont accomparees par eux à vn arbre renuersé le pied contre-mont: & de faict l'homme qui est façonné à la ressemblance de Dieu, est dict mesmemét d'Aristote estre vn arbre retourné c'é dessus dessous: ce qui se conforme aux dessusdictes traditions; *Plantatus est homo in horto voluptatis per radices capillorum; de quibus dicitur in Canticis 7. Coma capitis tui sicut purpura regis iuncta canalibus*; A sçauoir ces influxions d'enhaut, procedás de la viue source de la diuine Existáce, dont la racine, qui est EHIEH, est attachee au monde intelligible, la vraye terre des viuáts; (*Radicem tuam euellet de terra viuentium*, pseaume 52.) & la tige est le sacré-sainct Tetragrammaton ineffable יהוה, origine de toutes choses; auec ses principales branches, qui sont les noms diuins dessusdits;

DES CHIFFRES. 71

lesquels, à guise des rameaux qui poussent encore hors de soy des drageons, syons, reiectons pour seruir de greffes, produisent plusieurs surnoms & sous-surnoms ; de maniere que toute la loy vient à estre comme entee sur le seul Tetragrammaton *Iehoua*, de la mesme sorte, que la clause complecte d'vne escriture consiste des mots ; les mots des syllabes ; les syllabes des lettres ; & toutes les lettres du *Iod*, qui est le commancement du nom ineffable, auquel encore il equipolle : Car il est mis aussi pour le mot entier ; tenu en tel respect anciennement, & honneur des Israëlites, qu'il n'y auoit que le grand Pontife tout seul, qui le portoit graué en vne lame d'or appellee des Hebrieux ציץ זהב *TZitz Zahab*, dessus le deuant de sa mitre, à qui il fut loisible de l'exprimer par ses caracteres ; & encore vne fois seulement en l'annee, le 10. iour de la Lune du mois de *TiZri* qui respond à nostre Septébre, appellé *Iom Hachepurim*, le iour de remission, auquel se celebroit la gráde propiciation & absoulte generale de tout le peuple Iudaïque ; le proferant tout au profond du Sainctuaire à par-soy, par vne secrete tradition & Cabale reuelee de Dieu à Moyse, & de luy à Aaron, tout d'vne autre sorte que ne sonne la suitte & disposition de ses caracteres. Et comme le tesmoigne Rabbi Ioseph en ses portes de la lumiere, les anciens Iuifs reputoiét pour vn article de foy infallible, que quiconque le profereroit par ses propres lettres, sans vne bien vrgente necessité, n'auroit point de part au siecle adue-

Le grand respect du peuple Iudaique, enuers le saint nom Iehoua, figure de celui de IESVS.

S iij

TRAICTE'

nir; parce qu'il n'est communicable qu'au Createur tant seulement; & n'y a rien en icelui qui soit commun entre Dieu & ses creatures, cóme il y a en ceux de צדיק *TZadik* Iuste; דיין *Daiian* Iuge; חנון *Hannun* gracieux, pitoiable, & autres séblables; d'autant qu'il represente l'Estre de Dieu incomprehensible à elles toutes, & la substance, auecques ses proprietez intrinseques; & sa quiddité, par vne ostention manifeste tres-accomplie; sans aucune equiuocation ne meslange, ny respect quelconque ou relation audehors: Tous les autres noms estans deriuez des operations diuines fors cestui-cy; qui pour ce regard est appellé le grand nom; *Quid facies magno nomini tuo?* Iosue 7. Lequel ne signifie point par effects, ains par vne pure existence; dont il est tres-redoutable & horrible, suiuant le 98. pseaume; *Confiteantur nomini tuo magno, quoniam terribile & sanctum est*: Et en la 2. à Timothee 2. *Discedat ab iniquitate omnis qui inuocat nomen Domini.* Aussi est-il escrit, mais il ne se lit pas selon l'ordre & suitte de ses caracteres; car il est nommément prohibé en Exode 20. de prendre le nom de Dieu en vain; ce que les Rabbins interpretét, de le proferer des leures temerairement & sans occasion; & les Gentils mesmes se conformans en cecy aux traditions Hebraïques, aduoüent qu'on ne doit point importuner la diuinité hors de saison, & abuser de sa grace & bonté temeraire mét & à toutes heures. C'est pourquoi l'Eglise nous a prefix certains iours & heures pour les

Dieu ne veut estre importuné temerairement.

prieres plus particulierement en vn temps qu'en autre, selon le pseaume 55. *Vespere, & mane, & meridie precabor*; si lon ne vouloit entendre par ces trois stations la iournee entiere qu'elles comprennent; comme vne chose tressalutaire de prier Dieu incessamment, & à tous propos le loüer & remercier de ses graces & beneficences; *Benedicam dominum in omni tēpore; semper laus eius in ore meo*; au 34. Car quant à ce que le Zohar met sur cecy du 119. *Media nocte surgebam ad confitendum tibi*, sent vn peu sa superstitiō Rabinique; que c'est pource qu'à la minuict commance la troisiesme veille ou garde nocturne, qui selon les Cabalistes est la plus gracieuse & paisible, *Ad vesperum demorabitur fletus, & ad matutinū lætitia*, pseaume 30. d'autant que lors finent les courses & rauagemens des malins & nuisibles esprits des Tenebres; à quoy ils appliquent ce lieu du 91. *Non timebis à timore nocturno; à peste perambulante in tenebris*, &c. Et ces trois versets du 104. *Posuisti tenebras: Catuli leonū: Ortus est sol*: Car lors commāce à remonter le Soleil en nostre hemisphere, qui estoit allé iusqu'au bas : au moien dequoy le sacrifice matutinal se peut dire agreable à Dieu sur tout autre, selō Iob au 38. *Cùm me laudarent astra matutina, & iubilarent omnes filij Dei*; Ce qu'ils interpretent pour les Anges, & ames bien-heureuses. Et de là peult estre venue l'institution de nos matines, pour la plus grand-part à minuict; & le seruice du matin auāt midy. Mais plus encore est fantastique, ce que poursuit le mesme Zohar là dessus;

si dauenture on ne veult dire que c'est par allegorie qu'il parle, comme est ordinairement la coustume des Cabalistes ; *Qu'à la minuict Dieu entre au Paradis de delices & recreation, pour s'y resioir auec les iustes ses fauorits.* Mais pour reprendre nostre propos du respect qu'on portoit en l'ancienne loy à ce grād nom de Dieu יהוה Iehoua, qui est le propre du MESSIHE & du Verbe, *Iuraui in nomine meo magno ait dominus, quia nequaquam vltra vocabitur ex ore omnis viri Iudæi dicentis, Viuit dominus Deus in omni terra Ægypti*; Ieremie 44. Qui est l'vn des plus pregnans tesmoignages de l'abolition de la loy Iudaïque : & en Tobie 13. *Nomē enim magnum inuocabunt in te:* Ce respect donques estoit si grand, que Rabbi Henina fils de Tradion, selon qu'il est racompté és portes de la lumiere, nonobstant que fort excellent & deuot personnage, pour auoir voulu exprimer ce sacré Tetragrammaton par ses caracteres, non ia pour le prophaner, ains pour s'exerciter seulement à la meditation & cognoissance des saincts mysteres, ne peut neaumoins euiter la punition de ce delict. L'exprimer au reste par ses caracteres, cela s'entend selō qu'il estoit ineffable ; pourautant que ce sont toutes voyelles, si qu'on ne pouuoit bonnemēt discerner quelle en deuoit estre la prolatiō, attendu que les poincts & accents qui peuuent redresser tout cela n'y estoiēt pas encore adiouxtez ; les vns le prononçans IAHVE, qui sonneroit presque Dieu auec la nature humaine, à cause que IAH signifie Dieu, & mesme de misericorde;

fericorde; le *Vau* puis apres est vne particule copulatiue; & le second *He* qui est à la fin, denote la nature humaine du CHRIST: les autres le proferent & transcriuent *Ioua*, induëment ce neaumoins, parce qu'il fault plustost dire *Iehoua*; les autres *Ieue*. Mais par tout où il se rencontre en l'escriture, ils souloient lire *Adonai* Seigneur, comme estant ce mot là vn accés & entree pour paruenir au nom ineffable: Et pourtant és dix *Sephirots Adonai* est mis le premier d'embas, comme le premier eschellon pour monter iusqu'à *Ehieh*; & le dixiesme en descendant. Car il y a trois noms qui s'entreregardent, dont le premier est icelui *Adonai*, au bas, qui est la cime de l'arbre renuersé: au milieu ou en la tige est le tetragrammaton ineffable יהוה: & au hault en la racine, *Ehieh*. Tout le *Thorah* donques, assauoir la loy contenue és cinq liures de Moyse, n'est autre chose que ce Quadrilettre ineffable estendu en diuers noms, surnoms, sous surnoms, ou effects, à guise des branches & rameaux d'vn arbre, qui toutes procedent, & sont nourries, viuifiees, entretenues, & renouuellees de leur tige; & la tige de sa racine: lequel nom est celui que Dieu en Exode 6. dit n'auoir manifesté à Abraham, Isaac, ne Iacob; l'ayant selon les Cabalistes reserué iusqu'au temps de Moyse, afin de prosterner par luy le pouuoir du faulx *Ioua* ou Iupiter Ammonien, qu'ils appellent *Ammomino* protecteur & patron tutelaire des Egyptiens, & reueré d'eux en ressemblance d'vn Bellier; parce que c'est le premier

T

TRAICTE'

signe du Zodiaque, à qui l'Egypte correspõd icy bas selon leurs traditions; laquelle le Zohar dit denoter en l'escriture tousiours quelque chose de sinistre & pernicieux, comme aduersaire directement du peuple de Dieu; ainsi que le Mammon ou Ammon superintendant de la pecune, & quant & quant de l'auarice en S. Luc 16. l'est de IESVS CHRIST: Au moię dequoy l'Egypte est appellee מצרים *Mizraim*, comme qui diroit angusties & oppressions. En vertu donques du nom יהוה, Moyse prosterna du tout cest *Ammomino*, assisté de son frere germain *Amael*, auec leurs six cens coadiuteurs d'esprits immondes, familiers ausdits Egyptiens, & designez dãs le Zohar par les six cens chariots armez en guerre, que prend Pharaon en Exode 14. pour aller apres les Israëlites. Car selõ la secrete theologie, qui le collige de ceste sorte de plusieurs lieux de l'escriture, Nul ne peult estre surmonté icy bas, comme le remarque Rabbi Ioseph ben Carnitol au liure des portes de la Iustice, sur ce passage, *In die illa animaduertet dominus Iehoua in omnem exercitum excelsum in excelso; & in Reges terræ in terra*, que l'intelligence qui luy assiste d'enhault ne le soit auant, & distraicte de sa protection; comme il se voit au 28. d'Ezechiel, où Dieu se deliberant de destruire la ville de Tyr, en retire premierement le Cherub; Et en Daniel 10. de ce Prince du Royaume des Perses, assauoir leur genie & patron, qui resista à l'Ange Gabriel par 21. iours, iusqu'à ce que Michel luy fut arriué de ren-

La puissance d'Egypte ou du diable, renuersee en vertu du nom Iehoua.

Homere au 20. de l'Iliade, du combat des dieux deuãt Troye.

fort; car ces bien-heureux esprits administratoires nous assistent, gouuernent, instruisent, poulsent, retirent & guiddent, tout ainsi que fait l'homme aprenant vn cheual, vn chien, vn oiseau; Tesmoin ce qui s'allegue du demon Socratique; & ce qui est dit en Iob trente huit, *Num nosti leges cæli, & pones rationem illius in terra?* A l'exemple dequoy les Romains, selon que le recite Pline liure 28. chapitre 2. apres Verrius Flaccus, és sieges des villes auoient de coustume, premier que d'entrer en aucun effort, de faire euoquer par leurs prestres le Dieu protecteur du lieu, luy promettant de plus amples honneurs à Rome; comme faict Furius Camillus à la deesse Iunon en la prise de Veies dans le 5. de Tite Liue: Et pour ceste occasion, de peur qu'on ne leur fist de mesme, ils tenoient le vray nom de leur ville secret; si que Soranus pour l'auoir osé diuulguer, mourut sur le champ, ainsi que le tesmoigne Plutarque en la 61. question Romaine. Mais le plus grand fait, & le plus excellent de tous les prodiges de Moyse, fut quand il estendit le quadrilettre יהוה, à luy reuelé pour renuerser la puissance assistente d'Egypte, le faulx *Ioua Ammomino*, en trois fois septante deux lettres, qui font le nombre de deux cents seize, autant que monte le Cube du Six representé par le Vau, qui est le caractere particulier du *Iehoua*, & d'*Ochmah*, le verbe & la Sapience du PERE: Car 6. fois 6. font 36. le carré; & 6. fois 36. 216. le Cube: Si que tout le *Thorah*

T ij

TRAICTE'

ou loy Mosaïque, contenant selon la curieuse supputation des Cabalistes autant de lettres que sortirent d'ames d'Egypte, assauoir deux millions, compris les vieillards, les femmes, & les enfans, n'est autre chose que ce grand nom *Schemhammaphoras* ou expositif, estendu des 72. lettres en trois fois autant; Et de là encore en plusieurs autres noms & surnoms subalternes, qui expriment l'Estre, & les effects du souuerain Dieu, entant que l'esprit humain est capable de les comprendre. CES 216. lettres au surplus sont tirees de trois textes dudit quatorziesme d'Exode : Le premier, en l'article dix neuf; *Et l'ange de Dieu (Elohim) qui alloit deuant le camp d'Israël, se desplaçant de là, se mit à leur queuë; ensemble la colonne de nuage qui se partit du front de l'armee, pour se mettre à leur dos*. Le second : *Et se vint cest ange poser entre le camp des Egyptiens, & celui des Israëlites; qui fut esclairé tout du long de la nuict; & celui-là offusqué de broulhas & obscurité : durant laquelle ils ne s'entr'aprocherent point les vns des autres*. Le troisiesme; *Et comme Moyse eust estendu sa main vers la mer, Dieu en retira par vn impetueux vent de Siroc les eaux toute nuict, & la mit à sec; en sorte qu'elles demeurerent separees à guise d'vne chaussee des deux costez, tant à dextre comme à senestre*. Chacun desquels *Pasukim* textes ou versets contient 72. lettres en l'Hebrieu; si qu'elles viennent à establir autant de noms explicatifs d'iceluy Tetragrámaton יהוה, chacun de trois lettres : & ce en dix manieres differentes, selon autant de *Zyruphs* ou de variees cômutations des lettres les vnes és autres. Laquelle extention de ces quatre lettres en septante deux, les Cabalistes colligent par la voye arithmeticale de leur Ghematrie en ceste façon. Le *Iod* en premier lieu vaut dix, *He*, cinq, *Vau* six, & *He* derechef cinq; lesquels assemblez feroient 26. Mais à les prendre par vne reiteration d'assemblemens, en les readioustant les vns aux autres, arriueront precisement à 72. Car *Iod* valant dix, mis auec *He* fera 15. *Iod he*, & *vau*, 21. Et finablement les quatre ensemble, 26. Assemblez ces quatre nombres, 10. 15. 21. & 26. ce seront 72. & telle est l'art calculatoire en leurs chiffres, comme nous le monstrerons cy apres. *Exemple de l'art calculatoire des Hebrieux.*

Ceste extention au surplus se rapporte à ce qui est dit au 5. du Deuteronome; *Souuienne-toy que tu as esté esclaue en Egypte, & que le Seigneur ton Dieu t'en a retiré à main forte, & bras estendu*: ce qui est repeté par Ieremie és mesmes mots au 27. & 32. Car le bras estant mis pour le *Iehoua*, selon que l'allegue S. Iean 12. du 53. d'Isaie; *Le bras du Seigneur a qui à il esté reuelé;* en vertu de ce nom & de ses dependances & appartenances, Moyse prosterna de sorte toutes les puissances d'Egypte, auecques leurs facultez & moiens, qu'elles ne se peurent onques puis releuer; non tant seulement les six cens chariots dessusdits, ains par mesme moien les 72. potentats, & langages representez au bord de la robbe du grand Pontife, par autant de Grenades & de cymbales, esquels s'estoient diuisees toutes les nations de la terre en la confusion Babylonienne: & à chacun d'eux, comme l'allegue Rabbi Ioseph fils de Carnitol és portes de la iustice, où il les appelle le mystere des escorces exterieures du prepuce, qui enuironnent tout ainsi qu'vne couronne le throne de la gloire de Dieu, auoit esté assignée sa part & portion de la terre; mais Israël fut choisi de luy pour son peuple particulier, separé des autres, auec le langage Hebraïque, comme pour sa fauorite demeure: & de là depend l'vn des principaux secrets de la circoncision, & reuelation de la glande. Les Cabalistes appellent ces forces & vertus Egyptiennes, celles de la couppe inferieure, selon qu'en l'Apocalypse 17. il est faict mention d'vne *femme toute accoustree de pourpre & d'escarlate; & parée d'orfauerie, de pierres precieuses & de perles; tenant au poingt vne couppe d'or pleine d'abominations & d'ordures de sa paillardise: & en son front cecy escrit*; MYSTERE, LA GRANDE BABYLONE MERE DES LVBRICITEZ ET ABOMINATIONS DE LA TERRE. Le renuersement desquelles puissances, ou mauuais demõs presidans aux peuples idolatres esbauché par Moyse, comme figure de IESVS-CHRIST, fut de tous points accomply de luy; *Maintenant le prince du monde sera ietté hors*; en S. Iean 12. & assez appertement en l'Apostre encore, aux Coloss. 2. *Desspouillant les principautez & les potentats*. & en la 1. aux Corint. 15. *Cùm euacuauerit omnem principatum, & potestatem, & virtutem*. Surquoy vient à noter vn fort beau myste-

DES CHIFFRES. 76

re; Que par cinquāte fois se trouue estre en l'escriture reiterée ceste deliurance & issuë d'Egypte, & non moins ny plus aussi, pour denoter le grand Iubilé de nostre redemption, & eslargissement de la seruitude du diable: car comme il a esté dit cy deuant au fueil. 60. il n'y a eu que le seul MESSIHE qui soit entré en la cinquantiesme & derniere porte de l'intelligēce, comble de la parfaite beatitude, qui est la fin du *Binah*, & commencement du *Chocmah*, assauoir la sapience & le Verbe; lequel par sa mort & passiō nous à ouuert ceste porte du grand Iubilé de planiere remission de salut, & parfaictement deliurez de l'Egypte ou captiuité de Sathan: ce qui ne fut pas octroyé à Moyse, qui ne passa que iusqu'à la 49. porte; ce nombre naissant de la multiplication carrée des 7. inferieurs Sephirots : Et pourtant personne ne peut estre sauué par sa loy, comme le tesmoigne l'Apostre aux Rom. 3. & Galat. 2. plus au 13. des Actes; *non potuistis in lege Moysi iustificari*; ains en IESVS-CHRIST: aussi ne promet il aux Israëlites, & mesme en Deuteronome 28. que toute beatitude & felicité temporelle: & si ne luy fut pas octroyé de les introduire en la terre de promission, qui estoit le type & figure de la gloire de Paradis; cela estant reserué au mediateur Dieu & homme, dont il est dit en Isaie 61. *Spiritus domini super me, eo quòd vnxerit me vt prædicarem captiuis indulgentiam, clausis apertionem, & annum placabilem domino*, &c. Parquoy il enuoya le SAINCT ESPRIT au 50. iour, ouquel nous fut ouuerte de tous points la porte du ciel, c'est à dire la remission de noz pechez: comme il est dit en S. Iean 20. *Accipite Spiritum sanctum, quorum remiseritis peccata, remittuntur eis*, &c. CES TANT belles donques inquisitions & recherches Cabalistiques des plus profonds mysteres de la diuinité, au monde intelligible, dont depend à guise de deux clairs ruisseaux procedans d'vne viue eternelle source, tout ce que l'esprit humain peut atteindre de cognoissance des admirables effects de la nature & de l'art, au monde sensible; car il y a vne telle analogie & relation de Dieu auecques ses ouurages, qu'ils ne se peuuent bien cõprendre sinon reciproquement l'vn par l'autre, nous inuitent assez d'y appliquer nostre entendement; attendu mesme que de là sourd l'vne des plus secretes & ingenieuses modes de chiffre; lequel consiste de caracteres tous egaux, sans aucune difference de forme, quantité, ny couleur; tels que pourroiẽt estre vn ciel tout parsemé d'estoilles, vn arbre reuestu de ses fueilles, vne mer agitee de vagues, des points & lignes toutes semblables;& en somme tout ce que la nature produit de perceptible à noz yeux, ou que nous pouuons imaginer en nostre pensee, comme nous le monstrerons cy apres en tref-claire practique & vsage: Si que tout cest vniuers semble vn liure, ouquel soient escrites les merueilles du Createur, qui anoncent incessamment ses louanges, à ceux au moins qui y sçauent lire. Car c'est vn chiffre & fort occult pour la plus part, qui ne contemplent les corps celestes

stes d'autre maniere qu'ils feroient vn grand nombre de lampes ardentes dans vne synagogue Iudaïque, ou Mosquee de Mahometistes; ou bien selon le philosophe Xenophanes, autant de gros charbons allumez de nuict, & esteints sur iour; sans passer plus outre à leur ordre, assiette & disposition, (ie laisse à part les intelligences qui inuisiblement leur assistét, & me retiens à ce qui se peut apperceuoir par le sens) dont depend toute l'efficace en ce cas: ce que la Ghematrie des Hebrieux nous descouure, source de tous les chiffres & secretes manieres d'escrire de quoi l'on doiue faire compte ; & nous introduit par la vraye Arithmetique & Geometrie, que Pythagore appelle les conuenances & proportions , enuers luy les principes de toutes choses, à infinies reuelations de secrets des trois sciences non vulgaires, attribuees comme ja a esté dict aux trois mondes. Car tout ainsi qu'en vn beau palais, où il y eust en premier lieu au plus bas estage vne grande quantité d'vstancilles & meubles exquis; comme de mesnage de bois, linge, tapisseries, & autres telles commoditez pour la vie humaine: puis au dessus dedans quelque Garderobbe secrette, force buffets de vaisselle d'or & d'argent, vases & couppes : & au plus haut vn cabinet de pierreries ; de ces trois pieces là bacclees de forts cadenats & serrures , il faudroit en auoir les clefs , pour considerer à l'œil ce que c'est : le semblable est-il des trois mondes, dont les trois sciences occultes sont les vrayes clefs, qui seules nous peu-

V

uent deferrer les secrets thresors qui y sont, comme il est dict en Isaie vingt-neuf, *La vision de toutes ces choses vous sera comme d'vn liure cacheté, lequel estant presenté à vn qui sçait les lettres pour y lire, il respondra qu'il ne peut à cause qu'il est fermé; & autant en dira l'ignorant.* Mais de la propre sorte que d'vn mesme gazon ou motte de terre se produisent de bonnes herbes salutaires pour le corps humain, auec des venimeuses & nuisibles parmy : de la mesme rousee empreinte és fleurs, l'Abeille succe & elaboure sa gracieuse liqueur de miel ; & l'araignée tout au rebours vn mortel poison pestifere : & d'vn mesme texte de l'escriture le fidele & obeissant fils de l'Eglise Catholique tire le vray sens propre à son salut; & le contumace heretique vne faulse & erronée intelligence qui la meine à perdition; aussi n'ont iamais manqué nulle part, ny en aucune profession & doctrine des cerueaux deuoyez hors du droict chemin, qui ont peruerty toutes ces belles cognoissances à de vains abuz, à des curiositez illicites, & impies superstitions; les vns soubs la couuerture & nom de Cabale ; les autres soubs le tiltre & qualité de magic; science, autre-fois si honoree, que Platon dans le Charmide l'appelle la vraye medecine de l'ame, qui s'aquiert de là vne parfaicte tranquillité ; & le corps vne bonne habitude : Et au premier Alcibiade, il met qu'elle se souloit enseigner aux enfans des grands Rois de Perse, par leurs Theologiens & philosophes appelles Mages; à fin de leur apprendre à former leur domination temporelle, sur le patron de l'ordre & police de l'vniuers. Et les autres finablement descrié toute la troisiesme dicte Chimie, sous des amorces, & faulx apasts d'vne montioye de richesses nées à vn instant, par d'imaginaires transmutations metaliques, à quoy ces bons personnages, qui y ont si soigneusement employé leur estude n'aspirerentonques: trop bien ont ils cherché par là quelques remedes plus souuerains que les vulgaires, encontre les accidents ausquels l'imbecillité de la chair nous soubsmet: Et voulu sonder par mesme moien les metaux, la plus belle, permanente & admirable substance que la nature produise point: car oultre la diuersité d'ornemens prouenant d'eux, dont la personne se peut es-jouir & parer : outre tant de commoditez que la vie humaine en reçoit, en l'agriculture, au nauigage, & en toutes sortes d'arts & mestiers, qui sans cela demourroient manques; & en fin les medicaments qui s'en font tát pour le dehors que dedás, leur merueille en tout cela est, qu'ils se peuuent metamorphoser d'infinies manieres, sans pour cela perdre leur forme specifique, qu'ils ne se restablissent tousiours en leur premier estre; (si ce n'est par vn tref-ingenieux artifice, & de fort longs preparatifs) nonobstant qu'ils ayent esté reduicts en pouldre impalpable, en chaux, sel, eau, huille, verre, esmail & semblables alterations; à guise d'vn autre Prothée ; lequel comme dit le Poëte, au 4. des Georgiques.

V ij

TRAICTÉ

Omnia transformat sese in miracula rerum;
Ignémq; horribilémque feram, fluuiúmque liquentem.

C'a donques esté leur intention, & non vne vaine & friuole auarice, de descouurir par ceste science elementaire les cachez progrés de nature, qui n'est autre chose selõ Empedocle & Anaxagore, que la mixtion & separatiõ des elemens, autour dequoy la Chimie verse, dõt elle est dite Spagyrique, comme separant & reconioignant les substances. Et en la reuelation de ces beaux secrets, se manifeste la gloire de celuy qui en est le premier autheur, pour y prendre son esbattement; ainsi que nous ses creatures faisons à l'inquisition de leurs causes latentes, auec leurs proprietez & effects; l'vne des plus sauoureuses pastures de l'ame: car cela nous est comme en lieu d'eschelle pour monter là haut; & vn esleuement de nostre pésee hors de la sensualité de ceste ville & abiecte escorce, qui ne tache que par vn surpesant contre-poix de la raualler & tenir en bas submergee dãs ses oysiues voluptez, & bestiales concupiscences, à l'aide de ce faux & traistre abuseur, nostre inueteré aduersaire; ce maudit assauoir, & ancien serpent nommé *Hazael* par les Cabalistes, pere du *Tumah* & *Lilit*, la pollution & ordure; lequel comme met le Zohar, est la fin finale de toute chair, où il predomine, & au sang; aussi luy sont ils assignez pour viãde & breuuage, comme estans de terre; en Genese 3. *Terram comedes cunctis diebus vitæ tuæ*: dequoy ne s'esloigne pas fort Pythagore Cabaliste Grec; *qu'au Binaire,*

(c'est le DEVX, qu'il prend pour le diable & mauuais principe) *appartient toute la matiere de ce monde visible* ; laquelle il nomme aussi le Binaire : Ce qui se conforme encore à ce que le SAVVEVR appelle le commun ennemy, le Prince du monde. Mais les esleuz, *Qui non ex sanguinibus, neque ex voluntate carnis, neque ex voluntate viri, sed ex Deo nati sunt*, (en S. Iean premier) se retiennent tousiours au bien, sans s'extrauaguer hors du droit chemin : là où si les autres à la suggestion du mauuais, lequel est incessamment aux escoutes & en vedette, à espier quelques humeurs propres aux zizanies qu'il tient tousiours appareillees pour y semer, peruertissent le bien en mal, ou luy le peruertist par eux ; le vray en mensonge ; & ce qui existe reellement, en fumee & friuoles illusions deceptoires ; ce n'est pas à dire pourtant qu'il le faille ainsi descrier, non plus qu'vn beau vase d'or enrichy de pierres precieuses, que pour auoir esté temerairement employé à quelque infame & ord seruice, ce seroit trop grande simplesse vouloir reiecter pour cela, attendu que ce n'est qu'vne exterieure contamination, qui ne penetre pas dedãs sa substance, laquelle est incorruptible de soy : & les Iuifs ont bien tortionné infinis lieux de l'escriture, voire de l'expresse parole de Dieu, à de vaines superstitions abusiues, appliquans cruëment à la lettre, ce qu'ils deuoient prendre spirituellement & au sens ; comme il leur reproche en Isaie 29. *Ce peuple ne me glorifie qu'assez des leures, mais leur cœur est bien esloigné*

V iij

Les Phy-lacteres Iu-daïques.

de moy; en est elle moins recommandable pourtant? Pour exemple; y a il rien de plus ridicule que ces *Tephillin* practiquez par eux de tout temps, & encore pour le iourd'huy? Ce sont certains breuets appellez en Grec φυλακτήρια ou preseruatifs, mot assez proche de l'Hebrieu, & comme vn anagramme d'iceluy, qu'ils portent au front, & bras gaulche; les *Mezerusa*, ils les placquēt sur le sueil de l'huis; moiénant lesquels ils se proposent auoir accomply tout ce qui est ordonné en la loy; mesmes en Deuteronome 6. *Et ligabis verba hæc quasi signum in manu tua*, &c. se garétir par mesme moié de tous dangers, inconueniés & desastres; & se prolonger leurs iours icy bas; se fondās en cela sur le formel texte de l'escriture: LE premier desquels breuets est tiré du 6. du Deuteronome, verset 4. *Escoute Israël, le Seigneur nostre Dieu est seul Dieu* &c. *Et les lieras pour signal sur tes mains* &c. Iusques à la fin du 9. LE second est pris du 13. d'Exode; *Et le Seigneur parlant à Moyse*; Iusques à la fin du 10. *Tu garderas ces conuenances.* LE troisiesme depuis le onze du mesme; *Or quand le Seigneur t'aura introduit*, Iusques à la fin du 16. ET le 4. de l'onziesme du Deuteronome, à cōmancer au verset 13. *Si dōques vous obeïssez*, Iusques à la fin du 21. *Pendant que le ciel s'estendra sur la terre*. Ils les escriuēt auec de grandes ceremonies en du parchemin vierge: & quand ils tuent vn veau pour en faire, ils dient; *Ie sacrifie ce veau cy, en intention d'employer sa peau à en faire des Tephillin*. Et de mesme quand ils la donnēt à conrroier; puis finablement à l'eſcriuain; auec tout-plein d'autres myſteres; mais cela ne ſe fait que du coſté de la chair, & nompas de celui du poil. Pendant qu'ils les portent ſur eux, ils ſe garderont bien d'aprocher d'vne ſepulture, ny auſſi peu de hanter leurs femmes, que premierement ils ne les aient ſerrez en double bouëtte, de peur de les contaminer; car ſelon les traditions du Talmud; *Quiconque a les Tephillin à ſon chef & au bras, & ſur le ſommier de ſa porte, il ſe prepare comme vne habitude à ſe contregarder de peché, ſuiuant ce qui eſt eſcrit,* QV'VNE FISCELLE CORDELLEE EN TROIS, EST PLVS FORTE A ROMPRE. I'ay appellé ceſte ſuperſtition ridicule: & à la verité malaiſément ſe pourroit-on garder de rire les voyant ainſi equippez de ces braſſals & frontauuollans; ioint la bonne pipee qu'ils font. Au ſurplus ſ'il eſt loiſible ou prohibé d'employer l'eſcriture Saincte ores qu'a quelque bon effect; come à guerir des maladies, eſtancher le ſang, amortir & faire tomber le feu eſpris en vne cheminee, coniurer les fouldres & greſles, & autres ſemblables, c'eſt vne queſtiõ à part où ie ne pretends pas m'embarquer: Trop bien me veux-ie faire acroire, que le plus ſeur ſera touſiours de ſe retenir à ce dont la propre eſcriture nous reigle: *En mon nom*, dit le Redempteur en S. Marc 16. *ils dechaſſeront les ſerpents; & là où ils mettront les mains ſur les malades ils ſeront gueris: Car il n'y a point d'autre nom ſous le ciel, qui ait eſté donné aux hõmes, onquel il nous faille eſperer ſalut; és* ACtes 4.

là où le mot de σωθυ̃ναι importe non tant seulement la sauation de l'ame, mais du corps auec, & de nos fortunes. Ce neaumoins l'on est d'accord qu'il y a des choses plus scabreuses les vnes que les autres, ainsi que la Geomantie & Astrologie qui sont fondees sur la nature, sont moins reprouuables que l'Hydromantie, Pyromantie, Lecanomantie, & plusieurs telles, où il y a de l'interuention d'esprits: Dont Varron racompte qu'il y eut vn ieune garçon qui par les sortileges de quelques-vns, veit en de l'eau l'image de Mercure, qui par cent cinquante vers anonça tout l'euenement de la guerre Mitrithratique. IEAN LEON, à propos de ces Deuinailles, de Mahometiste couerty à la foy Chrestiéne, au 3. liure de son Aphrique, fait mention d'vne reigle en fort grand' vogue tant à Fez, qu'en tout le reste de la Barbarie, ditte en langue Moresque *Zairagia*, qui signifie autant que Cabale ou reception traditiue; mais il ne l'atteint que du bout des leures, & comme s'il se vouloit seulemét rinsser la bouche en passant pays à la haste, dans l'eau du Nil, en lieu suspect de Crocodiles; au moien dequoy il m'a pris autrefois enuie d'en estre plus amplement instruit par des Iuifs & Mores qui en estoient souuerains Maistres; non ia pour raison des deuinemens, & responces presqu'infallibles de tout ce qu'on leur sçauroit proposer, car ie n'euz onques graces à Dieu, ny creance ny inclination à de telles curiositez inutiles, ains seulement pour l'importance dont cela est à tousiours tant mieux conceuoir

Zairagia, predictions practiquees par les Iuifs & Mores.

ceuoir l'affinité du monde sensible auec le monde intelligible; estant ceste reigle establie totallement sur les conuenances arithmeticales, & les proportions geometriques d'vne part; & de l'autre sur la trifourchee racine des trois lettres meres, les Principes de toutes choses, *Aleph*, *Mem*, & *Shin*; dont la premiere represente la *Paternité*, & l'vnité des nombres simples lineaires; la terre des viuants aussi: la seconde qui est au beau milieu de l'alphabet, & la quatriesme des dixaines, la filiation ou premier progrez; & l'eau salutaire. Et la troisiesme qui est vers la fin, en la seconde des centaines, l'esprit & le feu, qui anime tout l'vniuers, & le maintient en son reel estre, comme fort elegamment le descrit le Poëte au 6. de l'Eneide:

Principio cælum & terras, campósque liquentes,
Lucentémque globum lunæ, Titaniáque astra,
Spiritus intus alit, totámque infusa per artus
Mens agitat molem, & magno se corpore miscet.

Puis tout soudain; *Igneus est ollis vigor, et cælestis origo.*
OR il ne se sçauroit guere trouuer de similitude plus propre pour correspondre à ces trois lettres, & en remarquer la signifiance, que ceste petite matrice de cuyure où lon fond les caracteres de l'Imprimerie, pour *l'Aleph*, ou le monde intelligible; & l'Idee: Puis le caractere, qui y est iecté, pour le *Mem*, ou le monde celeste receptacle des formes: & finablemét l'escriture qui en est empreinte, pour le *Shin*, & l'Elementaire auquel la forme s'imprime en la matiere,

Mysteres des trois lettres appellees les meres.

X

TRAICTÉ

dont refultent les indiuiduz, lefquels equipollēt aux mots formez d'iceux caracteres. Il en refte confequemment dix-neuf, departiz comme il fe dira, pour parfaire le nombre de 22. en vn fi grand predicament enuers les Cabaliftes, qu'ils fe font imaginez de pouuoir par le fondement d'icelui arriuer à cognoiftre celuy des Eftoilles; ainfi que l'attenta autrefois Hipparque à l'ayde de fes inftruments, chofe prefque par trop outrageufe à Dieu mefme, ce dit Pline liure 2. chap. 26. Mais nompas felon le Pfalmifte 147. *Qui numerat multitudinem Stellarum, & omnibus eis nomina vocat*: & ce par les reiterees multiplications des 22. lettres, qui arriuent finablement à vn nombre incomprehenfible ineffable; trop plus grand fans comparaifon que celuy qui a efté touché cy deuant en la page car ceftuy-cy monte à 340342437295386858641036799104. Que fi l'ō vouloit adioufter enfemble toutes les 21. multiplicatiōs chacune à par-foy, que feroit ce? mais ils ne commancent qu'au *Beth*, d'autant que l'*Aleph* qui reprefente l'vnité ne peult rien produire multipliee de foy feule, & en foy: & font ainfi, 22. fois 22. font 484. 22. fois 484. pour le Gimel 10648. Et ainfi du refte; laquelle curiofité de numeration eft de vray du tout friuole & incertaine; car quel fondemēt y peult-il auoir en cela? n'eftant qu'vne couuerture, fans bien peu ou rien d'apparence de vrayfemblable; auffi bien que celle dont les Talmudiftes s'efforcent de nombrer les anges par vne autre voye;

Fātaftique numeration des eftoilles.

mais là dessous ils comprennent quelques secrets dont tout cecy leur sert de chiffre; à l'exemple duquel Daniel au 7. chap. nombre les anges par milliers, comme font aussi Ezechiel au dernier & l'Apocalypse au 7. la pluspart des choses diuines. Les Talmudistes donques distinguent les trouppes & exercites des anges en six ordres; assauoir *Mazalot, El, Ligion, Rihatton, Chirton, & Gistera*. Les *Mazalot* puisapres sont par eux diuisez en 12. regimens, selon les 12. signes du Zodiaque; chacun desquels contiẽt trente enseignes appellees *El*, autant qu'il y a de degrez en chasque signe; & par ce moien arriuent à 360. chaque *El*, contient encore autant de *Ligion*, arriuans par ce moien à 10800. chaque ligion 30. *Rihatton*, qui sont 324000. chaque *Rihatton* 30. *Chirton*; 9720000. Et chaque Chirton estant finablement multiplié par 30. *Gistera*, ils reuiennent à 291600000. Somme toute 301655160. qui n'aproche aucunement de la dessusdite multiplication des *Ziruphs* en la page 42.

Autre fãtastique numeration des anges; mais tout cecy n'est qu'vn chiffre mystique.

MAIS pour reuenir à ceste reigle Cabalistique de *Zairagia*, nous en auons icy reduit la practique d'vne autre methode; Dressé assauoir, de la seule Spherique figure qu'ils font en quatre ou cinq cercles enuelouppez l'vn dans l'autre, autant de tables separees, pour rendre plus intelligible le tout; & de l'vsage de ces deuinailles oisiues, la reduire à celuy de la Ghematrie qui ne bat que sur les vrais dechiffremens des secrets mysteres de l'escriture; & des predictions prophetiques : Car de là depend la vraye Arithmantie rationelle, & la Geomantie formelle; dont celle-là symbolise au monde intelligible, à cause de la subtilité des nombres, plus essentiels, esloignez, & abstraicts de la matiere que les mesures, & qui sont comme raisons, relations & respects, à quoy se raportent les especes du monde sensible; à peu-pres ce que veult inferer Aristote au texte cy deuant amené du douziesme des Metaphysiques; *Species se habent sicut numeri*: Et la Geomantie establie sur les mesures, comme formes introduittes en la matiere, correspond au monde sensible participant de la matiere, plus deliee & formelle au ciel, & plus grossiere & materielle en la terre: le tout à l'exemple des *Sephirots*, aux trois superieurs desquels conuiennent les nombres, & aux sept inferieurs, les mesures. A ces deux encore dependances de la Ghematrie se raportent, assauoir à l'Arithmantie, & au monde intelligible, les interieures conceptions de nostre pensee; & à la Geomantie, l'escriture qui les exprime: car de la pluralité des poincts qui consiste és nombres (ie n'entends pas ceste fortuite proiection de poincts qui se respandent à l'aduenture, car ce n'est qu'vne pure nigauderie sans fondement, ny dont on puisse rien tirer de solide) se produisent les lignes tant droictes que courbes, desquelles se forment puisapres les lettres; & des lettres accouplees en syllabes, & en dictions, vient vn sens à se procreer, qui manifeste & iette dehors tout ce que l'entendemét peut apprehender au dedás: lequel sés est analogique à l'esprit qui viuifie les parties d'vn corps, designées par lesdites lettres, ainsi qu'est le corps par le mot qui en est tissu; representant naifuement la proprieté naturelle de chaque chose qu'il signifie, au moins au lãgage Hebrieu, ouquel l'on tient qu'Adam imposa les vrayes & signifiantes appellations de toutes celles qui furent creées. Et tout ainsi qu'en la corruption d'vn indiuidu, la forme qui y souloit estre venant à s'en effacer, vne autre succede en sa place, & s'y introduit; de mesme en vn contexte d'escriture, si les lettres en sont trásposées, & iettées hors de leur precedant ordre, assiette & disposition, le sens qui y estoit auparauant s'alteré & change; car en peu de façons sçauriez vous gueres tourner n'assẽbler les caracteres Hebraïques, qu'il ne s'y en trouue tousiours : & pour autant que les lettres consistent de nombres & de mesures, ce que comprend la Ghematrie; & que d'icellẽs se forment les mots, qui portent en eux la vraye essence & quiddité de la chose qu'ils representẽt; Que tout cest vniuers au reste est regy par vn intellect espandu & meslé en toutes ses moindres parcelles, auquel tãt le passé que l'aduenir sont presents, on prend en ceste reigle de *Zairagia* les lettres de la demande proposée, pour fondement; desquelles iettées hors de leur premier assẽblement & cõtexte, & restablies en vn nouueau, moiennant les conuenances & les proportions

X iij

de leurs nombres & de leurs mesures; ioinct cest intellect vniuersel qui conduit tout, resulte vn nouueau sens, qui manifeste la responce de la demande, soit du passé soit du present, où de l'aduenir: Car depuis que les lettres viennent par l'aide desdits nombres & proportions à s'esleuer hors du premier sens, ainsi que de leur terrestre matiere, à vne forme celeste, l'ame de l'vniuers qui est toute intellectuelle les attire bien plus aisément à soy, que si elles demeuroient en leur crassitude sensible; de la mesme sorte que les esprits esleuent le corps; l'ame les esprits; & l'intellect où le *Nessamah* l'ame finablemét à soy, qui est vne autre eschelle de Iacob; & la chesne d'Homere; à l'imitation de ce que le Sauueur dit de soy en S. Iean 12. *Ego si exaltatus fuero à terra, omnia traham ad meipsum.* Ce n'est donc pas nostre intention d'enseigner icy rien quelconque de diuinemét illicite ne licite, par la voye de la Ghematrie, ains au rebours par cest exemple Cabalistique, faire tousiours tant mieux conceuoir ce que c'est de la Ghematrie, source de tous les artifices de chiffres: en quoy l'on procede de ceste sorte. TOVT PREMIEREMENT ils vous trassent vn cercle, qu'ils partent en quatre par deux diametres s'entrecroisans à angles droits; là où ils marquent les quatre premieres progressions numerales 1. 2. 3. 4. cóme celles qui gouuernét tout, faisans 10. ensemble; & consequemment les Geometriques qui leur correspondent; le point, la ligne, la superfice ou triágle; & le carré, qui represente le Cube & le corps solide, ayant toutes les trois dimentiõs de longueur, largeur profondeur. Au deſſous de cela ſe mettent les trois lettres meres, *Aleph*, *Mem*, *Shin*, qui denotent les trois Elemens terre, eau, & feu; car lesHebrieux n'en admettent nomplus, reiectans l'air hors de ce compte, comme ne ſeruant que pour vne maniere de colle ou de gluz d'iceux Elemens; & par meſme moien à remplir le vuide, que la nature abhorre tát; au lieu duquel s'eſtabliſt icy vn petit rond, tenát lieu de zero en chiffre *o*, qui ſert au calcul pour les pauſes & diſtinctions des dizaines. Ils y adiouſtent puis apres les quatre ſaiſons de l'année, & les quatre parties du monde, auec les quatre vents qui en viennent; *Inducam quattuor ventos à quattuor plagis cæli*, Ieremie 49. Et les quatre Anges qui y preſident, en l'Apocalypſe 7. car les vents, ores que naturelles impreſſions de l'air au mõde elementaire, ſont neátmoins en l'occulte philoſophie referez au reng des eſprits, ſelon ce qui ſe pourra veoir cy apres extraict de quelques Rabbins, conforme à pluſieurs paſſages de l'eſcriture; & meſmes au pſeaume 148. *Spiritus procellarum quæ faciunt verbum eius*; c'eſt pourquoy on les rechaſſe aucunefois par adiuremens, & au ſon des cloches, qui ſõt beniſtes & exorciſees: mais plus pregnamment au 37. d'Ezechiel, parlant de la reſurrection de noz oſſemens; *A quattuor ventis veni ſpiritus, & inſuffla ſuper interfectos iſtos, & reuiuiſcãt*: & en Daniel 7. *Et ecce quattuor venti cæli pugnabant in mari magno*; que la gloſe explique pour les quatre intelligences angeliques qui president aux quatre cantons du monde; & ce en la grand' mer de l'intelligible, où consistét les viues permanátes sources de tout ce qui se deriue icy bas par les canaux des *Sephirots*, & y retournent finablement, comme les fontaines, & les riuieres qui en procedent, dedans la mer. Car tout ainsi que le ciel influë ses actions, proprietez, & effects icy bas au monde elementaire, dequoy la Lune est comme vn magazin & apport, où tout cela vient à s'assembler & reduire pour nous le distribuer en detail, de mesme, & trop plus encore sans comparaison, le monde intelligible influë au ciel, qui est comme vn instrument & moien par lequel Dieu agist en nous, & effectue ce qu'il luy plaist enuoier en terre: mais cela passe nostre apprehension, pendant que l'ame est submergee dans ceste masse corporelle, dont elle ne voit que comme à trauers vn espoiz-terne chassis dormant. Quant aux vents, derechef plus apertement en Zacharie 6. à quoy se conforme de telle sorte le 6. de l'Apocalypse, qu'il semble presque en auoir esté transcrit mot à mot: car apres auoir descrit la diuersité d'attellage des quatre cheuaux, il demande à l'Ange; *Et que signifie cecy monseigneur?* Il luy respond; *Ce sont les quatre vents du ciel, qui se iettent hors pour se presenter deuant le grand monarque de la terre.*

Le progreZ

DES CHIFFRES. 85

	1.	2.	3.	4.
Le progrez des nombres.				
Celuy des Geometriq.	Le point. ·	La ligne. —	La superfice. △	le corps solide ▢
Les trois lettres meres.	א Aleph. 1.	מ Mem. 40.	ש Shin. 300.	☉
Les quatre Elemens.	Terre.	Eau.	Feu.	Air.
Leurs 4. bons Anges	Ariel.	Tharsis.	Seraph.	Cherub.
Leurs quatre esprits	Mahazael.	Azael.	Samael.	Azazel.
Les 4. saisons de l'annee.	Automne.	Hyuer.	Esté.	Prin-temps.
Les quatre portes du ciel.	Bethel, ou Luza.	Ebron, sepulture d'Abraham	Ierusalem.	La mer.
Les quatre parties du monde.	Ponant.	Leuant.	Midy.	Septentrion.
Les 4. Anges qui y president.	Raphael.	Michael.	Vriel.	Gabriel.
Les 4. fleuues du paradis.	Euphrates.	Phison. Ganges.	Gion. Le Nil.	Tigris.
Les 4. vents.	Fauonius.	Subsolanus.	Auster.	Aquilo.
Leurs quatre esprits.	Paymon.	Oriens.	Ammonius.	Egyn.

Et povravtant que le trois est vn Symbole de la diuinité, & du monde intelligible, & en nous du *Nesamah* ou intellect qui y correspond; & le qvattre represente l'elementaire,

Y

& le corps : & que tout moien participe de l'vn & de l'autre de ses deux extremes ; surquoy faut noter ce que l'Apostre en la premiere aux Cor. 15. appelle le mediateur composé de la diuinité, & humanité, *l'hōme celeste* ; ils adioustent auec le dessusdict Quaternaire le Trois, pour faire le Sept, lequel represente le ciel, à cause de pareil nombre de planetes, qui sont les principaux instrumens d'iceluy ; & dont dependent presque toutes les varietez & alterations d'icy bas, tant en la production des choses, qu'en la fortune des personnes, au moins selon Trismegiste au 1. chap. de son Pymandre : *Il fabriqua consequemment sept gouuerneurs, qui par leurs reuolutions & Spheres enueloppent le monde sensible ; la disposition desquels est appellée le destin fatal :* & en font vn cercle, qui enclost l'autre : lequel ils diuisent en sept espaces, qui seruent tant pour les planetes, que pour les Anges, intelligences, & esprits qui y president ; assistans au reste perpetuellement deuant le throne face à face du grand Dieu, en l'Apocalypse premier : & au 4. plus expressément ; *Il y auoit sept lampes ardentes deuant le throne, qui sont les esprits de Dieu :* lesquels au 5. ensuiuant il dict estre les yeux du Messihe : *au milieu des vingt-quatre anciens vn aigneau estoit là comme ayant esté mis à mort ; & auoit sept cornes, & autant d'yeux, qui sont les sept esprits de Dieu enuoiez en toute la terre ;* car à eux est commise toute la dispensation & regime de la cour celeste, & de ce bas monde soubs la Sphere de la Lune. Ce sont ceux qui auec leur chef pour le septiesme, designez par le chandelier du tabernacle, sont continuellement deuant le Mercaua ou throne de Dieu, ainsi que quelques secretaires des commandemens, dont ils commettent l'execution à autres six Anges subalternes, garniz chacun de six esles: & se tirent les noms des six Anges maieurs dessusdicts, des six renuersemens ou anagrammes de ces trois lettres du grand nom יהו, qui seront cy apres plus aplain specifiez, selon les six constitutions du monde; le hault, & le bas; le deuant, le derriere; le droict, & le gauche. Ces sept Anges donques, ou intelligences ausquelles sont soubsmis les sept planetes par des alternatiues vicissitudes d'heures és iours; de iours és sepmaines; de sepmaines en 354. reuolutions annuelles, auec quatre mois, qu'elles president successiuement chacune à son tour; administrent & gouuernent tout ce qui se proiecte là hault au ciel, pour s'executer en la terre: & de ces Anges le plus proche de nous, & qui nous doit estre, si à nous ne tient, le plus familier, est Gabriel, auquel appartient l'interpretation entre autres choses des songes, comme celuy qui preside à la Lune nostre plus prochaine voisine de tous les astres & corps celestes; & à elle regentant la nuict ainsi que le Soleil faict le iour, se doit referer la charge des songes, qui interuiennent plus communément en ce temps là destiné au dormir, que nompas sur-iour, & par consequent à l'intelligence qui luy assiste. A ces sept Anges se deferent encore selon le liure de *Iezirah*, les sept souspi-

Y ij

raux de l'ame en la teste des animaux; assauoir les deux yeux, autant d'oreilles, & de nazeaux, auec la bouche au dessoubs: les sept terres en outre; car chaque planete est presupposé aussi bien que les metaux denotez par eux, d'auoir sa terre, c'est à dire sa partie ferme, fixe, solide consistante, auec ses autres Elemens, mais plus depurez qu'icy bas: plus les sept Sabbatismes ou reposoüers, tant des sepmaines depuis Pasques iusqu'à la Pétecoste, que des annees; & des 7. septenaires d'annees, au bout desquelles eschet le grand Iubilé: Et finablement le septiesme millenaire du grand Sabbat, apres les six mille ans que doit durer ce transitoire monde, duquel se doit faire lors l'vniuerselle renouation. Parquoy ce ne sont pas icy des anciens enchantemens de Tolede; ne l'art magique de Raziel, ou de Picatrix, ains belles choses naturelles dignes de contemplation, qui par leur sympathie & accord, par leur ordre cōpassé & incōmuable, nous tesmoignent le grād ouurier auoir tout fait, & le regir par sa sapience, se seruant en celà des Anges pour ministres & conducteurs; & du ciel auec ses estoilles en lieu d'instrumēts, dont il opere & agist icy bas, où toute la creation du monde tend; selon mesme que dit Chrysostome en vne Homelie de la Pentecoste; *Que le ciel a esté fait pour cause de l'Eglise* (militante faut il entendre) *& non l'Eglise pour le ciel.* Car cest vniuers n'est qu'vn temple, voulté tout autour; au milieu duquel est la terre plantee ferme pour seruir d'autel; la mer y adiointe, en lieu de Piscine; & les astres d'au-

DES CHIFFRES. 87

tant de lumieres; lesquels outre-plus, auec tout ce que la nature produit en la terre, ne sont que lettres dont est escrit le liure de vie, auquel se chantent incessamment les loüanges du souuerain, par toutes sortes de creatures: mais c'est vn chiffre dont l'alphabet consiste en leur harmonie, conuenance & proportion des vnes aux autres.

Les 7. lettres doubles.	1. ב Beth. 2.	2. ג Gimel. 3.	3. ד Daleth. 4.	4. כ Caph. 20.	5. פ Pe. 80.	6. ר Res. 200.	7. ת Tau. 400.
Leur signifiance.	Vie.	Paix.	Sapiéce.	Richesses.	Grace.	Lignee.	Empire.
Les 7. planetes.	☉ Le Soleil	♀ Venus.	☿ Mercure	☽ La Lune	♄ Saturne.	♃ Iupiter.	♂ Mars.
Leurs 7. Anges.	Raphaël.	Haniel.	Michael	Gabriel.	Zaphkiel.	Zadkiel.	Camael.
Leurs intelligences, & nombres.	Nachiel. 36. 111.	Hagiel. 49. 49.	Tiriel. 64. 260.	Elimel. 81. 81.	Agiel. 9. 45.	Iophiel. 16. 136.	Graphiel. 25. 325.
Leurs 7. Esprits.	Semeliel.	Nogael.	Cochabiel.	Leuanael.	Sabathiel.	Zedekiel.	Madimiel.

CES deux nombres 3. & 4. qui reduits ensemble font 7. si vous les multipliez l'vn par l'autre, ils produiront 12. autant qu'il y a de signes au Zodiaque; par où se voit la grande affinité qu'il y a des Planetes auecques eux; Tout-ainsi que de 7. à 12. & de 6. à 8.

Y iij

TRAICTÉ

car 2. & 4. font 6. & 2. fois 4. donnent 8. lesquels signes seruent de domiciles aux planetes, à guise des 64. carrez noirs & blancs du doz d'vn damier, pour les differentes assiettes des pieces en vn ieu d'eschets, & leurs diuerses dispositions & aspects des vnes aux autres; dont il n'y a rien de plus conuenable pour representer ceux des corps celestes; comme aussi sont les multiples rencontres des lettres, tant en general en toutes sortes d'escritures, qu'en particulier és chiffres carrez, qui ont plusieurs sens dessous vn mesme caractere : car les regards & les habitudes des planetes és signes se venans adioindre aux quatre elemens, dont se produisent tous les corps, symbolisent aux caracteres de l'escriture, qui constituent les mots. Ces douze signes au reste que Platō appelle les portes du ciel, desquels le Capricorne est dit l'ascendant, parce que le Soleil commance à remōter en iceluy ; & l'Escreuice le descendant, à cause qu'estant arriué là, il redecline, denotent les douze portes de la saincte cité celeste descrite en l'Apocalypse 21. ausquels sont attribuez autant d'Anges qui y assistent, departiz trois à trois en garde à chacune des quatre regions du ciel, Orient, Occident, Midy, Septentrion, de la propre sorte que les Astrologues les distribuent: & à chacun d'iceux signes est appropriee vne lettre des douze simples; appellees ainsi parce qu'elles se proferent tousiours d'vne mesme façon, comme les signes de leur costé demeurent tousiours en vne mesme proprieté & vertu. Tout cecy se peult veoir en la table suiuante, où la signifiance desdites lettres y est quant & quant apposee, auec les 12. mois de l'an qui correspondent aux douze signes: Et c'est le troisiesme cercle; par où il nous est demonstré que le ciel, auquel conuient fort ce nombre de douze, est vn passage & entremoien des choses diuines, designees par le nóbre de Trois, aux terriennes representees par le Quatre, comme celles qui consistent des quatre elemens : de sorte que nostre Sauueur qui participe de l'vne & l'autre de ces deux natures, a eu ce nombre de douze en estroite recommandation, comme on peult veoir en tout plein d'endroits de l'Euangile; & en l'Apocalypse encore touchant la saincte dessusdite cité, toute compartie par douze, ainsi que Platon a fait la sienne mondaine és 5. & 6. des loix; si conformement l'vn à l'autre qu'il ne seroit possible de plus; dont se voit assez la grand' sympathie & colligance qu'il y a des choses superieures auec les inferieures.

Les 12. lettres simples.	Leurs significances.	Les douze signes.	Leurs intelligences.	Les 12. mois de l'an.
1. ה He. 5.	Veue	♈ Le mouton.	Malchidael	Mars. Nisan.
2. ו Vau. 6.	Oye.	♉ Le Taureau.	Asmodel.	Auril. Iiar.
3. ז Zain. 7.	Odoremét	♊ Les Iumeaux.	Ambriel.	May. Siuan.
4. ח Cheth. 8.	Parole.	♋ L'escreuice.	Muriel.	Iuin. Tammuz.
5. ט Teth. 9.	Goust.	♌ Le Lyon.	Verchiel.	Iuillet. Ab.
6. י Iod. 10.	Congrez.	♍ La Vierge.	Hamaliel.	Aoust. Elul.
7. ל Lamed. 30.	Operation	♎ Les Balances.	Zuriel.	Septembre Tizri.
8. נ Nun. 50.	Marche.	♏ l'Escorpion.	Zarachiel.	Octobre. Maresaham.
9. ס Samech. 60.	Courroux.	♐ l'Archer.	Aduachiel.	Nouembre kisleu.
10. ע Ain. 70.	Riz.	♑ Le Capricorne.	Hanael.	Decembre. Teuet.
11. צ Tsaddi. 90.	Soupçon.	♒ Verseau.	Gambiel.	Ianuier. Sheuet.
12. ק Coph. 100.	Sommeil.	♓ Les poissons.	Barchiel.	Feburier. Adar.

CONSEQVEMMENT multiplians le nombre de 7. par le 4. qui eſt autant comme marier le ciel auec la terre, d'où dependent toutes les operations & effects de la magie naturelle, ſe viennent à produire les 28. manſions de la Lune és douze ſignes du Zodiaque, qu'elle parcourt en 28. iours ; car cependant le Soleil ſ'eſloignant d'vn degré, elle le va ratteindre au 29. Et de cela ſe forme le quatrieſme cercle; y appliquans les intelligences qui y preſident, auec les lettres Hebraïques y correſpondentes, & la ſignifiance deſdites manſions. En ſorte que ceſte figure de *Zairagia* eſtant parfournie, elle conſiſte de quatre cercles, pour repreſenter les quatre elemens, principes de toutes choſes auſſi bien en-hault comme en bas, ſuiuant la table d'Eſmeraude d'Hermes; *Quod eſt ſuperius eſt ſicut quod eſt inferius, & econuerſo, ad perpetranda miracula rei vnius.* Et les Cabaliſtes à ce meſme propos; *Domus ſanctuarij quæ eſt inferius, diſponitur iuxta domum ſanctuarij quæ eſt ſuperius.* Deſquels quatre cercles à l'imitation des quatre elemens, il y en a vn qui demeure ferm'-immobile comme fait la terre, qui ſert de baſe & de fondement à l'vniuers, lequel tornoye tout alentour; *Fundauit terrã ſuper ſtabilitatem ſuam, non inclinabitur in ſæculum ſæculi*; pſeaume 104. Et les autres trois cercles ſe meuuent à l'exéple des trois elemens mobiles, eau, air, & feu, pour les rencontres de ce qu'on cherche, tout ainſi que font les Planettes.

Z

	Les 28. mansions de la ☾.		Leurs intellig.	Leurs appropriemens.	
1.	Alnath.	♈	Geniel.	Ruine de son ennemy.	א
2.	Albochan.	♈	Enediel.	Reconciliation du Prince.	ב
3.	Athoraye.	♈	Amixiel.	Prosperité: bonne fortune.	ג
4.	Aldebaram.	♉	Azariel.	Inimitié: Vengeance.	ד
5.	Alchatrya.	♉	Gabiel.	Faueurs des grands.	ה
6.	Alchaya.	♊	Dirachiel.	Bien-vueillance: Amour.	ו
7.	Alarzach.	♊	Seheliel.	Acquisitions de biens.	ז
8.	Alniza.	♋	Amnediel.	Victoire en guerre.	ח
9.	Alcharph.	♌	Barbiel.	Maladie.	ט
10.	Ageph.	♌	Ardesiel.	Facilité d'enfantement.	י
11.	Ardaf.	♌	Neciel.	Reuerence: crainte.	כ
12.	Alzarpha.	♌	Abdiziel.	Separation d'amitié.	ל
13.	Alhayre.	♍	Zazeriel.	Paix & vnion coniugale.	מ
14.	Achureth.	♍	Ergediel.	Diuorce.	נ
15.	Algarpha.	♎	Ataliel.	Acquest d'amis.	ס
16.	Azubene.	♏	Azeruel.	Gaing en marchandise.	ע
17.	Alchil.	♏	Adriel.	Larrecins, brigandages.	פ
18.	Altob.	♏	Egibiel.	Maladies.	צ
19.	Allatha.	♏	Amutiel.	Recouurement de santé.	ק
20	Abnahaya.	♐	Kyriel.	La chasse & vollerie.	ר
21.	Alberdach.	♐	Bethuael.	Calamité.	
22	Zodelboluch.	♑	Geliel.	Fuitte & bannissement.	ש
23	Zobrach.	♑	Requiel.	Destruction & saccagemés.	
24	Sadabath.	♑	Abrinael.	Fæcundité de trouppeaux.	ת
25	Sadalachia.	♑	Aziel.	Affluéce des biés de la terre.	
26	Alpharg.	♒	Tagriel.	Iouissance de ses desirs.	
27	Alchrya.	♒	Alheniel.	Secheresses.	
28	Albotham.	♓	Amnixiel.	Inondations.	

Tovt cela premis, dont depend la principale traditiue des operations merueilleuses de l'occulte philosophie, qui n'est autre chose qu'vne deüe attraction & associement des celestes vertuz agissantes en la passiue matiere des elemens, susceptible de toutes formes, moiennant l'Esprit commun espandu par tout l'vniuers,

Vnde hominum pecudúmque genus, vitæque volantũ,
Et quæ marmoreo fert monstra sub æquore pontus;
Quant est de l'vsage & practique de la dessusdite reigle de *Zairagia*, nou-nous en passerons atant icy, comme n'estant de nostre propos ny intention, & nous contenterons de dire, que tout procede par la voye des commutations, & diuerses transpositions literales des *Ziruphs*, auec les conuenances & proportions des nombres formels; dont vient à se procreer vn nouueau sens, ny plus ny moins que par des anagrammes de mots renuersez: chose tresadmirable à la verité, & qui nous manifeste de plus en plus l'infallible prouidence diuine iusqu'aux moindres choses (*Nonne duo passeres asse væneunt, & vnus ex illis non cadet super terram sine patre vestro: Vestri autem & capilli capitis omnes numerati sunt*, S. Mathieu 10.) en l'ordre par elle vne fois estably au concours des choses humaines, esquelles il n'y a rien de fortuit ny à l'aduenture pour son regard; & qui ne soit tres-sagement regy d'elle, d'vne incomprehensible raison par ses administratoires esprits; du nombre desquels pource que nous auons mis cy dessus estre les vents

Z ij

aucunement; (*Et ascendit super Cherubim, & volauit; volauit super pennas ventorum*, pseaume 18.) Et que cela semble auoir quelque affinité auec ceste transmission de pensee de la Steganographie de Tritheme & Agrippe, i'adiousteray tout d'vne main ce qui s'en retrouue en certain fragment bié fort rare, que quelques-vns attribuent à Rabi Simeon fils de Iochai, autheur du Zohar; apres auoir inseré icy la table de la signifiance des lettres Hebraïques, qui concerne le propos dessusdit encore.

LES SIGNIFIANCES DES CARACTERES HEBRAIQVES.

	א Aleph. 1. La voye, ou Institution. Haiath Hakados.	ב Beth. 2. La maison. Ophanim.	ג Gimel. 3. La Retribution. Aralim.	ד Daleth. 4. La porte. Hasmallim.	ה He. 5. Ecce. Seraphim.
Le monde intelligible, contenant dix ordres d'Anges. יהוה Chef de tout.	ו Vau. 6. Le hauet crochu. Malachim.	ז Zain. 7. Les armes. Elohim.	ח Heth. 8. L'espouuentement. Bne Elohim.	ט Teth. 9. L'euitation. Cherubim.	י Iod. 10. La confession de louange.
Le monde celeste, d'huit Spheres mouuantes. METATRON.	כ Caph. 20. La paulme de la main. La 8. Sphere, du Zodiaque.	ל Lamed. 30. La doctrine. ♄.	מ Mem. 40. l'Eau. ♃.	נ Nun. 50. La filiation. ♂.	
	ס Samech. 60. l'Aposition. ☉.	ע Ain. 70. L'œil. ♀.	פ Pe. 80. La bouche. ☿.	צ Tsade. 90. Les costez. ☽.	
Le monde Elementaire. l'HOMME.	ק Coph. 100. La reuolution, ou circuit. Le feu.	ר Res. 200. l'Indigence. l'Air.	ש Shin. 300. La Dent. l'Eau.	ת Thau. 400. Le signe. La terre.	

TRAICTE'

SALOMON dit, comme le feu est distinct là haut des quatre Elemens d'icy bas, aussi est-il plus pur beaucoup qu'ils ne sont; & pourtant ie veux dire icy quelque chose de ses animaux. Car il y a quatre inferieurs Elemens, dont chacun endroit soy à les siens à part: & au dessus sont les cieux auec les leurs propres aussi, purs & mondes sans point de corruption. Mais ce feu qui est en hault, n'est pas de cire, bois, huille ou graisse, ny d'autres telles compositions, ains fort simple; & les choses qui viuent en iceluy sont Anges purs, clairs & luisans, semblables aux raiz du Soleil, ou flames de feu, ou estincelles, ou estoilles lucides en couleur d'argent-vif, ou d'or fin: laquelle semblance se trouue és animaux du feu: Et se voient là des figures telles en monstre & apparence qu'est le Souphre, qui par son exterieure couleur citrine represente la lueur des estoilles; & estât allumé, par sa flamme bleufue l'azur celeste du firmament, d'où par vn temps serain & non empesché de nuages, à trauers la rarité des autres Spheres, il se transmet à nostre veuë. Ce sont Esprits qui presentent les oraisons des creatures deuât le Mercaua ou throne de Dieu; Quando orabas cum lachrymis, ac sepeliebas mortuos &c. ego obtuli oratione tuam domino, dit l'Ange Raphaël à Tobie chap. 12. (Les Cabalistes appellent le chef & principal d'entr'eux tous, Sandalphon) & portent les oracles & reuelations diuines icy bas aux prophetes; & par mesme moien les pensees & secretes intentions des personnes insensiblemêt, ainsi que par inspiration, d'vn lieu à autre, à quelque longue distance que ce puisse estre, en moins d'vn clein d'œil. LE SECOND animal ou esprit est plus

Les six animaux celestes & ignees.
I.

II.

tenebreux que les precedans, & est accomparé au vent; sa figure au reste estant telle qu'il la veult prendre selon l'un des quatre Elemens auec lequel il s'associe; & se forme de ceste maniere ou en eau, ou en nuee, ou en humeur liquante; ou à guise de brouilhas espoix & obscur; & par fois comme vn son, ou la voix de quelque elementaire animal: Prenant corps en l'vn d'iceux elemens, selon que la matiere est disposee à receuoir la plus proche & conuenable espece. LE TROISIESME est l'ame, dont les sages disent qu'elle s'accompagne volontiers du corps, & se ioint à luy par le moien de l'esprit; Parquoy sa figure se rencontre souuent de nuict en lieu tenebreux; & s'entend & se voit: la couleur d'icelle estant semblable au temps qu'il faict lors; d'apparence au surplus humaine, & par fois ayant la fig. du corps dont elle est partie; tellement que quelques-vns en voient és cemetieres. De ceste sorte d'animaux dient nos sages, que l'ame qui est sortie d'vn corps, & peult quelque chose, n'est, ny ne fut sinon d'vn homme ou d'vne femme: & les appellent spirituelles, & celestes; spirituelles pour leur bonté; celestes à cause de leur subtile simplicité. LE QVATRIESME animal est le vent, que nous oyons bien, mais nous ne le voyons pas pour cela; comme d'ailleurs il y a d'autres choses que nous voyons, & n'oyons point; ainsi qu'est l'harmonie des cieux; dont il est parlé au 38. de Iob; Co.__ntum cæli quis dormire faciet; & plusieurs autres, dont les corps s'aperçoiuent reellement à l'œil, selon la partie dont ils ont leur consistence temporelle: Que si le vent est de l'Orient ou midy, il sera naturellement chauld; si de l'Occident ou du Septentrion,

III.

IIII.

froid au contraire. Et nous le voions auoir vne grande force & puissance; car il charrie des nuees pleines d'eau, de gresle, orages & tempestes: trouble le calme de la mer, & y meut de grosses vagues; rompt, desracine & met par terre les plus gros arbres dans les forests, dont il fait vn terrible & piteux abbatiz. Et est cestui-cy appelé air vif comme feu; mais en hault il est dit vif & simple: & pourtant a il double appellation; de fixe assauoir & mobile: le mobile est qui se meut à diuers endroits: & le fixe, celuy qui s'arreste en l'vn des quatre coings du monde, combien qu'il descende d'enhault; dont ceux desquels il est descendu & a esté creé, s'eslancent pour le venir lier. Cestui-cy est vn grād & puissant ouurier en la mer, en la terre, & en l'air, selon la temperature & disposition dont il vient.

V. LE CINQVIESME animal est le fantosme ou la vision, c'est à dire vne ombre de plusieurs sortes de ressemblances, composees diuersement les vnes des autres: & se procree ceste apparition en lieu desert, ou air corrompu, en forme quelquesfois de gens d'armes descendās le long d'vn coustau; ce qui s'appelle l'armee antique: Par fois il s'apparoist sur les eaux, en guise de quelque belle femme bien accoustree: ou en des prairies, là où il semble à quelques-vns que ce soit vn trouppeau de vaches; mais cela leur aduient de la corruption de leur habitude, & malice de leurs humeurs, dont on les appelle demoniacles; parce que les vapeurs vicieuses, & fumees de l'estomac leur montent aux yeux, qui leur peruertissent la veuë; si qu'ils s'imaginent de voir plusieurs choses qui ne sont rien. LE SIXIESME animal est le

VI. demon, lequel descend de la haulteur des cieux aux abismes;
& fut

& fut creé de la premiere matiere sans corruption, parquoy il ne define point, ains persistera à tousiours, nonobstant qu'il aye receu quelque espoisseur des tenebres encloses dedans les profonditez de la terre. Il est au reste compliqué aucunement à la matiere, mais d'vne tresforte habitude de corps: Et de ceux-cy dient les Sages, que par leur moien l'on a eu fort long temps des responces de beaucoup de choses, desquelles on desiroit sçauoir la verité. Mais ils habitent tousiours en tenebres, sans iamais se separer d'elles: Trop bien par fois le souuerain Createur leur permet de prendre en terre telle forme que bon leur semble: si que mesmes ils se transchangent iusques en anges de lumiere, d'vne clarté trespuissante; beaux & resplendissans presqu'à pair du Soleil, de la Lune, & plus claires estoiles; ou d'vn bon ange; d'vne nuee, oiseau, poisson, homme, ou beste; de couleuure, lezard & semblables vermines rempātes; & autre telle figure qu'ils veulent: mais tout cela est impalpable, à guise d'esprit ou de vent. Sachez outreplus que chacun d'eux peult toutes les fois qu'il luy plaist prendre vn corps en quelqu'vn des quatre elemens; combien que leur vie depende du feu, & que leur demeure consiste au feu, auecques tout leur faict & maintenement. LE SAGE dit sur ces six sortes d'animaux, que leur inuocation & apparition; consideration, liement, deliurance, est quelquefois bonne & licite; quelquefois mauuaise & du tout reprouable, selon les diuerses fins où cela s'applique. TOY donques qui es amateur de la Sapience, & curieux de cognoistre les œuures & merueilles du Createur, n'entre point en scrupule & en doubte, qu'il y ait difference ne diuision entre le

Aa

corps & l'esprit quant à ces six sortes d'animaux, car ce n'est qu'vn, estans faits & conioints ensemble inseparablement à tout iamais. La conionction au reste de l'esprit & de l'ame, d'où prouient la vie, est appellee vent, en Iob mesme, chap. 7. Memento quòd ventus est vita mea: Si que le vent vif est ce que nous disons l'esprit & l'ame; & est dit estre vif, quand cest assemblement se fait sans corruption: Mais quand il se fait vne telle conionction de ces deux, assauoir de l'ame & de l'esprit, qu'vn corps corruptible interuient auec, adonques l'esprit & l'ame qui estoient vn, sont dissociables du corps.

LA TABLE des *Ziruphs* suiuante (ce sont diuers assemblemens de deux lettres, & les permutations qui peuuent estre de l'vne en l'autre) est extraite du *IeZirah*, & par nous inseree icy, pour mõstrer en premier lieu la grande antiquité des chiffres: En apres pour tousiours de plus en plus esclarcir ce que nous auõs des-ja dit cy deuãt, que tous les artifices des chiffres sont premierement venus des Hebrieux : faire veoir outreplus que la premiere & seconde table des 46. & 50. fueillets, quiconque en ayent esté les autheurs; & les autres encore des chiffres doubles & carrez qui se traicteront en leur lieu, ont esté emprũtees de ces tables icy des *Ziruphs*. Surquoy ceux qui feront soign... d'vn peu mediter à loisir, trouuerõt sans doubte plusieurs autres belles manieres d'escrire, que pour cause de briefueté nous laissons tout expres à leurs curieuses recherches, & dexterité d'esprit : car c'est la vraye racine & le fondement de toutes les sortes de chiffres qui procedent par la voye des transpositions & commutations de lettres, simples ou doubles qu'ils puissent estre: Mais elle n'est pas en sa Quadrature complette, ains à demy tant seulement, à sçauoir la partie du costé droit en tirant à gauche suiuant la façon d'escrire Hebraïque: ne du mesme ordre & suitte de lettres, que les deux dessusdites, ains d'vne autre maniere d'accouplemens particuliere aux Cabalistes, qui l'ont excogitee telle pour leur vsage, tāt à l'extraction des noms diuins de certains lieux de l'escriture, que pour l'inuestigation & recherche du sens interne, couuert sous le contexte apparent & exterieur de la lettre. Pour exemple, le nom de מצפץ *MaZpaZ* approprié au regne de Dauid, dit *Malchut*, & par consequant du Messihe; encore qu'il ne se trouue en l'escriture, est vn chiffre neaumoins & symbole de l'ineffable quadrilettre יהוה; tiré de l'Ethbas, ou 22. & dernier alphabet des *Ziruphs* & commutations, comme vous pouuez voir icy, où le מ *Mem* est mis pour le י *Iod*; צ *Tsaddi* pour ה *He*; פ *Pe* pour ו *Vau*; & צ *Tsaddi* derechef pour ה *He*. Et est ce mot composé de *MaZ*, qui au 5. & 6. ordre des coniugaisons des verbes Hebrieux, signifie, a *Succé & esprint*; ce qui conuient au *Malchut*, le sephirot ou numeration de la Lune, qui reçoit toutes les impressiōs d'enhault, pour les pressurer & espreindre au dessous: & de *PaZ*, qui en la premiere cōiugaison veult autant à dire que s'escrier & chanter de ioye; selon qu'il est escrit, *Seigneur tu ouuriras mes leures, & ma bouche anoncera ta loüange*; pseaume 51. Et en la 2. coniugaison il signifie faire vne incsion, ouurir, separer, naurer, deliurer; *Ego occidam, & ego viuere faciam* &c. Deuteron. 32. Pour le regard donques du premier point, il ne faut que renuerser les accouplemēs, pour la rendre carree & complecte: comme de plaine entree où il y a *Aleph* & *Lamed* ioints ensemble, tornez-les au rebours, & il y aura *Lamed* & *Aleph*; & ainsi du reste suiuāt ce qui est escrit dans le IEZIRAH: *Qua de re appendit literas Deus, & permutauit eas; Aleph cum omnibus, & omnes cum Aleph: Beth cum omnibus, & omnes cum Beth.* Et vers la fin: *Omnia fecit vnum è regione alterius, Deus.*

TABLE DES ZIRVPHS, OV COMMV-
TATIONS D'ALPHABETS.

Z	Y	X	V	T	S	R	Q	P	O	N	V	L	I	H	G	F	E	D	C	B	A		
XI.		X.		IX.		VIII.		VII.		VI.		V.		IIII.		III.		II.		I.			
כב		מד		עו		צח		גצ		חק		דר		בש		גת		את		1.	A
לב		כנ		סע		פצ		וצ		די		הר		גש		דת		אב		2.	B
לכ		נד		עם		פצ		קע		פי		רע		תש		את		אג		3.	C
לכ		סב		וכ		צת		חת		די		וש		חב		רת		אד		4.	D
מג		לע		מס		צת		מק		חק		חו		רת		בה		אח		5.	E
מד		לפ		כצ		קי		טר		וה		גו		בה		אג		אז		6.	F
דנ		נע		ספ		כק		יד		טח		גה		גו		בז		אח		7.	G
דמ		גפ		מצ		לק		כר		מה		דה		גה		בח		אט		8.	H
הו		סם		נצ		לר		כט		דה		וח		גט		בא		אי		9.	I
ופ		סצ		נק		לש		מת		חו		הח		גח		בי		אכ		10.	L
וף		עצ		סף		נם		לת		חט		חם		גט		בי		אל		11.	M
חצ		עק		סר		נת		וח		הט		כו		בל		אל		אנ		12.	N
צת		פק		ער		סת		ות		הי		גנ		בל		אל		אנ		13.	O
צק		פר		עש		סת		תט		הל		גנ		בס		אל		אל		14.	P
חק		צר		פש		ית		טר		מלץ		גנ		בס		אם		אח		15.	Q
קר		צש		פת		וי		כל		רת		גס		בע		אש		אש		16.	R
קר		קש		פת		יכ		כל		רת		גע		בע		אצ		אש		17.	S
טר		קת		מש		גל		ומ		חת		נפ		בצ		אש		אש		18.	T
רש		רת		מכ		גם		ונ		רע		גפ		בצ		אש		אש		19.	V
שת		דל		סנ		גנ		וס		הפ		צץ		בק		אש		אש		20.	X
שת		ול		טם		גם		ום		הץ		קק		בש		אש		אש		21.	Y
הל		ות		מח		הי		הפ		רח		קת		בת		אה		אה		22.	Z

TRAICTE'

OR pour le contentement & satisfaction de ceux qui n'estans versez en l'Hebrieu, ne lairront desirer de cognoistre quel est cest ordre des Ziruphs, dont se descouurent tant de beaux & rares mysteres, & aussi comme ils se peuuent accommoder pour seruir aux chiffres, nous auons bien voulu en leur faueur representer icy au plus pres qu'il a esté possible la correspõdance des lettres Hebraïques aux nostres, ce qui ne seroit possible de faire du tout, parce qu'ils en ont que nous n'auons pas; & nous d'autres en recompence qui ne leur sont point en vsage: mais tant est que cecy seruira aucunement pour leur faire apprehender certaine ombre de la maniere dont elles se peuuent raporter les vnes aux autres.

כ	י	ט	ח	ז	ו	ה	ד	ג	ב	א
Caph.	Iod.	Teth.	Hheth.	Zain.	Vau.	He.	Daleth.	Gimel.	Beth.	Aleph.
C	I	F	H	Z	V	E	D	G	B	A

ת	ש	ר	ק	צ	פ	ע	ס	נ	מ	ל
Tau.	Shin.	Resh.	Coph.	Tsaddi.	Pe.	Aïn.	Samech.	Nun.	Mem.	Lamed.
T	S	R	Q	Y	P	O	X	N	M	L

OVTREPLVS pour rendre la dessusdite table entiere & complecte, d'vne nous en auõs fait deux; dont ceste premiere suiuante la represente: & l'autre d'apres est sa renuersee: esquelles deux, selon la double dimension de la superfice en longueur & largeur, sont parfaictes & accomplies toutes les reuolutions des *Ziruph*, *Thmurah*, & *Ethbas*; aſſauoir des accouplemens, metapheſes, & orchemes ou tranſpoſitions, & ſaulx de lettres les vnes és autres; dont la polygraphie de Tritheme, auec vn ſi extreme labeur, & multiplication inutile de rouës & expanſions de tables directes & renuerſees; & tant de ſortes d'alphabets, n'en a ſceu atteindre la millieſme partie; car cela va comme en infiny, à cauſe de la multiplicité de rencontres : & neaumoins tout cela vient à s'effectuer de ſoymeſme ſans point de difficulté ny de peine, moiennant les quadratures & entrecroiſemens d'alphabeths, en vne table tant ſeulement.

		A B	C D	E F	G H	I L	M N	O P	Q R	S T	V X	Y Z
		I.	II.	III.	IIII.	V.	VI.	VII.	VIII.	IX.	X.	XI.
A	1.	a l	b t	g s	d r	e q	u y	z p	h o	f x	i n	c m
B	2.	a b	g t	d s	e r	u q	z y	h p	f o	i x	c n	l m
C	3.	a g	d t	e s	u r	z q	h y	f p	i o	c x	l n	b m
D	4.	a d	b g	e t	u s	z x	h q	f y	i p	c o	l x	m n
E	5.	a e	b d	u t	z s	h x	f q	i y	c p	l o	m x	g n
F	6.	a u	b e	g d	z t	h s	f r	i q	c y	l p	m o	n x
G	7.	a z	b u	g e	h t	f s	i r	c q	l y	m p	n o	d x
H	8.	a h	b z	g u	d e	f t	i s	c r	l q	m y	n p	x o
I	9.	a f	b h	g z	d u	i t	c s	l r	m q	n y	x p	e o
L	10.	a i	b f	g h	d z	e u	c t	l s	m r	n q	x y	o p
M	11.	a c	b i	g f	d h	e z	l t	m s	n r	x q	o y	u p
N	12.	a l	b c	g i	d f	e h	u z	m t	n s	x r	o q	p y
O	13.	a m	b l	g c	d i	e f	u h	n t	x s	o r	p q	z y
P	14.	a n	b m	g l	d c	e i	u f	z h	x t	o s	p r	y q
Q	15.	a x	b n	g m	d l	e c	u i	z f	o t	p s	y r	h q
R	16.	a o	b x	g n	d m	e l	u c	z i	h f	p t	y s	q r
S	17.	a p	b o	g x	d n	e m	u l	z c	h i	f t	q s	f r
T	18.	a y	b p	g o	d x	e n	u m	z l	h c	f i	q t	r s
V	19.	a q	b y	g p	d o	e z	u n	z m	h l	f c	r t	i s
X	20.	a r	b q	g y	d p	e o	u x	z n	h m	f l	i c	s r
Y	21.	a s	b r	g q	d y	e p	u o	z x	h n	f m	i l	c r
Z	22.	a t	b s	g r	d q	e y	u p	z o	h x	f n	i m	c l

		A	B	C	D	E	F	G	H	I	L	M	N	O	P	Q	R	S	T	V	X	Y	Z
		1.	2.	3.	4.	5.	6.	7.	8.	9.	10.	11.	12.	13.	14.	15.	16.	17.	18.	19.	20.	21.	22.
B	I.	l	b	g	d	e	u	a	z	h	a	f	a	i	a	c	a	l	a	m	a	n	a
		x	a	o	a	p	a	y	a	q	a	r	a	s	a	t	a						
D	II.	t	b	t	t	d	g	b	d	b	b	e	b	u	b	z	b	h	b	f	b	i	b
		c	b	l	b	m	b	n	b	x	b	o	b	p	b	y	b	q	b	r	b	s	b
F	III.	s	c	s	d	s	e	t	e	t	u	d	g	e	g	u	g	z	g	h	g	f	g
		i	g	e	c	g	l	g	m	g	n	g	x	g	o	g	p	g	y	g	q	g	g
H	IIII.	r	d	t	e	c	t	r	u	s	u	s	z	t	z	t	h	c	d	u	d	z	d
		h	d	f	d	i	d	c	d	l	d	m	d	n	d	x	d	o	d	p	d	y	d	q	d
L	V.	q	e	q	u	q	z	r	z	r	h	s	h	s	f	t	f	t	i	u	e	z	e
		h	e	f	e	i	e	c	e	l	e	m	e	n	e	x	e	o	e	p	e	y	e
N	VI.	y	u	y	z	y	h	q	h	q	f	r	f	r	i	s	i	s	c	t	c	t	l
		z	u	h	u	f	u	i	u	c	u	l	u	m	u	n	u	x	u	o	u	p	u
P	VII.	p	z	p	h	p	f	y	f	y	i	q	i	q	c	c	r	l	s	l	s	m	t
		m	t	n	h	z	f	z	i	z	c	z	l	z	m	z	n	z	x	z	o	z
R	VIII.	o	i	o	f	o	i	p	i	p	c	y	c	y	l	q	l	q	m	r	m	r	n
		s	n	s	x	t	x	t	o	f	h	i	h	c	h	l	h	m	h	n	h	x	h
T	IX.	x	f	x	x	x	c	o	c	o	l	p	l	p	m	y	m	y	n	q	n	q	x
		r	x	r	o	s	o	s	p	t	p	t	f	i	f	c	f	l	f	m	f	n	f
X	X.	n	i	n	c	n	l	x	l	x	m	o	m	o	n	p	n	p	x	y	x	y	o
		q	o	q	p	p	r	y	s	y	s	q	t	q	t	r	c	i	l	i	m	i
Z	XI.	m	c	m	i	m	b	n	m	n	g	x	n	x	d	o	x	o	e	p	o	p	u
		l	y	p	l	y	z	q	y	h	t	q	t	f	s	r	s	i	t	s	c	c	l	c

TRAICTÉ

AV MOIEN dequoy pour pourſuiure tout d'vne main ce qui peult conuenir aux chiffres carrez; & par vn meſme expedient penetrer au deſcouuremét de pluſieurs treſexquis ſecrets de nature, par la voye de la Ghematrie, ou arithmetique, & geometrie Cabaliſtiques, nous viendrons à examiner les principaux compartimens qui ſe peuuent faire d'vn d'iceux carrez, dont nous auons formé icy vn alphabet de 27. caracteres, autant qu'il y a de lettres Hebraiques, y compris les cinq finales; pour certaines commoditez de la philoſophie Spagyrique que nous toucherons cy apres.

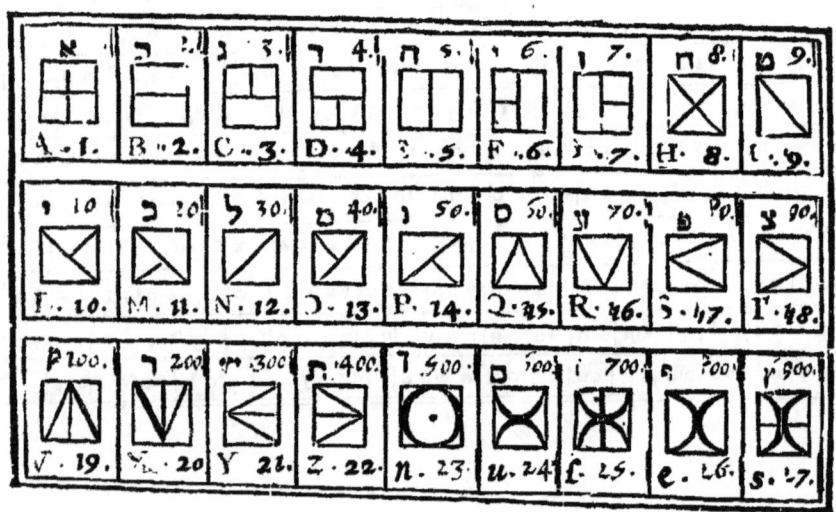

MAIS il y a d'autres choſes à cóſiderer en ces caracteres que pour s'en ſeruir en vn ſimple vſage de chiffres; combié que ceux qui y voudrót mediter vn peu attentiuement, se pourront de là traffer à par-eux force desguisemens d'escriture secrete non à mespriser, dont ie me deporteray de la plus grand' part, attendu qu'elles se rapporteront toutes presqu'à celles que nous traicterons en cest œuure. Et encore de là ont esté extraites tout-plein de sortes d'armoiries des plus grandes maisons de la Chrestienté, pour appliquer en leurs escussons, ou escuts, comme on les appelle de ce mot Latin *Scutum*; plus loüables à la verité que les aigles, lyons, & semblables animaux rauissans & cruels, conformes au sanguinaire naturel de ceux qui les ont choisiz, se complaisans és choses qui symbolisent à leur humeur. La forme desquels escuts n'estoit pas rōde ny ouale, ainsi qu'aux Grecs, aux Romains, & autres nations Ethniques, mesme aux Troyens de l'ancien siecle, selon Pline liu. 35. cha. 3. *Scutis qualibus apud Troiam pugnatum est, continebantur imagines*; ains d'vn triāgle equilateral, tāt soit peu desguisé en le recourbant sur les flancs: non sans mystere comme ie croy, ains pour denoter la sacré-sainte TRINITE, & son equalité de personnes; l'vn des principaux points, voire la base & le fondement de nostre foy; pour l'exaucement de laquelle les Chrestiens jadis, qui seuls ont autrefois vsé de ces escuts triangulaires, car il ne se trouue point nulle part que les Iuifs ny Mahometistes s'en soient seruis; souloiēt prendre les armes, & les emploier contre les infideles mescreans; & non pour s'entre-courir suz, & deposseder tyranniquement l'vn l'autre. Que la pointe

Bb ij

d'iceux au reste fust droit en bas, & le chef à mont, cela procedoit en partie de la cōmodité qui est plus grande en ceste forte; en partie aussi pour signifier, que la diuinité estant estendue là haut en son *Ensoph* ou infinitude, ses influences viennent de là incessamment, tout ainsi que quelque liqueur qu'on passe pour la clarifier par vne chausse de feultre pointue, à degouter & couler à trauers les cieux, & s'espandre successiuement parmy le monde elementaire. Mais pour venir maintenát aux cósiderations de ces compartimens de quadrangles, en ce qu'ils peuuent concerner la philosophie Spagyrique, ce mot n'importe autre chose qu'vne separation des parties de quelque corps mineral, vegetal, ou animal; & la reconionctiō d'icelles apres leur parfaict & entier depurement; ce qui se rapporte à ce que dés l'entree de ce traité a esté amené du Zohar, des deux sortes de sacrifices; dont celuy du soir; car Moyse commance par le Vespre, ainsi que nous faisons aussi en toutes noz veilles de festes; qui estoit dedié aux puissances nocturnes, denote la separation, comme il est là dit; & ce en montant contre-mōt, par ce qu'elles sont au plus bas estage du mōde qu'on appelle enfers, où consiste le feu obscur caligineux, dont le propre est de separer: & le sacrifice matutinal qui s'offroit à Dieu, source de toute lumiere & de vie, la reunion descendant en bas, d'autant qu'il est au plus hault sommet de la circonference, qui enuelouppe toutes choses & soy-mesme encore, d'où le feu est revnissant, clair sur toute autre clarté, luisant sur toute autre lumiere; trop plus fans comparaifon que n'eſt le Soleil au reſpect de quelque chaſſieuſe lampe : & au reſte immenſe par deſſus toute la machine du monde ſenſible; plus aſſez auſſi hors de toute meſure, que n'eſt le dixieſme ciel par deſſus le globe de la terre, & de l'eau; lequel nonobſtant qu'il contienne de cinq à ſix mille lieües de circuit par ſon grand cercle qui le partiſt en deux egalles moictiez, n'a toutesfois point de proportion enuers ſeulemēt la ſphere de Mars, ainſi qu'on peult apperceuoir par l'obſeruation des Paralaxes. Voilà doncq les deux ſacrifices rapportez aux deux regimes generaux de la philoſophie Spagyrique, l'vn de ſeparatiō au ſoir, & l'autre de revnion au matin; de diuorce & reconciliation, de triſteſſe & de ioye, la montee, & la deſcente; dont celle là denote les deux qualitez froid & humide, des deux moiens Elemens liquides & mols, l'eau, & l'air; & ceſte cy le chaud & le ſec, des deux extremes feu & terre, en redeuallant; que les Philoſophes Chimiques appellent les durs & pierreux, comme nous dirons cy apres encore. Par ainſi la ſeparation ſe fait en montant par ſubtiliation, rarefaction, diſſolution, diſtillation & ſublimation; cōme quand la terre ſe tranſmue en eau, l'eau en air; & l'air en feu; tout par decuple proportion, ſelon Timee en ſon liure de l'ame du monde, mais plus diſtinctemēt Raymond Lulle en ſa practique teſtamentaire : & la revnion au rebours en redeſcendant, par inſpiſſation, condenſation, deſcenſion, calcination, & fixation;

Bb iij

ainsi que le feu fait en air, l'air en eau, l'eau en terre; ou tout doit finablemét deuenir & se rapporter en cest art ; estant la mere & norrisse vniuerselle de toutes choses, & treschere espouse du ciel estellé, selõ que le luy attribue Homere en son hymne : mais plus conuenamment à ce propos Hermes en sa table d'esmeraude, où tous ces beaux secrets sont fort bien exprimez: *Nutrix eius terra est. Vis eius integra est si versa fuerit in terram. Separabis terram ab igne ; subtile à spisso. Suauiter cum magno ingenio ascendit à terra in cælum; iterúmque descendit in terram; & recipit vim superiorum & inferiorum.* A quoy se rapporte pareillement la montee du Soleil sur nostre Orizon, iusqu'à ce qu'il soit paruenu au meridian: & sa descente puis apres du midy iusqu'à la minuict, à la partie du Septentrion, où finist la seconde veille & garde nocturne, infestee comme nous auons dit cy deuant des mauuais esprits qui y regentent, souz *Samaël*, *Tsaphon*, & leurs adherans ; car la troisiesme recommance lors, qui est propice & fauorable. Mais pour venir à desduire toutes ces choses plus clairement, il faudra vser de demonstrations arithmeticales & geometriques: En quoy ces artifices ne procedent pas selon l'ordre, suitte & methode d'Euclide & autres semblables, dont les propositions & maximes sont enchaisnees de telle sorte, qu'elles se preuuent & verifient, voire naissent les vnes des autres ; trop bien s'y peut on seruir d'aucunes d'icelles, auec certaines proportions de nombres formels & rationels, & des figures

DES CHIFFRES. 100

y correspondentes; comme on peut veoir en ce carré, comparty & anatomisé selon qu'il a esté dit cy dessus. Laquelle voye pourra sembler non que nouuelle, ains quant & quát rude & grossiere à quelques vns; toutes-fois non du tout si absurde qu'on n'en puisse obtenir son intention: car il y a diuers moiens & manieres de proceder pour arriuer à vn mesme but, comme dit Geber; *Multæ sunt viæ ad vnum effectum, & vnum intentum*: Et les oustils des artisans, nonobstant qu'ils soient de diuerses sortes, & les vns plus adroits & compendieux que les autres, ne laissent neantmoins de leur produire vn mesme effect.

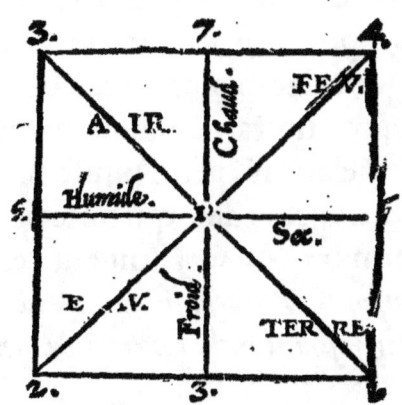

CE CARRE' donques est comparty en quatre autres moindres carrez tous egaux, par les deux lignes marquees de rouge s'entrecroisantes à angles droits à trauers le centre; & en autant de grands triágles egaux entr'eux, & aux carrez, par deux autres lignes diagonales, qui paſſent pareillement par le centre, où eſt appoſé le nombre de dix; pour autant que de toutes parts ceux qui ſont marquez ſur les coings, & ſur le milieu des coſtez ſe viennent rapporter à dix: comme celuy d'embas 1. & 2. qui font 3. auec l'autre d'enhaut 3. & 4. faiſans 7. mis enſemble conſtituent dix; & 5. & 5. des deux collateraux tout de meſme. Les deux lignes diagonales auſſi iointes enſemble, à ſçauoir 1. & 3. faiſans 4. & 2. & 4. ſix. Mais à fin de ne ſurcharger ceſte figure par trop, dont s'en enſuiuroit de l'embarraſſement & cōfuſion qui y voudroit appliquer toutes les particularitez requiſes, il vaut mieux en dreſſer vne table à part; en laquelle ſe pourront plus diſtinctement diſcerner tous les rapports & conuenāces de l'vn à l'autre: eſperant que cela amenera beaucoup de lumiere à ceſt art vraye imitatrice de la nature; voire la plus ouuerte reuelation qu'on puiſſe auoir de ſes ſecretes manieres de proceder; qui ne ſe peuuēt mieux deſcouurir ſinon κατὰ διάλυσιν; ſuiuant ceſte maxime de Geber, *Compoſitionem rei aliquis ſcire non poterit, qui deſtructionem ſeu reſolutionem illius ignorauerit.*

	1.	2.	3.	4.
Les 4. premiers noms, principes de tout.				
Les 4. figures geom. y correspond.	. .	—	△	☐
Les 4. simples qualitez.	Sec.	Froid.	Humide.	Chauld.
Les 4. Elemens où elles sont accouplées.	Terre. Sec & froid.	Eau. Froid, & humide.	Air. Humide & chauld.	Feu. Chauld & sec.
Les 4. substances Elementaires proches principes des composez.	Sel.	Mercure ou liqueur.	Soulphre, ou huille combustible.	Verre.
Les corps mineraux composez d'icelles.	Vitriol.	Arg. vif.	Soulphre vulgaire.	Marchasite ou Stibie.
Les 4. natures de sels.	Sel commun, fixe incombustible. *Naturel.*	Sel Ammoniac volatil, incombustible. *Artificiel.*	Salpetre combustible. *Naturel.*	Sel alcalifixe. *Artificiel.*
Les 4. parties du composé phique.	Corps.	Esprit.	Ame.	Teinture.
Les 4. couleurs principall. apparentes en l'œuvre phique.	Noir.	Blanc.	Citrin.	Rouge.
Les 4. Elemens celestes, departiz en deux ordres.	Terre. ☽ Et la 8. Sphere.	Eau. ☿. & ♄.	Air. ♀. & ♃.	Feu. ☉. & ♂.
Les 12. regimes de l'art, correspondens aux 12. signes.	Calcination. Congelation. Fixation.	Dissolution. Digestion. Distillation.	Sublimatiō. Separation. Inceration.	Fermentation. Multiplicatiō. Proiection.

TRAICTE'

J'AY mis au commencement de ceste table, *les quatre premiers nombres, pour principes de tout*, côme representás à la verité les quatre Elemés, & reduits ensemble font dix; qui est la fin des nombres simples, & vn passage aux composez; tout ainsi que la dixiesme Sphere, qu'on appelle le ciel empyree, l'est du monde sensible, à l'intelligible; lequel ciel est appellé le siege de la diuinité; & la terre son marchepied; *Cælum sedes mea; terra autem scabellum pedum meorum*, Isaie 66. OR que ces quatre premiers nombres soient la source & principe des autres, cela se peut verifier par les deux primitiues reigles de l'Arithmetique vulgaire, assauoir l'addition, & multiplication; celle là presupposant la substraction, son renuers; & l'autre la diuision: de sorte que les deux premiers 1. & 2. produisent 3. & 4. par ces deux reigles; parce que 1. & 2. font 3. par addition; & 2. fois 2. font quatre par multiplication. En apres 1. & 4. ou 2. & 3. font 5. par addition seulement: dont les deux premiers 1. & 4. representent les deux extremes de ce carré philosophique, ausquels se rapportent la terre, & le feu, les deux extremes Elemens, cottez par les mesmes nombres: & les deux autres, 2. & 3. les deux Elemés moiés, eau, & air, cottez pareillemét par le 2. & le 3. qui sont le premier pair & impair: ce qui presupose la matiere denotee par le nombre pair, auoir esté en ordre auát la forme representee par l'impair; le *Tohu*, & *Bohu*; que met Moyse au commencement de Genese; la femelle & le masle; de l'assemblement desquels

Autres mysteres des nombres.

deux viennent à se procreer toutes choses ; & pourtant le cinq est dit des Pythagoriciens le nombre de mariage, ouquel on auoit accoustumé d'allumer 5. flambeaux selon Plutarque en la seconde question Romaine : il est attribué aussi par les mesmes à la iustice & equité, par ce qu'il partist le dix en deux moitiez toutes egales : & de fait assemblez les deux nombres l'vn d'audessus de luy, & l'autre au dessouz, s'ils sont bien ordonnément arrengez, en vn cercle diuisé par cinq diametres, vous rencontrerez tousiours dix ; comme 5. & 5. en apres 6. & 4. plus 7. & 3. Item 8. & 2. & finablement 9. & 1. qui est ce qu'a voulu tacitemét inferer le Comte Pic de la Mirande en la 68. de ses propositiós Cabaliques; *Qui sciuerit quid sit Denarius in Arithmetica formali, & cognouerit naturam primi numeri sphærici, sciet illud quod ego adhuc apud aliquem Cabalistam non legi; & est quod sit fundamentum secreti magni Iobilæi in Cabala.* Lequel premier nombre spherique ou circulaire est le cinq, comme nous l'auons touché cy deuant : & est denoté par la cinquiesme lettre de l'alphabet Hebraïque ה *He*, redoublée au grand tetragrammmaton יהוה ; qui depuis en la loy de grace a esté amplifié au Quinaire IESVS par l'adioustement de la lettre ש *Schin*, S. qui est le symbole de la nature humaine, & de la misericorde de Dieu. Le six est composé par l'addition de 2. & de 4. & par la multiplication de 2. & de 3. estant dit le nombre de perfectiõ, par ce qu'il n'y a que luy seul qui resulte de la composition de ses parties, sans

Cc ij

aucune defectuosité ny excez; car sa moitié 3. sa tierce partie 2. & sa sixiesme 1. le constituent iustemét; ce qui n'aduiét point ainsi à nul autre des simples, cóme au huict, dont la moitié 4. sa quarte partie 2. & sa huitiesme, 1. ne font que sept: parquoy le six est attribué à l'engendrement, d'autant qu'il s'engendre & conçoit soy-mesme : tellement que non sans mystere Moyse en la fabrication du monde commence par vn mot de six lettres, *Bresit*, & le met auoir esté creé auec toutes les choses y contenues en six iournees; puis en la septiesme Dieu se reposant regarda tout ce qu'il auoit fait, qui estoit tresbon, & tresbeau; & ainsi les cieux & la terre furent parfaits, auecques tous leurs ornemens; par le sainct & sacré TERNAIRE: qui ne sçauroit mieux se representer que par la figure de six points arrêgez en forme de triangle, côtenant trois d'iceux de quelque costé qu'on le puisse prendre; si qu'encor qu'ils soient six, ils ne semblent neantmoins estre que trois : & d'autre-part paroissent neuf, par ce qu'il y a trois costez, chacun de trois points ou dimensions faisans neuf, qui est le carré du ternaire de ce triágle. Outre plus le sommet est vn qui denote le PERE; le milieu deux, qui sont ses deux emanations; & la base trois, pour monstrer que toute la fabrique du monde est procedee de ces trois persónes vnies en vne seule Essence, qui est son sommet, dont tout procede, & où tout reuient, comme au premier exemplaire, forme & idee, de laquelle la premiere issuë *ad extra*, est par le binaire, qui represéte la matiere. Car de tous costez ce triágle est tousiours egal: & le ternaire en iceluy par le binaire téd à l'vnité: estant finablemét en forme de Pyramide, attribuee au feu, qui est l'vn des symboles de la diuinité. LE SEPT est produit par la seule addition de 3. & de 4. tellement qu'il est appellé sterile & infecond; & pour ceste cause dedié à Pallas tousiours vierge; & attribué au monde Celeste, côme nous auons desia dit cy deuant. Et parce qu'il symbolise à l'ame de la part du trois; & au corps de la part du quatre, qui sốt les deux parties de l'homme, Virgile introduit Enee exclamant en son naufrage, *O térque quatérque beati!* pour vne beatitude complette. Il est aussi appellé le nombre de repos, pour raison que Dieu se reposa le septiesme iour: A l'exemple dequoy auroiét esté ordonnez en l'ancienne loy, trois especes de Sabbats; l'vn toutes les sepmaines, l'autre de sept en sept ans, & le troisiesme au bout de sept septenaires d'annees, qui estoit le grand Iubilé. LE HVICT prouient de la seule multiplication de 4. & de 2. dont il est le Cube; & le premier Cube de tous les autres; parquoy il est appellé le nombre de plenitude, pource qu'on ne peult aller plus auant que luy; assauoir quád vn nombre, ou vne figure sont paruenus à leur triple dimentiõ, de longueur, largeur, profondeur. Finablemét le 9. prouiét aussi de la seule multiplication carree du 3. Voilà comment les quatre premiers nombres qui constituent le dix, representant tout l'vniuers, sont par consequant les principes de toutes choses.

Cc iij

CELA PREMIS la premiere diuision du carré en deux moitiez par la ligne transuersale, nous monstrera l'vne des combinations de, Elemens deux à deux, entant qu'ils conuiennent en l'vne des deux qualitez, dont il y en a vne qui leur est propre & essentielle, comme le sec à la terre; & l'autre associee & interuenante, assauoir le froid; qui est le propre de l'eau, & son associee l'humide, propre à l'air; duquel l'associee est le chaud; qui est la propre qualité du feu, & son associee le sec, par le moien duquel il se va reioindre auecques la terre; car les Elemens sont circulaires, comme nous auons dit ailleurs apres Hermes: pour le moins ils sont circulairement conuertibles, selon que dit le Philosophe. La partie d'enhaut donques consistant d'air & de feu, est appellee de Moyse le ciel & celle d'embas la terre; *In principio creauit Deus cælum & terram*: & d'Hermes le haut & le bas; *Quod est superius, est sicut quod est inferius, & è conuerso*: & des autres Philosophes Chimiques l'esprit, & le corps: à quoy se rapporteront aussi toutes les substances contenues en la precedente table selon qu'elles y sont arrengees.

3	LE CIEL.	4
	Air, & feu.	
	Soulphre, & Verre.	
	LA TERRE.	
	Terre, & eau.	
2	Sel, & Mercure.	1

MAIS en cest endroit il ne faut pas prendre ces quatre substances cruement à la lettre pour les communes & vulgaires, ains celles dont tous les composez d'icy bas consistent, qui se resoluët en icelles : car telle que se trouue la resolutió d'vne chose, telle sans doute fut premierement sa composition; que nous ne pouuons pas cognoistre, fors par son euisceratió & renuersement, comme mettent les Pythagoriciés: *Singula hæc nostra ratio disputat per iter compositionis & resolutionis, vltro citro, sufque deque gradiens.* Et de faict bruslez du bois ou quelque autre chose surquoy le feu puisse mordre & auoir action; ou bien pour plus le distinctement obseruer, mettez la en vn alembic ou cornue ; premierement vous verrez partir la substance aqueuse, qui se resouldra en eau dedans le recipient, ou bien s'euaporera en fumée : puis sort vn huille adustible de nature de soulphre, qui est celle qui cause la flamme. Ces deux substáces separees totalement, resteront les cendres, dont en faisant comme vne lexiue auec de l'eau simple, vous extrairez le sel, lequel du tout tiré dehors, il vous restera vne terre priuée de ses esprits, laquelle fort facilement se cónertira en verre; ainsi que le tesmoigne le mesme Geber; *Omne priuatum propria humiditate nullam nisi vitrificatoriam præstat fusionem:* mais cela se peut veoir par vne experience fort legiere sans dauantage s'amuser à le prouuer auec raisons. Par ainsi le verre est vne substance despouillee de tous ses esprits corruptibles, fixe & permanéte encontre tous les efforts

La terre vierge. du feu, air, & eau ; & la terre vierge & pure, suiuant ce que dit Raymond Lulle en son testament ; *In centro omnium rerum inest quædam terra virgo* ; laquelle a esté extraite de ses feces & impuritez qui la couuroient à guise d'vn triple enueloppement, si qu'elle ne se pouuoit pas manifester à noz sens, tout ainsi que la diuinité renclose dedans les attributions & mesures des dix *Sephiroths* : dequoy apres le Zohar, s'est voulu aucunement approcher Postelle au premier liure de la Concorde du monde, chap. 5. où il dit ; *Cineres esse terram sinceram fatentur philosophi*. Mais de cecy plus amplement cy apres encore sur le propos du sel : Lequel est au reste de quatre natures, qui symbolisent aux quatre Elemens, & quatre substances elementaires dessusdites ; assauoir le sel commun dont nous vsons en nostre manger, à la terre, & au sel y associé, estant fixe & incombustible : le sel armoniac qui s'éuolle bié du feu mais pourtāt ne se brusle pas, à l'eau, & au Mercure ou argēt vif qui est de sa nature : le salpetre, au soulphre ; car ils sont tous deux adustibles : & finablement le sel alcali au verre, qui en procede ; car de toutes choses qui sont bruslees en vaisseau ouuert auec la disperditiō de leurs esprits, les cédres s'en conuertissent en vn verre mort ; lequel n'est pas toutesfois celuy que nous auons appellé cy dessus la terre vierge pure & sincere : là ou si ceste separation se fait en vaisseau si bien clos qu'il ne puisse aucunemét respirer ; & comme dit Geber au chap. de la calcination en sa somme, *Modus calcinationis spirituum fit in vase*

Le sel de quatre natures selon les 4. Elemens, dont il est comme le principal receptacle.

vase vndique clauso; Ne aer subintrans inflammationem præstet, dit Raymond Lulle en son dernier testamēt; *Et spiritus dispergantur per aera; quod quæritur enim non fieret*; selon le philosophe Alphide, le sel qui s'extraira des cendres apres sa complecte calcination conseruatiue de l'humidité radicale; si c'est de quelque puissant vegetal, qui ne se dissipe pas de legier, comme pourroit estre de la menthe, saulge, melisse, marjolaine, & pareilles herbes, estant semé produira son semblable, tout ainsi que sa propre semence, & comme s'il n'auoit point senty le feu; lequel par ceste experience nous voyons n'exterminer pas les formes intrinseques des composez elemētaires qui leur sont transmises du ciel; & au ciel, des Idees du monde intelligible, qui est l'archetype, & premier exemplaire de toutes choses. Au surplus qu'icy l'or qui est le vray soulphre incombustible, soit associé auec le verre, entre lesquelles deux substances il sembleroit de prime face y auoir si peu d'affinité, ce n'est pas sans cause; par ce qu'elles sont cōme pararelles l'vne à l'autre, & conformes en beaucoup de choses; en ce mesmement qu'elles sont la derniere fin des actions, l'vn de la nature, & l'autre de l'art: l'or assauoir estant produit du Soleil, qui est le vray instrument de nature; & le verre du feu, dont dependent tous les principaux artifices de l'homme; car en la derniere resolution de toutes choses qui se fait par l'action du feu, se trouue de l'or, selon le plus & le moins, & du verre pareillement; ainsi que nous l'auons discouru plus aplain sur

Dd

les tableaux de Philoſtrate. En apres l'vn & l'autre ſont entierement incombuſtibles & inexterminables, quand ils ſont cõduits au dernier degré de leur parfaite depuration: parquoy ce n'eſt pas en vain ny à la volee s'ils ſont mis au haut de ceſte figure en la partie celeſte, comme ſymboliſans auec le ciel, pour raiſon de leur incorruptibilité permanéte: Auſſi Iob au 28. n'a point differé de les accoupler par enſemble; *Non adæquabitur ſapientiæ aurum vel vitrum*; par où il appert aſſez qu'il les met là pour les deux plus parfaites ſubſtances de toutes autres. Mais l'Apocalypſe en deux endroits du 21. chap. plus particulierement encore: καὶ ἡ πόλις χρυσίον καθαρὸν, ὁμοία ὑάλῳ καθαρῷ. *La cité*, dit-il, *de la celeſte Ieruſalem eſtoit vn or pur & fin, reſſemblant à du verre pur*. Et vn peu plus outre; καὶ ἡ πλατεῖα τῆς πόλεος χρυσίον καθαρὸν, ὡς ὕαλος διαφανής: *la place de la cité eſtoit d'or pur & net, comme du verre tranſparent*. Soubs quoy giſent cachez de fort beaux ſecrets & myſteres, tout ainſi que deſſouz la couuerture d'vn chiffre quelque ſens de grande importãce.

CE COSTE outre plus du carré 1. & 2. nous mõſtre le premier congellement du Mercure, moiennant la vapeur du ♃ qui le mortifie; & l'introduction ſpirituelle du ſoulphre incombuſtible, caché dedãs la ſalſuginoſité vitriolique, qui eſt rembarree au profond de ſes Elemens auec le verre, ſi qu'elle ne ſort en euidence par les ſeparations du feu, ſinõ que la troiſieſme en ordre, en laiſſant le verre qui ſe demeſle puis apres des finales impuritez de la terre.

morte par reiteration de lauemens, & la forte expresſion du feu: & de ce ſoulphre parle Geber au 28. de ſa Somme, où il le nomme en termes expres, *lumiere, Alum, et teinture*; car le vittriol eſt d'vne nature participante d'vn coſté des ſelz & alums, & de l'autre des ſoulphres, comme on peut veoir bien aiſéement en ſa ſeparation de ſubſtances: dont rien ne peut, dit Georges Riplai Anglois philoſophe non impertinãt en ſa pupille d'Alchimie, extraire la teinture reelle du vittriol, & la ſeparer de ſes deux extremitez terre & eau, fors le ſeul Mercure; tout ainſi qu'il n'y a que l'Abeille qui puiſſe ſuccer la liqueur emprainte dedans la roſee des fleurs, pour en elabourer le miel. Et ainſi ſe parfait le premier aſſéblement de ces deux eſprits; *Quorum vnum ſine altero nihil agit, nec eſſe poteſt*; au 3. chap. de l'Inueſtigation Geberique; le ſoulphre, autrement appellé *Adam* ou terre rougeaſtre, tenant lieu du maſle, & cõme de la preſure au caillé; auſſi eſt il cotté en la figure par le nombre impair, qui le deſigne, comme le pair fait la femelle, qui eſt en ceſt endroit le Mercure, & le lait, lequel ſe produit tant ſeulement és femelles, & nompas és maſles. Et tout ainſi qu'en la generation de la creature la ſemence de l'hõme n'interuient qu'en lieu de forme & vertu agente; là où celle de la femme ſert de matiere, receuant l'autre dedans ſoy pour y eſtre corrompue & putrefiee à nouuelle generatiõ, tout ainſi que le germe du grain dans ſa propre terre qui luy ſert de putrefaction & de nourriture au commencement; auſſi ceſte ſub-

D ij

stance cristaline exaltee par sublimation, & blanche par dessus la nege, contient occultement en soy la semence soulphreuse, rouge comme escarlate; selon qu'il est dit en la Turbe; *Mirati sunt philosophi rubedinem in tanta albedine existere:* Appellee au reste sel animé, eau viue, eau seche, & eau congellee: dont se peut entendre ce qui est allegué de Moyse Egyptien au 2. liu. de son directeur, chap. 31. *Diuisit Deus lumen & tenebras; & aquas ab aquis: quæ quidem diuisio est secundum formam materialem, & firmamentum ipsum ex aquis factum; sicut sapientes dixerunt;* CONGELATA EST GVTTA MEDIA. Voila donques vne partie de ce que nous demôstre ce costé d'embas; auec plusieurs autres, secrets qui voudra examiner de plus prez les substances qui y sont opposees respectiuement; car de cela s'en pourront tirer de fort beaux. AV REGARD de celuy d'enhault cotté 3. & 4. tout ainsi qu'au precedant on passe de la noirceur de la terre à la blâcheur de l'eau, selon les quatre principales couleurs de ceste art apposees en la figure; de mesme on passe icy de la citrinité de l'air laquelle est en l'or, à sô accomply rougissement & teinture, à quoy l'art le peut bien conduire & hausser, qui commence son œuure, où la nature acheue le sien: car le jaune citrin qu'on appelle autrement orengé, n'est autre chose qu'vne moienne disposition entre le blanc & le rouge, selon le dessusdit Geber au 60. de sa somme; *Citrinitas non est aliud, quàm determinata rubei & albi proportio:* & qu'on le peut veoir par experience, destrempant du saffran ou du sang auec de l'eau, ou broyant du vermeillon auec de la croye. Lequel rougissemét de l'or non sans bonnes erres, ie ne feindrois point de prendre pour le *Casmal* mentionné au premier chap. d'Ezechiel, que S. Ierosme a tourné en Latin *Electrum*; toutesfois Rabbi Selomo tres-sçauant docteur Iuif, qui deuoit bien entendre la langue Hebraïque, aduouë en cest endroit de ses commentaires, ne sçauoir bonnement ce que c'est; ou verre, ou esmail, ou quelque alliemét de metaulx, ou quelque autre composition artificielle: *Trop bien*, dit-il, חשמל *Chasmal est le nom d'vn Ange, de la couleur que le Prophete le vit au milieu, ou du dedans du feu: Chose qui aduint, ainsi que nos maistres tesmoignent, à vn ieune homme curieux en l'œuure du* Merchaua, *ou throne de Dieu, faict à guise d'vn chariot: là où considerant ce Chasmal, soudain il en sortit vn feu qui le consuma. Il y en a d'autres qui veullent ce mot là estre composé de deux dictions: Car aiant vn iour esté enquis Rabbi Iehuda, quelle chose estoit ce Chasmal, il fit responce, que* חיות אש ממללות *Chaioth Esch Memalleloth, comme qui diroit animaux feu-parlants: lesquels ainsi qu'il est repeté au Thalmud, par fois se taisent & par fois parlent; Pourtant que lors que la parole sort de la bouche de Dieu, ils se taisent; & quant il se taist, ils prennent la parole à leur tour; c'est à dire qu'ils celebrent & loüent Dieu. Au moien dequoy il est conuenable (poursuit le mesme Rabbi Selomo) que ce Chasmal soit vn nom aprochant de la couleur & lustre de feu; Parce que le Prophete dit au premier chap.*

Rabi Selomo; touchãt le Chasmal d'Ezechiel.

Dd iij

& 8. *qu'il fortit du milieu du feu, en guife d'vn œil eftincellant, ayant la fplendeur de* Chafmal, *ainfi qu'vn afpect du feu audedans de luy tout autour.* A ce mefme propos dit Baal Aruc, que ce font deux dictions accouplees en vn feul mot, qui fignifient *Taire & parler* : Car quant la parole fort de deuant Dieu, חשות *Chafoth*, elles fe taifent : & telle fois eft que ממללות שיר בעין *Memalleloth fchir bechoz*, elles prononcent vn cantique de force, fuiuant ce qui eft efcrit *Ghoz vecheduah bimmecomo, Force & allegreffe en fon lieu.* Mais Dauid Chimhi, tant en fon Miclol, qu'en fes commentaires, adiouxte que quelques docteurs ont tenu que ce fuft Notariacon de ce mot *Chafmal*, c'eft à dire que chaque lettre ou fyllabe emporte vne diction entiere; fi que le ח *Cheth*, fignifiaft חיות *Chaioth*, animaux : le ש *Shin*, אש *Efch*, feu : & מל *mal* ממללות *Memalleloth*, parlants : le tout affemblé, *animaux feu-parlants*. Car les Cabaliftes traictans de la Ierarchie & ordre des anges, leur donnent d'autres noms & diftinctions, que ne faict S. Denis; mettans au premier les חשמלים *Chafmalim*, comme qui diroit parlans à par-eux, quant on murmure entre fes dents; ou bruift tout bas, en façon de quelque petite mouche debile; ce qui f'aproche de ce myftere קול דממה *kol demamah*, vn murmure bas, tintant fourdement de voix de filence, en laquelle eftoit Dieu, quand il paffa deuant Elie au 3. des Rois 19. Qu'Eliphaz dedans le 4. de Iob appelle les veines du fufurrement de l'occulte parole, que fon oreille receut presqu'ainsi qu'à la desrobbee: *Porrò ad me dictum est verbum absconditum, & quasi furtiuè suscepit auris mea venas susurrij eius.* En toutes lesquelles choses, & la pluspart encore des principales de cest ouurage, ie serois d'vn naturel trop ingrat & mescognoissant, si ie taisois en cest endroit puis qu'il vient à propos, combien i'ay esté assisté, secouru, & redressé, d'vne des plus claires lumieres de nostre siecle, cela puis-ie dire sans offence ne reclamation de personne, en toutes sortes de bonnes lettres & disciplines; & tresparfaicte cognoissance des langues Hebraïque, Chaldee, Syriaque, Arabesque & Grecque; monsieur Genebrard docteur en Theologie, & lecteur du Roy en Hebrieu; dont la saincte reformation de vie; tant de doctes escrits emanez de luy, n'estant encore toutesfois qu'en la fleur de son âge; ensemble ses assiduelles predications & lectures, celebrent trop mieux les loüanges qu'on ne les sçauroit exprimer: & enapres du ieune Sieur de la Boderie, Nicolas le Feure frere de Guy, ces deux freres tant renommez és mesmes langues, & doctrines; & assez cogneuz par leurs œuures; Parquoy non à tort admirez de beaucoup de gens, mais leurs merites mal recongneuz. CE CHASMAL au reste ne peult estre le *Succinum* ou ambre iaulne appellé des Grecs ἤλεκτρον, que Seruius sur le 8. de l'Eneide interprete pour vn alliage de trois parts d'or auec vne d'argent; enquoy il n'y a aucune apparence, selon le contexte mesme de ce Prophete: Parquoy mieux aucunement auroit dit Iſodore ; *Pyropum autem igneus color vocauit : Nam in ſingulis æris vnciis, additis ſcrupulis ſenis auri prætenui lamina igneſcit, & flammas imitatur* : Qui eſt la quarte partie d'or meſlé au cuyure: voulant ſans doute entendre de ces fueilles qu'on met ſoubs les rubiz, ſaphirs, eſmerauldes. Mais il n'a pas tout expliqué, ſi au moins il en a cogneu l'artifice; car il fault de l'argent quant & les deux autres, par diuerſes proportions, ſelon les pierreries qu'on veult enchaſſer : dont celles des rubiz conſiſtent de cinq parts d'or, quatre d'argent, & quatre & demy de fin cuyure rouge : qu'on fond & meſle bien enſemble; Puis on bat le lingot, en le recuiſant ſouuent de peur qu'il ne ſe rompe ou eſclatte ; tãt qu'on l'eſtend auſſi ſubtil comme vne peau de parchemin ; mais il ſe fault bien garder de l'eſteindre en ces recuiſſons dans de l'eau, ains le laiſſer à chaque fois fort bien refroidir à par ſoy : & finalement le racler auec vn raſouer, pour parer les inegalitez qui y pourroiét eſtre; & le luſtrer, pollir & recuire tout doulcement auec vne grand' patience, pour luy donner le luſtre & la ſplendeur qu'il y a. Et certes il ſeroit bien malaiſé de veoir rien de plus gay ny de plus grande reſiouiſſance à noſtre œil, fuſſent les pierreries meſmes les plus naifues; ne qui plus aproche de ceſte deſcription du Prophete. Car en premier lieu il racompte ; *Qu'il y auoit vne grãde reſplendiſſance autour du tourbillon qu'il vit en ſa viſion; & du milieu d'iceluy comme vne maniere d'Electre; c'eſt à dire du milieu du feu.* En apres:

L'artifice des fueilles de pierreries.

Que

DES CHIFFRES. 109

Que les estincelles ressembloient à l'esclat d'vn cuyure embrasé. Et derechef; Que la semblāce des animaux, & leur regard, estoient tout ainsi que charbons ardens, & la lumiere de plusieurs lampes. Puis vers la fin: Et ie viz (dit-il) comme vne maniere presque d'Electre; & ainsi qu'vn aspect de feu par dedans, tout autour de luy; & comme vne espece de feu resplendissant à l'enuiron, à guise de ce qu'on voit l'arc au ciel en vne nuee par vn iour pluuieux. Toutes lesquelles particularitez se conforment à l'artifice qui se faict en l'or, doublement : l'vn en nature de metal, & l'autre de vittrification. Au premier lon peult proceder par trois voyes : l'vne en fondant de l'or auec son double poix de fin cuiure; puis les reduisant par la tranchefile en subtiles lamines comme papier; & les cimenter par 40. ou 50. heures, à fort grand feu, lict sur lict, auec vn ciment royal faict de bricques & de sel commun, de vittriol rubefié, & de verd de gris, & vn peu de sel armoniac; le tout arrousé de fort vinaigre. Tout le corps du cuyure s'esuanouist en cest examen, mais son soulphre incombustible & teinture demeurent imprimez en la substance de l'or; *Cùm à cupro extrahatur sulphur mundißimum tingens & fixum*; met Geber au 18. chap. des fourneaux : Si qu'à la huict ou dixiesme reiteration, adiouxtant tousiours nouuelles estoffes, tant du cuyure que du ciment, il deuient plus rouge que sang; auec vn esclat metallique, de ceste plaisante lueur doree qui flamboye à trauers la rougeur, tout ainsi que quand auec de la laque, vne couleur

Deux manieres de proceder au Chasmal ou Electre.

E e

fort cramoisie qui n'a point de corps, ains est transparente, cōme aussi est le verd de vessie, dōt on glace quelque peinture, ou autre ouurage enduit de fueilles d'or par dessus. L'autre maniere de rougir l'or, est de le fondre comme deuant, auec autant de cuyure ou quelque peu plus; & iecter leur poix de soulphre vif dessus, le remuant auec vne verge de fer: Puis verser le tout en vn mortier de bronze, là où estāt recueilly, tout le cuiure bruslé à guise *d'æsustum*, se renge tout autour par dehors, l'or demeurant enclos au milieu tout ainsi qu'vn noyau d'abricot ou de pesche, & haulsé de couleur : il ne fault puisapres que reiterer comme au precedant. La trosiesme est de fondre l'or auec quatre ou cinq parties d'anthimoine, qu'on chasse à grand feu de soufflets, tant qu'il n'y demeure que l'or; & reiterer par six ou sept fois: Vne partie de cest or dorera plus que trois d'vn autre, & bien plus vermeil comme on l'appelle: & meslé auec son poix d'argent preparé, le haulse sans doubte à vingt ou vingt deux caracts, selō qu'il est plus ou moins coloré; mais ceste graduation & teinture ne persiste pas és fusions, ains sen va toute à la 3. Trop biē est cest or trespropre à faire les fueilles des pierreries; mesmement si le cuyure est laué auec l'argent vif selon l'art, en les amalgamant par le moien d'vn peu d'eau fort, & le lauant par plusieurs fois auec du vinaigre & du sel; puis auec de l'eau chaulde; car par ce moien la plus-part des impuritez se separent du cuyure: *Argentum viuum enim quod suæ naturæ est retinet*, dit Geber, *alienum respuens, & igni exponens*. Il se peut faire aussi de cest or des ouurages d'orfauerie fort plaisans à l'œil, beaucoup plus sans comparaison que du vierge, lequel n'a point encore senty le feu, parquoy les Grecs le nomment ἄπυρον; & des couppes auec, non de peu de cõmodité pour les princes & grands seigneurs; parce que soudain il manifesteroit tant soit peu de venin ou poison que tant seulement on en cuideroit aprocher; à cause de l'esprit du cuyure y introduit; qui n'est au reste ny fetide ny de mauuais goust ou odeur en aucune sorte, nomplus que l'or; lequel seul en son naturel, ne se fait que mocquer des choses les plus corrosiues.

RESTE l'artifice de verre du *Chasmal*, qui ne peult certes estre autre chose que l'esmail tãt celebre qu'on appelle le rouge clair, dont l'inuention est pieça perdue, si elle n'a esté redressee puis peu de iours; tant nous sommes nonchaillans & auaricieux és choses où nous le deurions le moins estre. Ce rouge clair donques, dequoy nous auons semé quelques traicts en Philostrate sur le tableau des bestes noires; & encore ne le donnerons-nous pas icy tout masché, & en paroles manifestes, sans quelque petite reseruation; se faict d'or calciné auec de l'eau fort; & de là traicté comme il appartient, auec du sel, tãt qu'il soit rendu en pouldre impalpable. Adiouxtez y lors du soulphre le double ou triple de son poix, auec de l'eau ardente bien affinee; & mettez le feu : y adiouxtant de ladite eau & du soulphre, par l'espace

La vitrification du Chasmal, ou Rouge clair.

Ee ij

d'vn bon quart d'heure. En cela se practique & descouure ce que Geber aiant dit tout apertement mot pour mot, au 96. de sa Somme, fort peu de gés y ont pris garde ; *Sol quidem rubeum clarum ex sulphuris adustione protendit.* Puis on incorpore ceste chaulx ainsi preparee auec de *l'æsustum*, & de lorpiment reduit en rubiz, à forte & soudaine expression de feu; & du Mercure precipité, tant que de sa nature volatile spirituelle il soit rendu fixe; car sans cela il ne se pourroit pas vitrifier, suiuant ce que dit le mesme Geber au 52. chap. *Spiritus qui magis naturam seruauit spiritus magis à vitrificatione defendet* : Puis finablement mesler le tout par certaines proportions auec du verre cristallin, bien depuré par du *minium* ou chaulx rouge de plomb: & descuire cela au four des verriers si long téps, que ceste compositió qui premieremét apparoistra noire, & puis se deschargera peu à peu, se reduise à vne tresparfaicte couleur Rouge-claire.

Autre vitrification du Chasmal.
L'AVTRE maniere de la vitrification du *Chasmal*, aproche plus de la couleur de l'electre ou ambre iaulne, sinon qu'il tire d'auantage sur la Iacynthe : mais en cest endroit il fault estre aduerty, que ce n'est pas ceste couleur hyacinthine, qui dãs le Pétatheuque, et par tout ailleurs és Prophetes, est mise pour la Saphirienne de bleu turquin ou celeste qui est vn peu plus dechargé. Ceste vitrificatió dóques se faict du plób seul à forte expressió de feu de soufflets ; car finablemét il se couure cóme d'vn huille, qui estãt refroidy se reduit en certaine gomme jaulne orengee, transf-

parente comme du verre, & de fort tendre fusion; mais elle ne s'euapore plus au feu, ains y est fixe & permanente, & tousiours s'y affine tant plus à guise du verre; & tire la teinture de tous les metaulx qui y sont meslez: toutesfois elle se reduit lors en vne maniere d'esmail sombre & opaque; lequel se dissoult dans le vinaigre distillé, en la couleur particuliere du metal dont elle est animee: ainsi que de l'argent & estaing, en du iaulne paille: de plomb, en ce que les Grecs appellent χλωρὸς, les Hebrieux ירק Iaroch, iaulne verdoyant, ou verd d'oye: le cuyure fait vn verd à pair d'esmeraulde: le fer plus rouge que sang: & l'or, couleur de Iacynthe. Le dissoluant, assauoir le vinaigre, en estant separé par vne legiere euaporation; & la gomme qui reste mise en vne petite cornue bié luttee auecques son recipient, s'en distille vne grosse fumee blanche & espoisse, froide comme vn glaçon au toucher; qui finablement se reduit en huille tres-odorant, de la couleur du metal dont elle est partie, aiant les facultez & vertuz d'iceluy expliquees en nature vegetatiue. Que si on vouloit alleguer qu'il y aura tousiours du plomb meslé parmy, & en plus gráde quantité; on peult respódre en premier lieu, que le plomb est de la proprieté du mercure, de se conuertir en ce qui luy est appliqué; comme on peult veoir en cecy par le goust, odeur, & couleur, les trois esprits de tous simples, qui se reçoiuent là dedans, tout ainsi qu'en de l'eau commune, qui n'a aucune qualité de soy dont elle est dicte

E e iij

des Grecs ἄποιοι ὕδωρ, celles de tout ce qu'on y decuit. Enapres on peult faire qu'il n'y aura point de plomb du tout : car prenez huit pars de ceste vitrificatiō de plomb, & adiouxtez y en vne d'or, ou autre tel metal calciné que voudrez; & cuisez en four de verrier, ou autre de reuerberation par deux iours: mectez y derechef la huictiesme partie d'or, & cuisez; reiterant tousiours ainsi la huictiesme partie: & quand ils seront par portion egalle, ce qui aduiendra à la huictiesme reiteration, ne prenez que la moictié de la masse, & y adiouxtez le huictiesme d'or: faisant ainsi, à la 30. ou quarantiesme reiteratiō, il n'y aura plus que de l'or; lequel estant par ce moié reduit en vitrification dissoluble, se resoult puisapres luy mesme par la voye qu'on appelle de fermentation; ny plus ny moins que le leuain leue & aigrist sa paste propre dont il est yssu; ou le vinaigre le vin droict & entier en sa nature; suiuant le dire de Rhases, *Prout mutatur, mutat.* Tout cecy n'ont point ignoré Calid fils de Iazichi, Rachadibi, Veradian, & Chanid, philosophes Perses; ny pareillement Rhodian en son traicté des trois paroles; bien qu'enseuely en des tenebres Cimmeriennes: *mutatur spiritus iste fumosus, aquosus & adustiuus,* (entendant de celuy du plomb) *in nobilissimum corpus* (pour raison qu'il est fixe) *& non fugit amplius ab igne, sed currit vt oleum*; &c. Et a son imitation vn petit liuret ancien en ryme Françoise, intitulé La fontaine des amoureux de science, non à reiecter:

DES CHIFFRES. 112

*Auoir par chaleur on prochaſſe
Graiſſe qui luy couure la face.*

OR i'ay inſiſté en ce *Chaſmal* ainſi longuement
tout exprez, pour monſtrer que c'eſt aux Prophetes
qu'il faut recourir pour rencontrer les vrayes ſour-
ces de toutes les philoſophies & occultes ſciences;
parce qu'ils liſoient (dit S. Auguſtin au premier du
liberal arbitre) dans le liure de vie; au moié dequoy
Euſebe en ſa preparation Euangelique, nõ tant ſeulement les prefere aux Grecs, ains les ſimples meſmes Theologiens Hebrieux: à comparaiſon deſquels (ce dit-il) les autres, bien que pour leur regard
entr'eux il y ait de treſ-excellens, voire admirables
perſonnages, pour vne ſuperficielle ſubtilité d'enté-
dement, paroiſſent fort peu neaumoins quant au
fonds ſolide, tel que celuy ſur lequel eſtoient poſees
& eſtablies les viſions des Prophetes, regardans ſans
aucun deſtourbier ny empeſchement, comme en
vn mirouër bien certain, le premier exemplaire &
original de toutes les choſes creées en leur reelle &
vraye exiſtence; là où toutes les ratiocinations des
naturaliſtes depẽdent des ſẽs corporels, la plus-part
du tẽps incertains & trompeurs. Ce qui auroit meu
Democrite de mettre en jeu certain profond puits,
où il diſoit la verité eſtre cachee; ne s'eſloignant pas
beaucoup de Ieremie, leql au chap. 2. introduit Dieu
ſe cõplaignant des Iſraëlites qui l'auoiẽt delaiſſé, luy
qui eſtoit la vraye & pure ſource d'eau viue, pour ſe
creuſer des ciſternes eſuétees & demẽties, ne pouuãs

*Des Prophe-
tes & de
leurs eſcrits,
depend la
vraye co-
gnoiſſance
de toutes
choſes.*

retenir les eaux. Car tout ainsi que la terre des viuants est au monde intelligible, de mesme y sont aussi les eaux viues, dont se doiuent entédre ces deux passages du Leuitique 14. & 15. *In aquis viuentibus*; cóme le demonstre assez le Sauueur par tout le 4. de S. Iean ; au moien dequoy il est dit en Isaye 49. pour vne des benedictions du peuple de Dieu, *Ad fontes aquarum potabit eos.* Les propheres donques sont la vraye source où l'on doit puiser tout ce qui se peut sçauoir & cognoistre, non seulement pour le simple salut de noz ames dedans le monde intelligible, où est establi le siege de la diuinité, mais le sensible aussi, touchát les secrets de nature, tant au ciel, qu'és quatre Elemens: Car l'esprit des prophetes estant rauy & transporté hors de leur caisse corporelle iusques deuant le throne de Dieu, que l'Apostre appelle le troisiesme ciel, autrement le troisiesme monde ou l'intelligible, ils voient là tout apertement & sans aucun voile les Idees, & premiers exemplaires de toutes choses, plus parfaits en Dieu dont ils procedent qu'ils ne sont en eux mesmes, sur lesquels elles ont esté comme pochees & empraintes : & pourtant leur rapport en est plus certain, que noz coniectures telles quelles par le naturel discours de raison, qui se mesconte le plus souuent, pour dependre du sens animal : A quoy se conforme l'Apostre en la premiere aux Corinth. 2. *Spiritualis homo omnia iudicat*; & nompas l'hóme corporel: & cela se fait ou par vne vision en veillát, reellement apparente, & familiere collocution face à face, ce, telle qui interuint à Moyse auec Dieu: ou totalemét endormis, & en songe, qu'Orphee en son hymne dit estre celuy qui durant leur sommeil descoure aux humains les proiets des dieux bien-heureux, & sans parler leur annonce tacitement les choses futures: Homere l'appelle Ange ou messager du grand Dieu Iupiter: à quoy conuient ce que met le Zohar, qu'aux mechantes ames pendant le dormir du corps se presentent plusieurs visions de mauuaise & hideuse figure; mais qu'aux bié disposees, Dieu parle mesme quelque fois, comme il est escrit és Nombres 12. *In visione apparebo ei; vel per somnium loquar ad illum.* Et encores en sommeillant, qui est vne moienne disposition entre le dormir & veiller, que les Hebrieux appellent תרדמה *Tardemah*, & les Grecs ὄναρ, car ce qui apparoist en dormant ils le nomment ἐνύπνιον: S. Ierosme la ordinairement traduit *sopor*; comme en Genese 15. *Sopor irruit super Abram*: & au 4. & 33. de Iob. *In horrore visionis nocturnæ quando sopor solet occupare homines, pauor tenuit me.* Mais il y a vne autre espece de ces exstases & rauissemens qui gist en vne vision en esprit, quand les exterieurs sentimens corporels sont tellement assoupiz en l'homme, qu'il n'entend plus à rien qu'à Dieu seul, si qu'ores qu'on luy fist quelque grief moleste en son corps, à peine le sentiroit il: *fui in spiritu in dominica die*, en l'Apocalypse premier: Et Trismegiste tout au commencement du Pymandre; *Sopitis iam sensibus corporis quemadmodum accidere solet eis qui ob defatigationem somno grauati sunt, subito mihi visus sum cernere, &c.* A propos dequoy Iamblique au chap. des songes ; Quand nous sommes parfaictement endormis, nous ne pouuons pas si bien & distinctement remarquer ce qui se presente en noz communs songes, que quand c'est la diuinité qui nous les enuoie en particulier ne dormans pas à bon escien ; car nous apperceuons bien plus clairement lors, la vraye & reelle verité des choses, que nous n'auōs accoustumé de faire en veillant : au moiē dequoy en ces visions là consiste la principale espece de diuination. Et de fait l'ame a double vie, l'vne coniointe auec le corps, & l'autre separable de toute corporeité. Quand nous veillons, nous vsons la plus part du temps de la vie qui est commune auec le corps, hors-mis quelquesfois que nous venons à estre totalement separez d'iceluy ; mais en dormant, nostre esprit peut estre du tout deliuré des liens corporels, qui le detiennent comme en chartre & captiuité. Et lors à la verité la personne à son esprit comme conioint auec le diuin, quand l'ame animale vient à estre du tout retranchee de l'esprit, par la vertu du verbe diuin, que S. Paul aux Ephesiens 6. appelle le glaiue de l'esprit ; *Assumitte & gladium spiritus, quod est verbum dei, per omnem orationem orantes in spiritu :* de sorte qu'il ne respire plus, ny ne desire autre chose que de demeurer vny auec Dieu ; *qui adhæret domino* (dit-il en la premiere aux Corinthiens 6.) *vnus spiritus est* ; & separé du tout du corps ; dont s'en ensuit la mort precieuse mentionnee au 115. pseaume, *Preciosa in conspectu domini mors sanctorum eius* ; la plus part du temps anticipee outre le commun cours de nature : au moiē dequoy le mesme Apostre, aux Philipp. premier, desire de se veoir à deliure separé de ceste chair, & estre auec CHRIST; reputant à vn grand gain de mourir. Et en cest endroit dict les Mecubales, que lors que les prophetes viennent à estre touchez de l'esprit prophetique, tout leur poil se herisse d'horreur, leur corps se lache & agite, leurs dents claquettent, & leurs os sont esmeuz, ainsi que s'ils sentoient le froid d'vn tresfort & violent accez de fiebure : côme Daniel dit au 10. *Domine mi in visione tua dissolutæ sunt compages meæ; & nihil in me remansit virium*; iusqu'à ce qu'ils viennent à estre immuez de l'ordre & estat où ils estoient auparauant, & que leur intellect soit bien repurgé de ce qu'il auoit peu attirer de la contagion corporelle : & lors ils voient distinctemēt ce qui se manifeste à eux en apparente vision; dont il est escrit, *In visione ei innotescam*; & ce par le moien de נצח *Nesach* & הוד *Hod*, victoire & decoration, qui sont le lieu de l'alaictemēt des prophetes.

IL y a en outre vne autre maniere de vision imaginaire appellee בת קול *Bath kol*, la fille de la voix; quand quelque chose qui doit aduenir se manifeste sous l'apparēce de certaines images & figures d'animaux, & autres semblables aprochans des hieroglyphiques; ainsi que les visions de Zacharie, & de S. Iean en son Apocalypse ou reuelation : & cela se fait par forme d'Enigme, qu'il n'est pas permis à chacun d'interpreter à sa fantasie, & sans vne tref-parfaicte notice de la conuenance & relation des choses mon-

Ff ij

daines aux intelligibles; comme met l'Apoſtre aux Rom. 1. *Inuiſibilia enim ipſius à creatura mundi, per ea quæ facta ſunt, intellecta conſpiciuntur.* Et au rebours aux Hebr. 11. *vt ex inuiſibilibus viſibilia fierent*: mais cela ne ſe peut obtenir ſans l'illuſtration du SAINCT ESPRIT, qui nous fait veoir clair en noz tenebres; ſelon que teſmoigne Baruch 3. *Non eſt qui poßit ſcire vias ſapientiæ, ſed qui ſcit vniuerſa nouit eam.* A quoy ſe conforme l'aſtrologien Ptolemee, quand il dit, *qu'il n'y a que ceux qui ſont halenez de l'eſprit diuin, qui ſachent predire les particularitez*; parce qu'elles dependent des vniuerſalitez qui ſont au premier exemplaire, & original riere Dieu. Et c'eſt là où conuerſent & ſe promenent les Cabaliſtes; de dechiffrer c'eſt aſſauoir les dicts des Prophetes qui ont parlé par ces Enigmes & profondes obſcuritez, pour ne deſcouurir les ſecretes merueilles de Dieu aux indignes: outre ce que malaiſément ces myſteres ſe peuuent manifeſter par paroles humaines, n'y aiant point de vocables aſſez propres & emphaſtiques pour les exprimer; parquoy ils ſe ſont retenus en cela à certaines manieres de chiffres, non d'eſcriture, mais de locutions par figures, tranſportees hors du commun vſage de parler, ainſi que quand on tranſpoſe ou eſchãge vne lettre pour l'autre, dont le contexte vient à l'alterer de ſorte qu'il n'eſt plus liſable fors ſeulemét à ceux qui en ont l'alphabet. Quant au *Bath kol* ou fille de la voix ſuſdite, c'eſtoit encore comme vne maniere de chiffre vocal, & nompas muet, ains tel

La fille de la voix, ou voix du ciel

que celuy qu'on voudroit dreſſer pour l'oye, auec quelques ſons de trompettes ou ſemblables inſtruments haultains, qui ſe font entendre de loing, accommodez en lieu de lettres; ainſi que ſe font des ſignals à la veuë, auec des lumieres de nuict, & de la fumee ſur iour, par le moien dequoy on peult faire entendre ſes conceptions à des aſſiegez, ou d'vn lieu à autre; dont l'artifice eſt aſſez commun, & de longuemain; car Polybe en a fait mention, comme le remarque Cardan au 12. liu. de la Varieté des choſes chap. 61. où il en met quelques artifices; & au 17. encore de la ſubtilité: mais les chiffres qui ſuiuront cy apres vous fourniront d'infiniz expediens en cela, beaucoup plus exquis & aiſez. Ce *Bath kol* donques eſtoit comme à guiſe de quelque Echo, ou reſonnement d'vne voix, laquelle ſe venant à enfourner & rabattre dans certaines concauitez propres à ce, reſſort de là auecques l'air qu'elle a heurté, multipliee en pluſieurs reiteratiõs; ainſi qu'vn ballon, qui pour vn coup qu'on l'aura flaqué contre terre, en rebondira pluſieurs d'abondant: En cas ſemblable, ces viſions ſont comme images, qui procedans de l'archetype ſe viennét à reuerberer en ſes creatures, ny plus ny moins que les Rays du Soleil, leſquels eſcartez parmy l'air ſe recueillent en vn miroüer caue, ou vne fiolle pleine d'eau, en vne figure ſemblable à luy; & de là ſe redilatent derechef par reflexion comme au precedant: & quand ils paſſent à trauers quelque verre teint, ils ſe reueſtent en apparence de la couleur

Ff iij

qui y est empreinte, tout ainsi que fait la Diuinité de ses Sephiroths ou ornemens, par lesquels, y estant cachee quant à son Essence, elle se communiqu' à ses creatures, qui n'en pourroient rien aperceuoir autrement.

IL y a encore vne autre espece de vision, intuitiue comme on l'appelle, qui regarde dedans le miroüer propre du grand ouurier, que les Hebrieux appellent *Bespecalariot*, parce qu'il est double; le luisant qui est le Soleil ou le Tipheret; S. Augustin le nomme le sacrifice matutinal, dont il a esté parlé au commancement de cest œuure; & l'autre le miroüer non luisant, qui est la Lune, & le *Malchut*, autrement la mer celeste, qui contient en soy, vne pleine fecondité de generation de toutes les choses inferieures elementaires; & leur donne immediatement vie, à mesure qu'elle la reçoit des influxions du sacré Tetragrammaton, יהוה engendré eternellement du Pere; qui se retenāt là hault en vn perpetuel repos dans son *Ensoph*, ou infini; qu'Anaximandre mesme alleguoit estre le principe general de tout; en commet la production à son verbe ou *Chochmah*, Sapience: lequel *Ensoph* est ce grand supramondain ocean, *Source perpetuelle qui arrouse l'arbre de vie*, comme met le Zohar; *la raison de toutes raisons, la cause des causes; l'intellect, & vie du corps*; appellé d'Orphee & Homere le Pere des dieux & des hommes; dont partent tous les fleuues, ou diuines influences, (en l'Ecclesiaste 1.) & puis derechef y retornent: mesmement ces quatre arrousouers de toute la terre, en Genese 2. qui procedent du paradis ou de ceste mer; la Tetractis ou Quaternité de Pythagore; Tigris assauoir, & Gion ou le Nil, qui representent l'air & le feu, les deux superieurs Elemés, ausquels l'homme ne commande pas; car c'est dient les Poëtes dessusdits, la demeure des dieux bien-heureux : & les autres deux l'Euphrate, & *Phison* ou Ganges, la terre & l'eau, les inferieurs elemens estans en la disposition de l'homme; en quoy se parfait la croisee de tout l'vniuers: designez au reste par les quatre animaux d'Ezechiel; Tigris & l'air par l'Aigle; le Nil, & le feu par le Lyon; Euphrate, & la terre par le beuf, destiné au labourage; & le Gange & l'eau par l'homme, à cause de sa semence aqueuse, dont Virgile auroit tacitement dit, *Agitata tumescunt--æquora.* A ce propos que les fleuues ou diuines emanations procedent de ceste grande mer ou piscine de benedictions (car ברכה *berachah* signifie l'vn & l'autre) & y retornét, Zoroastre entre ses autres traditions magicales enseignoit, que l'ame de l'homme auoit des estes, dót quand les plumes leur tomboient, elle se venoit à precipiter icy bas dans le corps ; & apres qu'elles leur estoient reuenues, s'en reuolloit de nouueau au ciel. Ses disciples luy demandans comme c'est qu'ils pourroient en brief temps faire renaistre ce pennage, afin de remonter au plus tost là hault ? en les moillant leur respondit-il, continuellement d'eau de vie. Mais ou pourroient-ils recouurer ceste eau ? des quatre fleuues dont le paradis terrestre estoit arrousé : celuy de la partie du leuant appellé *Chiddekel*, qui vault autát à dire que lumiere ; & de l'occident, *Dichon* ou expiation : celuy du midy *Perath*, que nous pouuons interpreter pieté, religion, deuotion, & zele ; vers laquelle region du midy addresse tousiours son chemin le sainct pere Abraham en Genese 12. comme en lieu dont tout les mauuais esprits sont excluz, selon que le tesmoigne la doctrine des Cabalistes Hebrieux, & des Maures : & du Septentrion *Pischon*, equité, raison & droicture ; fauorable à son fils Isaac, qui d'vn grain de bled en recueillist cent. Toutes lesquelles choses sont representees au sacré Tetragrammaton יהוה, abstrait des dix *Sephiroths* ; lequel se varie en douze *Auaioths* comme nous dirons cy apres.

IL y a finablement le plus hault degré de reuelation de tous autres apres le premier cy dessus allegué de Moyse ; qui est à plaine, distincte & manifeste voix, laquelle ordinairement se redouble pour denoter vne grandissime familiarité & amour ; comme à Abraham en Genese 22. à Moyse en Exode 3. à Samuel au premier des Rois 3. à S. Paul és Actes des Apostres 9. Aumoien dequoy S. Iean surnommé Baptiste, qui se dit la voix du criant au desert en S. Iean premier, est tesmoigné pour plus que prophete par le Sauueur mesme, en l'onziesme de S. Matthieu. Il n'y au reste creature pour petite & abiecte qu'elle puisse estre, qui ne porte en soy vne representation

ou

ou image notable, au moins quelque marque ou vestige, à tout euenement disons ombre, de l'ouurage de son Createur; non en son estre tant seulement, ains en ses proprietez & effects; ainsi qu'au 3. des Rois, chap. 19. il est dit, que le SEIGNEVR n'estoit pas au vent fort & tempestueux, lequel renuersoit les montagnes, & brisoit les pierres; ny en la commotion, ny au feu qui passerent premierement comme en monstre; ains en vne doulce ondee sifflante d'vn vent gracieux & doux. ET tout à l'opposite du precedent plus sublime degré, est le plus infime; la fille comme on l'appelle de la voix ou Echo, causee des creatures & de leurs images; surquoy sont fondees ces predictions qui prennent les noms des elemens où elles versent; comme la Geomantie, Hydromantie, Aeromantie, Pyromantie, & leurs autres collaterales & alliees; toutes friuoles & incertaines, sinon entant qu'elles dependent & se conforment aux influxions des corps celestes, & des canaulx des dix Sephiroths, desquels ont esté arrousez les prophetes en toutes leurs visions & presages; qui est ce que i'ay voulu parcourir du commancement, que l'homme ne peult auoir rien de certitude des choses occultes, & qui passent la portee de son discours, q̃ par les rauissemés d'esprit, où il les voit toutes en leur reel Estre dedans le premier exéplaire; ou bien par quelque inspiration, qui est comme vne reflexion plus debile que le rayon dont elle procede. A quoy se raporte & conuient fort bien la fictiõ

Gg

de Persee, qui vit la teste de Meduse dans la splendeur d'vne targue reluisante comme vn miroüer, que Minerue luy tenoit expres audeuant, de peur qu'il n'en demeurast offensé s'il l'eust regardee à plaine veuë d'vn œil direct. Que s'il ne nous est loisible de paruenir à ce degré, comme à la verité il n'est plus depuis l'accomplissement de tous les oracles & propheties, tout nostre recours est de mediter en icelles; là où ce qui depend entierement des trois mondes, & des cognoissances y assignees, est contenu, cóbien qu'en diuerses sortes d'interpretations; du sens assauoir literal, de l'allegorique, analogique & anagogique.

Et à quel propos, derechef pourra l'on dire, prophaner ainsi tous ces beaux secrets, & en termes si manifestes, hors du tiltre encore & subiect principal de cest œuure? Dont quelques-vns se voudront rire, & me blasonner de certaines qualitez fort descriees pour le iourd'huy: mais en premier lieu ie ne pretéds pas d'agreer à tous indifferemment, aussi ne le pourrois-ie faire, estans les gousts si differends; & si cela seroit autant à vray dire, comme ne contenter personne; tout ainsi que l'excellent ioueur de fleuttes Timothee ou Ismenias, ie ne me resouuiés pas bien lequel c'est, rompit les siennes par despit, pource qu'il auoit esté vnanimement loüé de tous en vne assemblee, estimant par là n'auoir rien faict qui valust: & Phocion en cas semblable ayant harengué au peuple d'Athenes, & eu de toute la congregation de fort grands applaudissemens, demanda à ses amis qui le reconduisoient à la maison, pour se conioyr auec luy de ce qu'il eust ainsi bien satisfait vn chacũ, ce qu'il luy pouuoit estre eschappé de trauers, parce qu'il estoit impossible autremẽt. Mon but donques n'est pas de faire tout à l'vniuersel appetit, ains me contenter aussi de ma part, & receuoir quelque plaisir en moy-mesme de mon labeur; ioint que ie ne m'estudie pas tant d'auoir vne vogue transitoire en deux ou trois iours, & de mon viuant *digito monstrarier hic est*, comme durable à l'aduenir, s'il m'est possible d'y arriuer; à guise des peintres qui peignent à fraiz; en quoy ils ne se soucient tant seulemẽt quelles paroissent leurs couleurs lors qu'ils les employent, ains de ce à quoy par succession de temps elles deuront redeuenir. Et certes il y a eu force Princes & grands Seigneurs, voire des Rois, comme Geber, Mesué, Almansor, & assez d'autres, lesquels outre le plaisir qu'ils ont pris de cognoistre & esprouuer telles choses, ne se sont pas vergoignez d'en escrire d'amples volumes; aians par là cherché de tirer leur principale gloire & reputation pour l'aduenir, s'ils en transmettoiẽt à la posterité de leur main vne cognoissance; combien qu'ils l'ayent tenue fort chere, & en ayent esté plus ialoux que de leurs sceptres & corones. Salomon mesme le plus grand Roy qu'eurent onques les Israëlites, & le plus sage & sçauant de tous les mortels; n'a pas desdaigné plusieurs artifices que nous tiendrions non seule-

Gg ij

ment à mocquerie & derision, mais pour illicites & prohibez ; f'il est vray aumoins ce qu'en dit Iosephe. Moyse aussi a traicté infiniz secrets de nature, soubs l'exterieure apparence d'vne histoire dont toute sa loy est tissuë ; comme le deduit tref-excellemment le Zohar, & mesme sur le Leuitique, où toute la philosophie naturelle est comprise, bien d'vne autre faço que n'ont faict les Grecs, où il n'y a q̃ certaines petites subtilitez fort plausibles de prime face, mais bien peu solides. *En toy* (dit-il) *en la priere d'Elie, au* Tikun, *s'addressant à Dieu, il n'y a ne ressemblance, n'image de chose quelconque interieure ny exterieure : mais au reste tu as creé le ciel & la terre ; & produit d'eux le Soleil & la Lune ; les estoilles, & les signes du Zodiaque : & en la terre les arbres, & herbes verdoiantes dedans vn iardin ou parc de delices ; auec les bestes, oiseaux, & poissons ; Et les hommes finablement : afin que de là les choses superieures se puissent cognoistre ; & au rebours des superieures les inferieures ; ensemble la sorte dont les vnes & les autres sont gouuernees, &c.* A tout rompre, qu'on prenne que cecy soit comme quelque secrete escriture, que ie me propose pour vn exemple de dechiffrer sans son alphabet, lequel ait esté perdu, comme il est, de fort longuemain.

VOILA donques le premier mipartissement du carré en deux moitiez par la ligne transuersale, dont le costé d'enhaut marque le *Chasmal* ou rougissemẽt de l'or ; & celuy d'embas la premiere coagulation du Mercure en l'œuure de l'art, par le moiẽ de la vapeur de l'estain introduitte en luy ; & sa sublimation, où il emporte quant & foy le foulphre fpirituel & incombuftible du vitriol, qui l'anime & rechauffe, luy eflargiffant la faculté & vertu d'agir en l'or, & de le diffoudre & le teindre; ce qu'il ne pourroit autrement, pour eftre le Mercure froid & flegmatique de fon naturel, qui font pluftoft qualitez patientes qu'agétes ; encore que la philofophie peripatetique tienne aucunement d'autre forte, affauoir le froid pour vn agiffant ; mais à la verité les qualitez, & les Elemens agiffent & patiffent reciproquement, & fe tranfmuent à tour de roolle les vns les autres; comme par fubtiliation & rarefaction la terre en eau; l'eau en air; l'air en feu en montant; & par infpiffation & ingroffation en redefcendant contre bas, le feu en air, l'air en eau; l'eau en terre; enquoy s'accomplift leur parfaite circulation tant en la nature qu'en l'art. *Conuerte ego elementa, & quod quæris inuenies* ; dit le philofophe Rhafis : *Nam poftquã aquam ex aëre habueris; aërem ex igne; & ignem ex terra; tunc totum magifterium erit completum.* Au furplus cefte figure qui eft le fecond compartiment du carré, & l'autre maniere d'affociation de deux Elemés, fe fait au rebours de la precedéte par la ligne perpédiculaire; dót le cofté oppofite à noftre main gauche reprefente en mótát vne diuerfe affociation d'Elemens; affauoir des deux mols & humides, l'eau & l'air qui font paffibles: & vne autre en redeualant; des deux fecs & pierreux comme les nóment les Chimiftes, tenans lieu d'agens; y aians bien plus de conformité entr'eux par cefte voye d'accouplement, que nompas par la precedente; ce que demonstrent tacitement les deux nombres apposez à chaque costé 5. & 5. qui sont pareils : là où en l'autre figure celuy d'embas n'estoit que de 3. & d'enhaut de 7. bien & vray que mis ensemble ils font 10. aussi bié comme 5. & 5. car encore que chaque Element par vne reuolution circulaire participe tousiours de l'vne de ses qualitez auec chacun des deux autres dont il est encloz; comme la terre du sec auec le feu, & du froid auec l'eau, & ainsi du reste; si y a il bien plus de conuenance de l'eau auec l'air, à cause de l'humidité qui y domine par dessus le froid & le chaud; & du feu pareillement auec la terre, pour leur secheresse, que de la terre auec l'eau, & de l'air auecques le feu; nonobstant que par ce moien ils soient mipartiz selon le bas & le hault. Par ceste figure nous voions encore la montee & descente des Élemens, à quoy se rapporte ce trait d'Hermes au commencement du Pymandre: *Delà le verbe diuin, des Elemens tendans contre bas lya ensemble le pur artifice de la nature, lequel fut lors vny à l'ouurier souuerain, l'intellect, car il y estoit consubstantiel; & les elemës tombans sans raison contrebas, delaissez à la nature, pour seruir comme de matiere tant seulement.* Par ce mesme departement du carré, nous venons aussi à la cognoissance de l'affinité qu'il y a du Mercure auec l'or, lequel seul s'engloutist & submerge dans le vif argent, là où toutes les autres choses y surnagent, si ce n'est à force d'incorporation par le broyement. Mais ce n'est pas à dire pour cela qu'ils puissent agir l'vn en l'autre sinon superficielle-

DES CHIFFRES. 120

ment; car leur meslange n'est qu'exterieur & non interne, à cause que ce sont comme deux extremes en la nature metalique: *Non fit enim* (ce dit Geber au 26. de sa Somme) *transitus ab extremo ad extremum nisi per medias dispositiones : Ideóque* (particularisant puisapres ceste maxime generale) *non fit transitus à mollitie argenti vim ad duritiem alicuius metallorum, nisi per dispositionem quæ est inter duritiem & mollitiem illorum.* Au moien dequoy, il fault auant que venir à aucune alteration complette, que le triangle soit parfourny : Mais d'autant que qui voudroit poursuiure tout cela, il faudroit vn iuste volume à part tout expres, il suffist d'aduertir comme en passant; ainsi que quelque vaisseau qui renge la coste continuant sa droicte routte; que qui voudra de pres examiner les figures appropriees pour des caracteres de lettres en l'alphabet dessusdit, auec les substances & les nombres qui s'y raportent, il y trouuera vn bien grand esclarcissement des principaux points de cest art, & de ses regimes. Cependant voicy celle dont il est icy question.

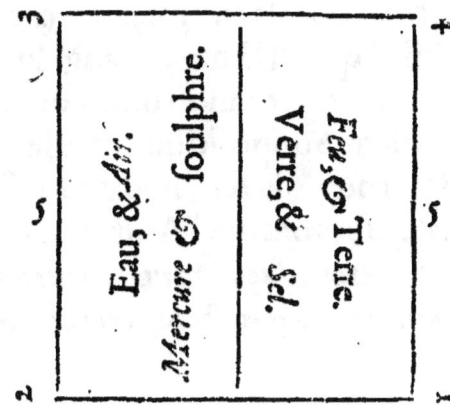

ON pourroit maintenant alleguer que i'ay improprement mis l'or au rang de l'air, là où pluftoft il deuroit eftre en celuy du feu; & de fait il luy fymbolife pour raifon de fa fplendeur, côme met Pyndare, ὁ δὲ χρυσὸς αἰθόμενον πῦρ. En apres les Philofophes Pythagoriciens, & mefme Timee Locrien en fon liure de l'ame du môde, font trois ordres d'elemens au môde fenfible: vn affauoir en l'elemétaire, terre, eau, air, & feu; & deux autres dans le celefte; qu'ils attribuét aux fept planetes, & à la huitiefme Sphere: le premier tout ainfi que le precedant; affauoir la terre à la Lune, qui denote l'argent; l'eau à Mercure, ou argent vif; l'air à Venus, & au cuiure; & le feu au Soleil, qui eft l'or: & l'autre à contrepoil en retrogradant; le feu ou le fer, à Mars; l'air ou eftain à Iuppiter; l'eau ou le Mercure à Saturne; & la terre à la huitiefme Sphere, à laquelle l'on n'a point en ceft endroit aproprié ouuertement aucune fubftance des metalliques qui y corresponde; au moien dequoy ceux qui y ont regardé de plus prez, luy ont affigné le Stibie ou Marchafite: mais ces deux ordres d'Elemens ne peuuent pas fe rapporter de tous points aux metaux; car l'or reprefenté par le Soleil qui eft là mis au rang du feu, conuient mieux à l'air pour raifon de fa couleur citrine, qui eft vne moienne difpofition entre le blanc, propre à l'eau, & le rouge, au feu; fuiuant mefme le philofophe Rhafes furnommé l'Ariftote Arabe en fa lumiere des lumieres; *Quoniam nulla noftro operi neceffaria eft aqua nifi candida; nec aër nifi croceus*: ioint que la

fubftansubstance de l'or est fort aëreuse, tant pour sa grande anaticité & téperature, q̃ pour l'affinité qu'il a en couleur, & en proprietez auec les huilles, gresses & beurres, la plus part de couleur citrine, & q̃ se dilatét plus subtilemét que nulle autre chose; cóme fait l'or pur, lequel est si mol & flexible, qu'vn ducat se peut estendre en plus de cent ou six vingts fueilles larges de quatre doigts en carré. A quoy fait encore la grande conformité qui est du mot Latin *aurum*, (dit ainsi de la similitude qu'il a auec la couleur de l'aurore selon Festus; ou au rebours comme veut Varró au 6. *Aurora dicitur ante solis ortum ; eo quod ab igne solis tum aureo aër aurescit*) & de celuy *d'aura*, qui est vne subtile vapeur aëreuse s'exhalant de la terre, comme l'haleine du dedás de l'estomac; Pacuuius, dans le mesme Varron au 4. *Terra exhalat auram, atque aurorã humectam*. La conformité donques qu'a le mot *or* ou *aur* auec l'Hebrieu אור *Auer*, ou *Auir*, nous monstrera l'or estre plus conuenablement approprié à l'air qu'au feu : car en ostant le *Iod*, il restera *Aur*; & le *Vau*, il y aura *air*. Lequel en ces deux ordres d'elemés celestes est attribué, pour le regard de celuy d'embas, à *Venus* qui denote le cuiure; et d'enhaut, à *Iuppiter* ou l'estain; dont le premier assauoir le cuiure est rouge, & l'estain blanc; lesquelles deux couleurs meslees ensemble, comme dit est, sont l'orengé ou iaulne doré, qui est la vraye couleur de l'or, duquel elle a pris aussi son appellation. Mais cela se doit entendre pendant que l'or demeure en sa nature : car quád il vient à estre se-

TRAICTÉ

paré son soulphre auec esprit ou teinture, ce n'est qu'vne mesme chose, rouge à pair d'vn rubiz, s'appelle feu; & son corps demeure blanc à guise d'argent, comme le tesmoigne Geber en son testament, au chap. de la calcination du Soleil ou de l'or, *Omnis res rubea amota sua tinctura remanet alba.* Tout ce que dessus vous sera mieux esclarcy par ceste petite figure; laquelle raportee auec l'alphabet precedant, & la table qui suit apres au fueillet, sera vn fort grãd abregement & secours à l'introduction de la philosophie Spagyrique.

	3 ☉ 7 ♀ 4	
☽	♀ AIR. ♃ Soulphre. Salpetre. Soulphre vif. ☉	☉ FEV. ♂ Verre. Sel Alcali. Marcas. de ♄ ♀	♊
5			5
☿	☿ Arg. vif. Sel armoniac. Mercure. ☿ EAV. ♄	♄ Vitriol. Sel commun. Sel. ☽ TERRE. ♍ de la 8. Sphere	♂
	2 ♃ 3 ♄ 1	

DES CHIFFRES.

Suit puisapres en l'alphabet vn autre compartiment du carré, par deux lignes diagonales s'entrecroisantes à angles droits dans le centre, qui font quatre triangles egaux aux quatre petits carrez desfusdits, ainsi que vous le pouuez veoir au caractere accommodé pour la lettre H. Et és deux autres subsequentes I. & N. qui monstrent la reduction d'iceux quatre petits triangles en deux plus grands, mipartiz en quatre; le premier en montant, cocté de ces nombres 1. 2. 3. & son compagnon, en redescendant, 3. 4. 1. en la lettre I. Et en celle de N. le premier en montant aussi, cocté 2. 3. 4. & son associé en redeuallant, 4. 1. 2. Le premier d'iceux triangles en I. monstre la composition de l'eau seche mercuriale, dissolutiue des deux corps parfaits, or & argent, tant celebree & tenue secrete d'Arnauld de Villeneufue, & de Raymond Lulle à l'entree de sa practique testamentaire, où il en dresse vn alphabet ; car par la voye des alphabets procede toute sa maniere de philosopher. Il y a infiniz autres rares choses à descouurir par les diuisions & soubsdiuisions de ce carré philosophique, telles qu'on les peult veoir appropriees aux vingt sept lettres de cest alphabet ; & ce à l'imitation des Hebrieux, qui en ont autant, y comprises les cinq finales, que nous auons cocté pour nulles, pource que nous n'en auons pas tant : mais cela importe de peu, car il est bien aisé de rapporter le tout l'vn à l'autre ; comme il a esté desia dit cy deuant,

Hh ij

Chaque caractere au surplus ne represente pas seulement vne lettre, ny encore vne seule diction, selon le Notariacon des mesmes Hebrieux, ains vne clause toute entiere, voire plusieurs, dont il sert de marque & symbole, à guise des Hieroglyphiques des Egyptiens; y adaptant les quatre nombres marquez és quatre coings du carré, auec les choses qu'ils representent. Et au regard des trois lettres meres, *Aleph, Mem, & Shin*; elles denotent les trois esprits de tous les composez elementaires; couleur assauoir, odeur, & saueur, comme met Isaac Phryson, en son traicté des trois substances, & Rauerius Anglicus auant luy: mais particulierement icy les trois esprits, principes de tous les metaulx; l'aleph assauoir, la teinture blanche appellee Arcenic par les philosophes Chimiques; qui est contenue dans l'argent dit la Lune, la premiere terre celeste: & le Shin qui represente le feu, le soulphre rouge enclos au Soleil qui est l'or: le *mem*, par lequel est designé le Mercure de nature d'eau, est au milieu, comme commun à l'vn & à l'autre. Les sept lettres doubles, *Beth, Gimel, Daleth, Caph, Pe, Res, & Tau*, denotent les sept metaux, plomb, estain, fer, or, cuyure, arg. vif, & argent; attribuez aux sept Planettes, Saturne, Iupiter, Mars, le Soleil, Venus, Mercure, & la Lune: dont les vns sont en lieu de forme, d'agent, & de masle; ainsi que les deux luminaires & corps parfaits, or & argent: & les imparfaits, au reng desquels est compris l'argent au respect de l'or, en lieu de matiere, de patient, & de femelle : fuiuāt ce que mettent les Cabaliſtes en leur ſecrete Theologie, ſur le cantique des Cantiques, à propos de l'eſpoux & de l'eſpouſe; que le ſuperieur au regard de l'inferieur eſt dit l'homme & le maſle; & l'inferieur luy tient lieu de femelle, ainſi que la terre à l'endroit des cieux dont elle eſt empregnee : leſquels enuers le monde intelligible d'où ils reçoiuēt leurs influxions, ſont comme femelle. Les douze lettres ſimples, *He, Vau, Zain, Hheth, Teth, Iod, Lamed, Nun, Samech, Ain, Tſadde, & Coph*, deſignēt les douze regimes de l'art; la calcination, diſſolution, digeſtion, diſtillation, congelation, ſublimation, ſeparation, fixation, fermentation, inceration, multiplication, & proiection. Et les cinq finales, *Caph, Mem, Nun, Pe, & Tſaddi*; les cinq inſtrumens eſquels tout cela s'effectue & met en practique; la terrine aſſauoir ou eſcuelle, auec l'eau, les cendres, ou ſable, ſelon les degrez de feu qu'on y veult donner; l'alembich; la cornue; & le mattras ou recipient. Voila en partie ce qui peult concerner ce chiffre deſtiné aux œuures Chimiques; duquel dependent tout-plein d'autres belles conſiderations & ſecrets.

MAIS pour raporter tout cela bien plus hault à ſon analogie ſuperieure; & de la terre, monter où le pſalmiſte au 8. met, *la magnificence du Createur eſtre eſleuee pardeſſus les cieux*; les quatre triangles equipollens à autant de carrez, nous monſtrent la reciproque conuenance qui eſt entre le Ternaire, ſymbole de Dieu; & le Quaternaire celui de ſes creatures,

Hh iij

produites toutes en eſtre quant au corps, du תהו *To-hu*; *Rudis, indigeſtaque moles,------- Quam dixere chaos*; deſignee par le Binaire, à qui appartient proprement le mot de *creer*, qui decline plus à l'imperfection & mauuaiſe part, là où celuy de *faire* concerne la forme & perfection; *Vidit Deus cuncta quæ fecerat, & erant valde bona*: former eſt comme au milieu des deux, ſelon que l'exprime bien diſtinctement ce texte d'Iſaïe 43. *Totum quod nominatur de nomine meo, creaui illud, formaui illud, & feci illud.* Plus au 45. *Ego dominus, & non eſt alter; formans lucem, & creans tenebras; faciens bonum, & creans malum.* Car creer eſt de rien, qui ſe termine au ſujet ou à la matiere; & le faire regarde la forme; ſi que tant plus les choſes s'aprochent de la ſupreme forme ou Idee, tant plus participent elles du תפארת *Tiphereth*, τὸ καλὸν, le beau & le bon: pourtant eſt il dit au meſme prophete quarante ſix; *Creaui vt faciam illud.* Laquelle ſupreme forme ou Idee, eſt le grand nom diuin יהוה; dont dependēt ſucceſſiuement toutes les conuenances & relatiues proportiōs des trois mondes; trop plus rationelles & formelles ſans comparaiſon, que toutes celles que ſçauroit cōceuoir ny apprehender tout humain eſprit, pour ſubtil, eſleué & contemplatif qu'il peut eſtre. Ce qui n'à eſté reuelé à perſonne, ſinon apres l'adionction de la lettre ש *Shin*, qui denote la grace & miſericorde de Dieu enuers nº; laquelle à guiſe de quelques tuyaux de fontaine ou d'vn arrouſouer, ſe decoule graduellement & de main en main de ceſte ſource inexpuifable du *Ichoua* ; & pareillement vne animaduersion & seuerité s'il en est besoin, car il importe l'vn & l'autre, sur toutes sortes de creatures, par les ordres de ses Hierarchies : Ausquelles se raportent les Deitez de l'ancien paganisme ; comme Pallas ou Minerue à la Sapience, & verbe diuin, issuë du cerueau du Pere : Mercure, à son esprit & intelligence : Iunon, à l'occulte nature des choses : Neptune, à vne productrice faculté, qui depéd de l'humide accompagné de son sel radical, source de toute generation ; dont Heraclite appelloit Mer, qui est du departement de Neptune, la substance des choses sensibles : Et il n'est pas aisé à croire que tant de bons entendemens, bien que priuez de la vraye cognoissance de Dieu, laquelle ne s'est manifestee que par son fils, & S. esprit, mais au reste non destituez de la lumiere de nature, aient esté si aueuglez, qu'en leurs secretes pensees ils voulussent cognoistre en dernier ressort, plus d'vn Dieu. De celà nous en auons infiniz tesmoignages dedans leurs œuures ; & entre autres de Varron au liure de la veneration des dieux ; *Ainsi que toutes les ames* (ce dit-il là) *se reunissent à vne seule, qui est l'ame de l'vniuers* (mais nous ne le tenons pas ainsi) *En semblable tous les dieux se reduisent au seul Iuppiter, lequel est reueré soubs diuerses & plusieurs deitez.* Cela se peult plus particulierement veoir és hymnes d'Orphee, par tout si remplis de mysteres, que rien pour vn homme Payen ne se sçauroit souhaitter plus diuin. Par ainsi toutes ces choses ne sont pas totalement hors de propos, & en vain amenes icy, puis qu'il est question des chiffres qui depédent de l'escriture; & l'escriture des lettres ou caracteres d'icelle, dont les Hebraïques ont esté les premiers de tous, voire formez au ciel de la propre main du grand Dieu, qui en graua les deux tables persees à iour, contenans la loy qu'il donna à Moyse; en Exode 24. *Ie te donneray* (luy dit-il) *deux tables de pierre, & la loy, auecques les commandemens que i'y ay escrits.* Et plus apertement encore au 31. *Le Seigneur donna à Moyse deux tables de pierre, escrites du doigt de Dieu*; Qui est autant à dire que creées naturellement par son verbe; comme l'interprete Rabbi Moyse Egyptien au 65. chap. du premier liure de son directeur; & en l'exposition de la *misné*. Lesquelles tables selon que tiennét constamment les Hebrieux, estoiét de saphyr, au tesmoignage mesme de delyra en la glose du premier passage allegué; dont en leur secrete theologie il est dit; *Moses dorsum suum ex fragmētis tabularum ditauit*; cóme s'il se fust enrichy grandemēt des briseures de ces deux tables: mais les saphirs ne sont pas bien aisez à rompre; parquoy cela se doit sainement entendre, de couleur bleufue de Saphir appellee en Hebrieu תכלת *Thecheleth*, qu'on torne communement hyacinthine: autrement c'eust bien esté à la verité vne des merueilles du Createur, excedant tout le cours de nature, si elles eussent esté d'vn ou deux saphirs, car elle n'en a point produits de tels; & eust-on esté encore bien empesché d'en trouuer

grand

grand nombre pour faire ces tables, si grandes qu'elles contenoient six cens treize lettres, autant qu'il y a de preceptes en tout; assauoir 248. affirmatifs, correspondens à pareil nombre d'ossemens qu'il y a au corps humain: & 365. negatifs, autant que de nerfs, tendons, & ligatures; & de iours aussi en l'année; si que chaque lettre des dix commandemens radicaux, que IESVS-CHRIST reduit à deux, representoit vn precepte entier expliqué au long: ioint que toutes les lettres estoiét perlees à iour, & se pouuoiét lire de part & d'autre; qui seroit vne autre tresgrande merueille, attendu la dureté du Saphir qui seconde celle du diamant. Au moien dequoi il y a plus d'apparéce d'estimer, comme aussi quelques vns des Hebrieux y balancét, qu'elles fussent de ce que nous appellons *lapis lazuli*, ou pierre d'azur, mouchetee de gouttes d'or; & non toutesfois d'vne seule piece, ains de plusieurs iointes ensemble: ou bien colorees d'azur saphirique ou bleuf, qui symbolise à la premiere des trois couleurs d'enhaut, (met le Zohar) assauoir le ciel, dont on l'appelle bleuf celeste; la secóde estant transparente & claire comme estoit la lettre; & celle là est attribuee aux intelligences: mais la troisiesme est non seulement claire, ains resplandissante ainsi qu'vn esclair; ou pur feu estincellant de sa gráde ardeur, qui est de la diuinité. Au regard de l'occasion pour laquelle se rompirent ces tables du Decalogue, chacun sçait assez que ce fut pour le grand despit que Moyse eut d'auoir trouué à son retour du

Mystere du nombre des commandemens de la loy.

mont de Sina, les Israëlites adorans le veau d'or qu'ils auoient fondu durant son absence, en Exode 32. present Aaron, & luy mesme y mettāt la main; lequel il brisa & reduit en poudre, puis la bailla à boire au peuple d'estrempee auecques de l'eau; dont les plus coulpables (ce diēt quelques Rabbins là dessus) creuerēt: mais au 9. du Deuter. il dit, qu'il la ietta dās vn torrēt qui descendoit de la montagne; appellant là endroit ceste idole par certaine antonomasie *le peché des Israëlites*, comme le plus enorme qu'ils cōmirent onques auant l'aduenement du Christ, à leur adueu mesme; dont ils estiment d'en porter encore la penitence, sās l'auoir peu expier: surquoy exclame Rabbi Moyse Gerundense, comme en lamentant; *Non accidit tibi ô Israël vltio aliqua, in qua non sit vel vncia de iniquitate vituli*. Et Rabbi Salomon, sur la fin du mesme chap. *Ego autē in die vltionis visitabo & hoc peccatū illorum*; met, qu'en tous les desastres & calamitez qui aduindrēt depuis aux Iuifs, ils receurēt quelque loyer & chastiment de ceste faute. Mais pourquoy c'est qu'ils choisirent plustost ceste forme d'Idole qu'vne autre; & que mesme le texte porte souz le personnage d'Aaron, *Proieci illud aurum in ignem, egressúsque est hic vitulus*; comme si c'eust esté par quelque art magique & enchantement, cela n'est pas sans mystere; ains (dient les Cabalistes) que c'estoit pour vouloir attirer à soy la vertu & protection du Taureau celeste, qui est le second signe du Zodiaque, cōtre le premier qui est le Mouton; souz la figure duquel Iuppiter Ammonien estoit reueré des Egyptiens, comme leur principal Dieu Patron, protecteur & intelligence: car apres que son pouuoir eust esté du tout prosterné par Moyse, selon qu'il a esté dit cy deuant, en vertu du grand nom *Iehoua*, sans qu'il se peust plus ressourdre ny leur assister, ils prindrēt en son lieu l'Apis ou Taureau: & en fondant ce veau d'or, les Cabalistes mettent que *Salu* coronel de la Tribu de Simeon, lequel Phinees mit à mort, ietta dedans le metal tout bouillant, certain billet contenant ces mots cy שור קומי *Chumi Sor*, lieue toy Taureau; lequel billet Moyse auoit fait pour tirer les ossements de Ioseph hors de l'eau: à quoy conuient aucunement ce que dit saint Augustin au premier des admirables de l'escriture, chap. 15. que les Iuifs voulans idolatrer au desert, choisirent ceste figure du veau, pour ce qu'estans en Egypte ils auoient veu les Egyptiens en adorer vn, qui estoit planté pres le sepulchre de Ioseph. Il y a assez d'autres allegations de ce veau, lequel quelques vns tiennēt auoir māgé à l'heure mesme, meuz de ce passage du pseaume 106. *Et fecerunt vitulum in Horeb, & adorauerunt conflatile, & mutauerunt gloriam suam in similitudinem vituli comedentis fœnum*. Mais c'est assez de ce propos, ouquel nou-nous sommes tant plus hardiment embarquez, que ces tables semblent auoir esté comme le premier liure & escriture distincte de toutes autres; estans mises par les Talmudistes pour l'vn des ouurages de la creatiō, auec la penitence, gehenne, maison du sainctuaire,

Ii ij

Throne de gloire, Iardin de delices, & le nom du Meſsihe: voire le premier chiffre, puis que l'eſcriture s'en liſoit de pluſieurs ſens. Tellement que ſi les caracteres Hebraïques eſtoient accompagnez de treſgrands ſecrets contenuz en leur forme & figure, maiorité ou minorité, & autres telles differences: pareillement en ce que quelques-vns ſe reſſemblent, comme le ב *Beth*, & le כ *Caph*; le ד *Daleth*, & le ר *Res*; le ה *He*, au ח *Cheth*, & ת *Thau*; le ס *Samech*, & le ם *mem final*; les mots auſsi qui en eſtoient compoſez le deuoient eſtre encore plus; eſquels à l'adueu meſme des Gentils, il y a certaine emphaſe & vertu latente, qui ne ſe trouuent point és autres langues; d'autant qu'ils ſont plus proches de la Diuinité, & les lettres auſsi, comme en eſtant immediatement emanees: ſi que les Mages anciés, comme Zoroaſtre, Hermes, Orphee, Oſthanes, Euax, Arthephie, Kirannide, Gilgil, Picatrix, & autres ſemblables, Indiens, Perſes, Chaldees, Ethiopiens, Egyptiens, & Grecs, tiennent que chaque mot a efficace en la magie, entant qu'il eſt formé de la voix de Dieu, qui eſt la premiere choſe où la nature vient à exercer ſes plus admirables effects, dependans comme d'vn mariage de la terre auecques le ciel, de la matiere auec la forme, du Patient auec l'agent; de la parole ou eſcriture auec le ſens qu'elle repreſente. Tellement que pour le regard de ces miraculeux ouurages, ſurpaſſans la commune portee des hommes, & auſsi l'ordre de nature, les voix articulees & les dictions, voire les caracteres encore qui ne signifient rien quant à nous, ont plus d'efficace & de proprieté, que ceux qui ont quelque sens & intelligence. Dont Platon au dialogue du Cratyle met que la loy ordonnoit en termes exprés, qu'en toutes prieres on eust à inuoquer les dieux par les noms qui leur estoiét les plus agreables ; & desquels ils prenoient plaisir qu'on les appellast, sans se soucier autrement de ce qu'ils peuuent signifier. Et de faict les bons demons ont souuentesfois reuelé aux hommes, des caracteres, des figures, & paroles estranges, où l'on n'entendoit rien du tout quant au commun vsage de parler ; mais par vne tacite & profonde admiration, ils esleuent les ames là hault comme rauies en ecstase, & les tirent à vne ferme confiance, de laquelle sensuit la clef & production de ces operations merucilleuses : Non que par de tels mots ou caracteres nous puissions contraindre, ny attraire à nous les intelligences ; ou les esmouuoir à effectuer rien quelconque à nostre appetit ; ains tout ainsi qu'à force de bras nou-nous esleuons le long d'vne corde à quelque creneau ou fenestre, au lieu de les faire venir contrebas ; ou que du dedans d'vne barque auec vn chable & cabestan planté au riuage, nous n'aprochons pas la terre de nous, ains en hallant nous en accostons ; en semblable par le moien de ces symboles, marques & notes, nous n'attirons pas icy bas les puissances celestes, quelque chose que puisse gazoiller. Hecaté dans les Responces de

Porphyre ; *Exorata tuis veni sermonibus isthuc :* & en vn autre endroit,

Victa hominum precibus cælestia numina terram
Coguntur petere, & casus aperire futuros ;

Au contraire nou-nous esleuons à icelles : & de ce fondement depend toute l'efficace des ceremonies & sacrifices, ainsi que le deduisent Plotin, Iambliche, & autres philosophes Platoniciens ; parquoy on ne vouloit pas que ces vocables mysterieux fussent changez ne transportez en autre langue, ains delaissez en la leur propre, selon mesme qu'obserue le Christianisme en tout-plein de mots ; comme *Amen, Alleluiah, Osanna, Iphatah* au baptesme, & assez d'autres ; d'autant qu'on les tient estre procedez de la propre bouche de Dieu, lors qu'il enseigna à Adam la droicte appellation des choses creées, dont ils côtenoient en eux la propre & essentielle signifiance. Neaumoins ce n'est pas vn point tenu pour si absolumēt resolu, que le langage & escriture Hebraïque soient les premiers de tous les autres, qu'il n'y ait quelque doubte & contradiction là dessus : Car aucuns d'entre les Rabbins mesmes tiennent, que les caracteres Samaritains furent les premiers, alleguans là dessus certaines raisons ; & entre autres, que ces gēs là eurent tousiours le *Thorah* ou le Pentatheuque, en leur escriture particuliere : Enapres pour les tresantiques medailles, & pieces d'or, d'argent, & de cuiure qui se sont de tout temps trouuees és ruines d'in-

Question si le parler et escriture Hebraïque sont les premiers.

finiz endroits de Ierusalem, & la Palestine, inscriptes de lettres Samaritaines; si que les Hebraïques, assauoir celles qu'on voit par tout, furent de l'inuention d'Esdras, auec l'vsage des points, & accens; ce qui est faulx, car on sçait assez que ce furent les Massorets qui les practiquerent tous les premiers, pres de mille ans apres Esdras; & du temps mesme de S. Ierosme il n'en estoit point encor de nouuelles. Il y a au reste de tout cecy vne fort gr̃ade varieté dans le Talmud, où il est escrit en la sorte; *Premierement, ce dit Marsuka, fut donnee la loy au peuple d'Israël en caracteres Hebraïques, & en la Saincte langue; laquelle loy du temps d'Esdras fut changee en langage Arameen, & en caracteres Assyriens; mais quelque temps apres les gens doctes retenans l'escriture Assyrienne, la restituerẽt en la Saincte langue, assauoir l'Hebraique; & le langage Arameen demeura aux idiots, que Rabbi Hista appelle le peuple des Chusiniens, lesquels ont bien quelque craincte & respect du souuerain Dieu, mais ils reuerent par mesme moien les idoles. Il y a vn autre Rabbi qui afferme, que dés le commancement la loy fut donnee & escrite és mesmes langue & caracteres qu'on voit encore pour le present, mais que pour la preuarication des Israëlites, lors qu'ils vindrẽt à se separer de Iudah, ceste escriture fut changee en vne autre, & puisapres estans venus à se recognoistre, & faire penitence de leur mefait, l'escriture premiere leur fut restablie: Toutesfois Rabbi Simon fils d'Eleazar maintient, que le langage ne l'escriture ne furent onques changez, ny autres que ceux qu'on practique pour le iourd'huy.*

ESQVELLES choses ie me suis bien voulu dilater icy tout expressément, parce que la pluspart des chiffres que ie pretends toucher en cest œuure, & encore les plus singuliers & exquis, procedent tous de l'imitation de ceux des Hebrieux : & enapres, que des trois sciences attribuees aux trois mondes, comme nous auons desia dit au commancement, les secretes sont ainsi que chiffres enuers les vulgaires; assauoir la Cabale à l'endroit de la doctrine literale des Iuifs; pour le regard du monde intelligible : la philosophie occulte naturelle, & licite; nompas ceste detestable accointance & commerce des malins esprits, qu'on a voulu colorer du nom de Magie, où il n'y a que tenebres & confusion, au monde celeste : & l'Alchimie, qui consiste és separations & reconionctions des substances és trois genres des composez, mineraux, vegetaux animaux, non és vains & friuoles amusemés des transmutations metalliques, sinon entant qu'elles nous peuuent reueler les progrez & manieres de proceder de Nature, au monde elementaire.

MAIS pour retorner à nostre propos; & poursuiure ce qu'on doibt mediter sur les chiffres auant que d'en venir à la practique, afin que de tout ce qui s'employe en nostre vsage en ce bas monde, la portió la plus esleüe se refere à la cognoissance du Createur, qui est le souuerain but où tous nos discours & actions doiuent tendre; à la gloire d'iceluy, & à sa loüange; la conception de la pensee, la parole, & l'escriture, l'escriture, ont ie ne sçay quoy d'analogique & conforme enuers le sacré TERNAIRE, representé és lettres sainctes par la loy, les prophetes, & les agiographes docteurs, approuuez de l'eglise vniuerselle; & là hault, és numerations & mesures superieures, par la fontaine, le ruisseau, & la piscine ou le viuier: car le discours & conception qui est toute mentale de soy, renclose dans l'entendement se raporte au PERE, qui est l'EHIEH ou essence des essences; & HV aussi *luy-mesme*, comme le pronom le plus remot; pour lequel aprocher de nous, & nous le mettre en euidence, il fault que le λόγος le *verbe*, ou le fils, qui est l'*Hochmach* ou Sapience, denotee par le quadrilettre יהוה, & le pronom אתה *Athah toy*, s'incorpore en voix & parole articulee: & à ce propos Plutarque au traicté de la norriture des ieunes enfans, met, *Que les deux principales parties de l'homme* (qui est le Microcosme ou petit monde symbolisant à tout l'vniuers) *sont l'entendement, et la parole; dont celui-là est comme le maistre et superieur qui commande; et ceste-cy le seruiteur qui obeist.* Mais l'vn ne l'autre ne peuuent estre en la creature sans le soufflement ou haleine que les Latins appellent *Spiritus*, les Grecs πνεῦμα, & les Hebrieux רוח *Ruach*; qui est pris aussi par l'Apostre en la premiere aux Corinth. 14. pour la voix & le son de la langue; c'est l'*Adonai*, & le pronom אני *Ani moy*, comme le plus proche de nous. En quoy par consequent se vient à manifester le TERNAIRE; car la parole contient la

Mysteres et relations du Ternaire.

Kk

conception de l'entendement; la voix articulee; & l'esprit ou respiratiō. Le mesme Plutarque, au traicté de trop parler: *Pendant que la parole est retenue dans la pensee, elle ressemble à l'vnité* (au poinct indiuisible, & au Iod) *& quand elle se iette dehors, au binaire* (ou la ligne). Ce qui se conforme aux Cabalistes, qui appellent ce que nous disons le PERE, אחד *Echad* vn, où plustost le principe de l'vnité; car enuers les Hebrieux א *Aleph* denote aussi bien le commancement, & ת *thau* la fin, pour estre les premiere & derniere lettres de leur alphabet, qu'aux Grecs α & ω: ce que les Latins representent par ces mots *prora* & *puppis*, le deuant, & derriere d'vne nauire: Neaumoins les Cabalistes mettent aussi le mot de *Ensoph* ou non finy pour α & ω; & celui de עד *Had* pareillement, qui signifie infinitude, dont l'emanation est (ce disent-ils) ainsi graduee; l'esprit ou respiration & haleine; la voix; & la parole articulee. Rabbi mesme Azariel en son commétaire de la Sainctété met, *Que de l'esprit se produit la voix, & le Verbe, non par ouuerture des leures, ny par vne parole distincte formee en la langue; ny par la respiration ou haleine de la personne; tous ces trois n'estans qu'vn seul esprit*; d'autant que Dieu est vn en soy, comme le tesmoigne le liure de IeZirah en ces propres termes: DIEV VIVANT EST VN ESPRIT, QVI EST VOIX, ESPRIT, ET PAROLE; ET CELA EST L'ESPRIT SAINCT, DEVX ESPRITS D'VN ESPRIT. Et Rabbi Hama au liure de la Speculation; *Ces trois sont le*

DES CHIFFRES.

commancement, le milieu, & la fin; & rien qu'vn poinct indiuifible : duquel, tout ainfi que du centre partent toutes les lignes qui s'eftendent à la circonference, procedent toutes chofes; comme du Iod qui le reprefente, font formez tous les caracteres de l'efcriture; qui doibt eftre comptee pour la troifiefme auec les deux autres, la penfee & la parole; & comme vne feconde emanation qui part de noftre entendement, & des conceptions d'iceluy; laquelle eftant de foy muette; & ne fe pouuant comprendre que par la feule veuë, fens qui eft le moins corporel de tous, par confequant elle eft plus fpirituelle & mentale que la parole, à qui elle fert de vicegerent: de maniere qu'elle participe de la penfee, pour eftre muette auffi bien qu'elle; & de la parole, pource qu'aucunement materielle, & tombe foubs l'vn des fentiments corporels, bien que le plus delié & fubtil de tous. Au moien dequoy l'efcriture tient le lieu & fait l'office de la parole, non de bouche à bouche, & en prefence tant feulement, ains à quelque longue diftance que ce puiffe eftre; qui eft plus le propre de l'efprit que nompas du corps. Car l'efcriture eft vn certain bouttehors des conceptions de noftre ame, qui fe vont incorporer en des notes, marques, & fignes fenfibles, pour fe manifefter taifiblement des vns aux autres : & eft cefte conception de penfee, comme vn symbole de Dieu le PERE; les marques & notes, du FILS incarné; & le fens contenu là deffous, du SAINCT ESPRIT:

L'efcriture plus fpirituelle que la parole.

Kk ij

si que tout ainsi qu'il faut q̃ l'escriture tiéne du corps & de l'esprit, qui sont les deux extremes d'icelle; aussi le corps & la deité deux extremes, se vindrent assembler au CHRIST, pour en faire vne moienne disposition & mediateur, entre Dieu son pere, & ses confreres par adoption. A cela correspond encore la facture du monde, que Dieu souuerain, eternel, infiny, incomprehensible, par dessus toute forme & matiere, tenant en cest endroit lieu de nostre conception interieure, boutta hors comme vne escriture formee du ciel & des corps luisans qui y sont, & de la terre auec ce qui s'y produit, & en l'eau, tout cela tenant lieu de lettres; & ce qui en resulte à la gloire du Createur, est le sens contenu soubs ce beau chiffre vniuersel: car toutes choses ont esté faites mediatement pour cause de Dieu, & immediatement pour cause de l'homme; c'est à dire que Dieu a creé ce beau temple icy de nature, assauoir le monde ou l'vniuers pour l'amour de l'homme, & l'homme pour l'amour de luy; *Omnia propter te feci*, dict Mahomet mesme, introduisant Dieu qui parle ainsi à l'homme, *Teipsum autem propter me*: & Ciceron au 2. de la nature des dieux; *au commancement le monde a esté fait pour raison des dieux & des hommes; ensemble toutes les choses qui y sont*: dont Hermes Trismegiste met, que Dieu a fait deux choses à son image & ressemblance; le monde pour s'y ioüer & esbatre d'infinis beaux chefs d'œuure, & l'homme où il auroit mis tout son plaisir & contentement; à fin que pour rant de graces & beneficences il soit reueré honoré, & sur toutes choses aimé de luy; qui est la capitulation qu'il fit auec Abraham, & les autres Peres au nom de toutes ses creatures; dont il parle ainsi au trentetroisiesme chapitre de Ieremie, selon la verité Hebraïque; *Nisi esset pactum meum, statuta cæli & terræ non posuissem*: laquelle paction s'estend encore au deuoir à quoy sont reciproquement obligez tous les humains l'vn enuers l'autre; assauoir la charité & dilection qu'ils sont tenuz de s'entreporter, à l'exemple de nostre Saueur, qui reduit à ces deux preceptes, *d'aymer Dieu sur toute chose, & son prochain comme soymesme*, toute la loy & les prophetes: Ce que les payans mesme n'ont ignoré, comme le tesmoigne Ciceron au premier des offices; *Les Stoïciens* (dit-il) *tiennent, que tout ce qui s'engendre en la terre, est creé pour l'vsage de l'homme; & les hommes pour cause des hommes; afin de s'entresecourir & aider mutuellement.* L'escriture donques est vne fort spirituelle inuention, & presque diuine; de sorte que les Indiens occidentaux, quand les Espagnols les conquirent, l'eurent en telle admiration & respect, voians que par le moien d'icelle ils s'entrefaisoient entendre leurs conceptions d'vn lieu à autre, quelque esloignement qu'il y peust auoir; comme s'il y eust eu vn demon ou esprit familier renclos dedans ces caracteres, qu'on ne les pouuoit presque

Excellence de l'escriture.

TRAICTE'

engarder d'adorer les paquets & depesches qu'õ leur mettoit entre les mains pour porter: ce qui　ur seruit de beaucoup pour tenir ces barbares en obeissance & souz bride, & les desmouuoir de toutes conspirations & reuoltes: mesmemēt comme le racomte Pierre Martyr en ses Decades, s'il estoit question de traiter quelque chose de secret entr'eux, ils se gardoient bien d'aprocher d'vn arbre qui croist en ces regions là, dict *Copei*, par ce qu'à faute de papier les Espagnols auoient accoustumé de s'entr'escrire sur ses fueilles auec vn poiçon, qui sont fort grandes & espoisses, à guise de celle du Nenuphar.

Ce enquoy consistēt les chiffres.

MAINTENANT pour venir aux chiffres, tout leur fait depend aussi bien que de l'escriture en general, de trois differences; de la forme des caracteres; de leur ordre, contexte & assiette; & de leur valeur & pouuoir. La forme & la figure consiste és lineamens & couleurs, car tous deux font la difference, comme si l'on vouloit mettre vn *A* rouge au lieu d'vn noir; & ainsi du reste: Icy il est seulement question de la forme, qui est, ou de lettres communes & vsitees, ou de caracteres formez à plaisir; qui se peuuent puis apres emploier d'infinies sortes; dont la practique és cours des Princes est telle à peu pres que nous auons dit cydeuant. Mais cela n'auoit point de cours enuers les Hebrieux, qui se seruoient en cest endroit des propres caracteres de leur escriture commune & aperte, pour toutes manieres de chiffres, lesquels ne tendoient qu'à exprimer secretement les mysteres secrets de leur loy; là ou nous les appliquons seulement, & les prophanons aux affaires du monde. Ils en ont au reste de plusieurs sortes, qui toutes dependent de six principales voyes: assauoir les *Ethbas* ou transpositions de lettres: *Thmurah*, leurs commutations materielles: *Ziruph* combinations & eschanges formels, quand on les transporte de leur vraye faculté & puissance en d'autres: *Ghilgul*, vne quottité numerale: le *notariacon*, mettre vne lettre ou vne syllabe pour vn mot, & au rebours: & la *Ghematrie*, qui est vne equiualence, de mesures & de proportions. Toutes lesquelles varietez viennent comme dient les Cabalistes, & mesme Rabbi Moyse Gerundense, de ce que Dieu donna à Moyse la loy escrite en lettres confuses & embarrassees, si qu'on y pouuoit lire de tous costez, à droit, à gauche; à l'endroit, à lenuers; du hault en bas, du bas en hault; comme il a esté desja dit; & chacun se former de là diuers sens, qui est la vraye Steganographie qu'a voulu imiter Tritheme: ce neantmoins, qu'il en monstra la vraye lecture & intelligence à Moyse; lequel la laissa de bouche tant seulement aux septante *Sanhedrin* du conseil secret; & eux de main en main aux autres. La premiere donques de ces manieres se soubsdiuise en deux autres; l'vne par equiualence de nombres; l'autre par des metatheses, & transpositions de lettres, syllabes & dictions entieres hors de leur ordre, suitte, & assiete; dequoy resulte vn nouueau sens caché souz le contexte de l'escriture. Par equiualence

Six voyes de chiffres Hebraïques.

TRAICTE'

de nombres, quand les lettres de deux vocables viennent à se raporter iustement à vne mesme somme, selon qu'ils font valoir leurs caracteres, de la sorte qu'il se peult veoir par la table suiuante. Comme pour exemple, les lettres de מטטרון *Metattron* duquel nous auons parlé cy dessus, & de l'vn des noms diuins שדי *Sadai*, font en chacun d'iceux le nombre de 314. si qu'on les eschange & interprete bien souuent l'vn pour l'autre.

א	ב	ג	ד	ה	ו	ז	ח	ט
1.	2.	3.	4.	5.	6.	7.	8.	9.
י	כ	ל	מ	נ	ס	ע	פ	צ
10.	20.	30.	40.	50.	60.	70.	80.	90.
ק	ר	ש	ת	ך	ם	ן	ף	ץ
100.	200.	300.	400.	500.	600.	700.	800.	900.
א	ב	ג	ד	ה	ו	ז	ח	ט
1000.	2000.	3000.	4000.	5000.	6000.	7000.	8000.	9000.

LES Grecs à l'imitation des Hebrieux, ont faict seruir pareillement leurs caracteres de nombres, en quoy afin que leur *Iota* lequel se raporte au *Iod*, peust de mesme se rencontrer en l'ordre de dix, là où il n'est que le neufiesme, ils ont pour ce regard inseré en leur alphabet ce caractere ϛ au 6. lieu qui sert d'vne abbreuiation στ; & puis ces deux autres pour parfaire

DES CHIFFRES. 133

parfaire le nombre de 27. aſſauoir, ϟ & ϡ : Et pour marquer les millenaires, ils emploient les capitales tout d'vn meſme ordre : Ce qui monſtre aſſez qu'ils ont emprunté beaucoup de choſes des Hebrieux: ou bien ils ont appliqué aux petites vn accent aigu.

α	β	γ	δ	ε	ϛ	ζ	η	θ
1.	2.	3.	4.	5.	6.	7.	8.	9.
ι	κ	λ	μ	ν	ξ	ο	π	ϟ
10.	20.	30.	40.	50.	60.	70.	80.	90.
ρ	σ	τ	υ	φ	χ	ψ	ω	ϡ
100.	200.	300.	400.	500.	600.	700.	800.	900.
A	B	Γ	Δ	E	Ϛ	Z	H	Θ
α'	β'	γ'	δ'	ε'	ϛ'	ζ'	η'	θ'
1000.	2000.	3000.	4000.	5000.	6000.	7000.	8000.	9000.

A L'IMITATION encore deſquels, ils ont preſqu'vne ſemblable maniere d'Arythmantie que celle dont il a eſté parlé cy deuant, c'eſt à dire diuination par les nombres apropriez à leurs caracteres; excogitee premierement à ce qu'ils dient par Pythagore; les traditions duquel ne ſont autre choſe qu'vne vraye cabale Hebraïque; qui emploie pour ce regard ce paſſage de la Sapience 11. *Omnia in numero, pondere, & menſura diſpoſuiſti* : A quoy ne contrediſent pas meſme Ariſtote ny Ptolemee, aduoüans biē que les lettres importent en elles myſtiquement

L l

certains nombres, qui és noms propres des personnes, des Royaumes, Empires, Citez, Republiques, contiennent quelque chose en secret de leurs fortunes & destinees; ainsi qu'on peult veoir par ces vers de Terentian, qui en monstrent l'vsage & practique:

Et nomina tradunt ita literis peracta,
Hæc vt numeris pluribus, illa sint minutis;
Quondoque subibunt dubiæ pericla pugnæ,
Maior numerus quà steterit, fauere palmam;
Præsagia lethi minima patere summa.
Sic & Patroclum Hectorea manu perisse:
Sic Hectora tradunt cecidisse mox Achilli.

Assauoir que prenant les noms de deux qui veullent entrer en duel & combat singulier d'homme à hôme, celuy dont les lettres du nom surmonteront selon le calcul dessusdit celles de sa partie aduerse, en obtiendra pareillement la victoire; comme par experience il aduint à Hector, qui mit à mort Patrocle, & fut puisapres tué par Achille. Car les caracteres de ce mot ἕκτωρ sont ensemble 1225. assauoir ε, 5. κ, 20. τ, 300. ω, 800. & ρ, 100. là où ceux de πάτροκλος, bien qu'en plus grand nombre, n'arriuent neaumoins qu'a 871. en ceste sorte; π, 80. α, 1. τ, 300. ρ, 100. ο, 70. κ, 20. λ, 30. ο, 70. ς, 200. Tout de mesme en Hector & Achille, parce que ἀχιλλεύς passe iusques à 1276. comme on le peult veoir par les nombres de ces caracteres. Quelques-vns mesme ont voulu de là inferer, que c'est mauuais augure en mariage, si les lettres du nom & surnom de la femme, surmontent en valeur celles du mary, comme si elle luy deuoit dominer: mais de celà la foy en soit pardeuers les autheurs, car ce sont choses incertaines, & qui ne revīcissent pas tousiours s'il n'y a autre artifice que ce que dessus, ainsi qu'il s'est rencontré en καρχηδών Carthage, & ρώμη Rome; dont la premiere qui fut suppeditee par les Romains, aduance de beaucoup en nombre le nom de Rome: ce n'est pas à dire pourtant qu'il n'y ait de fort grãds secrets & mysteres és nombres; selon mesme qu'on peut veoir en l'Apocalypse cha. 13. ὁ ἔχων τ̄ νῦν ψηφισάτω τ̄ ἀριθμὸν τῦ θηρίς, ἀριθμὸς γὰρ ἀνθρώπυ ἐςὶ, ἢ ὁ ἀριθμὸς αὐτῦ χξϛ. *Qui a entendement si compte le nombre de la beste; car c'est le nombre d'vn homme, duquel le nombre est 666.* auquel se raporte iustement celuy de μαόμετις ou μαόμετος : car μ fait 40. α, 1. ο, 70. μ, 40. ε, 5. τ, 300. ι, 10. & ς, 200. D'autrepart ce nom de Ἰησοῦς, auquel il y a quatre voyelles, & deux consones fait 888. suiuant ces vers de la Sibylle:

Τέσσαρα φωνήεντα φέρει, τὰ δ' ἄφωνα δύ' αὐτῷ
Δισσῶν ἀγγέλων. ἀριθμὸν δ' ὅλον ἐξονομήνω.
Ὀκτὼ γὰρ μονάδας, τόσσας δεκάδας ἐπὶ τύτοις,
ἠδ' ἑκατοντάδας ὀκτώ.

Car ι fait 10. η, 8. σ, 200. ο, 70. υ, 400. ς, 200. qui sont en tout les dessudits 888.

QVANT à l'autre maniere de chiffre Hebraïque, qui se faict par metatheses & anagrammes; ce sont

TRAICTÉ

transpositions de lettres, & aucunefois de syllabes, l'exemple suiuant entr'infinis autres, vous pourra monstrer comme cela va; & les estranges mysteres qui se retrouuent dans le contexte de l'escriture saincte, en la langue & és caracteres Hebrieux, dont les autres ne sont pas si capables. Le premier mot de Genese בראשית Bresit, est de six lettres, differentes, denotans les six iours esquels Dieu parfit toute la machine de l'vniuers; dont les trois premieres ברא Bra signifient *il crea*; ostez de tout le mot la lettre ב *beth*, restera *resit*, c'est à dire *commancement*. Au surplus pource que ce *beth* est marqué là en capitale ב qui vault 2000. en nombre, quelques Cabalistes ont voulu delà inferer, dit Rabbi Moyse Egyptien au second de son directeur, chap. 31. en le reprouuant toutesfois; *Qu'il a esté tout expres ainsi aposé au deuant de ce mot Resit, pour monstrer que deux mille ans passerent auant la creation du monde; se fondans sur ce qui se trouue escript du premier, second, & troisiesme iour, auant que le Soleil & la Lune fussent encor en euidence, qui distinguent le iour & la nuict, les mois & annees : car comment pourroit-on sans ces deux luminaires mesurer le temps ? Par cela donques voyons nous* (dit là mesme Rabi Iehuda.) *Que l'escriture nous tesmoigne l'ordre des temps auoir esté de toute Eternité enuers Dieu: & vn autre, dont l'opinion est beaucoup pire, que Dieu le Createur a fait & defait plusieurs mondes l'vn apres l'autre, à certaines periodes de temps.*

Mysteres du mot Bresit, le premier de la creation en Genese.

Mais cela sent sa vaine superstition Rabinique. Et là dessus il fault entendre, qu'enuers les Hebrieux tout ce qui passe le nombre de mille, est pris cōme pour infiny, selon qu'on peut veoir par le pseaume 119. *La loy de ta bouche m'est vn fort grand bien, plus qu'or ny argent à milliers*: au moien dequoy il faut plustost referer cela à ce que *Beth* comme estant la seconde lettre represente le verbe, la sapience, & le FILS, la secōde personne de la Trinité, qui a esté de toute eternité inseparablement conioint & vny ensemblemēt à l'*Aleph* le PERE; & par lequel selon le pseaume 33. les cieux ont esté establis, c'est à dire tout l'vniuers: ce que mesme tesmoigne Trismegiste en mots expres au 4. de son Pymandre; *Vniuersum mundum verbo non manibus fabricatus est opifex.* Auant la creatiō duquel monde, dient Rabbi Eliezer en ses chapitres, & le preallegué Moyse, Rambam; rien n'estoit sinon Dieu, auec son tressainct venerable nom Quadrilettre, & sa sapience; suiuāt ce texte du 8. des prouerbes, où elle est introduite parlāt ainsi; *Le Seigneur m'a possedé dés le cōmancement de ses voyes*, (c'est à dire de ses ouurages) *auant qu'il eust encore rien fait deslors*. Ou bien ces deux milliers dans se. peuuent referer à ce qui est allegué des sectateurs d'Elie d'ans le Talmud, au liure des *Sanhedrin* chap. *helec*, que six mille ans doit durer le monde; deux mille assauoir, le יהוה *Tohu*, deux mille la loy; & deux mille le MESSIHE; là où il, ne faut pas prendre ce *Tohu*, pour *l'inane* qu'a tourné S. Ierosme; ou informité, solitude, & priuatiō de tou-

Ll iiij

tes creatures; ains pour la grossiere & inculte vie que menerēt les premiers hommes, viuans presqu'à guise de bestes brutes, sans loy, sans ciuilité, ne police, n'ayans cōme encor atteint la douceur cultiuee de la focieté & vie humaine, dont Dieu a rendu l'homme capable moiennant son industrie & labeur; ainsi que puis cent ans en ça il s'est descouuert és sauuages des Indes occidentales, du tout conformes à ce premier siecle. Donques la creation du monde ne commance pas par *Aleph*, nonobstant que ce soit la premiere lettre qui denote le PERE, & ce que nous appellons le PREMIER, mais par *Beth*, la premiere du mot *Bresit*, qui vient de ראש *Rosch* le chef, où est le siege du cerueau source du λόγος ou discours de raison; & qui en sa collocation est la premiere partie du corps de chaque animal. Pourtāt *Beth* est dit le principe, selon Mnahem Rachanaï sur le commancemēt de Genese: *Parauenture vous demanderez* (ce dit-il) *Pourquoy la sapience, attendu qu'elle est mise pour la seconde numeration, est neantmoins appellee* PRINCIPE; *à quoy vous respond ce passage du liure d'Habbahir, que rien n'est principe fors la sapience.* Tellement que le PERE est premier, & le FILS principe: *Tu quis es? Principium, qui & loquor vobis*; en S. Iean 8. Voila doncq vne partie des mysteres du mot *Bresit*, touchant les premiers Elemens d'iceluy. Or ioignez maintenant auec *Beth* la troisiesme lettre *Aleph*, il y aura *Ab* qui signifie PERE: redoublez auec la seconde *r*, qui importe quant & soy sa voyelle *a*, vous aurez *Bebar*, par *le Fils* : oſtez le du mot entier, reſtera *Reſit, commancement*. Ioignez la quatrieſme *Shin* auec le *Beth*, & la derniere *Tau*, il y aura *Sciabat*, *fin* ou *repos*. Prenez les trois premieres ſeulement, elles feront *Bra*, il a creé : laiſſant le *Beth*, prenez les trois ſubſequentes, vous aurez *Roſch teſte* ou *chef* : les deux premieres retranchees, les deux d'apres feront *Eſch, feu*. Ioignez la quatrieſme auec la derniere, aſſauoir *Shin* & *Tau*, il y aura *Seth, fondement*. La ſeconde *Res*, auec la premiere *Beth* fait *Rab*, *du grand*. Si apres *Aleph* la troiſieſme, vous mettes la 5. *Iod*, & puis la 4. *Shin*, il y aura *Hiſch*, *homme*. Les deux premieres lettres *Beth*, & *Res*, auec les deux dernieres *Iod* & *Tau*, feront *Berith*, *alliance*: & la derniere *Tau*, auec la premiere *Beth*, *Tof*, *bonne & louable*: ſi que tout cela amaſſé enſemble il y aura en ſubſtance ces mots icy; LE PERE PAR LE FILS, LE COMMANCEMENT, ET LA FIN, A CREE LE CHEF, LE FEV, ET LE FONDEMENT DV GRAND HOMME, PAR VNE ALLIANCE TRES-BONNE: tout cela prouenant des anagrammes, reſolutions, & raſſemblement des lettres de ce mot BRESIT. Que le Fils au reſte ſoit le commãcement & la fin de tout, l'Apocalypſe le teſmoigne chap. premier. *Ie ſuis α & ω, le commancement & la fin, le premier & le dernier*; ce qui eſt reiteré encore au dernier cha. Quant à ces mots, *chef, feu, fondement du grand homme*; il faut preſuppoſer que ſi l'hõme eſt appellé le Microcoſme ou petit monde, le monde reciproquement ſera le grand homme: & delà Moy-

se prenant occasion de representer les trois mondes par l'homme, assauoir l'intelligible, le celeste, l'elementaire, il a par le chef où consiste l'entendement, la cognoissance, & ratiocination, voulu denoter le monde intelligible: Depuis le col puis apres iusqu'au nombril, est la seconde partie où domine le cœur source de la chaleur, de la vie, & du mouuement; ainsi que le Soleil fait au ciel, qu'on tient estre de substance ignee, pour raison de sa pureté, & de sa cõtinuelle agitation; au moien dequoy le feu est icy pris pour le ciel, cõme mesmes le disoit Anaxagore: La troisiesme & inferieure depuis le nombril contre bas, où reside la faculté generatiue, est le monde elementaire, sous la sphere de la Lune, où consistent la generation & corruption. Et tout ainsi que les pieds sont comme vne base & fondement sur lequel pose tout le corps de l'homme, aussi le monde elementaire, mesmement la terre qui est l'inferieure portion d'iceluy, est icy appellee le fondemēt; car elle est mise pour toute la masse des bas elemens corruptibles par le mesme Moyse, tout au commancemēt de la creation: & Hesiode l'appelle le fondement ferme de toutes choses; Orphee, le siege du monde immortel. Puis finablement est adiouxté, *Par vne alliance tresbonne*; Parce que ces trois mondes se correspondent harmoniquemēt l'vn à l'autre par vne tresbien accordee concorde, que Platon appelle Amour; Homere la chesne doree; & l'escriture saincte, l'Eschelle de Iacob, qui consiste de 72. eschellons, autāt
qu'il

qu'il y a de lettres au *Schem hemmaphoras*; & d'Anges qui montent de la terre au ciel, puis en redescendét, portans tous le nom de Dieu, auec ses loüanges, suiuát ce qui est escrit au Cantique des enfans de Chore; *secundum nomen tuum Deus, sic & laus tua*. Et est ceste alliance appellee bonne, pour raison du souuerain bien; qui à son exemple & portrait a institué de tout vn si bel accord, ne produisant de soy que choses tresbelles & bonnes, selon qu'il est dit en Genese; *Que Dieu vit tout ce qu'il auoit fait estre bon merueilleusement*. Somme que ce seul mot de *Bresit* s'interprete & lit par les Cabalistes en plus de quarante ou cinquante sortes differentes, toutes pleines de grands mysteres. Et entre autres le docteur Elchana, de grand nom entre les Hebrieux, met que le *Beth* qui signifie maison, denote la Sapience superieure, en laquelle toutes choses estoient colloquees auant qu'estre deduites en formes; & par elle mesme ont esté procrees, suiuant le pseaume 104. *Tu as fait toutes choses en ta Sapience*. Et l'autre lettre qui suit apres, assauoir le *Res*, à quel propos est-elle icy la seconde? pourautant dit-il que le *Beth* qui és nombres importe deux, monstre la premiere emanation en la diuinité, qui est LE FILS, la seconde personne d'icelle, & ce en la simplicité des neuf premiers nombres au dedans du dix; car *Res* importe deux centaines, & par consequant la premiere production és choses materielles grossieres, assauoir la matiere, que les Pythagoriciens representét par le Binaire, qui est

M m

le deux. En troisiesme lieu est la lettre *Aleph*, vn des symboles de la diuinité, & de la premiere source de tous les biens qui sont en ce monde; cela ne voulant signifier autre chose, sinon que la matiere fut de rié procree en Estre; & l'informateur influant là dessus dans le *Beth*, & le *Res*, fait qu'elle reçoiue ses formes, & soit viuifiee par le FILS, qui est la sapience procreatrice, & la vie de toutes choses. Mais le plus beau de tout, est que l'*Aleph* ioint auec le *Beth*, fait AB, qui signifie le PERE, lequel ne peult estre sans son correlatif le FILS. Au reste le premier donneur des formes, introduisant en la matiere celles qui estoiét au FILS, comme la souueraine Idee, & la vie de ce qui se deuoit produire, charrie le *Shin* apres soy, qui importe trois centaines, & demonstre mystiquemét que la forme est introduitte en la matiere crasse & grossiere. Et cóme il n'y ait rien qui puisse consister en ce monde qui ne soit remply de diuinité, selon le pseaume 104. *Auferes spiritum eorum, & deficient*, (assauoir la vie que toy ô souuerain Dieu leur as dónee) *& in puluerem suum reuertentur*: & vn peu au dessus; *Te aperiente manum tuam, omnia implebuntur vbertate*; pour ceste occasion au cinquiesme lieu de *Bresit* est mis le *Iod*, qui denote la diuinité estre infuse en toutes choses, qu'elle remplist; dit Ieremie au 23. *Nunquid non cælum & terram impleo*: Et en S. Iean 1. *De plenitudine eius nos omnes accepimus*; laquelle a esté tresparfaicte au CHRIST, comme le tesmoigne l'Apostre aux Colocens. 1. *In ipso complacuit Patri*

DES CHIFFRES.

omnem plenitudinem inhabitare. Toutes choses donques ainsi produites ; & la masse du genre humain coaceruee, delà fut trié à part le peuple que Dieu voulut choisir pour soy, appellé la congregation d'Israël, representee par le *Tau* : de maniere que tout ce que dessus raporté en vn sens de la suitte de ces six lettres de BRESIT, ne veult dire autre chose sinon cecy : *En la Sapience, qui est le verbe & le* FILS *du souerain* PERE, *a esté produitte la premiere matiere de toutes choses : puisapres de la source inexpuisable de tous biens, leur a esté donnee la forme :* & *consequemment tout a esté remply de la bonté opulente de Dieu pour le genre humain ; & en especial, pour ses esleuz.*

TELS mysteres, & autres encore se trouuent presque par tout en l'escriture, où ils sont noiez & enseueliz sous l'escorce du contexte apparent de la lettre, ainsi que le sens secret qui est caché dedans vn chiffre ; mais pardessus tout au sacresainct Tetragrammaton יהוה ; qui ne s'en pourroit iamais espuiser, nomplus que la vraye essence de Dieu, que ces quatre caracteres portent en eux, ineffables pour nostre regard, & incomprehensibles mesme à la nature Angelique ; dont en cest endroit la diuinité se desrobbe pour s'aller plonger dans le vaste abisme de son *Ensoph* ou infinitude, qu'Orphee & Hesiode appellent la nuict ; à laquelle est faite aussi allusion en Isaie chap. 16. *Pone quasi noctem vmbram tuã in meridie.* A l'imitation de cela Platon a basty la plus grãd part de son Cratyle, auquel entre les autres noms di-

Mm ij

TRAICTÉ

uins., Socrate espluche celuy de Ἀπόλλων, non auec de moindres mysteres que les Cabalistes font celuy du Souuerain Dieu, le tout dependant (ce dit-il là mesme) de la resolution des mots en syllabes & lettres, dont consiste la representation de l'essence des choses qu'on veut exprimer par leurs droites appellations; ny plus ny moins que fait la peinture par les traits des lineamens & couleurs; ce qui s'appelle les resouldre en leurs premiers Elemens, comme les mixtes & cōposez mineraux, vegetaux, animaux par les actions & effects du feu; pour delà puis apres en former vn nouueau sens & intelligence mystique, couuerte exterieuremēt de la diction; & de cecy depend presque tout l'artifice de la Steganographie & Poligraphie de l'Abé Tritheme, tirees de ces chiffremens Hebraïques; tel pour le regard de la transposition des lettres, qu'en Iehoachin, & Iechoniah, qui sont le nom d'vn mesme Roy, & de mesmes lettres, mais transposees. Dequoy nous amenerōs encore icy cest autre exemple de la Metathese ou renuersement de deux seules lettres, qui diuersement assemblees signifient diuerses choses, non sans grād mystere; assauoir אל EL Dieu, & לא LO non; cōme si dela on deuoit comprendre, Dieu estre plustost en nostre endroit vne negatiue & priuation, qu'vne affirmatiue; selon que nous auons desia allegué du pseaume 139. *Ainsi que sont ses tenebres, telle est sa lumiere;* car les tenebres symbolisent à la priuation. Au moien dequoy la tres-absoluë Essence de Dieu se retirant de nostre

L'essence des choses ne se peult mieux representer, que par les caracteres de l'escriture.

sens & apprehension dedans son infinie obscurité pour nostre regard, elle est aussi appellee אין *Ain, non ou rien*, à propos de ce texte du dixseptiesme d'Exode selon la verité Hebraïque ; *Num est Ens Adonai inter nos, an non Ens?* Si que les Cabalistes alleguent de ce lieu du vingthuitiesme de Iob, *Ipse* (הוא *Hu*) *nouit locum illius*, que la sapience est trouuee par priuation, assauoir de l'endroit dict אין *Ain*. A quoy bat ce qui est discouru en Platon au Dialogue du Sophiste ; *Hors de toutes choses il n'y a rien, fors le rien mesme : & pourtant l'vn ne peut entourer fors ce qui est, si d'auenture il n'enuironnoit le rien.* Et le traitté du Ieʒirah met, que les dix *Sephiroths* ou diuines emanations procedent du בלימה *Belimah*; qui entre autres choses signifie rien, & priuation ; par ce que l'imbecillité de nostre esprit faict que les choses que nous ne pouuons atteindre ne conceuoir, & qui ne nous apparoissent aucunement, nous les tenons pour n'estre point : dont l'Apostre en la premiere aux Corinthiens premier ; *Dieu a esleu les choses qui ne sont point, pour abolir celles qui sont.* Mais plus apertement encore Platon en l'epistre 6. à Hermias, Erate, & Corisque ; *Que Dieu est le chef de toutes les choses, tant de celles qui sont, que des autres qui doiuent estre, & ne sont encore.* Aussi ceste note de nullité o, qui est circulaire & reuoluble en soy-mesme, sans fin & sans commancement, ne faict rien de soy, mais auec l'vnité constitue le nombre de dix 10. Et de là se va multipliant en la compagnie des autres iusqu'en infiny, comme le demonstre Archimede au traicté de l'Arene : Car selon que met S Denys en sa mystique theologie; DIEV *n'est ny nombre, ny ordre, ny vn, ny verité.* Et en vn autre endroit il dit; *Nous oserons bien encore affermer par raison, que ce qui n'est, participe du bon et du beau.* Tellement que ce NON-ESTRE pour nostre regard & capacité se raporte à Dieu; duquel auec Simonide au Roy Hieron, nous pouuons dire, que tant plus on y pense, tant moins on peult comprendre ce que c'est : Si qu'il est bien plus aisé d'apprehender Dieu n'estre le ciel, le Soleil, la terre, ny autre chose quelconque qui nous puisse tomber non tant seulement sous la veuë, mais nompas mesme en nostre imagination & pensee, que d'affermer que ce soit cecy ou cela : Parquoy tāt plus nou-nous cuidons aprocher de luy pour en atteindre la cognoissance, tant plus il s'en fuit & reculle, ainsi que l'ombre fait du corps dont elle procede, quant on pense courir apres. Tous les efforts donques d'y paruenir par aucune ratiocination ny eleuement de nos esprits, nous estoient vains & inutiles, auant que son λόγος ou verbe qui est la parfaicte raison, se fust venu communiquer à nous, en prenant le vestement de nostre nature en la chair humaine; car nulle chose spirituelle descendant en bas, cóme nous auons dit, n'opere point sans vestement. C'est pourquoy les sacremens & mysteres qui sont tous spirituels de soy, ont besoin d'estre accompagnez de quelque signe materiel; comme dient les

Cabalistes dedans les portes de Iustice de Rabbi Ioseph fils de Carnitol, *Superos, indigere auxilio inferiorum*; à propos de ce, *Rorate cæli desuper, & nubes pluãt iustum: aperiatur terra, & germinet saluatorem, & iustitia oriatur simul*. Isaie 45. Mais depuis l'incarnation du verbe, la diuinité au lieu de se reculler de nous cõme auparauant, au contraire se presente à bras estendus & ouuers pour se manifester à nous, & s'insinuer en nostre ame. Tout cela est par nous icy amené à l'imitatiõ d'vne escriture nõ aparẽte, ainsi qu'on peult faire auec de l'alum destrempé en de l'eau, & plusieurs autres artifices; laquelle estant seche se blanchist à pair du papier, si qu'on ne cuideroit pas qu'il y eust rien de marqué; mais mouillee en de l'eau, ou chauffee au feu, le papier se venant par là à noircir, elle se manifeste lors; & ainsi est-il des secrets mysteres de Dieu, qui à guise d'vn fort secret chiffre se forlongeoient de nostre cognoissance, iusqu'à ce qu'ils nous aient esté reuelez par son fils, qui est la vraye eau, eau de Sapiẽce salutaire; & l'esprit SAINCT, le feu d'ardente charité & dilection. Il y a d'autres encore anagrammes communement en l'escriture, ainsi qu'en חמור *Chamor*, *asne*, & רחם *Rechem Pieté* ou *debonaireté*, qui sont les mesmes lettres mais trãsposees; à quoy s'approprie fort bien ceste prediction du MESSIHE en Zacharie 9. *Voicy ton Roy qui viendra pour toy, iuste & saueur, humble & debonaire, monté sur l'asne*: & plusieurs semblables. Par les Acrostichides d'abondant des mots, se reuelent de grands secrets dans les textes de l'escriture, & mesmes touchant le Messihe; tels que S. Augustin liure 18. de la Cité de Dieu, chap. 23. en ameine de la Sibylle en carmes Grecs, dõt les premieres lettres reduites ensemble font ces mots cy: Ἰησοῦς Χριστὸς θεȣ ὑὸς σωτήρ; IESVS-CHRIST FILS DE DIEV, SAVVEVR. Et en premier lieu, en Genese 49. יבא שילה ולו, Iabo Siloh Velo, donec veniat Messiah, les premieres lettres de ces trois mots font IESV: & de mesme au 72. pseaume; ינין שמו וית ברכו, Ianin Semo Vait barcu: & au 96. encore en cest endroit; Lætentur cœli, & exultet terra: commoueatur mare & plenitudo eius; gaudebunt campi, & omnia quæ in eis sunt; toutes predictiõs du Messihe, les premieres lettres des quatre premiers mots; Iosmehu, Hassamaim, Vetagel, Haarez, font le grand tetragrammaton יהוה Iehouah; & celles des trois subsequents; Irham Haiam Vmluo, le mesme encore, sans le dernier He, qui denote la nature humaine, que le Christ lors de ceste prediction n'auoit point encore vestue: & les autres premieres lettres de trois dictiõs qui restent, assauoir Iahelaz Sadai Vccol asserbo, celuy de IESV. Infinis autres tels mysteres se presentent de tous costez dans l'escriture, à quoy les Iuifs ferment les yeux esbloiz, & leurs endurcies oreilles, pour n'estre contraints d'aduoüer ce qu'ils voient manifestement par les reigles de leurs propres chiffres, qui ne leur sont pas incogneuz.

CE SONT à la verité de fort belles choses, dira quelqu'vn, & bien propres pour tirer à soy, & retenir des nir des cerueaux contemplatifs eſtant deſormais de repos, hors de toutes occupations & charges publiques, & nompas de ceux dont la vie conſiſte encore en actiõ; car à quoy peuuét eſtre bónes ces ſi curieuſes recherches, où parauenture Moyſe, ne les autres prophetes ne ſongerent onques ? nomplus que les rencontres des Sibylles que Ciceron au 2. de la Nature des dieux tient pour ſuſpectes, pour y auoir vn ſens ſi net & expres; *Atque in Sibyllinis* (dit-il) *ex primo verſu cuiuſque ſententiæ, primis literis illius ſententiæ carmen omne prætexitur: Sed hoc ſcriptoris eſt non furentis, immo adhibentis diligentiam, & non inſani.* Mais ie n'aduoüe pas cela, ains tiens fermement que c'eſtoit vn ouurage du ſainct Eſprit, qui guidoit le leur parlant par leur bouche, & addreſſant leur plume à de tels rencontres non fortuits; eſquels encore que la lãgue & eſcritures Hebraïques ſoient plus propres que nulle des autres, ſi n'en ſont elles pas pourtant du tout deſnuees, teſmoin les anagrammes de Lycophron, & les vers deſſuſdits Sibyllins; & quelques vns dans Ennius, au rapport meſme dudit Cicerõ: Si que m'eſtant pris vn iour fantaſie d'eſſaier ſi à l'imitation de cela, i'y pourrois rien atteindre en la noſtre, ce mot de Roy ſe vint le premier preſenter ſur les rengs, comme l'vn des plus magnifiques & dignes de tous; & que la diuinité propre ne dedaigne pas ; *Rex meus, & Deus meus,* pſeaume octante quatre; & au nonante cinq, *Rex magnus ſuper omnes deos* ; & infinis autres paſſages de l'eſcriture: eſtant en premier lieu de trois

Diuers anagrammes de ce mot Roy.

lettres ainsi q̃ tous les primordiaux des Hebrieux; & au reste d'vne syllabe, ce qui symbolise aucunement au tressaint & sacré TERNAIRE; & pour le regard des choses humaines, marque les trois principales parties que celui qui est honoré de ce tiltre doit auoir en luy; la foy assauoir, pure & nette enuers Dieu; la charité & amour paternelle enuers ses subiects; & la prouidéce és affaires de sa corone. En apres ie vins à examiner les trois lettres dont il consiste, selon les mesmes considerations que touche Socrate dans le Cratyle de Platon : πρῶτον μὲν τοίνυν τὸ ρ̄ ἔμοιγε φαίνεται ὥσπερ ὄργανον εἶναι πάσης τῆς κινήσεως &c. *En premier lieu la lettre R me semble estre comme vn instrument de tout mouuement, parce que la langue en la prononçant se remue fort, & sans s'arrester.* Cela me sembla soudain se raporter à la continuelle action où doit estre le souuerain Magistrat, pour l'exercice du deuoir & acquict de sa charge. O puis apres denote la rotondité dont il doit egallement proceder enuers vn chacun : εἰς δὲ τὸ στρογγύλον τοῦ ο δεόμενος σημείου, τοῦτο πλεῖστον αὐτῷ εἰς τὸ ὄνομα ἐνεκεράσε; *Qu'en ce mot de Strongylon c'est à dire rond, l'on a meslé beaucoup de o, comme aiant besoin de ceste note: laquelle de vray estant toute ronde, egalle & vnie, sans aucunes pointes ny encoigneures qui se foriectent endehors,* en semblable la parole du Prince, & ses actions & effects doiuét estre tous vniz & ronds, comme on dit en commun langage, quand on veult denoter quelque chose de candeur & syncerité. Et finablement la lettre I, represente vne lenité & douceur, parce que la prolation en est la plus gracieuse de toutes autres; & en outre l'industrie & subtilité d'esprit, & son exacte intelligence : Toutes lesquelles choses signifie le mot de λεπτὸ; ensemble vn conseil secret & caché, là au mesme endroit du Cratyle ; τῷ δὲ αὖ τ πρὸς τὰ λεπτὰ παιδὶ &c. OR suiuant les traditions des Cabalistes la lettre ר Res represente l'heredité & succession, cõme si cela vouloit inferer que les royaumes hereditaires soient trop mieux instituez, tel que fut celuy de Iuda, qu'on ne doubte point auoir esté excellent sur tous autres, comme establi de Dieu sur son peuple particulier, & non par vne vsurpation tyrannique, que nompas les Electifs, où les combustions des brigues & partialitez mettent la plus-part du téps tout à vauderoutte, auec vne extreme affliction & ruine des peuples. Dans le liure de *Iesirah R* est pris pour la bien-vueillance, vray lien de la societé humaine, qu'à l'exẽple de l'amour pitoiable que Dieu a à l'endroit de ses creatures, en semblable le Prince est tenu de porter aussi à tous ses sujets. Au regard de *o*, c'est la plus aisee lettre à prononcer de toutes, & comme moienne entre le gozier où s'enfonce *a*, la premiere des lettres & voix, & le bout des leures où se vient reduire la derniere *u*; si que *Tohu* & *Bohu*, les premiers & rudes principes de Moyse en la creation des choses, en consistent la plus grand part; & aussi le nom du premier homme Adam, appellé autrement *Odom*. Dauantage les Hebrieux

Nn ij

n'aians point proprement de voyelles, font seruir ordinairement y *Ain* pour o, non sans mystere: car cōme ain signifie *non*, ou *rien*, de mesme ceste note o au chiffre à compter n'importe aucun nombre seule à par soy, si elle n'est accompagnee de quelqu'vne des neuf. Au surplus ce caractere denote l'œil, que le Roy doit auoir à tout, & par tout: & suiuant cela les Egyptiens en leurs Hieroglyphiques representoient la Royauté par vn œil placqué au dessus d'vn Sceptre, ainsi que le specifiēt Orus & Plutarque au traité d'Osyris, le Sceptre signifiant la force, authorité & pouuoir; & l'œil la preuoiance. Le *Iod* en apres assauoir *I*, duquel sont composees toutes les lettres Hebraïques; & qui par mesme moien cōstitue le nombre de dix, perfection, reposoüer & accomplissemēt de tous autres nombres, denote par là, que toutes les parties & membres d'vn royaume dependent de la personne du Roy; & qu'en elle tout se parfait & accomplist; parquoy tout s'y doit raporter & reduire, ainsi que la circonference au centre. Le *Iod* en outre est pris pour exaltation & loüange, à quoy tout Roy doit aspirer par ses bons & loüables comportemens. PASSANT puis apres des mystiques interpretations & signifiāces de ces trois lettres, à ce qui peult resulter de leurs diuers anagrammes & renuersemēs; en premier lieu se presente *Iro*, quasi ἥρως demidieu, tels que sont les Rois, image du grand Dieu en terre: & à ce propos en l'ancienne loy les Rois, les Prophetes, & les prestres qui estoient oincts du sainct huille, estoient reputez estre plus qu'hommes, & comme demidieux; les Rois d'autant qu'ils administrent la Iustice, qui appartient proprement au Messihe, le Roy des Rois; dōt il est escrit en S. Iean 5. *Omne iudicium dedit mihi pater:* les prophetes à cause qu'ils estoient inspirez du SAINCT ESPRIT, qui parloit par leur bouche; si que les Cabalistes les appellent certains dieux cachez dans le corps humain, suiuant le pseaume quarantesept; *Dij fortes terræ vehementer eleuati sunt:* & les Prestres pour les haults mysteres & sacremens qu'ils manient, à quoy se raporte le pseaume cent trente trois; *Sicut vnguentum quod descendit in barbam, barbam autem Aaron,* le grād Pōtife & Archiprestre, estoit ceste onction, moiennant laquelle le don de prophetie se conferoit, comme on peult veoir au premier des Rois, chapitre dix, vn signe exterieur de la vertu & efficace du nom diuin, selon le premier des Cantiques; *Oleum effusum nomen tuum.* Car l'huille ou le chresme est vn symbole de misericorde & clemence, qui se confere par le moien du nom de CHRIST; *Auquel*, comme dit sainct Pierre au 10. chapitre des Actes; *tous les Prophetes rendent tesmoignage, que quiconque croira en luy, oinct du* SAINCT ESPRIT, *receura remission de ses pechez par son nom*: Mais tous ceux qui estoiét oints de cest huille, ne receuoiét pas pourtant ceste grace, nomplus que nous celle de nos sacremēs, si de nostre part il y a de l'indignité. I R O derechef fait allusiō à χρος, gracieux,

1. aux Corinth. 11.

amiable, debonnaire; estant deriué de ἥρος amour, & delà parauenture le Latin *Herus*, maistre & Seigneur, qui doibt estre tel enuers sa famille & ses seruiteurs, comme le Roy à l'endroit de ses vassaulx. L'autre transposition de *Roi* est *Rio*, quasi ῥέω, fluer, couller, emaner; parce que tout doit proceder de lui, & par consequent aussi affluer & couller à luy, ainsi que les riuieres dedans la mer, qui renuoie reciproquement de nouuelle eau doulce à leurs sources, par les occultes spongiositez de la terre, où elle laisse ses salsitudes. La troisiesme sera *ori*, de ὁράω veoir, d'autant que l'œil du Roy doit s'estendre de toutes parts, comme celuy d'vn bon Pere de famille à son mesnage; & ce à l'exemple de Dieu selon Hesiode, παῖδα εἰδὼν Διὸς ὀφθαλμὸς, ᾗ παῖδα νοήσας; *l'œil du grand Dieu qui tout voit & cognoist*. Celuy d'apres à ce mesme propos, est *oir*; lequel estant purement François n'a besoin d'autre explication, sinõ que le Roy est tenu d'oyr & prester l'oreille sans acception de personne, aux plaintes & doleances de son peuple, pour faire droit à vn chacun, & luy administrer iustice: Et c'est pourquoy les Lacedemoniés representoient le grãd Roy des Rois Iuppiter, auec quatre oreilles. Finablement il y a *Ior*, car trois lettres ne se peuuent assembler qu'en six sortes, comme qui diroit ἴορος, qui signifie portier, lequel prend garde à ce qui entre dans le logis, & en sort, selon que le doit faire vn Roy en son royaume, qui luy est en lieu de domicile à vne personne priuee; ou vne eschauguette assise au hault d'vne montagne, où il est constitué en vedette, & en sentinelle, pour de là descouurir tout ce qui se fait d'importance; mais nompas espier les priuez & menus affaires des particuliers, qui n'attouchēt en rié au publicq: y estant aussi exposé de sa part en veuë, afin que ses actions puissent estre obseruees de tous, mesme des estrāgers. Que si nous voulons là dessus passer outre à vne autre belle consideration dependant encore de ce propos, suiuant les *Thmurah*, & *Siruphs* des Hebrieux, qui sont certaines commutations reciproques des lettres l'vne pour l'autre; & changer R en L, car l'eschange de ces deux liquides est fort aisée, voire frequente, comme nous voions és petits enfans, & ceux qui ont la langue vn peu grassette, dont besgaient aucunement, lesquels prononcēt L, pour R; il y aura *Loi*, de laquelle la iustice est la fin intentionaire; & la loi l'ouurage du Prince, comme met Plutarque au traicté *Que les Princes doiuent estre sçauans*: Aumoien dequoy, disoit Agesilas Roy de Sparte, le bon Prince se doit laisser commander par les loix; car s'y soubsmettant, il soubsmet par mesme moié tout le peuple à son authorité & obeissance, puis qu'il est le manutenteur & executeur de la loy.

VOILA aumoins d'assez plausibles petites recherches en vn mot de si peu d'estendue; à l'imitatiō desquelles s'en peuuent forger assez d'autres, mais oisiues au reste, & infructueuses, & dont l'on ne doibt pas faire beaucoup de mise ny de recepte; ne penser obtenir par là tant soit peu de reputation, car elle seroit trop mendiee à bon marché; ioint que tous les mots ne se pourroient pas ainsi rencontrer si heureux; encore est-ce en langue estrangere pour la pluspart; là où les Hebrieux n'ont occasion de rien chercher hors de la leur, tresfertile en cest endroit sur tout autre; & tirent de ces anagrammatismes les principaux secrets mussez sous l'escaille de l'escriture, dont nous conuenons mesmes auecques eux. Et encore qu'il ne nous soit point besoin de semblables choses pour la confirmation de nostre creance, qui depend de la seule foy, sans auoir affaire de raisons ne d'authoritez, suiuant le dire d'Alpharabie, nonobstant que Mahometiste; *Que les choses diuines qui se doiuent croire par la simplicité d'vne pieuse & deuote foy, sont d'vn ordre & degré si hault, qu'il surpasse nostre entendement, comme estans tirees de la diuine inspiration; au moien dequoy, d'autant que là consiste la profondité des diuins secrets, toutes les ratiocinations & discours humains viennent à s'y affoiblir & elangourer, si qu'ils ne les peuuent ny atteindre ny conceuoir*: N'aians dis-ie point de besoin de toutes ces subtilitez en ce qui depend de nostre religion & creance, cela neaumoins peult seruir pour combatre l'enuieuse & perfide malignité, & obstination Iudaïque par ses armes propres; qui fait l'aspic aueugle, & le Sovrd, à ce qui luy est trop plus que manifeste; comme ont fait aussi de leur part les plus doctes Mahometistes Arabes, plus par vne contumace & orgueil,

qu'ignoqu'ignorance. Car par ces chiffres Cabaliftiques de metathefes & commutations de lettres, equiualences de nombres, notes & marques, & autres tels artifices practiquez d'eux, fe peut faire toucher au doigt & à l'œil, le myftere de la Trinité, & fa fubftancielle vnion de trois perfonnes en vne feule diuine effence; mefmement par le nom des quatre lettres ineffables; celuy de douze; de quarante deux, & foixante & douze. Dieu donques qui eft vne treffimple vnité toufiours vne, a il plufieurs & diuers noms, attendu ce qui eft efcrit en Zacharie 14. *Erit dominus vnus, & nomen eius vnum?* A la verité non, aumoins pour exprimer par iceux diuerfes effences de deitez; mais trop bien des proprietez & attributions feulement; lefquelles nonobftant qu'elles procedent d'vne mefme fouche de la deité où elles font enracinees, ne font finon qu'vn; mais pour noftre regard elles acquierent vne certaine pluralité, à caufe des diuerfes beneficences, dons de grace, & octroiz que nous en parceuons; comme fi vne mefme eau & d'vn mefme vafe degouttoit fur nous par diuers tuyaux. Par ces chiffres Hebrieux outreplus, fe manifefte l'eternelle generation du Primogenite, qui eft le VERBE, & la fapience du PERE; l'introduction de la mort en l'homme par le peché originel; l'expiation d'iceluy par le fang du Meffihe; fon incarnation & natiuité temporelle; fa mort, & refurrection; la penitence & remiffion des pechez; la confommation du fiecle; & le iugement vniuerfel par le

O o

fils de l'homme: & semblables articles de nostre foy; auec infinies autres belles meditations, qui esleuent nos ames à Dieu. Et en tout celà les Cabalistes procedent principalement par trois voyes; l'vne en se retenant au sens literal, & contexte des mots; l'autre en reduisant l'escorce de l'escriture à vn sens allegorique, & analogique; mais la troisiesme estoit particuliere aux prophetes, qui illustrez de l'esprit de Dieu, penetroient aux profonds secrets d'iceluy, & rauiz d'vne sainte fureur & ecstase, s'vnissoient presqu'à la diuinité.

Trois principalles procedures des Cabalistes.

LA SECONDE maniere des chiffres Hebrieux, pour retourner au propos d'iceux intermis au fueil. 51. va par la voye du *Notariacon*, comme ils l'appellent, quand vne lettre seule, ou vne syllabe se mettent pour vne diction entiere; & vn mot pour toute vne clause: ce qui a esté autresfois practiqué mesme par les Romains, en l'escriture & langue Latine, dont il y en a infinies inscriptions & formules toutes de lettres capitales, importantes chacune endroit soy vn mot complect; comme S. C. *Senatusconsultum*: S. P. Q. R. *Senatus, populúsque Romanus*: D. T. *Duntaxat*: D. M. *Dijs manibus*; sur tous leurs tombeaux: H. M. H. N. S. *Hoc monumentum hæredes non sequitur*. Q. R. C. F. *quando Rex comitio fugit*; ou, *quando Rex comitiauit fas*: A. A. A. F F. *Auro, argento, ære, flando, feriundo*: & infinis autres qu'on peult voir és liures, marbres, bronzes, medailles, & camayeux antiques; dequoy Valerius Pro-

Chiffre du Notariacō.

DES CHIFFRES.

bus a faict vn traicté, de *Romanorum notis*; que Paulus Diaconus a amplifié de beaucoup. I'ay veu auſsi en pluſieurs endroits vn gros volume intitulé *de notis Ciceronianis*, dont l'artifice tient plus du chiffre que le precedant ; par ce que ce ſont tous caracteres formez à plaiſir, pour ſeruir d'abreuiations, plus conuenables aux Greffiers qui recueillent les plaidoiers des Aduocats, comme on faiſoit anciennement ceux des Orateurs, & leurs harengues, que pour autre effect ; à cauſe de la promptitude & viteſſe de la parole, qui paſſe ſoudain comme vne fleche bien empennee ; car chacun de ces caracteres ou notes importoit pour le moins vn mot, voire pluſieurs la plus grand'part, ſelon que teſmoigne le poëte Auſone;

Quàm multa fandi copia
Punctis peracta ſingulis,
Vt vna vox abſoluitur.

Quelques vns attribuent ceſt œuure, & meſme Euſebe, à vn affranchy de Ciceron, appellé *Tyro*; mais il fut depuis enrichy & accreu par Perennius Pilargyrus, & Aquila, autre affranchy de Mecenas; & encore quelques ans apres par Seneque, qui les arrengea en ordre alphabetique iuſques au nombre de cinq mille: ſaint Cyprian y en adiouſta auſſi, & accómoda le tout à l'vſage du Chriſtianiſme. Mais c'eſt vne profonde mer de confuſiõ; & vne vraye gehenne de la memoire, cõme choſe laborieuſe infinimét;

Les notes Ciceroniennes.

Oo ij

& auec tout cela inutile; parce que chacun se peult dresser à par soy des abreuiations à luy propres & particulieres, empraintes voire presqu'innees au profond de son souuenir; & quant & quant plus promptes, & courantes plus legierement sous la plume; comme nous voyons és greffiers des cours souueraines, dont la soudaineté de la main accompagne non seulement, ains deuance les plus legieres & deliures langues des aduocats; & aussi en tous les chaffourremens & minutes des notaires, procureurs, & exploits de sergens. QVANT au Notariacon des Hebrieux, il ne sort point de leurs lettres accoustumees, bien est-il de diuerses sortes; assauoir quand vne syllabe ou vne lettre sont mises pour vn mot entier; & vn mot pour toute vne clause, comme nous auōs desia dit cy dessus: & au rebours vne clause complecte pour vn seul vocable; & vn vocable pour vne lettre, selon qu'on peult veoir en la Polygraphie de Tritheme, vne assez gentille & ingenieuse inuention à la verité, si ce n'estoit le prolixe & ennuyeux sens que rendent ces synonimes ioints ensemble de suitte, & le peu de subiect qu'en fin ils expriment. Vne lettre se met pour vn mot; ainsi qu'au Quadrilettre יהוה, auquel la premiere lettre *Iod* represente en plusieurs endroits tout le mot entier: mais au *Targhum* ou translation Chaldaïque, ce quadrilettre est ordinairement representé par trois *Iod* en triangle; vn fort grand tesmoignage au Iudaïsme de la Trinité, encore que deslors ils n'en

Plusieurs sortes de Notariacō.

coprissent pas si parfaictemét le mystere, cóme nous auons fait depuis par l'incarnation du verbe, lequel nous l'a manifesté du tout: & c'est pourquoy ce tressainct nom leur estoit ineffable, selon qu'il est dit en Exode 6. *Et nomen meum tetragrammaton* יהוה *non indicaui eis.* Quelquesfois on tire ces seules & singulieres lettres qui representét vn mot entier, de la fin, ou du milieu d'vne diction; & les marque lon audessus d'vn tiltre pour les discerner: ou bien l'on prend les premieres ou dernieres lettres d'vne suitte de mots pour en faire vn seul; ou de plusieurs clauses en bastir vne; comme sur ce passage du 65. d'Isaie; *Celuy qui sera benit sur la terre, sera benit au Seigneur* AMEN. Et qui est ce Seigneur Dieu AMEN? peult on demáder, selon qu'annote Rabbi Racanat sur le 15. d'Exode : c'est respondent les Cabalistes, אדני מלך נעמן *Adonai melech Neeman*, le Seigneur Roy fidelle, ou veritable; car les premieres lettres de ces trois mots font אמן *Amen*. De cest artifice à l'imitation des Hebrieux, a vsé Roger Bacchon excellent philosophe Anglois, en son miroüer des sept Chapitres; qui se commancét par les mots suiuans; *In Verbis Præsentibus Inuenies Terminum Exquisitæ Rei*; lesquels assemblez font vn sens qui manifeste son intention; & les premieres d'icelles reduittes en vn vocable, ce mot icy, IVPITER; tout ainsi que les dernieres des derniers mots de chaque chapitre, assauoir *Proiectionis, debet, tota, tamen, bitumen, nutu, inæternum*, font STANNVM, qui est le mesme que *Iupiter*, selō le chiffre Chimiſtique. De ſemblables choſes ſe trouuent infinis exemples dans Rabbi Iehuda Marinus, Samuel Nagid, & autres qu'allegue Abraham Aben Ezra au liure du myſtere de la loy. Il y a outreplus vne autre brāche de ce Notariacon, quād toutes les lettres d'vne dictiō denotent autant de mots, ainſi qu'au 3. pſeaume; *Pluſieurs s'eſleuent contre moy*: & qui ſont ces pluſieurs en Hebrieu? רבים *Rabim*; les Romains deſignez là par le *Res*; les Babyloniens par *beth*; les *Iauan* ou *Ioniens*, peuples de la petite Aſie par *Iod*; & les Medois par le *mem* final; ce qui eſt le vray Notariacon. LES Hebrieux ont encore vn autre ſecret d'eſcriture dependant de cecy; quand on oſte la premiere lettre d'vn mot, ou qu'on l'y adiouxte; dont la ſignification d'iceluy ſe change; comme pourroit eſtre au Latin *Claudo* & *laudo*, *tango*, & *ango*; & pareillement au milieu, *Surgo*, & *Sugo*: En François *Paris*, & *païs*; mais cela quant à nous n'eſt d'aucune commodité & vſage, pour le regard meſmement des chiffres, là où à eux il importe touſiours quelque grand myſtere; dont en voicy vn exemple treſnotable entre les autres, qu'allegue Rabbi Iehudah en ſon liure de l'Eſperance: *Que le Prophete Ieremie aiant vn long temps medité dans le traicté de la formation*, (IESIRAH) *Vn iour la fille de la voix* (*bath kol*, ainſi appellent ils l'inſpiration diuine comme vne tacite voix venant du ciel) *l'admoneſta d'y perſeuerer encore par trois ans de ſuitte; & meſmes ſur les permutations procedāns des Ziruphs*

& diuersitez d'alphabets ; au bout duquel terme luy fut, & a ses escoliers, creé soudain à l'improueu vn nouuel homme, ce leur sembloit, auec ces mots escrits au front, אמת אלהים יהוה Iahueh Elohim Emet, le Tetragrammaton Dieu vray : Ce qu'eux contemplans attentiuement, il s'en va soudain effacer la premiere lettre du dernier mot, si qu'il n'y demoura plus sinon מת MET, c'est à dire mort ; dont le prophete tout indigné se prit à deschirer par courroux ses habillemens, en luy demandant pourquoy il auoit retranché Aleph de Emet? Pource, respondit-il, que par tout on s'est departy de la fidelité du Createur, qui vous a formez à son image & ressemblance. Et à quoy le cognoistrons nous ? repliqua Ieremie : Escriuez, dit ceste representation en forme d'homme, les alphabets par espaces en ceste poussiere espandue, selon l'intelligence de voz pensees : & tout à l'instant cest homme là fut reduit en pouldre, & s'esuanoüit de leur veuë. De là en auant le Prophete affermoit d'auoir eu la notice de la faculté & vertu de ces alphabets, & de leurs reuolubles commutations literales, par la voye des accouplemens, dont il auoit des-ja apris la maniere dans le liure de Iezirah. Mais ce Rabbi taist, que tout cela ne vouloit denoter, sinon que Dieu se deuoit faire homme, & mourir en homme ; le Dieu de *verité* assauoir, qui est le Messihe ; *Quoniam Christus est Veritas*, en Sainct Iean cinquiesme chapitre : Et au pseaume octante cinq ; *Veritas de terra orta est*. Ausurplus ce mot de אמת Emet n'est pas destitué de mysteres ;

Fueil. 95.

TRAICTÉ

car il est composé de trois lettres, qui sont le commancement, le milieu, & la fin de l'alphabet; & dauantage representent, assauoir *Aleph* qui vaut vn, la simplicité des nombres, qui est attribuee à Dieu, & au môde intelligible: *Mem* qui vaut 40. les dizaines, au monde celeste: & *Thau*, 400. les centaines, à l'elementaire. Et si il y a encore à considerer la quadrature ferme & solide, telle qu'il faut que la verité soit; laquelle quadrature s'apperçoit tant en la figure de ces caracteres qui sont tous carrez, qu'en leur valeur és suputations; d'autant qu'*Aleph* signifie mille aussi, qui est la fin de tous les nombres, & le Cube du dix: *Mem* 40. le mesme dix multiplié par quatre qui le constituent, parce que 1.2.3.4. font dix: & le *Thau*, 400. le carré du *dix*, qui est *cent*, multiplié par le mesme quatre; ou les quatre dizaines par dix, car 10. fois 40. font 400. Tellement que tant les figures que les nombres de ces trois lettres de אמת *Emet verité*, sont, de quelque sorte qu'on les puisse prendre, tousiours solides: & celles du mensonge שקר *Secher* au rebours debiles & chancellantes, suiuant le prouerbe, *que la mêterie a les tallôs courts*, côme presuposant qu'elle est biê aisee à réuerser. Leurs nôbres outreplus sont tous de centaines, qui denotent la crassitude de la matiere, en perpetuel changement & alteration; car ש *Shin* vaut 300. *Coph* 100. & *Res* 200. QVANT est d'enleuer vne lettre du milieu d'vn mot, Rabi Simon, dans le Talmud, aiant esté interrogé, *pourquoy en ce passage de l'escriture*, LA LVMIERE SERA OSTEE

AVX

AVX MESCHANTS, l'on eclipsoit hors de מרשעים Mersaim, qui veult dire impie ou meschant, la lettre ע Ain, de façon qu'il restoit מרשים Meresim par vne syncope, qui ne signifie plus impie, mais indigent & souffreteux? Pource respondit il, que qui en ceste vie temporelle se rendra nonchallant en la contemplation de la beauté du monde sensible, sera par mesme moien diseteux en la cognoissance des choses intelligibles, dont cest autre là est comme vn portraict; & par consequant tombe en vne misere pour le regard du siecle aduenir: De vray, qui n'obserue & ne prend garde à ce qui est icy bas exposé à nos sentiments, bien que caduc & corruptible, ne pourra nomplus penetrer à la perception de l'inuisible & permanent qui est là hault; tout ainsi qu'on ne peult cognoistre la pensee interieure d'vn homme, que par la parole, ou escriture; & semblables signes & marques apparentes par le dehors: Qui est ce que veult dire l'Apostre aux Rom. 1. desia allegué; Que les choses inuisibles de Dieu, se rendent manifestes & apperceuables à la creature du monde, par celles qui ont esté faites de luy. Plusieurs tels autres grands mysteres se descouurent dans les Prophetes; par les diuerses collocations & suittes de lettres; & par leurs additions & retranchemens; ainsi que vous pouuez veoir en Genese 17. où le nom d'*Abram* est changé en celuy d'*Abraham*, par l'adiouxtement de la lettre ה *He*, l'vne de celles du Quadrilettre יהוה; non sans grand mystere; car le cinq qu'elle vault és nombres, adiouxté aux 243. que montent ensemble ces qua-

Mysteres des noms d'Abraham & Sara.

tre אברם, fera 248. autant qu'il y a d'os au corps humain, & de preceptes affirmatifs en la loy: là où d'autre part le nom de שרי Sarai fut accourcy de cinq, parce que ces trois lettres vallans 510. celuy de שרה Sara ne fait que 505. En sorte que tout ainsi que pour la formation d'Eue fut distraicte d'Adam l'vne de ses costes, à ce que du masle & de la femelle se vinst à faire la multiplication du genre humain subiect à peché, en recompence fust osté à *Sara* le nombre de cinq, pour le donner à son mary Abraham; & par ce moien là rendre fertile, de brehaigne & sterile qu'elle estoit, dont consequemment vinst à naistre selon la chair, celuy qui deuoit reparer la faute des premiers peres.

LA TROISIESME espece de chiffres Hebraïques est encore de plusieurs sortes, aussi bien que les dessusdites, qui toutes reuiennent aux diuers assemblemens & commutations des lettres, dont selon le liure de Ieʒirah, toutes les creatures tant du passé, que du present, & de l'aduenir ont esté, & seront formees: car mesme le grand nom de Dieu יהוה en est escrit, (*Per quem fecit & sæcula*) ouquel se trouuent six anagrammes par les diuerses transpositions des trois lettres dont il est tissu, pourautant que ה *He*, y est redoublé: Assauoir יהו *Ihu*, qui denote l'infiny & le haut: והי *Iuh*, le bas, & profond abisme: היו *Hiu*, le deuant, ou l'orient: הוי *Hui*, le derriere, ou l'occident: ויה *Vih*, la main droite, ou la partie du midy: & והי *Vhi*, la gaulche, & le Septentrion; à raison que les

DES CHIFFRES. 150

Cabalistes constituent la face de Dieu comme si elle estoit tournee au leuant, pour l'excellence & dignité de ceste partie, qui represente le iour, & la vie qui luy symbolise : le midy au milieu, est le plus haut, par ce que le iour monte iusque là, d'où il redescend puis apres vers l'occident, qui denote la nuit & la mort: & finablement le Septentrion, le profond ou le bas; & est au reste comme vne marque de cest espace de temps, qui est entre la mort du corps, & la renaissance ou resurrection d'iceluy, auec sa propre ame qu'il reprendra au siecle futur. Mais n'entédez pas ce Profond, dit le Rabbi fils de Carnitol en ses portes de la Iustice, estre le bas, comme pourroit estre le fonds d'vn puits creux, ains toute chose qui est la plus esloignee d'acconsuiure & atteindre vne autre, qu'on appelle proprement עמוק Hamok, comprenant tant le hault que le bas; la montee & la descente; comme en ce cantique des graduations 130. *De profundis clamaui ad te domine*, que ce Rabbi interprete pour la profondité d'enhault, qui est le אין סוף ain Soph, ou l'infiny du monde intelligible, appellé עמוק עמוק le profond profond. A ce propos le liure de Iezirah; *la profondeur d'enhault, la profondeur d'embas; la profondeur de l'orient, celle de l'occident; la profondeur du midy, & celle du septentrion*: En quoy il l'estend de toutes parts. De maniere qu'en cecy se parfait la reuolution accomplie de tout l'vniuers, qui n'est autre chose qu'vn cercle, mais finy, borné, terminé; là où celuy de la diuinité est infiny, suiuant Hermes,

Pp ij

TRAICTE'

Cuius circumferentia nusquam; car le monde n'est pas le lieu de Dieu, ains Dieu est le lieu du monde; Si que les anges viennét à exclamer en Ezechiel 3. *benedicta gloria Dei de loco suo*: Dequoy ne s'esloigne pas guere ce que Plotin met au liu. de l'Intellect & des Idees; *Que ce monde sensible est limité, renclos & determiné seulement en vn lieu; mais l'intelligible s'estend par tout*: Et à cela se raporte encore le dire d'Heraclite en Plutarque, au traicté de la Superstition; *Que les hommes pendant qu'ils veillent n'ont qu'vn monde, lequel est commun à eux tous; mais en dormant, chacun a le sien à part.*

TOVT cecy au reste n'est à la verité autre chose, que le signe que nous faisons de la croix; pour le moins il le represente, & non par vne payenne superstition; car y eut il onques gens plus scrupuleux, & alienez de l'Idolatrie, & tout ce qui en pourroit dependre, que les Hebrieux? Neaumoins ils l'ont de tout temps practiqué, comme il se peult veoir au premier liure du Talmud, dans le *Massechot berachot*, le traicté des benedictions & prieres; Que chaque Iuif estoit tenu pour l'obseruation de la loy, de repeter deux fois le iour pour le moins, au soir & matin, auec vne fort grande reuerence, & feruente eleuation de pensee, ces mots icy du 6. du Deuteronome; ESCOVTE ISRAEL, LE SEIGNEVR NOSTRE DIEV EST SEVL DIEV; & en les proferant mouuoient la teste contremont, & en bas; puis à senestre & à dextre; qui sont les susdits quatre endroits du monde: Ce que les Mahomeristes ont emprunté du Iudaisme, & de nous encore, en ce que quand leurs enfans aprennent à lire, principalemét l'Alchoran, ils hochét la teste en hault, en bas, de costé & d'autre. A cecy se raporte outreplus ce qui est au 29. d'Exode ; *Sumes quoque pectusculum de ariete, sanctificabisq; illud eleuatū corā domino:* Surquoy il fault entédre qu'il y auoit deux sortes d'eleuations és sacrifices; l'vne qui se mouuoit en hault, & en bas, ditte תרומה *Thrumah* ou exaltatiō, autremét le sacrifice de Ventilation, qui n'est autre chose en la partie elementaire que l'eau, qui par l'attraction des raiz du Soleil & des estoilles, tout ainsi que si on la vannoit s'esleue de la terre en hault, & derechef se renuoie en bas sur la mesme terre, pour l'arrouser, & fertiliser. L'autre est en auant, en arriere; à droit, & à gauche; de l'orient assauoir vers l'occidét; & delà du midy au septentrion, appellee תנופה *Thenuphah* agitable, ainsi qu'est l'air, q flotte & ondoye de tous costez ; par laquelle agitatiō ils signifioiét q̃ Dieu est le souuerain Seigneur de la terre, c'est à dire du móde elemétaire; parce qu'au cómancemét de Genese il est dit, q̃ Dieu crea le ciel, & la terre, par laquelle est designee la partie elemétaire, qui est sous la Sphere de la Lune. Et de cecy il y a encore pour le present q̃lque ombre entre les Iuifs ; car quát ils s'en veullét aller de leur synagogue, leur seruice estant paracheué dé tous points, au lieu de nostre *Benedicamus domino*, le ministre a accoustumé dire cecy ; *Qui fait la paix la hault en sõ hault manoir, vueille faire aussi la paix dessus nous, & sur tout le*

Pp iij

peuple Israëlitique: à quoy l'assistence respond, *Amen*: Et ce en reculant trois pas en arriere; au premier desquels ils s'inclinent vers la main droicte; au secõd à gaulche; & au troisiesme, en auant: ce qui ne denote autre chose que la croisee du monde, & vne forme du signe de la croix: dequoy participent aussi les diuerses manieres d'escrire; de la main droicte vers la gaulche, comme des Hebrieux, Chaldees, Syriens, & Arabes: de la gaulche à la droicte, des Grecs, Latins, Esclauons, Armeniens, Ethiopiens: & du hault en bas, des Indiens Cathains, Brachmanes, & Gymnosophistes. Et pour le regard de ce demarcher du ministre, cela se conforme aussi à l'ancienne mode des Grecs en dãssant leurs odes, peu esloignee de nos communs bransles simples, doubles, & entremeslez; dont la Strophe alloit quelques pas de la main droicte vers la gaulche, representant le mouuement de l'vniuers, de l'orient à l'occident, & de l'escriture Hebraïque; Ce que les Cabalistes referent à ce que la loy fut attiree, ce disent-ils, à la main gaulche de la droicte; & de ceste sorte donnee à Moyse, comme il est escrit au 33. du Deuteronome, *A dextera eius de medio ignis lex scripta data est eis*, comme l'interprete Rabbi Ioseph fils de Carnitol. l'Antistrophe au rebours procedoit de la main gaulche vers la droicte, de l'occident à l'orient, à l'imitation de la huictiesme sphere, & des sept Planetes; de laquelle contrarieté de deux mouuemens viennent à se corrompre, & reproduire de nouueau toutes choses au monde elementaire. L'epode puisapres qui alloit quelques pas en auant, & autant en arriere, môstroit le flux & reflux de la mer. Et la pause, finablement le repos, station & immobilité de la terre: car quant à l'air, qui est commun à tous les elemens, & est comme pour remplir le vuide, il participe aussi de toutes ces manieres de mouuemens; deçà, delà; auant, arriere; en hault, & en bas: Si que l'escriture de Moyse bat en partie sur les œuures de la nature, comme l'vne des principales adresses pour paruenir à la cognoissance du grand ouurier, selon le liure de la Sapience, au 13. *A magnitudine enim speciei, & creatura, cognoscibiliter poterit creator horum videri*: & à cela onques nul autre ne paruint plus parfaictement que luy; car Dieu le luy accorda ainsi en Exode 33. *Ego ostendam omne bonum tibi; & videbis posteriora mea*, assauoir ses effects en ses creatures, comme est la maniere de disputer en logique, *à posteriori*, qui est le mesme que *ab effectu*; car autrement il n'eust pas descrit de la sorte qu'il a, l'arche du deluge, ny le tabernacle du Sainctuaire; enquoy est tresabsolumét representé l'exemplaire & image du triple monde: de l'Archetype en premier lieu; puis du grand môde qui est le sensible; & du petit, à quoy tout finablemét se raporte cóme à vn modelle, assauoir l'hóme.

IL Y A encore vne autre chose dependant du propos dessusdit, parquoy elle se peult bien amener icy tout d'vn train; qu'en l'ancienne loy Iudaïque, quant le Prestre vouloit donner sa benediction au

TRAICTÉ

Myſtere de la Trinité en la loy Iudaïque.

peuple ſuiuāt le 6. des Nombres; VOVS BENIREZ AINSI LES ENFANS D'ISRAEL, ET DIREZ; LE SEIGNEVR TE BENIE, ET TE GARDE; il mettoit les paulmes des mains deuant ſa face, quelque peu courbees; & quant il prononçoit le mot d'ADONAI *Seigneur*, (au lieu de l'ineffable Quadrilettre יהוה *Iehoua*, fault entendre) il dreſſoit les trois doigts contremont, aſſauoir le poulce, l'indice, & le moyen; & le mot proferé, il les rabaiſſoit comme auparauant: ce qui denotoit ſans doubte le myſtere de la Trinité: A quoy Innocent III. liu. 2. chap. 45. des myſteres de la Meſſe, ſ'efforce d'aproprier ce lieu du 40. d'Iſaie; *Quis appendit tribus digitis molem terræ?* Et Durandus en ſon rational apres luy, liu. 5. chap. 2. Ce que Mahomet voulant ſubuertir, a inſtitué ſeulement de hauſſer le poulſe en faiſant profeſſion de ſa loy, pour denoter qu'il n'y a que ce ſeul Dieu, enuers nous appellé le PERE; comme le portent les paroles qu'on y profere, *l'Allah, Illahah*, &c. Et ce à l'imitatiō des Iacobites, & Euthychiens, qui ne mettans qu'vne nature en IESVS CHRIST, ne faiſoient auſſi la benediction que d'vn doigt.

I'AY dit cy deſſus, & ailleurs encore, qu'on proferoit ADONAI par tout ou ſe trouuoit le Qua-

Myſteres du ſainct nom יהוה Iehoua.

drilettre יהוה ineffable, parce qu'il n'eſtoit pas loiſible à chacun de ſçauoir comme il le failloit prononcer, ny quelles voyelles repreſentoient les caracteres d'iceluy; ne ſ'il en failloit redoubler quelques-vnes, ou les enoncier ſimplement; ſi que Rabbi Abina au liure

DES CHIFFRES. 153

liure des sanctifications au Talmud, sur cecy d'Exode 3. *Ie suis qui suis* , *fus* , *& seray; c'est mon nom eternellement*; *& ma remembrance au siecle des siecles*; met qu'il ne se doit pas lire comme il est escrit יהוה, *Ains* אדני *Adonai*, qui signifie *Seigneur*. Et au liur. des *Sanhedrin*, Rabbi Abba Saul afferme q̃ quicõque le pronõcera apertemẽt, selon que ses lettres sonnẽt, n'aura point de part au siecle aduenir. De fait au 24. du Leuitique il est dict, qu'vn Israëlite pour auoir blasphemé le nom de Dieu, l'exprimant tout distinctemẽt *Iehoua*, & non *Adonai*, suiuant la coustume, ce qui estoit tresabominable aux Iuifs, il fut lapidé: pourtãt estoit ce saint nom, qui bien souuent en l'escriture sans autre plus particuliere expression est par certaine antonomasie appellé השם *Haschem*, le nom, dit ineffable, non tant pour l'impossibilité de sa prolation, que pour les mysteres qu'il importoit de la pure essence & substãce de Dieu, Trine en vne tres-simple & tresabsoluë vnité; & vne en Trinité de personnes; chose du tout incomprehẽsible à l'esprit humain, fors que par la seule foy & creance; & par ce moien inefable, suiuãt mesme ce que tesmoigne Trismegiste au Pymandre; *Que le nom de Dieu ne peut estre preferé de bouche humaine*: & que le cõfessc aussi l'oracle d'Apollon Delphique; *Que son nom ne peut estre exprimé par aucune diction ne parole*. Car toutes les lettres de ce saint nom qui ne sont que trois, comme nous l'auons desia dit cy deuant, ה *He* y estant redoublee, sont comprises au verbe substãtif, *Ie suis*, & d'elles consistent les trois.

Qq

TRAICTE'

téps, le passé, le present, l'aduenir; ce qui denote l'immuable & permanente stabilité de l'essence diuine. Neantmoins Moyse Egyptien sur le lieu cy dessus allegué, met que les prestres, & les anciens du conseil en faisoient vne leçon à leurs enfans, & à leurs disciples vne fois la sepmaine sans plus, pour leur monstrer non tant seulement comme il le failloit prononcer, ains sa signification aussi, & les profonds secrets & mysteres qui en dependoient. Mais apres que par la deprauation des Israëlites, il eut esté supprimé au sainctuaire; car du temps de Symeon le Iuste, vn peu auparauant l'aduenement du SAVVEVR ; (ce fut le dernier de la grand' Synagogue, & qui benit le peuple en ce tetragrammaton ineffable) ceste benediction commença à se faire par le nom de douze lettres ; & consequemment par celuy de quarante deux : encore n'estoient ils point communiquez sinon aux debonaires & humbles de cœur, de sainte & reformee vie ; à qui il estoit expressement defendu de les diuulguer trop à la volee; ains qu'ils les eussent à tenir secrets en leurs cœurs, de peur de les prophaner & reduire à vn mespris d'vne part ; & de l'autre d'inciter par là le peuple à idolatrie; iusques en fin que ce mystere se deust cognoistre tout à descouuert sans aucū voile, ne couuerture à l'aduenemét du Messihe: car deslors, & encores auparauant le quadrilettre *Iehoua*, en vertu duquel, Moyse & les autres prophetes depuis, auoient fait toutes leurs merueilles, fut intermis ; & les miracles faits apertement au nom de

Les noms diuins de 12. & de 42. lettres.

IESVS, ouquel l'autre par ce moien fut rendu effable. LE NOM au reste de douze lettres estoit tel; אב בן ורוח הקדש; *Ab Ben, Veruach, Hakados*, PERE FILS ET SAINCT ESPRIT. Et pour ce que rien ne se trouue en Dieu qui ne soit Dieu; de là venoit à naistre, & s'estendre l'autre nom de quarante deux lettres; *Ab el, Ben el, Veruach Hakados el; Abal la scheloschah Elohim, Chiim Eloha echadh. Le Pere Dieu, le Fils Dieu, le sainct Esprit Dieu; toutesfois non trois dieux, mais vn* DIEU *seul*. Ou en ceste sorte; *Ab Elohim, Ben Elohim, Ruach Hakados Elohim, Scheloschah Bechad, Echad bescheloschah; Dieu le Pere, Dieu le Fils, Dieu le sainct Esprit, trois en vn, vn en trois.* Tout cecy met Rabi Iehuda appellé communement *Rabi Hakados* le Docteur saint, en vn traité intitulé *Gale Razeya*, le reuelateur des secrets, qui fut quelque temps auant la natiuité de IESVS-CHRIST, selon que le recite Rabi Nehemias en vne epistre à son fils Hacana. Et faut en cest endroit noter, suiuant ce que le remarque Rabi Ioseph és portes de iustice; *Que par tout en l'escriture où le tetragrammaton Iehoua precede celuy d'Adonai, tout le monde vniuersellement est remply de ioye, plaisir & bonheur à souhait: mais si Adonai precede, comme au* 15. *de Genese, Adonai Iehoui qu'est-ce que tu me donneras? Et en vn autre endroit; Adonai Iehoui tu és le comble de vertu & de force: Adonai Iehoui ne destruits point ton peuple, & ton heritage, adonc il en sort quelque persecutiō & desastre. Car quand ce nom vient à se presenter & ramenteuoir en cest ordre de posteriorité, cela est en intention que les Sephi-*

Qq ij

rots & diuines numerations, auec les noms y annexez s'esleuent contremont comme à contrepoil, pour s'aller d'icy bas reunir là hault ; dont les choses inferieures demeurent vefues & denuees du Quadrilettre Iehoua, à qui il appartient tousiours d'influer & couller en bas, comme est le propre de l'intelligence de ne remonter point en hault, nomplus que les rays du Soleil, qui luy symbolisent ; suiuant ce texte du 19. d'Exode ; Gardez vous bien de monter en la montagne, ny de vous aprocher de ses confins, car quiconque y attouchera, mourra de malle-mort. Mais quand le Iehoua precede, & que אל El l'vn des noms diuins, ou אדני Adonai le secondent, celà denote que tout le monde ioist de l'influence de ses graces & misericordes ; si que tous les luminaires sont en leur plenitude & perfection. Iusques icy Rabbi Ioseph : mais il ne fault pas entendre pour ces luminaires ceux qui luisent là hault au ciel pour la distinction du iour & de la nuict, des saisons de l'an, & des prognostiques, ains le *Vrim*, & *Thummim*, comme il sera dit cy dessous. Donques le Tetragrammaton יהוה Iehoua est le nom de Dieu pour nostre regard le plus propre, entant qu'on luy en peult attribuer quelqu'vn, & que nostre portee est capable de le comprendre ; car son vray nom, & son essence sont en luy vne mesme chose, cogneuz tant seulement du fils, selon qu'il le tesmoigne en l'onziesme de S. Mathieu ; *Nul ne cognoist le Fils sinon le Pere, & nul ne cognoist le Pere fors que le Fils ; & à qui le Fils le veult reueler.* Lequel nom (ce dient les Cabalistes) est la porte par où les iustes entreront à luy (pseaume 118.) Et de fait onques les enfans d'Israël ne le peurent prouoquer à ire & courroux en ce tressainct nom, qui fut par luy assigné en particulier à son peuple; si firent bié en tous les autres communiquez aux nations; cóme infere ce lieu de Genese 25. Qu'Abraham donna toute sa cheuance & heredité à Isaac, auecques sa benediction au nom du Tetragrammaton יהוה Iehoua, qu'il luy resigna, & consecutiuement à sa posterité en ligne legitime & directe; & aux enfans de ses concubines il bailla des dons en deniers comptans, & en meubles, assauoir *Shemoth Stelthoma*, d'autres noms diuins à inuoquer, comme nous dirons plus à plain ailleurs. N'ayans peu donques les enfans d'Israël prouoquer Dieu à indignation & courroux auec ce sainct nom, combié qu'il soit entremeslé d'vne iustice rigoreuse, & de misericorde, ils l'irriterent en celuy de אל *El*, le peruertissant par vn anagramme & transposition de lettres en לא non ou rien, suiuant le dire du Prophete au 14. pseaume; *Dixit insipiens in corde suo, non est Deus*. Mais ce n'est pas ainsi du יהוה Iehoua; car en toutes ses douze transpositions, il ne se trouue rien de contraire à sa primitiue signifiance naifue, ny autre sens que ce qu'il represente directement; ains tousiours vne mesme chose, suiuant Malachie 3. *Ego dominus, & non immutor*, assauoir la vraye essence, & Estre de Dieu, que Platō & les autres philosophes Grecs appellent ὁ ὤν, les Latins ENS, l'ESTANT; S. Denis Areopagite, *Ie ne sçay quoy de suressentiel à*

Qq iij

tout *Estre*; & les Hebrieux plus apertement par אהיה *Ehieh* : si que vous ne trouuerez rié en tout cela que, DIEV LVY-MESME; denotant le mystere de la Trinité en vne tres-simple vnité d'essence: ce que les Cabalistes par leurs dechiffremens tirent en ceste sorte. Prenez les deux premieres lettres de יהוה, vous aurez יה *Iah*, qui signifie Dieu, & denote le PERE; *Hallelu-Iah*, *louez Dieu*; depuis le pseaume 105. *Confitemini, & inuocate nomen eius*, IAH. La seconde lettre auec la troisiesme fait הו *Hu*, qui designe le Fils: neaumoins ce nom se communique indifferemmēt aux trois personnes: Au PERE en Iosue 22. *Quod dominus* IPSE *sit Deus*: & en Isaie 42. *Ego dominus*, HV *est nomen meum; gloriam meam alteri non dabo*: Du FILS, en Iosue 35. *Deus ipse veniet, & saluabit vos*: Du S. ESPRIT, en Isaie 51. *Ego ego ipse consolabor vos*. La troisiesme lettre auec la quatriesme הו *Vehu*, *Idem*; parce que l'ESPRIT SAINCT est vn mesme auec les deux autres dont il procede. En toutes les autres dictions de ce monde, en quelque langue que ce puisse estre, cela ne sçauroit aduenir de la sorte; car comment que ce soit que vous en puissiez transposer les lettres, elles signifieront tousiours vne autre chose, ou rien du tout. VOICY donques les douze reuolutions & anagrammes du Tetragrammaton *Iehoua*, que les Hebrieux nomment *Hauaioth*; enquoy se parfont tous les renuersemens d'iceluy; chacun desquels influe en chaque signe du Zodiaque toutes les vertuz & facultez qui y sont; d'où par apres

elles s'espandent à trauers les cieux, pour venir fina- *Mysteres du nombre de douze.*
blement s'imprimer en ce bas monde elementaire:
à quoy semble faire quelque allusion ce qui est au
dernier de l'Apocalypse, de l'arbre de vie qui porte
douze fruicts l'an, par chaque mois rendant son
fruict: Plus les douze portes de la saincte cité celeste;
les douze Tribuz d'Israël; autant de prophetes en
l'anciéne loy, & d'Apostres en la nouuelle: les douze
pierres precieuses enchassees au gorgerin du Pontife, & pareil nombre de grosses pierres plantees au
milieu du canal du fleuue Iourdain, (Iosue 4.) douze
pains de proposition: & en somme, tout ce qui se
compartist & mesure par ce nombre là, fort celebre
tant en l'escriture saincte, que dans Platon, qui en
faict fort grand cas en son Phedon, & és liures de la
Rep. où il limite la duree de tous Estats à 1728. ans
qui est le Cube de douze; parce que 12. fois 12. font
144. le carré d'iceluy; & 12. fois 144. font 1728. Son
cube ou solide; ouquel, si ma memoire ne me deçoit,
Martianus Capella és nopces de la Philologie, met
que l'arithmetique vint saluer la nature. Voicy donques ces douze anagrammes ou transpositions des
quatre lettres du nom יהוה *Iehoua*, qui vont de cest
ordre selon les Cabalistes, & mesme Rabbi Ioseph
ben Carnitol.

יוהה׃ 3.	יהוו׃ 2.	יהוה׃ 1.
הויה׃ 6.	ההיו׃ 5.	חוהי׃ 4.
ויחה׃ 9.	וחהי׃ 8.	והיח׃ 7.
ההוי׃ 12.	היוה׃ 11.	ויהו׃ 10.

DE maniere que ce n'est que pur chiffre par la voye des transpositions: & estoient ces douze reuolutions du sainct nom, assignees aux douze Tribuz d'Israël, à chacune la sienne à part; differentes quant à l'assiette des lettres, mais representás tousiours vne mesme chose: grauees au reste és douze pierres dont estoit enrichy l'*Hoschen* ou rational du iugement, comme on appelloit l'affiquet placqué à la poictrine du grand Pontife, de neuf poulces en carré, de la sorte que vous le voiez portraict cy dessus. A l'imitatiõ dequoy estoient façonnez les quatre principaux estédars desdites douze Tribuz, trois assauoir en chacũ d'iceux, qu'elles suiuoiẽt par tout au camp: Dõt le premier, de Iehuda, Isachar, & Zabulon, auoit vn lyon pour deuise: le second, de Reuben, Simeon, & Gad, la figure d'vn hõme: le troisiesme de Ephraim,
Manasse,

Manasses, & Beniamin, celle d'vn bœuf: et le quatriefme de Dan, Asser, & Nephtalin, d'vne aigle; le tout plein de grand mysteres. Les Tribuz gardoient cest ordre icy à camper; là où en la benediction de Iacob, & és douze pierres de *l'Vrim, & Thummim*, elles alloient de ceste façon: Ruben, Symeon, Leui, Iehuda, Zabulō, Issacar; Dan, Gad, Asser; Nephtalin, Iosehp, Beniamin: En celle de Moyse, d'vn autre encore; & aussi au denombrement de l'Apocalypse. En chaque pierre des 12. susdites, estoit outreplus graué par le dedans le nom diuin assigné à sa Tribu; & par le dehors celuy de ladite Tribu en 6. lettres: que si elle n'en cōtenoit tant, il y en estoit adiousté d'autres iusqu'à la concurrence desdites six; affin que le tout ensemble parsist le nombre de 72. autāt qu'il y auoit de lettres au nom expositif *Scemhammaphoras*, caché dans le reply de la doubleure de l'affiquet. Esquelles lettres quelques vns dient, que les noms des Patriarches, Abraham, Isaac, & Iahacob, autremēt Israël, estoient meslez; affin de parfaire en son entier l'alphabet Hebraïque, dont toutes les lettres n'estoient pas contenues és susdits douze noms des Tribuz: & s'appelloit cela *Vrim & Thummim*, comme qui diroit, *la declaration de la verité; ou illuminations, & perfections*; assauoir ceste interpretation extensiue du *Scemhammaphoras* à 72. lettres, que Moyse, selon Rabbi Selomon, par le commandement de Dieu insera secretement dans la doubleure de ceste placque; & dont il enseigna de bouche la secrete maniere d'y proceder, comme l'es-

L'oracle de l'Vrim & Thummim.

crit Nehemanides, auec les autres mysteres principaux de la loy, aux sages & discrets anciens d'Israël; à quoy il adiouste q̃ ces *Vrim* & *Thummim* estoient vn ouurage de Dieu, aussi bié que les tables du Decalogue; aiant le tout esté donné ensemblement à iceluy Moyse sur le mont de Sina. V R I M au reste estoiét les sacrez noms, par la vertu desquels les lettres latentes venoient à estre elucidees; & *Thummim*, ceux qui rédoient lisables lesdites lettres: car l'esprit du prestre deputé à enquerir le Seigneur par le moien de ces *Vrim* & *Thummim*, venant à estre illustré par le *Madregah* qui est l'vn des degrez du SAINCT ESPRIT, inferieur quant aux visions prophetiques, mais superieur à ceste voix celeste qu'ils appellent *Bath kol* ou fille de la voix, qui fut en regne durant le temps du second temple, depuis le retour de Babylone, iusqu'à IESVS-CHRIST, pouuoit accommoder les lettres qui se presentoient en veuë à des *Miztarphoth* ou assemblages de dictions, dont il se tiroit quelque sens; comme quant Dauid liu. & chap. 2. des Roys, se conseille à Dieu, s'il monteroit en l'vne des villes de Iehudah, ils disent que là dessus se produirent en euidence ces trois lettres cy עלה *Aleh*, qui signifie móte; la premiere assauoir ע, du nom de *Schymeon*; la seconde de celuy de *Leui*; & la tierce de *Jehudah*. Tellement que cela n'estoit qu'vn diuin oracle dont on vsoit és grands affaires; suiuant ce qui est escrit au 27. des nombres; *Ante Eleazarum sacerdotem stabit, qui interroget pro eo iudicium Vrim coram domino*: & se faisoit en ceste sorte, selon qu'il est declaré au Talmud dans le *Massechtah Iomah*, ou traicté des iours, chap. 6. En premier lieu il n'estoit loisible sinon qu'au Roy, & au president du consistoire, d'interroger ny enquerir Dieu par ceste voye d'*Vrim* & *Thummim*; & encore en chose de grand' importance; comme pour entreprendre vne guerre; ou si le consistoire, assauoir la cour qui administroit la Iustice, ne pouuoit bonnement decider vne cause, ny en opiner rien de resolu ; En ces cas, le Roy, ou le Iuge qui enqueroit, dressoit sa face vers le Prestre qu'il interrogeoit ; & cependant le Prestre tenoit la sienne fichee droit vers l'*Vrim* & *Thummim*, & le *Schememmaphoras* d'audessous, estans en l'affiquet dessusdit de l'estomach du Pontife. La voix au reste de celuy qui interrogeoit deuoit estre doulce & tacite, & nompas esclattante & haultaine, ains seulement qui peust suffire à estre tant soit peu entendue du Prestre en mots distincts : & ne failloit pas demander deux choses tout à la fois, mais vne seule, si d'auenture la necessité ne pressoit : car encore qu'on en proposast deux, la responce neaumoins ne se donnoit que pour vne ; & adoncq les lettres dont elle se deuoit former par la vertu du grand nom IEHOVA, venoient à s'esclarcir, & rehaulser par dessus les autres ; Si que le Prestre aiant bon moien de les remarquer, en recueilloit en son esprit ce qu'il y voioit estre representé. Que s'il en estoit incapable & indigne, elles ne s'illustroient ne rehaulsoient aucunement, & ne

Rr ij

tiroit point de responce de sa demande. Quelques-vns veulent dire, que ces *Vrim* & *Thummim* n'estoiét point autrement les lettres du nom *Schemhammaphoras*, ny pierres aucunes adiouxtees aux douze de l'affiquet, ains celles-là tant seulement qui esclairoient à pair du feu presque, si la diuinité admetoit la demande, sinon elles demeuroient en leur premier Estre; & de fait *Vr* signifie feu: & quant à *Thummim*, qui vient de תם *thom*, integrité ou perfection, cela denotoit que ces pierreries, comme vrayz & exquis parangons en leurs especes, sans aucune tare ou default, rendoient toutes ensemble vn lustre esclattant, entremeslé de diuerses couleurs, telles qu'on voit en des opalles, ou l'arc en ciel, dont le prestre inspiré d'vn Enthusiasme venoit à comprendre & coniecturer ce que presagioit la Diuinité. Mais il y auoit outreplus l'*Ephod*, ce que les septante deux ont torné ἐπωμίς; & Aquila ἐπίππαμμα; Nous dirions le Camail, pourueu qu'il n'y eust point de Capuchon; ou vn scapulaire qui n'arriuast qu'à demy pied pres de la ceinture. Cest *Ephod* au reste estoit tissu d'or, & de trois manieres de pourpre, comme il est dit és 28. & 39. d'Exode, ayant sur chaque espaulette vne grosse agraffe & estreinte, où estoit enchassé vn שהם *Soham*, que les vns prennent pour Esmeraulde; Iosephe liure troisiesme des Antiquitez chapitre 12. pour vne sardoine; & ceux où il y a le plus d'apparence, pour vne onyce: En chacune desquelles estoient grauez les noms

l'Ephod.

de six Tribuz; assauoir des six aisnez fils de Iacob en celle de l'espaule droicte; & des autres six maisnez, à la gaulche; dont il se prenoit sensiblement des oracles, comme il est escrit au premier des Rois, 30. là où Dauid pour sçauoir de Dieu s'il deuoit poursuiure ceux d'Amalech, se fait appliquer l'*Ephod* par le prestre Abiathar; par le moien duquel *Ephod* il obtient responce de deux choses tout à vne fois. Mais les effects tant de l'*Ephod* que de l'*Hoschen* de l'*Vrim* & *Thummim*, comme, tesmoigne le mesme Iosephe au lieu allegué, auoient cessé enuiron deux cens ans deuant qu'il se mist à escrire; quelques sept vingts auant l'aduenement de nostre sauueur IESVS-CHRIST: Les autres le renuoient plus de quatre cens ans en arriere; parce que cinq choses defaillirent au second temple, qui souloient estre au premier; assauoir l'arche de l'alliance, auec le propiciatoire, & les Cherubins: le feu qui ardoit continuellement sur l'autel de bronze, où se brusloient les sacrifices à l'erte tout au descouuert, sans que iamais il s'esteignist par aucunes pluyes, neges ou vents, ny autres impressions de l'air: & aiant esté ce feu là transmis du ciel sur vn holocauste, du temps de Moyse & Aaron, (au Leuitique 9.) il se maintint sans s'amortir, iusqu'à l'edification du premier temple par Salomon; car lors il fut renouuellé encore du ciel; & dura iusques au temps du Roy Manasses, à la

Les cinq principaux reliquaires du temple de Salomõ.

captiuité de Babylone, que les prestres le cacherent au profond d'vn puits: & au retour leurs successeurs l'en cuiddans tirer, se trouua en son lieu vne eau espoisse, qui espandue sur les sacrifices, le feu s'y prit, comme il est dit au 2. liu. des Machabees, chap. premier. La troisiesme chose estoit la presence de Dieu appellee סכינה Schechinah, qui se manifestoit autour de l'arche: Puis נבואה Nebuah ou la prophetie: & finablement l'oracle de l'*Vrim & Thummim*. D'abondant dedans l'arche, estoient contenues les tables du decalogue; la verge d'Aaron, garnie encore de ses fueilles, fleurs & amādres; le Ciboire remply de Manne; la burette du sainct huille à oindre les Rois, & prophetes; & le coffret de l'offrande des Philistins, (prem. des Rois, chap. 6.) Plus le fragment qui resta des deux premieres tables que Moyse rompit, en Exode 32. grauees à iour de part en part, si qu'elles se pouuoient lire des deux costez, comme met Rabbi Salomon, mais diuersement: leurs anciennes traditions en parlent ainsi; *Mem Setumah, vesamech beluchoth benisaion hauu*; que le *Mem* clos ou final ם, & le *Samech* ס estoient en fort grande admiration, pour estre closes tout à l'entour; Parquoy il failloit necessairement qu'elles fussent comme suspédues en l'air, sans tenir à rien. EN toutes lesquelles choses ie me suis vn peu dilaté tant pour estre assez rares de soy, qu'aussi que tout depend de l'escriture non vulgaire, & pourtant du subiect des chiffres. De ceste maniere d'Oracle d'*Vrim* & *Thummim*, où il failloit renuerser les lettres tant qu'on en obtinst quelque sens, ne s'essloignoit pas fort celle d'Apollon Pythien en Delphes, & maintes autres des Ethniques, où il failloit agencer la confusion de leurs embrouillees & confuses responces, en mots distincts : non toutesfois que i'en vueille faire comparaison, mais pour monstrer que l'ennemy s'est de tout temps voulu constituer comme vn singe & emulateur des sacrez mysteres de la diuinité. L'on en attribue encore d'autres à quelques Sibylles, qui espandoient des fueilles d'arbres ou petits bulletins de rouseaux au vent ; à quoy se conformoit plus que rien autre, ce qu'on appelloit les Sorts Prenestines.

TOVT ce que dessus nous fait veoir la sympathie & affinité des trois mondes ; & les manieres des predictions qui en procedent : dont pour commancer à l'elementaire, lequel se vient tout reduire en la terre, on pourra deuement luy attribuer la Geomantie, qui aussi bien en prend son nom ; comme fait encore la Geometrie, & ses mesures dependans des lignes, & les lignes des points : ce que practique de sa part la Geomantie, qui fait en premier lieu vne proiection de points, qu'elle accouple puis apres en lignes, dont elle forme finablemét ses figures, qui luy sont pour sujet : Mais le fondement de tout cela gist au ciel, dont elle participe aussi, au moien dequoy elle est en lieu du Binaire, qui represente la matiere. LA *Zairagia* consequemment, qui n'est autre chose que la vraie Arithmantie. Ie laisse l'Astrologie à part, sans

Trois sortes principales de deuinemens les moins prohibez.

TRAICTE'

laquelle rien ne se peut effectuer en ces deux; sera attribuee au monde celeste; lequel comme estably au milieu de l'elementaire & l'intelligible, outre le visible cours des estoilles, participe de l'vn & de l'autre; & pourtant versé autour des points & mesures; des nombres aussi, ensemble des lettres, plus formelles & rationelles beaucoup que les mesures ny les nombres; & plus proches de la diuinité; d'où vient le mot de diuination : à quoy se rapporte cecy de la sapience 11. *Omnia in mensura, & numero, & pondere disposuisti*; estans là, non sans mystere, arrengez de ceste façon ; par ce que la mesure comme plus materielle est assignee au monde elementaire; le nombre plus formel, au celeste; & le poix plus rationel, à l'intelligible, ou se viennent finablement raporter tous les nombres & dimensions, de longueur, largeur, profondeur : car ny les lignes, ny les superfices, enquoy consistent les deux premieres, comme sans aucune espoisseur qu'elles sont, ne peuuent point auoir de poix : auquel se refere le corps solide, qui est le propre de la terre, la plus compacte de tous les autres Elemens; celle de là haut fault entédre, qui est par dessus tous les cieux, & nõ ce petit point d'icy bas; appellee pour ceste cause le firmament; non selon l'opinion seule des Cabalistes, ains mesme d'Anaximenes, qui tenoit que la circonference exterieure du ciel est de terre. Ainsi la Geomantie auec sa proiection de points ayant son fondement au ciel, participera des figures & nombres:

Plutarque, és opinions des Philosophes liu. 2. chap. 11.

T'Arithman-

l'Arithmantie, ou *Zairagia* gouuernee du *Neſſamah*, ou intellect vniuerſel, des lignes, nōbres, & lettres: & l'*Vrim* & *Thummim*, des lettres ſeules; nō ſe venās rencōtrer fortuitemēt & à la vollee, mais cōduites par le *Schechinah*, preſence & interuētion de la diuinité qui y aſſiſte: ſuiuant le liure de *IeZirah*; *Experire ex ipſis* (parlant des lettres) *& coniecta ex ipſis: conſtitue rem in ſua claritate*; à propos de l'illuſtratiō des pierreries en l'*Vrim* & *Thummim*: pour autāt, adiouſte il puiſapres, que, *Spiritus ſanctus ordinauit, & figuris ſuis expreſſit duas & viginti literas fundamenti; ex quibus ipſis ſpiritus vnus eſt. Quæquidem 22. literæ fundamenti compactæ ſunt ad loquendum ſeu de bono ſeu de damno*. Il les appelle fondamentales, *Eo quod* (dit-il) *formata eſt ex illis anima omnis creaturæ creatæ & creandæ*; parce que ce ſont celles dont toutes choſes viennēt à eſtre exprimees. Et d'autant que la parole, & l'eſcriture ſont la plus precieuſe choſe qui ſoit en l'homme, parce qu'elles preſupoſent la raiſon, ſans laquelle elles ne ſçauroiēt conſiſter; par conſequent les lettres ſont apropriees au monde intelligible, où eſt le fondement, ſource & racine de toutes choſes; & les predictions qui ſ'en forment, plus certaines & infallibles que celles des figures & nombres.

Les lettres donques & caracteres de l'eſcriture, ſont comme notes de la parole & prolation, & façonnees ſur la reſſemblance d'icelle, tant dans le gozier, qu'au pallais par le battement de la langue, & és leures; & la parole vn boutte-hors des interieures conceptions de nostre ame, selon Aristote au liure de l'Interpretation; *Que le deuoir de la parole est d'anoncer l'occulte proiect de la pensee, & mettre en euidence l'intention de celuy qui parle.* A quoy se conformans les Rabbins, disent que tout ainsi que l'homme a en soy trois sortes de Verbe (il fault necessairement vser de ce terme) l'escriture, la prolatiõ articulee, & les conceptions de l'ame, où est la source des deux autres; Surquoy certain Poëte Arabe auroit dit, *Que le vray verbe gist dans le cœur; & de là passe en la langue, qui en est comme vn truchement*; En cas pareil, Dieu le Createur qui a fait l'homme à sa ressemblance, a triple parole; assauoir l'escriture saincte, qui est és liures des Prophetes; & à quoy il semble que cecy se doiue raporter, d'Isaie 34. *Requirite diligenter in verbo domini, & legite; quia quod ex ore meo procedit, ille mandauit*: Celle enapres que les docteurs aprouuez de l'vniuersel consentement de l'Eglise, ont anoncee de viue voix, selon le premier chap. de Ieremie; *Voicy que i'ay mis mes paroles en ta bouche*: Mais la troisiesme qui luy est propre & particuliere, est en luy, & part de luy, non d'ailleurs; dont il est escrit au pseaume 33. *La parole du* SEIGNEVR *est droicte:* Et plus-auant, *Les cieux ont esté establis par la parole du Seigneur; & par l'esprit de sa bouche toute l'efficace d'iceux*: laquelle parole est son verbe ou λόγος, son fils; & le *Beresit* de Genese, c'est à dire l'executeur de la creation de tout l'vniuers. Parainsi les lettres sont plus spirituelles de soy que n'est la parole

DES CHIFFRES. 162

des hommes; & l'escriture, plus approchante du parler des Anges, qui se coulle tacitement entr'eux, & d'eux à nous sans aucun bruit, tout ainsi que la representation d'vne image dans le miroüer, ou quelque figure à noz yeux: en sorte que telle que pourroit estre la langue de noz plus intimes pensees, telles sont en proportion les oreilles des Anges: & come les Esprits diuins parlent le langage des Anges; les esprits humains entédent de mesme par les oreilles de la pensee. Là dessus, les Cabalistes attribuent vne maniere d'escriture aux intelligences, par laquelle sont representees au ciel toutes choses, à ceux qui y sçauent lire: (*Complicabuntur sicut liber cæli*, Isaie 34.) Les estoilles seruans de lettres, comme nous le monstrerons cy apres: & vn lägage aux cieux & aux astres, selon le pseaume 19. *Les cieux racōtent la gloire de Dieu, & le firmament anonce les ouurages de ses mains: le iour communique sa parole au iour ensuiuant, & la nuit manifeste son sçauoir à l'autre nuit. Il n'y a langages ne parlers, de qui leurs voix ne soient entendues.* Surquoy Rabbi Moyse Egyptien au 5. chap. du 2. liure de son directeur, annote que le mot Hebrieu signifiant *anoncer & racomter*, ne s'attribue iamais aux choses inanimees, ains à celles tant seulement qui ont intellect. Au moien dequoy les Mecubales, comme aussi fait de sa part Platon, afferment les cieux estre animaux raisonnables, & qui apprehendent la cognoissance de leur createur, auquel ils sont obeissans; & nompas corps inanimez comme les Elemens: mais nous ne

Le parler des Anges, qui presuppose vne escriture y correspondante.

Sf ij

TRAICTE'

le tenons pas ainſi cruement, nonobſtant ce qui eſt eſcrit en Hoſee 2. *Exaudiam cælos, & illi exaudient terram*; dont il ſemble ne ſe pouuoir rien trouuer plus expres. Leur parler au reſte n'eſt pas en voix diſtincte & articulee pour ſe laiſſer entẽdre à noſtre oreille, quãt bien meſme nous ſeriõs tout contre, ainſi qu'eſt celle qui eſt formee par la langue, ains mental & tacite, à guiſe preſque de celui des Anges, & de noz penſers; ſi cela toutesfois ſe doit dire parole, ſuiuant le pſeaume 4. *Dicite in cordibus veſtris, & tacete ſemper*. Quelques vns là deſſus ſe ſont imprimez en l'opiniõ, que s'il y a quelque langage perceptible que parlent les Anges, ce deuroit eſtre l'Hebraïque, attendu que ça eſté le premier de tous, & qui emana de la propre bouche de Dieu au premier homme; outre ce qu'il s'eſt touſiours conſerué en ſon entiere pureté, là ou tous les autres ont ſouffert pluſieurs changemens & alterations; & que les demons és perſonnes qui en ſont poſſedees, parlent plus volontiers Hebrieu que nulle autre langue, s'ils y peuuent eſtre entendus: parquoy les Cabaliſtes tiennent que les lettres Hebraiques doiuent eſtre auſſi les premieres; & qu'elles furent forgees au ciel quant & le parler que Dieu enſeigna à Adam, aiant eſté creé de luy en aage parfait, apte & capable de parler tel langage qu'on luy apprendroit. AV SVRPLVS, il y a vne telle correſpondance à peu pres, de l'eſcriture commune & vulgaire enuers la ſecrete & occulte des chiffres, comme du parler des hommes enuers celui des eſprits; ce qui bat à ce que le *Iezirah* veut dire au passage allegué cy dessus; *Que la voix est l'Esprit saint qui procede de l'esprit de Dieu*; *&* auec lequel il a formé de leurs figures les vingt deux lettres du fondemēt, où consiste l'esprit du verbe diuin. Et pour ce que l'homme dit le petit mōde a esté non seulement façonné sur l'exemplaire du grand, ains à l'image & ressemblance de Dieu mesme, dont le verbe est l'archetype, & premiere idee de toutes choses, les trois esprits dessusdits, qui toutesfois ne sont que vn seul, procedās l'vn de l'autre, sont representez par les trois esprits de nostre parole; dont le premier est le soufflement, ou respiration & haleine, que les Hebrieux appellēt רוח *Ruach*, commun à toutes choses qui ont vie: le second est la voix, commune aussi, cōbien que de maintes diuerses sortes, à la plus part des animaux; car les poissōs sont en general presque tous muets; & c'est pourquoy Ezechiel en descriuant le *Merchaua* ou throsne de Dieu, ne les y a voulu comprendre auec les autres ames viuantes; laquelle voix se procree par le mouuement & agitation de l'haleine. Le troisiesme est la parole articulee & distincte, particuliere aux creatures raisonnables; si que les bestes brutes sont dites des Grecs ζωᾶ ἄλογα, non seulement pour estre priuees de l'vsage de la raison, mais de la parole aussi; & encore plus de celuy de l'escriture, qui tient plus que lieu de parole; car il se trouue assez d'oiseaux que par vne rottine & accoustumance on aprend à pronōcer distinctemēt quelques mots, voire de suitte; là où il n'y a animal quel qu'il soit,

S.ſ. iij

oiseau ou beste fors que la creature raisonnable, à qui l'on puisse enseigner de former vn seul caractere, si ce n'estoit fortuitement: Parquoy l'escriture aproche bien plus du discours de raison, & de l'intellect, que ne fait la parole; attendu qu'elle ne peult seruir ny auoir lieu qu'en presence, & de proche en proche: mais l'escriture sert & de pres, & au loing, à quelque distance que ce puisse estre; tant pour le present, que pour l'aduenir.

DERECHEF en ces trois lettres Hebraïques א *Aleph*, מ *Mem*, & ש *Shin*, qui s'appellent meres, sont contenus de fort grands mysteres: car *Aleph* la premiere de toutes, est aussi comme vne entree & ouuerture du desliement de la voix & prolation, seruant pour toutes les voyelles, dont elle est comme vne racine, & la plus auant enfoncee dans le gozier: *Mem* au contraire comprime & reserre les leures, que rien n'entre dedans la bouche, & n'en sorte; parquoy c'est vne marque & symbole du Sacré-silence, & par consequent de l'escriture qui se taist; tout ainsi qu'on appelle la peinture, vne poësie muette; & la poësie vne peinture parlante. Ce silence dis-je, outre ce que nous en auons ja touché cy deuant au fueillet trente huict, tant recommandé de Pythagore, mesmement és choses diuines; & que le Comique Terence perstreint en ces deux mots, *Fide & taciturnitate*; Ce que quelques-vns ont voulu representer par vn chien, le plus fidele animal de tous autres, & vn poisson qui est muet, mais non assez proprement en cecy, qui ne veult denoter autre chose, que *croire & se taire*, sans autrement disputer de ce qui depend de la religion; laquelle consiste en la seule foy & creance des choses imperceptibles à nos sens, & qui surpassent la portee de nostre ratiocination; (*Nam syllogismus non cadit in res diuinas*;) de sorte que les premiers rudimens & introduction en la philosophie Pythagoricienne, empruntee la plus grand' part des Cabalistiques traditions des Hebrieux, estoit d'accoustumer ses disciples & sectateurs à la taciturnité, modestie, & obeïssance; & leur communiquer ses beaux secrets soubs le voile de certains symboles & notes tenans lieu de chiffres, conformement à la Cabale, qui comprend vn mysterieux sens caché sous l'escorce de l'escriture : Si que pour esleuer en hault son ame à la meditation des choses diuines, il n'y a rien de plus propre que le silence ; lequel tout ainsi que les couleurs sombres & mornes, comme est le noir, le tané, le viollet, le verd brun, & autres semblables revnissent & resserrent la veuë trop escartee par la lumiere, & affoiblie des couleurs haultes brillantes & cleres, telles que le blanc incarnat, & bleu celeste ; rabat en nous, & ramasse les esprits dissipez d'vn babil & parler excessif superflu ; à guise des raiz du Soleil, qui espanduz en liberté ont moins de force, que quand ils sont recueilliz en vn centre dedans la concauité d'vn miroüer. LA troisiesme de ces lettres meres *ש Shin*, n'est qu'vne note de sifflement, & premiere emanation ou saillie de l'haleine hors de l'estomac, du gozier, palais, dents, & leures; lequel vient heurter à l'oye sans aucune distincte voix; de maniere que cela est comme vne moienne disposition & passage entre luy & le soufflement; tout ainsi qu'Aleph auec ses voyelles l'est entre la voix & la parole articulee: ceste voix nõ encore distincte en mots, tenant le quatriesme lieu apres les trois dessusdites principales lettres; dequoy viét à se procreer l'ineffable Tetragrammaton יהוה, où il n'y en a que trois differentes, qui sont accompagnees de tresgrands mysteres; tant par la raison arithmeticale pour les nombres qu'elles representét tous circulaires, que geometrique selõ leurs formes & figures, comme il a esté dit cy deuant; & se raportent aux trois superieurs Zephiroths ou diuines attributions, qui concernent la diuinité seulement; parquoy on les dit n'estre point, parce qu'elles sont pardessus tout autre Estre; dont elles denotent ou l'infinitude d'enhault, où est la lumiere, ou l'abisme d'embas infiny aussi, qui sont les tenebres; ces deux en la diuinité se correspondans l'vn à l'autre; *Amictus lumine sicut vestimento*, porte le pseaume 104. *Et abyssus sicut vestimentum amictus eius.* En ces trois dõques superieures numerations consiste le verbe diuin, comme met le liure de *Iezirah*; lequel pousse impetueusement les sept subiacentes, & les fait aller & venir à guise de tourbillon & tempeste; ce qui cause la procreation de toutes choses, dont les Idees

&

& exemplaires sont prosternez deuant le throne du grand Dieu, attendans son commandement pour s'aller introduire és formes, & par ce moien leur dōner ingrez dedans la matiere. Car les Idees selon les traditions Cabalistiques precedent en ordre les formes, cōme estans creées de toute eternité, consistantes auec la Sapience diuine; en laquelle, & par laquelle, dit le mesme pseaume, le grand Seigneur *Adonai* a fait toutes choses, afin que par leur ministere & cooperation à guise d'vn artisan par ses instruments, il mist le monde sensible en Estre; ny plus ny moins qu'au Microcosme, assauoir l'homme, le corps est en lieu de matiere, comme composé des quatre Elemens; l'ame raisonnable en lieu de forme; & l'intellect ou *Nessamah* en lieu d'Idee. Car tout ainsi que la nature est pardessus l'art; Dieu de mesme est pardessus la nature : & comme l'ame est la vie & lumiere du corps, aussi l'intellect ou diuine Idee est la vie & lumiere de l'ame, suiuant ce passage du Deuteronome chapitre trente: *Domino tuo adhæreas; ipse est enim vita tua*. Parquoy il est escrit en Genese; *Que la terre produise ame viuante selon son espece*, assauoir, comme l'interpretent les Cabalistes, selon ceste diuine Idee qui influe la vie icy bas par le sainct nom ADONAI; car tout ce qui influe la vie tend contre bas, comme font les raiz du Soleil, & les influences celestes; & ce qui a vie tend contremont ainsi que fait le feu, comme si c'estoit pour aller rechercher sa premiere source

Les Idees instrumens de la Sapience à la procreation des choses.

establie là ; *Igneus est ollis vigor, & cælestis origo*, dit le Poëte : A propos dequoy Rabbi Ioseph Salemitain, en son liure intitulé le Iardin du Noyer, met que l'ame intellectiue infuse en l'homme, & representant en luy la forme des formes, ou supreme Idee, s'appelle אש *Esch* feu ; suiuant cecy de Salomon és prouerbes 20. *Lucerna Dei spiritus hominis*; dont Zoroastre est d'opinion que du feu soient engendrees toutes choses ; quand il s'esteint, adiouxte Heraclite, qui l'a emprunté de luy. La premiere lettre donques du grand nom de Dieu יהוה est le *Iod* ressemblant à vn point indiuisible, qui est le commancement de toutes lignes tant droictes que courbes, & des lettres par consequant ; Neaumoins il vaut dix, qui est la fin de tous les nombres, parquoy il designe le P E R E. La seconde puisapres est ה *He*, laquelle estant formee de quatre *Iod*, denote le corps cōposé des quatre elemens, que le V E R B E voulut vestir à certaine periode de temps. Et d'autāt que ceste lettre ne represente és nombres que cinq, la moictié de dix, elle y est redoublee, & mise deux fois, au second, assauoir & quatriesme lieu, afin de parfaire le dix, & rendre par ce moien le V E R B E egal au P E R E : Ioint aussi qu'il est mysterieusemēt formé du ד *Daleth* qui vault quatre, & du *Vau* six; de sorte que secretement il importe dix : & cela nous monstre, que par ceste seconde lettre est designee l'vne & l'autre generation du V E R B E ou seconde personne ; l'vne eternelle, & l'autre temporance.

Plutarque és opinions des philosophes liu. 1. chap. 3.

Mais pource que nous ne comprenons rien sinon *à posteriori*, Moyse en ce quadrilettre a voulu exprimer l'humanité du FILS par le ה *He*, & souſtraire la diuinité d'iceluy en ו *Vau*; leql en ce meſme endroit eſt la troiſieſme lettre, cõpoſee de deux *Iod*, en forme d'vne ligne deſcendant en bas; Ce qui monſtre le S. ESPRIT proceder du PERE & du FILS, comme le nombre de ſix qu'il deſigne, prouient de la ſimple vnité du PERE ; & du *cinq* attribué au FILS, tant pour le *He* qui vault autant, qu'à cauſe du *Shin* repreſentant la nature humaine, & la miſericorde diuine, qui a eſté adiouxtee au quadrilettre pour le rendre effable. Par le myſtere au reſte de ces deux lettres *Iod* & *Vau*, on peult cognoiſtre que le MESSIHE comme Dieu, fut le principe de ſoymeſme, entant qu'homme.

MAIS pour retorner encore aux trois lettres meres qui ſont le fondement de toutes choſes, מ *Mem* qui par le reſſerrement des leures retient tout enclos & caché dedans le Palais, auquel il ſert comme de portier, denote la puiſſance diuine qui eſt le PERE, lequel en ſon taciturne ſilence & repos demeure reſtreint en ſon eſſence, incomprehenſible à toutes ſortes de creatures, & deſignee par le tetragrãmatõ ineffable, lequel repreſente Dieu ſelõ qu'il eſt pardeſſus tout Eſtre: ADONAI, ſelon qu'il eſt maiſtre & ſeigneur de toutes choſes: & SADAI ſuffiſant à ſoymeſme, n'aiant rien affaire d'ailleurs, ny hors de ſoy, & de ſon eſſence. Derechef *Aleph*, qui par

Autres myſteres des lettres Hebraïques.

Tt ij

le relaschement du *Mem*, vient à se ietter horsde la taciturnité & silence, represente la sapience, ou le VERBE procedant du PERE; lequel VERBE est le principe de tout, selon qu'il est dit en Genese; *Au commencement Dieu crea le ciel & la terre*; c'est à dire que le PERE crea tout en, & par le FILS: & en sainct Iean; *Au commencement estoit le* VERBE, *& le* VERBE *estoit Dieu*; *& Dieu estoit le* VERBE, *par lequel toutes choses ont esté faites*. plus au 8. *Ego principium qui & loquor vobis*. Finablement le *Shin* ou le sifflement, tient le lieu du SAINCT ESPRIT, lequel procede de tous les deux. Et ne faut pas trouuer estrange si tous ces symboles & attributiõs sont tantost appropriees à l'vne, tantost à l'autre des trois personnes; car cela infere que si bien il y a distinction de personnes, il n'y a pas pour cela differéce aucune d'essence & substance en elles. EN APRES passant outre à la construction & fabrique du monde; *Aleph* represente le תהו *Tohu* ou *Chaos*, & masse confuse inordonnee; Aristote l'appelle la matiere premiere, sans forme quelconque, ny espece; & au reste de nature d'eau liquide & coulante, en quoy ce mot de *Tohu* ne s'esloigne pas beaucoup du Grec θέω courir, qui est le propre de l'eau; laquelle ne se pouuant retenir & borner de soy-mesme, a besoin d'vn terme & limite en-dehors de nature seche pour l'arrester : Parquoy ce *Tohu* ou matiere informe designee par ledit *Aleph* ou espanchement, a mestier du *Mem*, c'est à dire d'vne compresse & retinacle. Et pour ce que la matiere sans forme presuppose vne forme sans point de matiere, s'ensuit de ce *Tohu* par consequent le בוהו *Bohu*, assauoir la vacuité du lieu, & la forme destituée de matiere, qui est l'Entelechie d'Aristote ; & de ces deux manques, prouient son troisiesme principe qui est la priuation, les tenebres de Moyse, qui ne sont rien de soy, ains seulemét, vne absence & priuation de lumiere, lesquelles estoiét dessus la face de l'abisme, ou *l'Ensoph* & infiny des Cabalistes, dont Socrate dispute fort exactement dans le Philebe de Platon ; le disant estre vne seule chose, & plusieurs ; & met là pour la substance de l'ame, l'infinité, qui est priuation de tout nombre, mesure & proportion, qui n'a en soy ne sinne terme, ne peu ne moins, ne similitude ou dissimilitude. Toutesfois Plutarque en la 2. question du 8. des Symposiaques, à propos de ce que dessus, met que les philosophes anciés souloient appeller infiny ce qui n'estoit point arresté ne determiné ; & que Dieu n'auoit point par autre moien fabriqué ce monde, sinon en finissant & terminant la matiere, qui estoit n ompas infinie en grandeur & en quantité, ains plustost non finie ne terminee, pour raison de sa desordonnee & vague inconstance. Car quant à l'infiny, Chrysippe tout conformement à ce que les Cabalistes appellent *Ensoph*, alleguoit hors de ce monde sensible estre vn infiny, n'aiant ne commancement, ne milieu, ne fin. OR ceste matiere primitiue dite היולי *Hiuili*, qui aproche aucunemét du mot Grec ὕλη, que Moyse appelle

Plutarque au traité de la creation de l'ame.

Tt iij

aucunefois la terre; & la forme, la lumiere ou le ciel; est tousiours vne mesme; mais la forme qui se doibt introduire au בהו *Bohu* l'informable, est diuerse & de plusieurs sortes. Les Peripateticiens approprient la premiere en l'homme, à ce qu'ils nomment l'intellect passible, & susceptible de toutes choses, comme tenant lieu de la matiere; & l'autre a l'intellect agent, lequel enfante & produit hors toutes les conceptions interieures qui se reçoiuent & impriment dedans cest intellect passible, ainsi que fait la creature en la matrice de la mere. Esquels deux, tant au receuant comme au produisant, se remarque le septenaire composé du trois, & du quatre; le Ternaire denotant la forme, le ciel, le simple, & le hault, dont sa quadrature est le neuf, & le Cube le vingt sept; & le Quaternaire la matiere, la terre, le mixte composé, & le bas, procedant du Binaire, dont il est le carré; & le Huict, le Cube. De maniere que la diuinité en la formation du monde, comme met Platon au Timee, vint en premier lieu s'expliquer de son interieur en dehors, par le quatre & le neuf, & puis ordonna ce beau chef d'œuure en ses parties, par le huit, & le vingt sept: esquels nombres & proportions d'impair, & de pair, tenans comme lieu de femelle & de masle, toutes les vertuz, puissances & facultez productrices, tant passiues, qu'actiues sont contenues & representees. Le mot de *Tohu* au reste ne s'esloigne de rien quant au son du θεός des Grecs, si fait bien en partie par la signification d'iceluy; car θοὸς veult dire viste & aigu, ce qui ne conuiendroit guere bien à la matiere, qui comme corporelle doibt estre par raison plus pesante, tardiue, & mouce, que nompas la forme, qui est plus spirituelle, & pourtant plus agile & aiguë: Neaumoins le θοὸς se prend aussi pour ferme & solide: dont Homere souuent attribue l'epithete de θοὴ à la terre; combien que Plutarque au traicté de la cessation des oracles, & en celuy du rond de la Lune le vueille referer à aigu, pour raison que l'ombre de la terre nonobstant que ronde, se va tousiours amenuisant en pointe de forme conoide, plus camuse vn peu que la pyramide; laquelle est proprement attribuee au feu, comme le Cube est à la terre. Ce *Tohu* donques enuers Moyse represente la matiere informe, à quoy d'vn costé s'approprie la terre pour raison de son immobile stupidité, qui la rend ainsi establie-ferme; (*Terra autem in sæcula stat*, au commancement de l'Ecclesiaste,) ce qui conuient au susdit Epithete d'Homere; & de l'autre part l'eau, reduitte en vne mesme masse globeuse auec la terre, toutes deux pour leur pesanteur tendans contre bas; l'eau au reste à cause de sa coullante & fluide instabilité n'estant capable de receuoir aucune forme, si elle n'est retenue de quelque borne subsistente & solide. Mais par le BOHV est signifiee la forme, à qui symbolisent l'air & le feu, dont la region superieure consiste toute; & qui sont en continuel mouuement, comme vne forme qui cherche de s'introduire en la matiere pour auoir repos : & c'est ce que veult inferer à peu pres Homere en l'onziesme de l'Odissee; & Virgile apres luy au 6. de l'Eneide, par les ames vagabondes là bas és enfers ; car l'ame en nous tient lieu de forme, & le corps, de la matiere; lesquelles ames sont ainsi ardentes & couoiteuses de boire le sang des victimes qu'Vlisse y a esgorgetees dans vne fosse, mixtionné auec du miel, eau, & vin ; toutes liqueurs participans grandemēt de l'humidité, & qui representent aucunement les quatre elemens, car cela n'est pas sans quelque mystere ; assauoir le miel comme le plus visqueux & gluant de tous, fait la terre; l'eau, l'eau; le sang, l'air; & le vin, le feu ; tesmoin l'esprit qui s'en tire que nous appellons eau ardente. Les ames donques desirent de s'humecter, comme n'estans autre chose que feu, & par consequēt secheresse, qui appete naturellement de l'humide; Si qu'Vlisse à toute peine les peult engarder d'aprocher, quelques menaces qu'il leur face à tout son espee :

αὐτὰρ ἐγὼ ξίφος ὀξὺ ἐρυσσάμενος παρὰ μηροῦ
ἥμην, οὐδ᾽ εἴων νεκύων ἀμενηνὰ κάρηνα
αἵματος ἆσσον ἴμεν, πρὶν Τειρεσίαο πυθέσθαι.

Ce qui ne s'esloigne pas fort de ce qui est escrit au 8. de Sainct Matthieu, des Cacodemons, qui s'estans mis en deux corps sortans des sepulchres en la contree des Gerazeniens, infestoient la voye de sorte que

que personne n'y eust sceu passer bagues sauues: mais nostre Sauueur les en ayant dechassez, ils le requirent leur vouloir octroier de grace, se pouuoir jecter en vn trouppeau de porceaux pres de là; dedãs lesquels tout à l'instant ils s'allerent precipiter en la mer, source de toute humidité, mesmement pour raison de son onctuosité adustible & grasse. Et pource que les choses spirituelles & corporelles s'entresuiuent reciproquement, comme procedans toutes d'vne mesme cause vniuerselle, combien que par diuers respects, nous pouuons veoir sensiblement cecy és esprits du salpetre en la distillation des eaux forts, où ils demourront en vapeur plus subtile qu'air, rouges & enflambez comme feu au recipiét, sans se rasseoir qu'il n'y ait quelque humidité d'alum, vitriol, & semblables, où ils se puissent submerger: mais plus sensiblement encore vous en pouuez voir vne experience bien que mecanique, neaumoins assez admirable & estráge. Amalgamez 5. ou 6. onces d'argent vif auec son poix egal d'estain; & broyez le tout auec dix ou douze onces de sublimé: Mettez à dissouldre dessus le marbre à la caue, ou autre lieu humide & relent: en quatre ou cinq iours tout le sublimé coullera en liqueur ressemblant à huille d'olif, que vous mettrez à distiller, & sur la fin donnant feu de chasse, s'en sublimera en substance seche quelque portion. Remettez l'eau sur les terres, & dissoluez ce qui en sera dissoluble: filtrez le clair, & redistillez; puis acheuez de sublimer: &

V v

reiterez quatre ou cinq fois tous ces regimes, vos terres seront alors si subtiles, que vous les verrez en continuel mouuement tout ainsi qu'atomes aux raiz du Soleil; mais blancs comme nege, sans iamais auoir repos, si vous n'y iectez vn peu d'eau où ils se puissent retirer. Et certes ie les ay gardees ainsi plus de six ans, tousiours en ceste agitation sans cesse: chose plaisante à regarder, mais parauenture ridicule à d'aucuns, & nompas à ceux, qui prenans garde de plus pres à ce qui en peult resulter, parceuront en fin le fruict qui en peult prouenir en la philosophie naturelle. LA troisiesme lettre est le ש Shin; l'esprit d'ADONAI ou Seigneur, qui en la creation des choses estoit espandu sur les eaux, qu'il empreignoit de sa viuifiante chaleur, laquelle ne peult rien sans l'humide, nomplus que l'agent sans le patient, ne la forme sans la matiere; Pour estre la substance humide molle de soy, & obeissante à côceuoir toutes sortes d'impressions; & aussi que la primitiue source de vie gist en l'humide assisté du chauld; côme l'on peult apperceuoir au sang, vehicule, siege & maintenement de l'ame viuante dans le corps, & son lien d'association auecques luy, qui en demeure viuifié, comme il est dit au Leuitique 17. *L'ame de la chair est au sang*; lequel n'est autre chose qu'eau viue cuitte & digeste, & pourtant rougie, selon qu'on peult apperceuoir au vin, qui prouient de l'eau decuitte de la chaleur du Soleil au sarment, & de là és grappes, selon que le veult Empedocle; *Que le vin se* fait d'eau, se putrefiant dans le bois sous l'escorce. Parquoy le philosophe Callistene le souloit appéller le sang de la terre, conformement aux traditions Egyptiennes. *Que les prestres ny les Rois anciens n'en beuuoient point; ny n'en faisoient aucunes offrandes ny effusions aux dieux; estimans que ce fust le sang des Geans qui leur firent la guerre; lequel meslé auec le terrein lors qu'ils furent accablez d'eux, vint de là à produire la vigne & son fruict.* Aussi est-il dit au Deuteronome 32. le sang des raisins; *Et sanguinem uuæ biberent meracissimum:* Dōt le prophete à ce mesme propos au pseaume 36. s'exclame; *Inebriabuntur ab hubertate domus tuæ*: laquelle yuresse Musee tres-ancien poëte Grec, appelle beatitude & felicité. A CES trois lettres donques appellees les meres dans le *Iezirah*, & aux significations qu'il leur donne, se raporte presqu'en mesmes mots, cecy de la premiere canonique S. Iean: *Il y en a trois qui donnent tesmoignage au ciel; le* PERE, *le* VERBE, & *l'*ESPRIT SAINCT: & *ces trois sont vn. Trois pareillement qui rendent tesmoignage en terre; assauoir l'esprit, l'eau,* & *le sang*: là où il a mis le sang pour le feu: Et de fait le sang n'est autre chose que pur feu; tesmoin le baptesme d'eau & de feu dont l'Euangile fait mention, qui est le sang de IESVS CHRIST, & la grace du S. ESPRIT, conferee par l'effusion de ce sang; dont l'eau n'est que le signe exterieur, mais sacramentel. DV feu au reste furent creez les cieux, & la terre de l'eau; suiuant ce que le confirme la Turbe ou Synode des philosophes con-

Plutarque au traité d'Osyris.

Vv ij

gregez par vn nommé Arislee Pythagoricien de profession, mais moderne; *Ex grossitie aquæ terra concreatur*: Cela peult-on veoir par experience d'vne eau agitee & battue; puis redistillee par plusieurs fois, separant tousiours la six ou septiesme partie qui passera la premiere. L'AIR enapres est formé de l'esprit, qui procede de ces deux extremes, ou contenás, comme les appelle la mesme Turbe; feu, & eau; laquelle se subtilie par l'action du feu en bouillant, & monte en hault en substance d'air. VOILA quant aux trois elemens; ausquels le *Iezirah* applique ces trois lettres meres: Puis il poursuit qu'en l'annee il y a aussi trois saisons meres, & principales varietez du temps, qui leur correspondent; l'esté assauoir qui est chauld, au feu, dilatant comme fait le *Shin*: l'hyuer froid, à l'eau, & au *Mem*, qui resserre: & la temperature moienne du printemps & automne, ditte *Reuiah*, à l'air, procedant de ces deux extremes, le feu & l'eau; dont se forme vn doulx & simple halenement, tel qu'en la prolation de l'*Aleph*. CES trois lettres meres enapres representent les trois substances, dont tous les composez elementaires consistent, tant mineraux, vegetaux, qu'animaux; sel assauoir, mercure & soulphre; ainsi qu'on peult apperceuoir en leurs resolutions par les graduees actions du feu: le sel estant designé par *Aleph*, source, racine, & siege de toute humidité liquante, comme parlent les philosophes Spagyriques, ouquel l'eau doulce est incorporee auec sa terre arse &

amere: car la salsitude gist en l'vne des deux terrestreitez, qui se retrouuent mesme en l'eau marine auant que la faire glacer en sel : & de fait en separant d'elle toute l'eau doulce par distillation, car la salleure ne monte pas, restera le sel congellé au fonds; duquel par les resolutions à l'humide, le mettant sur du marbre en quelque caue ou lieu bien moicte, s'en separe vne terre rousse doulceastre, qui n'a pas de moindres effects és medicamens, que la Lemnienne qu'on appelle vulgairement Sigillee; & nomment ceste terre rousse, aussi bien les Cabalistes que les Chimiques, אדם *Adam*, dont la premiere lettre est *Aleph*. L'autre terre participe de la salsitude; car distillez la dessusdite resolution par vn legier bain, l'eau simple & douce qui y peut estre en assez bonne quantité montera, laissant du sel encore au bas. Reiterez tous ces regimes de resolutions à l'humide, & distillations par le bain, tant que la terrestreité vous demeure seiche & aride, sans se vouloir plus humecter de soy-mesme, & il restera vne terre sallee & amere. Parquoy vous verrez manifestemēt comme ces deux Elemens plus grossiers, terre & eau, sont ensemble accouplez au sel; dont l'acuité mordicante participe du feu; & la grasse onctuosité qui y est, de l'air. Du mesme en bruslāt tout sur ce que le feu peut exercer son actió, ainsi q̃ du bois, & autres telles choses adustibles, resterōt des cēdres; desquelles par vne lexiue d'eau simple, vous extrairez la salsitude qui s'y est reuelee par

Vv iij

la séparation de l'eau qui s'en est allee en fumee; & de l'oleaginité soulphreuse qui a causé l'adustion. Faites les calciner de nouueau en four de reuerberation, tel que des Verriers, ou celuy où l'ō cuit les pots, en sorte que rien d'estrange ne se mesle parmy; vous en extrairez encore du sel. Poursuiuez ces calcinations & dissolutions auec eau commune de fontaine, ou de puits biē nette, iusqu'à ce que tout le sel soit dehors, & que rien ne se vueille plus redissoudre, il vous demourra vne terre morte priuee de tous ses esprits, à sçauoir de couleur, odeur, & saueur; laquelle à forte expression de feu se cōuertira en verre; qui est la quatriesme substance, ou s'accomplist la reuolution des accouplemens elementaires; que les Cabalistes en leurs chiffremens representent par les *Ziruph*, ou cōbinations literales. Il y a encore vn autre mystere de ces trois substāces Sel, Mercure, & Soulphre, par vne triplication d'Elemens: car le sel cōsiste du feu, terre, & eau ioints ensemble; la mordication d'iceluy prouenant du feu y enclos; sa consistance & solidité, de la terre; & sa liquabilité de l'eau; car il se fond ny plus ny moins que le metal. La Mercure en apres participera de terre, eau, & air, comme vous auez peu veoir és figures des carrez & triangles chimiques: & cela se peut aiseement discerner en la separation de ses substāces; là où vous trouuerez des terres abondāment; de l'eau flegmatique; & de l'huile surnageant à l'eau. Le soulphre finablemēt participera d'eau, air, & feu, car il n'y a point d'onctuosité quelconque sans de l'aquofité meflee parmy : ce qui fe manifefte tout apertement en la feparation des fubftances, quand on le brufle dans quelque pot, auec vne chappe d'alembic au deffus y aiant vn peu d'air entre deux, autrement le feu s'efteindroit foudain; car la partie qui fe brufle eft de nature aëreufe, graffe & cōbuftible; & la vapeur qui mōte en la chappe, & puis fe refoult en liqueur, participe de deux fubftances; l'vne douceaftre de nature d'eau commune; & l'autre aiguë, voire vn peu cauftique, & falfugineufe, de celle du feu. OR pour autant que le fel eft comme la bafe & le fondement de tous les mixtes elemētaires, la nature par fon accouftumee prouidence en produit trois fortes, fymbolifans aux trois fubftāces deffufdites : le fel commun, fixe & permanent à toutes efpreffions de feu, fans qu'il fe brufle ny enuolle : le fel armoniac qui s'en fuit du feu fans ardoir, tout ainfi que l'eau, parquoy il correfpond au Mercure : & le falpetre inflammable, au foulphre. Toutes belles cōfiderations à la verité, mais couuertes de prime face fouz vne maniere de voile, à guife de quelque fecret d'importance fouz vn defguifement de chiffre; ny plus ny moins que fi l'on venoit à efcrire en beaux caracteres dorez, azurez, diafprez, ou autrement embellis de figures d'arbres, herbes, fleurs, animaux, & femblables hierogliques, cela pourroit bien amener quelque contentement à l'œil, comme feroit vne autre peinture; mais à plus forte raifon combien plus en aura de fatisfactiō celuy qui s'aperceura de ce qui est contenu là dessouz? selon ce qui est escrit en la sapience 13. *Si quelques vns prenans plaisir en la beauté du Soleil, de la Lune, & semblables choses visibles, les ont reputees pour dieux, qu'ils sçachent de là combien celuy qui y domine est plus beau sans comparaison.* Et à ce propos le ciel est appellé des sages Hebrieux *Tiphereth*, parce que tous les principaux ornemés & beautez visibles sont en iceluy, selon le Zohar, qui y apporprie ce texte de Genese 2. *Perfecti sunt cæli & terra, & omnis ornatus eorum*: car la terre aride de soy, & pourtant dite des Hebrieux יבשה *Iabassah*, des Grecs ξυρά, est sterile & infructueuse si elle n'est arrousee du ciel: & de fait elle ne produit (au mesme chap.) rien quelconque, deuant que la pluie degoutte dessus, qui l'empreigne & la rend fertile, comme le tesmoigne le 28. de Deuteronome; *Le Seigneur Dieu ouurira son tresriche thresor, assauoir le ciel, pour donner de la pluye à la terre en saison propre & conuenable*: car les pluyes, selon que le met en termes expres le Thargum ou paraphrase Ierosolymitaine sur le 30. de Genese, sont l'vne des quatre choses de tout l'vniuers, dont Dieu s'est particulierement retenu les clefs de la dispensation en sa main, sans les vouloir commettre mesme aux Seraphins: & là dessus pour le regard d'icelles pluyes ameine le dessusdit passage de Deuteronome. L'autre clef est de la norriture quotidienne de ses creatures, dont il est dit au pseaume 145. *Oculi omnium in te sperant domine; & tu das escam illorum in tépore oportuno. Aperis tu manum tuam*; &c. La troisiesme est

des

des sepulchres, qui concerne la resurrection de la chair; en Ezechiel 37. *Cùm aperuero sepulchra vestra, & eduxero vos de tumulis vestris.* Et la quatriesme, de la sterilité, & lignee; oudit 30. de Genese; *Recordatúsque dominus Rachelis.* Mais la terre au surplus qui est fixe & immobile de soy, tant l'opaque en la separatiõ de l'eau douce d'auec la saulmure, que la transparente consistant és cendres qui se conuertissent en verre apres l'extraction des sels (ce qui denote mystiquemẽt la terre par l'opaque, & le ciel par la transparẽte & lucide) represente l'immobile d'Aristote, autour duquel, & sur lequel tous les cercles d'autour se meuuent & tornẽt ainsi que sur le moyeu d'vne rouë: car il y a plusieurs sortes de terre, & mesme le firmamẽt immobile est dit la terre des viuants; & nous presupposons d'auãtage auec Hermes & les Cabalistes, que les choses basses sont proportionnelles à celles d'en-hault; cõme le cẽtre indiuisible auecques sa circõferẽce de quelque immẽse estẽdue qu'elle puisse estre; & pourtãt le sel à cause de sa fermeté permanente & fixe, est en la diuinité comme vne marque & symbole du P E R E, lequel demeure ferme & coy en son silence, repos & immobilité eternelle; qui est le grãd & vniuersel sabbatisme de tous les Sabbats: dont il ne se faut pas esmerueiller si Homere a voulu attribuer au sel le tiltre de θεῶν ou diuin; de maniere que les anciens au paganisme reputoiẽt la table prophane, si la saliere n'y estoit mise, selon que le tesmoigne Arnobe; *Sacras facitis mensas salinorum appositu:*

L'excellence du sel.

car pour le respect du sel seulement, elle estoit referee entre leurs sacrez vaisseaux; Tite Liue au 26. *Vt salinum paterámque Deorum causa habeant*: Et Pline liure 33. chap. 12. *Fabricius Imperatores plusquam pateram & salinum ex argento habere vetabat*. Mais on peult voir en quel respect il estoit tenu en l'ancienne loy, dans le 2. du Leuitique; *Tu saleras auec du sel toutes les oblations de tes sacrifices; & ne faudras de mettre le sel de l'alliance de ton Dieu dessus ton sacrifice: Tu offriras en toutes oblations du sel*. Plus és Nombres 18. *Le pact du sel soit perpetuel deuant le Seigneur, à toy & à tes enfans*: Ce qui est resumé au 2. des Paralipomenes, chap. 13. *Ignorez vous que le Seigneur, le Dieu d'Israël, ait donné le Royaume à Dauid sur Israël à tout iamais, à luy, & à ses enfans masles soubs la paction du sel?* Qui est par tout enuers les Iuifs pris pour vne ferme stabilité: & pourtant il estoit aposé en tous les sacrifices de leur loy, comme pour vne marque de la fermeté de l'alliance reciproque de Dieu auec eux. Rabi Salomon sur les passages dessusdits, que le sel soit là appellé *le sel de l'alliance*, allegue vne fort bizarre raison, que i'estimerois neaumoins auoir esté assignee par les Cabalistes anciens dont il l'a prise, par vne forme d'allegorie, *Que les eaux d'icy bas en la terre, à la creation des choses, se mutinerent de ce qu'on les eust ainsi separees des surcelestes, aiant esté le firmament interposé entre deux: au moien dequoy Dieu pour les apaiser leur promit de faire, qu'elles seroient perpetuellement emploiees à l'vsage des sacrifices; comme il fit depuis en la loy qu'il donna aux Iuifs* : Ce qu'il dit pource que le sel consiste d'eau. Il y a d'autres Rabbins qui parlent moins fantastiquement là dessus, combien que celuy-là se retiene ordinairement à la lettre : *Que le sel fait durer toutes choses, & leur eslargist vne subsistance qui les empesche de pourriture : & à ce propos il se dit de la loy, qu'elle donne vne bonne saueur à tout ; parquoy elle est appellee alliance, & pact du sel eternel, à cause que toutes choses ont besoin de l'assaisonnement de la loy* : qui est ce que veult inferer ce texte ; NE FAITES POINT CESSER LE SEL DE L'ALLIANCE DE VOSTRE DIEV : *Par où s'entend le pact eternel de son sacerdoce; car il ne se peult faire des sacrifices sans la prestrise ; & il n'y a point de sacrifices sans sel.* Et de fait y a il rien de plus permanent & plus fixe au feu, ny de plus aprochant de sa nature ? parce qu'il est mordicant, acre, aceteux, incisif, subtil, penetratif, pur & nect, fragrant, incombustible, & incorruptible, voire preserue toutes choses de corruption ; & par ses preparemens se rend clair & transparent comme l'air : dissoluble au reste à l'humide ; & liquable auec tout cela, és fortes expressions de feu, ainsi que les metaux en leur endroit ; qui sont neaumoins deux resolutions contraires, & repugnantes l'vne à l'autre : Principe en apres de toute humidité liquable, onctueuse & inconsumptible. A ce propos le Tharghum Ierosolomitain, sur le 19. chap. de Genese ; *La femme de Lot regardant derriere soy, deuint statue de sel* ; met qu'elle fut conuertie en vne colonne de sel, qui doit ainsi

Particularitez du sel.

durer iufqu'au temps de la refurrection generale, où tous les trefpaſſez reuiuront. Quelques autres, ie ne ſçay ſi on leur doit adioufter foy, ſe hazardent de dire que c'eſt vne maſſe de ſel, aiāt ie ne ſçay quelle ombre & forme de femme; & qu'autant qu'on en peult oſter, celà ſe repare ſoudain, & en renaiſt de nouueau autant en ſa place, ſans exceder l'accouſtumee proportion, car Dauid Kinthi l'interprete pour vn mōceau de ſel: mais en la Sap. 10. celà eſt appellé *Figmentum*, ou effigie de ſel, qui demeure ainſi pour vne marque de l'incredulité de ceſte creature; ſuiuāt ce qui eſt dit en S. Luc 17. *Memores eſtote vxoris Loth*; à propos de regarder en derriere, c'eſt à dire aux choſes du monde. Le ſel outreplus eſt premiere origine, tant des metaux que des pierreries, voire de tous les autres mineraux; des vegetaux pareillement, & des animaux; & en general de tous les mixtes elementaires: Ce qui ſe peult verifier en ce qu'ils ſe reſoluent en luy; ſi qu'il eſt comme vne vie de toutes choſes; car comme porte le mot commun, *Sole & ſale omnia conſeruantur*; & ſans luy ſelon le Philoſophe Morien, la nature ne peult rien ouurer nulle part; ny choſe aucune eſtre engédree, ce dit Raymond Lulle en ſon Teſtament: Dont tous les philoſophes Chimiques conuiennent que rien n'a eſté creé icy bas en la partie elemētaire, de meilleur ne plus precieux que le ſel: duquel, comme met Pline liu. 31. chap. 7. *La vie humaine ne ſe ſçauroit bonnement paſſer*: & eſt vn ſi neceſſaire element, que la ſignification de ce mot s'eſt tranſmiſe

DES CHIFFRES. 175

iusqu'aux delices & plaisirs de l'ame ; car on appelle ainsi les sels au nombre plurier: & toute la grace & douceur de la vie humaine; la courtoisie, gentillesse, & gayeté qui y est; le soulagement & repos des trauaux, ne dependent point plus d'vn autre vocable que de cestui-cy, lequel est encores approprié aux charges, dignitez & honneurs : & mesme à la guerre, les salaires qui sont la paye & solde des soldats, en ont pris leur denomination : car sans doute le mot de salaire, qui s'estend encore bien plus-auant, vient de sel, comme de l'vne des plus vtiles choses qui soient, tellement qu'à beaucoup de natiós il a cours en lieu de monnoye. Quelques-vns outreplus l'appellēt les graces, parce qu'il rend saoureuses & aggreables au goust les viādes qui en sont deüement assaisonnees; & mesme l'Apostre aux Coloss. 4. ὁ λόγος ὑμῶν πάντοτε ἐν χάριτι ἅλατι ἠρτυμένος, Vostre parole soit tousiours confite en sel auec grace : Et Platon au Timee, outre la cōmodité qui s'en tire pour l'vsage de la vie humaine, & les cōmoditez du corps, le dit estre sacré, selō la formule & teneur de la loy ; l'appellant θεοφιλὲς σῶμα, vne substāce agreable aux dieux. Mais les Cabalistes le celebrēt encore biē plus par vne des reigles de la ghematrie & equiualence de nōbres, appellee des Hebrieux ghilgul, en cete sorte: Les lettres de ce mot מלח malach qui signifie sel, mōtēt en la supputatiō de leurs nombres, 78. car mem vault 40. lamed 30. & heth 8. Or diuisez en telle maniere que vous voudrez ces 78. il resultera tousiours q̄lque nōbre qui represētera vn mystere des noms diuins. Pour exēple, la moictié sōt 39.

Plutarque en la 10. question du 5. des Symposiaques.

Mysteres du sel par la ghematrie.

X x iij

autant que môtent les lettres du נחש *Chuzu*, le fourreau, comme ils l'interpretent, du grand nom; assauoir *Caph*, 20. *vau*, 6. *Zain*, 7. & *vau* derechef 6. Si en trois parties, chacune montera 26. qui est le nombre du tetragrammaton יהוה: En six, ce seront 13. qui equipollent à la mesure de la pieté: En treze, ce seront 6. que vault le *vau*, lettre representant la vie d'enhault; & le six est le premier nombre persaict: En vingt six, ce sera le nombre de la tressaincte & sacree TRINITÉ, trois. En trente neuf, DEVX, que vault le *beth*, symbole du verbe ou seconde personne; & la maison des Idees de l'Archetype: Et finablement les 78. denotent autant d'vnitez, dont chacune represente l'vnité d'vn seul Dieu. Tout de mesme est il du mot לחם *lechem* pain, qui est vn anagrame du precedant, parquoy les lettres rendét de mesme 78. *lamed* 30. *heth* 8. & *mem* 40. Mais יין *Iain* ou vin, ne vault que 70. vn nombre procedant de la multiplication du dix par le sept, qui concerne l'ame, laquelle a son siege ou sang, où le vin se conuertist fort facilement: au moien dequoy la diuinité s'est tousiours fort delectee de ces deux substances de pain & de vin, tant pour le mystere qu'elles denotét de son Eglise composee de plusieurs ames, vnies en vn commun consentement de creance, à l'imitation de ce que le pain se fait de plusieurs grains de froment empastez ensemble; & le vin s'espreint de ceux des grappes de raisin; qu'à cause de l'incorruptibilité dont ils participent plus que nulles autres, prouenant de la quinte-essence de l'eau de vie qui y reside en grand' abondance : Aussi sont elles accouplees au prem. d'Esdras, chap. 6. auec le sel & l'huille, comme les quatre plus vtiles & necessaires choses que la nature produise point. Que le sel au reste soit incorruptible, voire preseruatif de corruption ; cela est assez cogneu d'vn chacun, qui en fait d'heure à autre l'experience : mais cecy le demonstrera bié plus practiçalemét encore : car estant dissouls à par soy en lieu humide, puis ceste liqueur bien clarifiee iusqu'à ne laisser plus de feces ne residences, mise à putrefier par deux mois en fiens de cheual qui soit souuent renouuellé, afin qu'il y ait tousiours bonne chaleur ; par vne tresforte distillation dans le sable, l'onctuosité salmastre montera auec l'eau flegmatique : Separez ceste eau par vn bain legier, il vous restera vne liqueur, en laquelle mettez tremper ce que vous voudrez, fust-ce des choses les plus corruptibles, elles demourront en leur entier par de longues reuolutions de siecles, sans s'y alterer ne corrompre. Et de ceste liqueur ; que Paracelse appelle *Viriditas Salis*, qui a des facultez & vertus incroiables, on a opinion qu'estoit embausmé ce beau corps de femme, que Raphaël Volaterran racompte auoir esté trouué, il y a quelques 90. ans, du temps de Pape Alexandre v 1. en vne sepulture antique aupres d'Albane, aussi cóseruee, mesmemét les longues tresses de ses cheueux blonds & dorez, qu'à l'heure qu'elle trespassa ; combien que selon l'escriture grauee au marbre de son

tombeau, il y deuſt auoir plus de treize cẽs ans qu'elle eſtoit decedee. Le corps aiant eſté apporté à Rome, le Pape pour le grand cas qu'on en faiſoit, car celà balançoit deſia à l'Idolatrie, le fit ſecretemẽt ietter dans le Tibre. Le ſel donc eſt en lieu d'vne autre ame, laquelle pendant qu'elle eſt au corps le preſerue de pourriture; ſuiuant ce que Pline apres les Stoïciens dit, que la chair de porc eſtant de ſa nature ainſi que morte, *Anima data eſt illi pro ſale*: car le ſel a ceſte proprieté, ny plus ny moins que les fermẽts ou leuains, de conuertir à la longue en ſa nature, tout ce qui ſera meſlé auec lui, s'il y peut au moins penetrer; conſommant la ſuperfluité de l'humeur viſqueuſe ſujete à putrefaction; & meſmement ceſte liqueur eſpandue parmy tout le corps (Raymond Lulle l'appelle l'humeur vrinale, & paracelſe la mumie) laquelle empeſche la corruption de la ſubſtance doulceaſtre nutritiue, car rien ne paſſe en nourriſſement que le doux, ſelon Ariſtote, par vne prouidence de nature eſt ſalee, ainſi qu'on peut apperceuoir au ſang: dont quelques-vns pourroient parauenture auoir pris leur theme, de penſer que la mer ſoit ainſi ſallee par vne meſme prouidence, pour en empeſcher la corruption: & de fait ſon eau ne ſe corrompt pas ſi volontiers que la douce, voire point du tout; car i'en ay gardé plus de deux ans en vne fiolle toute ouuerte ſans qu'elle ſe ſoit alteree; là où dans l'eau doulce en moins d'vn mois ſe procreeront des moiſiſſeures & araignees: bien eſt vray que les diſtillees ſe corrõpent plus tard;
mais

mais le plus ſeur eſt d'y ietter quelque peu de ſel ſelõ leur proportion; car l'eau & l'air comme les deux Elemens mols ſe corrõpent plus aiſeement que la terre; le feu en eſt du tout exempt; parquoy le ſel qui participe de ſa nature, empeſche conſequemment la corruption: Et pourtant au 2. chap. du Leuitique allegué deſia cy deſſus, il eſt ordonné, mais myſtiquement, *Que toutes les offrandes des ſacrifices ſoient ſallees de ſel; lequel on offrira en toutes ſortes d'oblations*: & Rabi Ioſeph fils de Carnitol au liure des portes de Iuſtice, met que le fondement de la loy eſt le ſel, lequel contracte l'alliance; ſi que le regne de la maiſon de Dauid eſt dit l'alliance du ſel. Pline au lieu deuant dit, touche cela preſqu'és meſmes termes; ce qui monſtre que le Paganiſme, les Romains principalemẽt, ont emprunté la plus part de leurs ceremonies des traditions Iudaïques: *Maxime autem* (ce dit-il) *in ſacris intelligitur authoritas ſalis, quando nulla conficiuntur ſine mola ſalſa*; comme eſtant le ſel vn des ſymboles de l'alliance contractee entre Dieu & ſon peuple: Dont il eſt pris bien ſouuent en l'eſcriture pour la ſapience; (*Accipe ſal ſapientiæ*, és ceremonies de noſtre Bapteſme) & pour la vraie doctrine Apoſtolique, voire la lumiere de l'Euãgile: car aiant le Sauueur dit à ſes Apoſtres (en S. Matthieu 5.) *Vous eſtes le ſel de la terre*; en vn autre endroit il les appelle la lumiere du monde: & en S. Marc 9. *Tout homme ſera ſalé de feu; & toute oblation ſera ſalee de ſel*: c'eſt bonne choſe que le ſel; que s'il eſt fade, dequoy l'aſſaiſonnereZ-vous? AieZ dõcq du ſel en vous mesmes ; *& soiez en paix les vns auec les autres*: En quoy le sel est proportionné au feu. Si donques il est vn symbole de la Sapience, & la Sapience est le VERBE diuin ; & ce VERBE le Principe de toutes choses, à bon droit l'*Aleph* qui denote vn Principe & commancement, representera le sel dont tout est produit icy bas: Ce qui appert en ce que la plus grande portion de tous les mixtes & composez, se resoult à la fin en sel; & qu'il ayde grandement à la generation, comme on voit par experience, sans auoir recours aux authoritez de Plutarque, en ce qu'à faute de fiés, qui n'est autre chose que sel, ou de marne, & semblables substances tenans lieu de fiens, on brusle pour engraisser & fumer les terres, le chaume, les herbes, ronces, espines, geniets & autres arbrisseaux qui y surcroissent : & en l'Ardenne fort aride de soy, ils n'ont autre recours qu'à brusler le bois d'vn essart, ainsi appellent-ils les terres qu'ils veullent ensemencer ; & puis les harser auec vne maniere de fourche, qui mesle les cendres auec le terrein : car le sel est de nature grasse & onctueuse, toutes proprietez fort idoines à la production ; voire inflammatiue comme le tesmoigne iceluy Plutarque apres Aristote, és symposiaques liu. prem. question 9. Et Pline au lieu prealleguè; *Est enim in sale pinguitudo quod miremur.* Ce qui s'aperçoit bien facilement és lexiues : & au 106. chap. du 2. liu. *Marinas aquas celerius accendi*, &c. Bien est vray que le sel commun est pris quelquesfois en mauuaise part, & côme pour vne marque d'extermination & ruine; ainſi qu'au 9. des Iuges, ou Abimelech ſeme de ſel la ville de Sichem qu'il auoit deſtruite: mais celà eſt d'vn autre propos.

L'AVTRE ſubſtance d'apres deſignee par מ *Mem*, eſt le mercure, de nature d'eau, comme le met le Ie-Zirah où il eſt dit, *Præfecit ipſum Mem aquis*. Et la troiſieſme eſt le ſoulphre ſpirituel encores, & volatil, auſſi biẽ que le Mercure & l'eau: de nature de feu; deſigné par la lettre ש *Shin*, au meſme liure, *præfecit ipſum Shin igni*; qui denote l'ESPRIT SAINCT au monde intelligible; le Soleil au celeſte; & icy bas en l'elementaire, le feu: lequel ſoulphre non ſans cauſe ſ'appelle θᾶον ou diuin en Grec, qui eſt l'adiectif du ſel; à quoy conuient ce qu'en met Raymond Lulle apres Alphide; *Sal non eſt niſi ignis; Nec ignis niſi ſulphur; nec ſulphur niſi arg. viuum reductum in precioſam illam ſubſtantiam cæleſtem incorruptibilem quam nos vocamus lapidem noſtrũ*. Ce qui bat à ce qui eſt dit au 29. du Deuteronome, là où Dieu menace les Iſraëlites qui n'obeïront à ſes commandemens, de bruſler leurs terres par ſoulphre & ardeur de Soleil. Le ſoulphre au reſte eſt purificatif, ſelon qu'on peult veoir en Homere au 16. de l'Iliade; τὸ ἐρί τότ' ἐκ χηλοῖο λαβὼν ἐχφθηρε θεύω &c. Et Ouide en ſes Elegiaques;

Et veniat quæ luſtret anus lectúmque locúmque,
 Præferat & tremula ſulphur, & oua manu.

QVELQVES vns taſchent d'analogiſer ces trois lettres meres, & les ſubſtances qu'elles deſignent, par les trois loix; car la quatrieſme qui eſt baſtarde

& illegitime, representee és propheties de Daniel chap. 7. est la Mahometane: Par א *Aleph* assauoir qui est le sel & la terre, la loy de nature; dont אדם *Adam* homme terrestre comme il signifie, fut la racine & premiere souche, sans que luy ne ses descendans iusqu'à Abraham en cogneussent d'autre, sinon ce que par mysteres & adombrations pouuoit estre reuelé aux saincts Patriarches, d'vne speciale grace du S. ESPRIT, de l'aduenement du MESSIHE, qui est la fin finale, & perfection de toutes les loix. Par מ *Mem*, l'eau ou Mercure, la loy de Moyse, Car ce mot sonne autant, comme pris ou tiré de l'eau, en Exode 2. Mais tout ainsi que l'eau ne laue que par dehors, aussi ne faisoit la loy Iudaïque sinon superficiellement les faultes du peuple, selon que le denote assez la piscine probatique, guerissant les infirmitez du corps seulement, en Sainct Iean cinquiesme chapitre. Et pourtant estoit il besoin d'vne plus intime mundation, qui a esté faicte par le sang du MESSIHE, comme il est escrit en sa prem. cano. 5. *Non in aqua solùm, sed in aqua & sanguine*. Et de fait les Iuifs auoient bien vne maniere de Baptesme, mais comme mort, & non auiué encore de la grace de l'ESPRIT SAINCT, (au 3. de son Euangile) qui est ceste eau pure & munde, dont il est parlé en Ezechiel chap. trente six: *I'espandray sur vous de l'eau pure & necte, de laquelle vous serez nettoiez en toutes voz or-*

dures & souillemens. Et tout ainsi que l'eau est la plus prochaine matiere du vin, parce qu'elle se conuertist en luy ; aussi la loy Iudaïque estoit la plus prochaine de la chrestienne, ains la vraye figure & tige d'icelle, à quoy elle deuoit finablement se renger comme à son but & perfection; & tous ses sacrifices mystiques, au reel sang de IESVS-CHRIST ; car le vin se conuertist aisement en sang : & comme le vin ne soit autre chose que l'eau distillee & decuitte au sep de la vigne, qui est vn vegetal ; le sang de mesme n'est sinon le vin, ou ce qui tient lieu de vin, passé & decuit par les officines du corps de l'animal. Il y a outreplus, tout-plein d'autres mysteres de l'eau en la loy Iudaïque ; ainsi que le passage de la mer rouge ; la nuee accompagnant les Israëlites au desert ; l'eau de vie mentionnee au vingtiesme des Nombres; *Aperi tu eis thesaurum tuum, fontem aquæ viuæ*. ET par le ש *Shin*, le feu & le soulphre. purificatif, est designee la loy de grace, & le MESSIHE, *purgationem peccatorum faciens* ; le second Adam, mais celeste ; le Soleil de Iustice &c. lequel ne baptise pas seulement en la nuee, & en l'eau enquoy elle se resoult, mais au feu aussi, c'est à dire au S. ESPRIT.

OR és diuers meslanges & assemblemens de ces trois meres lettres, & des trois substances qu'elles representent, qu'Hermes en son traicté des sept

Y y iij.

chapitres, appelle les grands elemens; Raymond Lulle, & Paracelse apres luy, les elemens redoublez; car suiuant la maxime des Pythagoriciens; *Omne & omnia tribus terminantur*; ce que tesmoigne mesme Aristote au liure du ciel, s'accomplissent tous les *Ethbaz, Thmurath, & Ziruphs*, transpositions, commutations, & accouplemens, non des lettres, mais des elemens, tant par la ligne, que par le triangle, & par le carré. Comme pour le regard du sel, il consiste en premier lieu de terre & eau, cela est assez notoire par ses resolutions; puis du feu, qui est son acuité mordicante, incisiue & penetratiue; & finablement de l'air auec eux, pour raison de son onctuosité grasse & huilleuse, qui est de nature d'air. Le mesme est il des trois autres, ainsi que de tous composez & mixtes, lesquels participent des quatre elemens, selon le plus & le moins des vns & des autres : Dõt pour parfaire de tous poincts la reuolutiõ circulaire desdites substances, tout ainsi que des elemens, où le feu viẽt finablement à se rencontrer auec la terre; le verre participera le plus de ces deux, voire sera terre pure; Parce que comme Platon met n'y auoir que trois corps conuertibles, car il ne les daigne pas appeller elemens, assauoir l'eau, l'air, & le feu, à cause de leur continuel mouuement & agitation; & la terre comme immobile, ne se torner en pas vns d'eux; en semblable le verre est du tout inconuertissable en autre substance; d'autant que le feu, & tant moins encore la simple chaleur, ne peult auoir autre action sur luy,

*Fueil.*104. *B.*

DES CHIFFRES. 180

q̃ tousiours de plus en plus l'affiner, & le maintenir en soy-mesme, ainsi que l'or: Au moien dequoy non sans cause le prend on cõme pour vn exemplaire de l'estat du siecle aduenir, à cause de son incorruptibilité, pureté, & lucidité transparente, plus propre à receuoir & rendre la lumiere que rien qui soit; à laquelle on estime deuoir estre finablement reduit ce GRAND-TOVT par l'vniuerselle conflagration, ou le feu aura entierement consumé le corruptible, comme nous le voyons faire sensiblement; selon le passage par nous des-ja cy deuant amené du 21. de l'Apocalypse; *Enapres ie vey vn nouueau ciel, & vne nouuelle terre; car le premier ciel, & la premiere terre s'en estoient allez; & la mer n'estoit plus.* Puis il adiouste; *Que la saincte cité de Ierusalẽ, d'vne clarté lumineuse cõme cristal, estoit d'or pur semblable à pur verre: & les rues, ensemble les places d'or pur, comme verre tresreluisant.*

MAINTENANT si l'on veult aparier ces trois lettres meres en diuerses transpositions, que le *Iezirah* appelle les six extremitez ou anneaux, il y aura six anagrammes: *Car* (dit-il) *deux lettres edifient deux mansions ou cellules: Trois en edifient six: quatre, 24. cinq, 120. six, 720. Et de là passant outre imaginez en vostre pensee ce que la bouche ne sçauroit dire, ny l'oreille oyr.* Esquelles metatheses & transpositions consistent infinis secrets & mysteres: que si en cela l'on vouloit passer à des suittes de dix ou douze lettres, & de plus, cela s'estendroit comme en infiny. Et ne faut pas trouuer estrange d'approprier ainsi en les rauallant, les choses superieures aux inferieures; les spirituelles & intelligibles, aux corporelles & sensibles; les diuines & permanétes, qui sont tousiours en vn mesme estat, aux humaines, caduques & trāsitoires, qui vont & viennent incessamment en vne continuelle alteration:& au rebours en remontant du bas en hault; parce que toutes choses sont analogiques les vnes aux autres; & comme disoit Anaxagore, toutes ensemble; ou toutes en toutes selon Heraclite, mais en, & par diuerses manieres; la vraye eschelle de Iacob, le long de laquelle il vit monter & descendre les Anges, & le cordō retors triple, en l'Ecclesiaste 4. Toutesfois on le doit considerer sobrement, & par diuers respects; car les causes diuines ne vōt pas d'vn mesme bransle que les humaines; pour le moins, nonobstāt qu'il y ait quelque proportionnelle conuenance, ne sont pas les mesmes: & les choses naturelles & sensibles ne sont pas assez dignes, suffisantes ne propres, pour nous representer les diuines; tant moins encore celles qui dependent de la seule foy; n'estant possible par aucune ratiocination ne discours de les amener souz nostre apprehension & notice, suiuant le dire de l'Apostre, *Que la lettre occist, & l'esprit viuifie*, qui est quand on s'arreste à l'escorce de l'escriture, sans profonder plus auant au sens, & aux mysteres cachez dessouz; à guise des chiffres, dont il ne seroit pas possible d'assigner vne plus propre ne conuenante similitude. PARQVOY ces choses n'ont esté en vain si particulierement discourues sur ceux

des

des Hebrieux, qui sont comme vn moulle des autres ; mais ils ne tendent qu'à cacher les sacre-secrets de leur loy, de la prophane communication du vulgaire, à qui aussi bien n'est il expedięt en aucune sorte d'en auoir vne trop claire cognoissance, de peur du mespris qui s'en ensuiuroit, suiuant les traditiõs mesmes des *Sanhedrin*, comme l'allegue Rabbi Moyse Egyptien, au 70. chap. du premier de son directeur; *Les paroles que ie t'ay communiquees pour les retenir seulemēt en ton cœur, il ne t'est loisible de les diuulguer par escrit.* Et vn peu plus outre ; *On ne reuelera les mysteres secrets de la loy à vn estranger, ains à ceux du conseil estroit seulement ; & encores qui soient sages, discrets, & sçauans.* Au moien dequoy le sens mystique de l'escriture, cõme il dit encore, estoit caché souz diuerses enuellouppes de chiffres, tout ainsi qu'vn noyau souz plusieurs escorces, peaux & escailles ; si que les choses qu'on voit couchees dans le Talmud, ne furent pas en l'ancien temps redigees aucunement par escrit, ne rien quelconque de la glose & explication de la loy, ains se les entrelaissoient les vns aux autres de bouche, comme il le dit en son exorde du Deuteronome; & ce pour raison des inconueniens qui en aduenoient ; iusques à six vingts ans apres la seconde desolation du temple faite par Vespasian, & son fils Titus; ce qui eschet enuiron l'an de la natiuité de nostre Seigneur 190. lors que Rabbi Iehuda fils de Symon colligea la Misne. Les chiffres donques Hebraïques n'ont rien de commun auec les affaires du mõ-

Z z

de ; & nous n'emploions point les nôstres à d'autres effets ; à quoy les anagrammes & renuerſemens de lettres ne nous peuuent pas de beaucoup ſeruir, nõplus que les Equiualences de nombres, & le Notariacon ; ſi qu'il ne nous reſte rien à receuoir en cecy des Hebrieux, que la *Ghematrie*, auec les *Ethbaz, Thmurah, & Zyruphs* ; non ainſi toutesfois limitez & reſtreints que les leurs, ains relaſchez en toute pleine liberté, en autant de ſortes que leurs cõmutations reuolubles ſe peuuent eſtendre, ſelon que vous l'auez peu voir par les deux tables fueil. 96. & 97. qui eſt l'vne des principales voyes de tous nos chiffres, & occulte eſcriture : car celuy qui conſiſte en des caracteres nouueaux, & notes incogneuës que chacun ſe forge à ſa fantaſie ; & les emploie à des lettres, mots, ou clauſes comme bon luy ſemble, ſans autre artifice, par ce que c'eſt vne inuention aſſez triuiale & cõmune, & où il n'y a pas grande fineſſe ne dexterité, nous ne nous y arreſterõs point autrement, ains paſſerons outre à de plus ingenieuſes recherches ; meſmes à vne en premier lieu où il y aura touſiours diuers ſens ; ſi que l'vn y aiant leu en François, l'autre le lira en Latin ; & vn autre encore en langue Greçque, Italiane, ou Eſpagnolle, & ſemblables ; ſans pour celà outrepaſſer vn ſeul caractere pour nul, ny rien changer, tranſpoſer, ne immuer : en quoy nous procederõs de degré en degré, de plus ſubtils en plus ſubtils, iuſques à finablement paruenir au dernier but de tous les chiffres, qui eſt d'oſter toute ſoupçon qu'il y ait rien quelconque d'escrit, ny de reserué en secret, que ce qu'on voit en apparence d'escriture commune & intelligible à chacun: car autrement les depesches venás à estre intercettes & surprises ne sçauroiēt de rien seruir, par ce qu'elles ne paruiendroient pas où elles s'adressent, ains au contraire nuire le plus souuent si l'on vient à les dechiffrer: que si l'on n'en peut venir à bout, le dāger court lors tout manifeste pour le pauure porteur du pacquet, d'estre gehenné, tortionné, tourmenté en toutes manieres, s'il ne reuele le secret, dont on le mescroit consachant, ores qu'il n'en ait cognoissance aucune. De cest artifice l'Abbé Tritheme, en a le premier de tous reuelé quelque chose en publicq, és deux premiers liures de sa Polygraphie; mais plus excellemment beaucoup en ceux de la Steganographie, s'il est vray au moins ce qu'il en promet, car des trois premiers que i'ay veuz, il ne s'en peut tirer rien quelcōque d'instruction: l'exemple mesme qu'il en propose en la clef de sadite Polygraphie, me semble surpasser les termes de toute possibilité, de faire valoir chaque mot pour vn autre reuolublement, en tout ce qu'on voudroit exprimer par escrit de ses cōceptions, si qu'il y ait vn sens bō & intelligible sans aucune contrainte, ne secrete marque qui vueille representer autre chose, que ce qui est tout manifeste. Car comment est-ce que se pourroient rencontrer à propos tant de varietez dissemblables de genres, modes, & temps, és substantifs, adiectifs, & verbes, que l'oraison demeure tousiours

Zz ij

en son entier, intelligible & congrue, & encore en diuers sens? mais sur tous les noms propres des lieux & personnes, qu'il n'est possible estás particuliers ainsi qu'ils sont, representer par des vocables generaux. Bien est vray qu'il y a certain artifice d'vn papier persé par endroits (on l'appelle chassiz) les vns plus pres, & les autres à plus de distance, laissant vuide l'espace qui est entre-deux, afin de le remplir puisapres de quelque chose au mieux qu'on peult, pour desguiser ce qui aura esté escrit dans les ouuertures, & par ce moien alterer & confondre ce qui y est exprimé de secret; si que malaisément y pourroit-on rien discerner qu'en y appliquant vn autre papier persé de mesme: Mais cela est fort laborieux, & bien rarement se peuuent rencontrer des mots, nompas seulement des syllabes bien propres, pour remplir la suitte & le contexte de l'oraison, qu'on ne s'apperçoiue de l'artifice; outre ce qu'il n'y peult tenir que fort peu de matiere. Il y a donques plus d'apparence, que cela se face, si faire se peult, par diuerses formes de lettres, dont chacune puisse seruir pour toutes, comme nous en toucherons cy apres quelques ouuertures; n'estant pas raisonnable de diuulguer cest artifice de fonds en comble, où tant de bons esprits se sont trauaillez, iusqu'à y suer sang & eau; que nompas en mettant des dictions entieres pour d'autres dictions, selon que le porte l'exemple cy dessus mentionné qui est tel: *Conspirauerunt in necem tuam Melancius, Tyberius, Ioannes, & Petrus, famuli comitis de Asoto ; & quarta die post Laurentij in nocte circumvallabunt domum tuam : Prouide quid agas.* Il pretend de l'escrire occultement, & le cacher sous les mots suiuans, esquels on le pourra distinctement lire : *Oro te amice carissime, ut mutuo mihi transmittas decem florenos cum latore præsentium, quia sunt valde mihi necessarij pro constructione cuiusdam ædificij : Eos tibi fideliter restituam.* Il est vray que le nombre des mots est pareil, chacun d'iceux de vingt six ; mais le nombre des lettres l'est presqu'aussi, le premier n'en aiant que 147. & l'autre dont il est couuert, car par consequant il doit estre plus grand, 157. qui sont dix de plus : mais au reste comme est-ce que se pourroient approprier ne conuenir les noms propres y contenus? ce qui me confirme en mon opinion que c'est plustost par les diuerses figures de lettres que cela se fait, que par le rapport, vne pour vne, des dictions. L'AN 1569. que i'estois à Venise, le Turc Selim pere d'Amurath qui regne auiourd'huy, faisant sourdement ses apprests pour enuahir le royaume de Chippre ; de peur que le Bayle des Venitiens residant à Constantinople, ne les aduertist de ce qu'il en pouuoit pressentir, defendit qu'ils n'eussent plus à s'entr'escrire par aucune sorte de chiffre, ains à pacquets tous patents & ouuerts, & en lettre intelligible : dequoy eux se trouuans en peine, se presenta vn medecin nommé *Lorenzo Ventura*, qui leur presenta le secret cy dessus; d'escrire tout ce qu'ils voudroient, sur toutes sortes de propos, & en escriture commu-

Zz iij

ne, qui euſt autre ſens caché audeſſous, tel qu'il leur plairroit, moyennant certaines conditions bien aduantageuſes qu'il demãdoit pour ſon ſalaire. Ce que i'ay bien voulu alleguer icy pour monſtrer de quelle eſtime & importance eſt ceſt artifice, duquel pour ceſte occaſion il me ſuffira d'en eſbaucher quelques ſimples traicts, remettant le reſte à l'ingenieuſe inueſtigation des bons eſprits, auſquels ie pourrois faire tort de proſtituer ainſi temerairement, ce qu'ils ont parauenture obtenu auec vne extreme fatigue. Tritheme au reſte n'a pas eſté le premier autheur de l'artifice des deux premiers liures de ſa Polygraphie; car Reuchlin qui eſtoit de ſon temps, teſmoigne en auoir vſé pluſieurs fois, au 3. liu. de ſa Cabale parlãt du Notariacon, fort familier aux prophetes, dont ſans doute eſt prouenue ceſte inuention; *Aut igitur vna dictio per literas diſperſa plures efficit; aut multæ dictiones per certas earum literas retractæ vnam colligunt: Hinc ex multis vnum; & ex vno multa. Vnde oritur quædam epiſtolarũ technologia qua ſæpe lingua Germanica ſcripſi, quæ à Latino viro in Thuſcia cognoſci deſiderabam; & econuerſo latinè ſcripſi, quod Alemannum hominem latinitatis imperitum ſcire volui.*

DES CHIFFRES *carrez à double entente.*

POVR pourſuiure donques noſtre propos, nous commencerons par les chiffres qui ont double ſens & lecture; ce qui ſe fait en premier lieu par les entrerencontres & croiſemens de quatre cens caracteres, s'il y a vingt lettres, car 20. fois 20. font 400. afin que celà se puisse raporter de tous sens en carré : si que ces 20. lettres multipliees par elle-mesmes en autant de diuerses combinations, font 40. alphabets ; vingt assauoir de perpendiculaires en descendant du hault en bas ; & vingt trauersans de la main gaulche vers la droicte, qui les croisent en autant de chambres, dont chacune contient deux lettres apparees diuersement. Et en celà l'on peult proceder de diuerses sortes, tendans toutes à vn mesme effect : Dont la premiere sera par lesdites combinations des vingt lettres en 400. accouplemens differends ; esquels se parfait leur complette reuolution de toutes en toutes, suiuant mesme le liure de Iezirah : *Aleph* (dit-il) *auec chaque lettre ; & chaque lettre auec Aleph : Beth auec chaque lettre ; & chaque lettre auecques Beth :* & ainsi du reste. En voicy pour nostre regard la premiere table & figure, propre & distincte pour nostre vsage, plus que celles qui ont esté aposees cy deuant és fueillets 96. & 97. à l'imitation des Hebrieux.

		A	B	C	D	E	F	G	H
		E	F	G	H	I	L	M	N
A	D	m b	n c	o d	p e	q f	r g	s h	t i
B	E	n b	o c	p d	q e	r f	s g	t h	u i
C	F	o b	p c	q d	r e	s f	t g	u h	x i
D	G	p b	q c	r d	s e	t f	u g	x h	a i
E	H	q b	r c	s d	t e	u f	x g	a h	b i
F	I	r b	s c	t d	u e	x f	a g	b h	c i
G	L	s b	t c	u d	x e	a f	b g	c h	d i
H	M	t b	u c	x d	a e	b f	c g	d h	e i
I	N	u b	x c	a d	b e	c f	d g	e h	f i
L	O	x b	a c	b d	c e	d f	e g	f h	g i
M	P	a b	b c	c d	d e	e f	f g	g h	h i
N	Q	b b	c c	d d	e e	f f	g g	h h	i i
O	R	c b	d c	e d	f e	g f	h g	i h	l i
P	S	d b	e c	f d	g e	h f	i g	l h	m i
Q	T	e b	f c	g d	h e	i f	l g	m h	n i
R	V	f b	g c	h d	i e	l f	m g	n h	o i
S	X	g b	h c	i d	l e	m f	n g	o h	p i
T	A	h b	i c	l d	m e	n f	o g	p h	q i
V	B	i b	l c	m d	n e	o f	p g	q h	r i
X	C	l b	m c	n d	o e	p f	q g	r h	s i

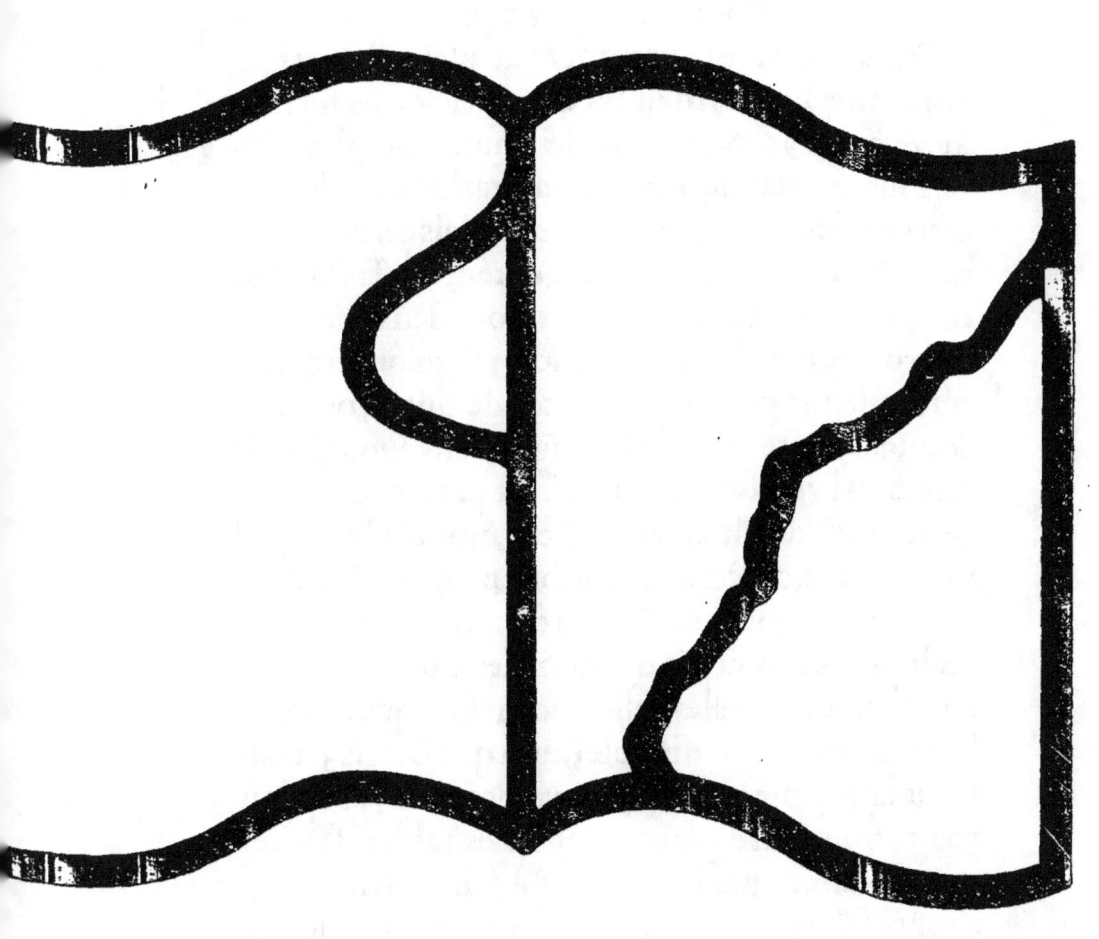

Texte détérioré — reliure défectueuse

NF Z 43-120-11

DE cefte table fe tireront tout-plein d'vfages : & en premier lieu, les mefmes que de celles des fueillets 46. & 50. & 96. & 97. pour les chiffres fimples, eftabliz fur les reuolubles commutations des lettres, auecques les clefs, & fans les clefs. Mais ceftui-cy outreplus eft carré & a double entente ; affauoir que chaque caractere va toufiours pour deux, de quelque cofté qu'on le puiffe prendre ; fi qu'on les pourra faire feruir pour deux lettres de fuitte ; ou pour deux fens, voire en deux langages, fans auoir rien de commun l'vn à l'autre. Et ne fault pas trouuer eftrãge, que i'aye dit chaque caractere, nonobftant qu'il y en ait deux; car ces deux ne font propremẽt qu'vn, & ne feruent que pour vn feul caractere, comme on peult voir en huit ou dix capitales que i'y ay femé tout expres, lefquelles vallent le mefme que les deux lettres accouplees enfemble; ainfi que L en la 3. chãbre de la premiere colomne, va pour *o b*; & qu'on pourra voir plus à plain cy apres és tables d'autres chiffres carrez que i'ay reduits à feize lettres : cecy n'aiant efté bafty que pour foullager d'autant le dechiffrement, quãd la fuitte des lettres y fera trouuer foudain ce qu'on cherche: car encore que *o b* foient là mifes pour reprefenter le rencontre de *e f*, ainfi que *a g*, ou *A*, en la 6. chambrette de la 6. colomne, pour *l i*, ce n'eft pas à dire pourtant que *o* doiue fignifier *e* à part, & *b*, *f*; ains eftans adoucees de cefte forte, elles reprefentent *e f*. L'inuention de ces chiffres carrez aufurplus a efté non tant feulement pour

Par les accouplemens des lettres communes.

Aaa

tousiours embrouïller les chiffres, & les obscurcir dauantage, ains quant & quant pour vn eschapatoire de ceux qui estans en lieu de subiection, & leurs actions esclairees de si pres, qu'ils n'eussent rien osé escrire qui ne fust veu, tant moins en chiffre, en danger s'il s'y fust rien trouué de chattouïlleux contre le gré & vouloir du superieur, d'encourir quelque chastiment & estrette. Mais, comme dit le Poëte, la necessité venant de iour en iour à produire & comme enfanter des nouueaux remedes, les chiffres doubles furent trouuez: car lors qu'on n'estoit pas si desniaisé comme on est, ny ces artifices tant rebattuz; si leurs lettres estoient surprises, à tout euenement ils en estoient quittes d'exhiber leur chiffre, sans lequel il eust esté impossible d'en venir à bout, comme il se verra; mais à demy & par l'vn des costez seulement; exprimant lequel des deux sens ils vouloient, & reseruant l'autre à par eux; assauoir par les colomnes perpendiculaires du hault en bas; ou les transuersales de gaulche à droit. Et pource que la demonstration de cecy depend plustost de la practique que de la multiplication de langage, i'ameneray icy du tout des exemples, qui le feront trop mieux comprendre que tous les discours qu'on en pourroit faire.

MAIS auant que d'en venir là, il est besoin de remplir icy, ce qui auroit esté obmis de l'vsage des deux tables inserees és fueil. 96. & 97. qui ne sont toutesfois autre chose que les *Ziruph* du *IeZirah*,

estendus par leur accomplie reuolution, en nos caracteres; afin de ne laisser aucune occasion de soupçonner qu'elles aient esté apposees sans necessité,
& en vain. Ce n'est au reste des deux qu'vne mesme
chose, nonobstant qu'arrengees diuersement; car la
practique en est semblable; & font le mesme effect,
que celles des fueil. 46. & 50. Pour exemple prenons
ce subject, *Aimons Dieu qui nous a aimez le premier*. *En la prem.*
Dont la clef soit, *l'entree du ciel*. Vous procederez en *de S. Iea̅. 4.*
ceste sorte par la premiere des deux tables; en laquel-
le les capitales de la main gaulche marquees de noir,
seruent pour la clef; & les rouges & noires d'enhault,
accouplees deux à deux, pour les lettres du subject
qu'on veult exprimer; la rouge respondant à la rouge, & la noire à la noire, mais il les faudroit auoir ainsi marquees tant au chiffrer, qu'au deschiffrer, &
nompas en l'escriture: ou pour mieux faire, tout au
rebours, la premiere à la premiere, & la seconde à la
seconde. Donques *a* de *l* donne: *a : i* de *e,, h · m* de
n,, u : o de *t,, z : n* de *r, c : s* de *e, l : d* de *e, d : i* de *d, z :
e* de *u,, g : u* de *c,, l : q* de *i,, m : u* de *e,, m : i* de *l,, e :* &
ainsi du reste en reiterant la clef. Tout le mesme re-
vssira par sa compagne qui suit apres. Il s'en pourroit aussi tirer vn chiffre double, & d'autres secrets de
plus d'importance, *Quæ verat & ratio, nec non natura
profari*; (diroit le Poëte Augurel:) mais il suffist d'a-
uoir monstré en cest endroit, que ny Tritheme, ny
Belasio, ny Baptiste Porte, ne sont pas les premiers
autheurs de cest artifice.

Aaa ij

TRAICTE'

EN APRES vient icy à remanier ce qui auroit esté suspendu sur la seconde table, fueil. 50. aussi bien n'estoit il là questiō q̃ des chiffres simples; car de peur d'embarrasser tant de choses ensemble, & les rendre par ce moié plus confuses & moins dilucides, il a esté plus à propos de les remettre en cest endroit : laquelle table agéfee de la façō q̃ nous auōs là, auec les deux alphabets des capitales rouges & noires, tant au frōt d'enhaut, qu'au cofté gaulche, nous fournira d'vne maniere de chiffre double tresgentille & ingenieuse; & inuincible a descouurir sans la communicatiō du secret. Car encore qu'il y ait deux lettres pour chaques deux lettres aussi bien qu'en la precedente, neantmoins il n'y en a qu'vne qui serue de lettre, assauoir la petite estant és carrez ; & l'autre qui l'accompagne, marquee par les capitales, ne denote que l'ordre & assiette qui fait valoir la simple lettre pour les deux du rencontre où elle se trouue entre les rouges capitales du front, & cofté : Raymond Lulle en la tierce distinctiō de ses Quint-Essences, voulant tacitemét demonstrer le progrez de l'œuure Chimique sous la couuerture & par le moien de son alphabeth, appelle cecy *Angulus contingentiæ*; de sorte que par la practique de ces chiffres doubles on pourra descouurir la plus grand part de ses secrets, qu'il s'eft ingeré de cacher pour ne les prophaner aux indignes. OR pour exemple, prenōs ce sujet, qui seruira aussi pour ceux d'apres; assauoir pour le premier sens ; *Les causes premieres meuuent les secondes ; les secondes les tierces : &*

Chiffre double du fueil. 50.

c'eſt autre pour le ſecond; *[illegible]*, *[illegible]*. Mais il y a double maniere d'y proceder; l'vne de ſuiure tout de reng les lettres de l'vn des deux ſens, deux à deux, comme *le ſc au*; &c. l'autre de prendre vne des lettres du premier, auec vne auſſi du ſecond; *[illegible]*: car cela va d'vn meſme train. Voiez donques qu'elle lettre correſpondra au rencontre des capitales rouges de ces deux cy *L* au frõt d'enhault, & *E* a coſté, vous verrez que ce ſera *F*: mais d'autant que *F* ſe trouue en toutes les rengees tant perpendiculaires que tranſuerſales, parquoy ce ſeroit à deuiner pour leſquelles deux lettres des 20. elle ſeroit miſe voire preſque comme impoſſible, par ce qu'il y a quatre cens accouplemens tous diuers; on l'aſſocië d'vne autre lettre, qui de ſoy ne ſe. d'autre choſe que pour monſtrer le lieu du rencontre de ces deux lettres *l, e*; ſi que c'eſt tout autant, comme qui y mettroit le nombre de la rengee, ſoit du front, ſoit de coſtiere, car il n'importe rien d'où ce ſoit, l'vn & l'autre faiſans vn meſme office, combien que par diuers reſpects: comme pour exemple ſi c'eſt d'enhault, vous prendrez le *T*, qui reſpond à *F* en deſcendant; ſi c'eſt du coſté, vous prendrez *O* qui ſemblablement y reſpond en trauerſant de gaulche à droit. Et cela ſe peut varier d'infinies ſortes, tant pour la tranſpoſition de la ſuitte des lettres; que pour ſe ſeruir des capitales noires auec les rouges; & les entremeſler diuerſement. On peut

TRAICTE

faire tout ainsi des deux sens: *l, i*; au rencontre desquelles se trouuera *l*; & audessus de *l s*: à costé de *s s* aussi: & ainsi du reste. Quoy que ce soit ceste maniere de chiffrer est fort occulte, & ne seroit pas possible d'en venir à bout, ny que coniecture aucune d'humain esprit, pour subtile qu'elle sceust estre, peust mordre dessus, tant à cause de la reuoluble trāsposition des lettres, qui d'elles-mesmes se commuent & eschangent les vnes és autres par la varieté de leurs assiettes, & concomitāces qui vont comme en infiny, que pour l'amusement que ceste lettre associee pourroit donner à ceux qui n'entendroient l'artifice, quand ils la voudroient prendre pour vne lettre, & chercher en vain celle qu'elle deuroit representer; là où elle ne sert que de nombre pour designer l'ordre de l'assiette de sa compagne.

QVANT à la practique de ceste derniere table où les lettres sont accouplees deux à deux, elle est du tout semblable à la precedente; car il ne fault prēdre que le rencontre des deux lettres que vous voulez representer, en l'alphabet des capitales d'enhault, & celuy de costiere, marquez de noir, & qui sont trāsposez; car les rouges vont le train ordinaire; toutesfois il n'importe de rien, & les pouuez entremesler comme a esté dit cy dessus. Pour exemple, *l, e*; ou *l, i*; le premier *l, e*, se vient rencontrer par les deux alphabet noirs en *sg*: & par les rouges en *dm*: & l'autre *l, i*; en *e, g*; ou A capital, qui y est aussi apposé, pour monstrer q̄ les deux ne seruēt que pour vn caractere.

Ce que ces lettres au reste sont marquees de rouge & de noir, ce n'est pas à dire pourtant qu'il les faille ainsi diuersifier, car il ne seruiroit de rien, & n'est sinon que pour les faire mieux & plus distinctement discerner; tout ainsi que les capitales des deux alphabets, dont l'vn est en l'ordre accoustumé, & l'autre transposé; ce qu'on peult varier d'infinies sortes, pour auoir chacū le sien en particulier à par soy. Ces combinations d'autre-part, & accouplemés de deux lettres, ne sont que pour euiter la confusion d'vn si grand nombre de caracteres, s'il les failloit faire tous differends; dont outre la difficulté d'en trouuer ainsi de quatre cens sortes, qui soient de belle figure, & coherens les vns aux autres pour la liaison & egallité de l'escriture, le dechiffrement en est trop penible aux correspondans, pourautant qu'a chacun d'iceux il les fault parcourir de l'œil presque tous, premier que de rencontrer ce qu'on cherche; de laquelle superfluité de labeur nous sommes excusez par ces adouemens de lettres, rengees d'vn ordre qui se represente tout incontinent sans aucun trauail d'esprit à nostre apprehensioin & memoire: & si rendent le chiffre plus admirable, & hors de soupçon de son double sens, quand on n'y apperçoit que vingt caracteres pour tout, au lieu d'vne telle multitude que de quatre cens; mesmement de nostre commune escriture, qui va puis apres tout de suitte, comme faisoit celle de Moyse, sans aucune distinction de vocables; à quoy par le moien de y & z, & des doubles si vous voulez ll, rr, ſſ, & autres telles, vous pouuez bien remedier; leſquelles ſeruiront auſſi de nulles comme il ſemblera de plaine arriuee; & d'vn ſens ſecret quant & quant, reſerué à part, comme nous en monſtrerons cy apres l'vſage & practique, non encore touchee d'autres quelconques qui ſoit venue en euidence. MAIS n'eſtant pas tout noſtre but de nous arreſter ſimplement aux chiffres, ſans tirer de là par meſme moié quelque belle conſideratiõ de philoſophie; ces lettres ainſi appariees deux à deux, faiſans l'office de deux lettres, & ne ſont neaumoins qu'vn ſeul caractere, lequel ſeparé en deux n'eſtabliroit rien; à quoy eſt-ce que cela ſe peult bonnemẽt raporter? Tout ainſi donques que le temps eſt compoſé d'inſtants; les continuitez de poincts, ce dit Algazel; *Sicut ſe habet punctus in continuis, ſic inſtans in ſucceſſiuis*; & les nombres d'vnitez: que les poincts au reſte conſiſtent de nombres; les lignes de poincts; & des lignes toutes les figures, du nombre deſquelles ſont auſſi les lettres, & par conſequant de figure, lignes, & poincts; les accents des lignes & poincts; & les voyelles du ſimple poinct; toute magnitude de meſme, ſoit en longueur, largeur, eſpoiſſeur, eſt cõgregee de treſpetites & menues parcelles vniformes & ſemblables à ſoy, mais indiuiſibles pour leur extreme petiteſſe, parce qu'elles n'ont point de quátité; ce neaumoins eſtans iointes l'vne auec l'autre, ce qui en ſera compoſé en aura, & adoncq ſera corps: voire qui eſt bien plus, ſi deux d'icelles viennent à ſe

conioindre, elles ne conftitueront pas feulement vn corps, ains l'vne & l'autre fera corps, là où lors qu'elles eftoient feparees l'vne ny l'autre n'eftoit corps. Et ainfi eft-il de ces affociemens de deux lettres, qui en ceft endroit eftans difiointes n'expriment rien, & accouplees feruent chacune pour vne lettre : Ce qui derogeroit aucunement au traiɛté contre l'Epicurien Colotes, de Plutarque, où fe meut vn doute comme il eft poffible, que ce qui n'a aucune qualité de foy, ny en foy, puifle apporter toutes fortes de qualitez par leur affemblemét & conionction. Tout de mefme pourroit-on f'efbaïr comme la chaulx & l'eau commune eftans à part, & ainfi froides quant au toucher, meflees enfemble peuuent engendrer à l'inftant vne telle chaleur qu'elle brufle : & de la lytharge diffoulte en du vinaigre diftillé clair comme eau de roche, iectee fur de l'eau où il y ait vn peu de fel diffouls dedans, tranfparente auffi comme l'air, feront vn caillé blanc & efpoix, tout ainfi que d'vne ionchee ou fromage de crefme. En cas pareil les lettres qui ne fignifient à part rien de foy, iointes enfemble produiront toutes fortes de diuers fens : à quoy fe peult approprier ce qui a efté dit cy deffus des atomes ou petites parcelles indiuifibles, extrait la plus grand' part du 72. chapitre du premier liure des Perplexes de Rabbi Moyfe Egyptien.

Novs auons defia dit cy deuant tout le faict des chiffres dependre de trois differences, ainfi que

de trois principales tiges, d'où procedent cōsequem-
mēt diuerses branches & rameaux; la forme assauoir,
ou figure des caracteres; leur valeur ou cōmutations;
& leur assiette ou diuerses transpositions: En chacune desquelles trois, il y a trois choses requises aussi pour rendre vn chiffre en sa derniere & complette
perfection: Qu'il soit en premier lieu inexplicable
sans la communication du secret: en apres de quelque rare & gentile inuention, nouuelle, & non encore trop battue ne practiquee; car celà estonne de
prime face, & arreste court ceux qui se voudroient
ingerer de donner dedans, quand ils ne sçauront par
quel bout s'y prendre: & finablement d'oster entant
qu'il sera possible, tout soupçō que ce soit occulte escriture, ne qu'il y ait rien de caché là dessouz, autre
que ce qui se manifeste à l'œil. Mais pas vn de tous
ces trois points ne nous peut pas estre conferé par
ceste multiplication inutile de caracteres, vsitee és
cours des Princes; car elle est par trop manifeste, &
cogneuë de tous pour vn chiffre; qui n'est pas inuincible pourtant, ains voit-on iournellement par experience, que plusieurs personnes en viennent, & assez

Du retran-
chemēt des
lettres.
aisement à bout: Au moien dequoy en lieu d'accroistre le nombre des caracteres, il vaudroit bien
mieux l'accourcir, & le reduire au moins qu'il se peut,
& mesme à vn tant seulement; qui est vne voye
assez nouuelle & incognuë iusques icy. Celà se peut
effectuer en trois sortes: l'vne de retrancher les lettres
dont aussi bien se peut on passer, cōme nous dirons

cy apres:l'autre en defguifant vn mefme caractere de plufieurs manieres; qui eft vne des plus grandes & fecretes ruzes qui foit; comme *ſ*, & *s*; mais de façon qu'on ne s'en puiffe prefque apperceuoir: la tierce procede par les redoublemens d'vn mefme caractere ou lettre; & pour exemple,qui empefchera qu'vn *a* feul feruant pour *d* ou *e*;eftant redoublé *aa* ne ferue pour *l*; & triple *aaa* pour *r*;ou autrement. Et ainfi des autres:fi que cinq ou fix lettres,& encore moins,fuffiront par ce moié pour exprimer tout ce qu'on voudra:ioint leurs diuerfes tranfpofitiós, qui s'eftendent infiniment, deflors qu'on paffe fept ou huit, pourueu qu'elles foient diferétes : car vne lettre ne fe peut tranfpofer ; deux fe varient de deux fortes, *a b* , & *b a*: trois de fix:quatre de 24.cinq de 120.fix de 720. fept de 5040. multipliant toufiours le nombre dernier refulte,par celuy des lettres qui fuccede apres; cóme deux par trois pour trois lettres,& ce ferót fix:fix par quatre q̃ produirót 24.pour quatre:Ces 24. par cinq, 120.pour cinq:ceftuy-cy par fix,pour les fix 720. Et ainfi du refte : ce qui fe rapporte aux diuers afpects, meflanges, rencontres, & changemens des fept Planetes és 12.fignes du Zodiaque, dont procede la varieté de leurs influences à trauers l'air, és Elemens; & de là fe caufent toutes les mutations qui y interuiennent. Voicy toutes ces metathefes & tranfpofitions des 22. lettres reduites en table par ordre:neaumoins pour y en auoir dix, douze ou quinze, en vn, ou deux mots,autant du plus que du moins,ce n'eft pas

Bbb ij

TRAICTE'

à dire pourtant qu'elles se puissent transposer en autant de sortes qu'il est marqué en ceste table, car cela s'entend si elles sont toutes differentes; sinon il ne les faudra prendre qu'au pro rata du nombre qu'il y en aura de diuerses. Pour exemple ces *aaa, Seigneur Dieu ie ne sçay parler*, par ou commance Ieremie, ne se peuuent pas trásposer, pour raison qu'il n'y en a qu'vne. Et en ce mot *ara* qui se deuroit varier de six sortes, parce qu'il y en a trois, neaumoins à cause qu'il n'y en a que deux differentes, ne se transposent qu'en la moictie, assauoir trois. En cest autre *Pere* qui est de quatre lettres, parquoy il y deuroit auoir 24. renuersemens, il n'y en a neaumoins que douze, nomplus qu'au Tetragrammaton ההוה que vous auez veu cy deuant : & en *Sirij*, qui en a cinq, dont il se transposeroit de six vingts sortes, neaumoins pourautant qu'il n'y en a aussi que trois différetes, car de caracteres semblables il n'y peult auoir de transposition, il ne se varie aussi qu'en vingt sortes, si ie ne me suis mesconté, qui est la sixiesme partie; & ainsi du reste. Cecy ay-ie bien voulu toucher icy en passant des anagrammes & transpositions de lettres, ou renuersemens de mots, comme on les appelle; soit pour les noms propres, soit pour les deuises, & autres vsages à quoy on les voudroit appliquer; parce que c'est comme vne maniere de chiffre : & se pourroient aisément dresser sur cecy des tables rondes & carrees, qui abbregeroient grandement le labeur extreme, que prennent ceux qui cherchent de cest artifice

Fueil. 156.
B.

quelque gloire & reputation ; non en vain, car cela est en fort grand' vogue pour le iourd'huy ; si ie ne craignois qu'on m'imputast de vouloir entreprendre sur leur marche ; ou comme on dit en termes de vennerie, laisser courre dans l'enceinte, & sur des brisees des autres, qui se sont appropriez ceste chasse ; parquoy ie m'en deporte à tát. Au surplus il y a deux choses entre toutes autres, des plus vulgaires & mecaniques que nous ayons, dont neaumoins ie ne me puis tenir d'admirer, quand i'y regarde vn peu de pres, la si grande varieté qui y est ; & encore en si peu de difference de figure & de volume, si qu'il semble que ce ne soit presque qu'vne mesme chose ; les clefs assauoir des serrures ; & les mords de bride : car de petites déts & refentes és vnes, & quelques piecettes és autres disposees diuersement, font qu'ils se varient comme en infiny ; si qu'à peine en trouuerez-vous deux tant seulement, qui se ressemblent de tous points : Au moien dequoy ie ne voy rien de plus cóforme à ces innumerables transpositions de lettres ; de l'ordre, suitte & meslange desquelles se produiroient plus de dictions & de diuers sens, que l'esprit humain n'en sçauroit presqu'apprehender.

Bbb iij

TRAICTÉ

I.	1.
II.	2.
III.	6.
IIII.	24.
V.	120.
VI.	720.
VII.	5040.
VIII.	40320.
IX.	362880.
X.	3628800.
XI.	39916800.
XII.	479001600.
XIII.	6227020800.
XIIII.	87178291200.
XV.	1307674368000.
XVI.	20922789888000.
XVII.	355587428096000.
XVIII.	6400537057280000.
XIX.	121610900408832000.
XX.	2432218008176640000.
XXI.	51076578171709440000.
XXII.	1123684719777607680000.
Somme toute.	1177321905343428940313.

DES CHIFFRES. 192

MAIS pour reprendre nostre propos des chiffres doubles par vn retranchement de caracteres, & leur reduction à vn moindre nombre que l'accoustumé, il n'y en a point de plus à propos que ceux du chiffre; dix en tout, 1. 2. 3. 4. 5. 6. 7. 8. 9. 0. dont nous n'employrons icy que les huict, reseruant 9. & 0. pour seruir de nulles; & pour faire la separation des vocables; car sans celà en vn double sens ce seroit vn trop grand trauail pour le correspondant au dechiffrer: & pour mesnager par mesme moié vn troisiesme sens, plus secret encore que les deux autres. Ils sont accouplez trois à trois pour arriuer iusques au nombre de 400. autant qu'il fault de caracteres en ce chiffre carré de 20. lettres: car ce triplement va iusqu'à mille, où les notes se commancent à quadrupler, & non sans mystere; parce que mille est le Cube de dix, qui est constitué de 1. 2. 3. 4. Et d'autant qu'ils procedent par ordre, on les peult tout soudain trouuer au dechiffrement, & sans peine; mais les lettres qu'ils representent se peuuent transposer en tant de sortes que l'on veult. La practique au reste en est tout de mesme que les precedentes, prenant le nombre marqué en la cellule du rencontre des deux lettres qu'on veult exprimer, en ceste sorte. *Les causes premieres:* &, *Il ne s'effectue rien*: *l*, & *i*, se rencontrent en 517. *e*, *l*, en 536. *s*, *n*, en 576. *c*, *e*, en 388. & ainsi du reste: en quoy, nomplus qu'és precedans, la diuersité de couleur rouge & noire, n'est que pour vne plus claire distinction. Et certes celà n'estant point encore

Chiffres doubles par les triplications des notes de l'algorisme.

esuenté, tout homme se pourroit estonner de prime-face, ne voyant que dix caracteres, dont encore il n'y en a que les huict qui seruent, les autres deux n'estans que pour embrouïller ; car on les met à volonté, non tant seulement à la fin des trois caracteres qui vont ensemble pour deux lettres, ains au milieu, apres le premier ou second ; & selon qu'ils se rencontrent pour le troisiesme sens; mais pour la distinction des mots, il fault qu'ils soient tousiours au bout des trois.

		A	B	C	D	E	F	G	H
		R	S	T	V	X	A		
A	R	111.	112.	113.	114.	115.	116.	117.	118.
B	S	135.	136.	137.	138.	141.	142.	143.	144.
C	T	161.	162.	163.	164.	165.	166.	167.	168.
D	V	185.	186.	187.	188.	211.	212.	213.	214.
E	X	231.	232.	233.	234.	235.	236.	237.	238.
F	A	255.	256.	257.	258.	261.	262.	263.	264.
G	B	281.	282.	283.	284.	285.	286.	287.	288.
H	C	325.	326.	327.	328.	331.	332.	333.	334.
I	D	351.	352.	353.	354.	355.	356.	357.	358.
L	E	375.	376.	377.	378.	381.	382.	383.	384.
M	F	421.	422.	423.	424.	425.	426.	427.	428.
N	G	445.	446.	447.	448.	451.	452.	453.	454.
O	H	471.	472.	473.	474.	475.	476.	477.	478.
P	I	515.	516.	517.	518.	521.	522.	523.	524.
Q	L	541.	542.	543.	544.	545.	546.	547.	548.
R	M	565.	566.	567.	568.	571.	572.	573.	574.
S	N	611.	612.	613.	614.	615.	616.	617.	618.
T	O	635.	636.	637.	638.	641.	642.	643.	644.
V	P	661.	662.	663.	664.	665.	666.	667.	668.
X	Q	685.	686.	687.	688.	711.	712.	713.	714.

PAR ces triplications de caracteres, nous entrerons si nous voulōs, comme en vne mer d'infinis diuers chiffremens, à guise d'vn autre Archipel tout parsemé d'Isles: Et ainsi qu'és precedantes combinations de deux lettres, coniointes neantmoins ensemble, & non à les prendre vne pour vne, & apart, elles se changent circulairement en deux autres; icy trois associees de compagnie & sans diuision, n'iront que pour deux; & par cōsequent vne & demie pour chacune s'il estoit question de les separer: dequoy naistront des artifices admirables, & non encore que ie sçache guere diuulguez iusqu'icy; combien que ie ne les cuide pas auoir esté ignorez des Hebrieux; mais bien rarement en ont ils vsé, & fort à cachetes. Car où est la viuacité d'esprit qui se peust imaginer ne comprendre, s'il n'estoit aduerty de la ruze, ne voyant que noz lettres accoustumees, & tout d'vne suitte & contexte, qu'elles fussent ainsi comparties en trois classes, chacune de huit; qui par leurs diuers triplemens constituent chacune vn alphabet à double entente, tout ainsi que le dessusdit des notes du chiffre; dont l'on n'a emploié que les huit, reseruant 9. & 0. pour seruir de nulles, & d'autres effets? Et à leur exemple les trois doubles inserees icy, ſſ. ß. &. aller non seulement pour nulles, comme elles font en ces alphabets, ains par mesme moien faire encore deux sens apart; l'vn par les diuerses permutations de leur ordre, en les assemblant trois à trois pour faire vne lettre; & l'autre par leurs differentes collocations &

Ccc

TRAICTE'

asiettes, comme il se verra en leur lieu? En quoy se verifie ce qui a esté cy deuant allegué que tout le fait de l'escriture depend de la forme, de l'ordre, & de la situation des lettres. Icy donques les nostres communes vont pour les notes du chiffre; & les nombres en prouenans sont en lieu de lettres, pour d'autant soulager la memoire, tant au chiffrer qu'au dechiffrer, selon la petite table que vous pouuez veoir cy dessouz; dont la premiere rengee sert pour le premier chiffre, basty des huit premieres lettres; & les deux subsequentes pour les deux autres, en les eualuant aux nombres tousiours triples aussi bien qu'eux; mais il y a en elles plus d'obscurité, quand on les cuideroit estre tant seulement commuees par transposition les vnes és autres; si qu'il seroit totalement impossible d'en venir à bout sans la participation du secret. Et tout ainsi que la premiere chambre comance là par 111. cent & onze, qui vont pour *rq*, & nompas pour *qr*, car c'est 134. afin de mostrer qu'elles ne se peuuët point separer; & fine en 728. qui seroiët *qq*; en semblable la premiere du premier de ces trois alphabets sera suiuāt la petite table *aaa*; & la derniere *gbh*. Du second elle commance par trois *iii* qui correspond aussi à cent & onze, & à trois *aaa*; & fine par *pkq*: du 3. par *rrr*, & fine par *Ʒſ&*: &c. Au moien dequoy, puis-ie bien dire derechef, cecy se peut diuersifier & estendre à infiniz rares vsages & inuentions qui en procedent; pour autant que les transpositions & eschanges en sont infiniz. La practique au reste en est toute telle que de la table precedente des triplications des notes du chiffre, parquoy il n'est point de besoin de la repeter. Mais on pourroit mesler encore ces trois alphabets tout de suitte, en sorte que la premiere lettre du premier fust la premiere; la seconde d'iceluy, la quatriesme en ordre; & la troisiesme la septiesme. Du second la premiere fust la seconde; l'autre d'apres la cinquiesme; & la tierce la huitiesme. Du tiers la premiere seroit la troisiesme; la seconde la sixiesme; & la tierce, la 9. Et ainsi du reste: qui seroit vn embrouillement plus malaisé à s'en depestrer que de tous les labirinthes de Crete ou d'Egypte. Bien est vray qu'il y a du labeur bien grād, mais non tant encore qu'aux chiffres communs, lesquels auec tout celà sont fort peu seurs. Que s'il y a en ce traitté par endroits certaines choses moins esclarcies & facilitees, que par aduenture aucuns ne le desireroient, qu'on l'impute partie à la difficulté du sujet, & au grand nombre de facheux points qui ont esté touchez en si briefues paroles; partie aussi, à ce que i'ay de propos deliberé espandu quelques tenebres à l'entour, pour ne les rendre, ensemble plusieurs autres artifices qui en dependent, communicables egallement, aussi bien aux indignes & ignorans, comme à ceux qui par leur sçauoir, estude & valeur le meritent.

Ccc ij

TRAICTÉ

I. || a	b	c	d	e	f	g	h || .
II. || i	k	l	m	n	o	p	q || *Nulles.*
III. || r	ſ	t	u	x	y	z	& || ſſ.ſſ.☉.
.		1.	2.	3.	4.	5.	6.	7.	8.		.

ON pourroit auſſi accommoder en lieu de lettres, pour tous les chiffres que nous auons touchez iuſqu'icy, & d'autres encore; & à leur practique & vſage, les caracteres des ſept planetes, auec vne eſtoille denotant la huictieſme ſphere, enſemble ceux des douze ſignes; en lieu des vingt lettres, de la ſorte que vous voiez; là où ceux des planetes ſont apoſez pour les cinq voyelles, & les deux liquides; commançant à la Lune pour A; & non ſans raiſon; parce que tout ainſi que la Lune eſt la plus baſſe de toutes les choſes celeſtes, auſſi A eſt la voix la plus profonde & enfoncee dans le gozier, voire preſqu'en l'eſtomac; & ainſi des autres de reng en reng, tant qu'on vienne aux leures ou reſide V; comme le touche ſommairement le *IeZirah*, & apres luy Rabbi Ioſeph Cicatilia, en ſon *Ghinat Egoz*. Et combien que ces caracteres ne ſoient plus malaiſez à dechiffrer, ny d'autre importance quelconque que les lettres communes eſtans tranſpoſees; car toutes les plus bizarres & fantaſtiques que l'on ſçauroit imaginer reuiennent à

DES CHIFFRES. 195

vn mefme effect, s'il n'y a d'autres artifices meslez
parmy qui les desguisent, & esloignent de la coniecture des dechiffreurs; neaumoins ceux-cy estans
accouplez de la maniere que dit est, leur donneroiét
ie ne sçay quoy à penser de pleine arriuee, qui plus
longuement les pourroit tenir en eschec. De cest
exemple vous pouuez imaginer tout le reste, car celà
va d'vn mefme branfle.

☽	♃	♀	☉	♂	♃	♄	✱	♈	♉
A	E	I	O	V	L	R	S	B	C
♊	♋	♌	♍	♎	♏	♐	♑	♒	♓
D	F	G	H	M	N	P	Q	T	X

LES mots barbares pareillement, dont l'Abbé
Trithemé dreffe tant d'alphabets és trois, & quatriefme de sa polygraphie, ne les y faisant feruir
neaumoins que pour vne lettre chacun, se pourroient trop mieux employer à l'vfage de ces chiffres
doubles, quand l'on en arrangeroit quatre cens, voire huict en les accouplât deux à deux pour plus grâ-
de varieté, au lieu des deux lettres, ou trois notes du
chiffre mifes ensemble cy deuant pour vn mefme
effect. Et si par vn autre artifice encore, dont ledit
Tritheme ne monstre pas en auoir eu feulement
l'odeur, nomplus que des precedans, toutes les côso-
nátes de ces mots, & femblables que chacû fe vueille
forger à fa fantafie, iront chacune pour vne lettre;

*Amelio-
ration de
quelques
chiffres de
la Polygra-
phie.*

Ccc iij

TRAICTE'

car les voyelles en ceſt endroit ne ſeruirõt que pour
lier les conſonantes à quelque diction prononçable,
à guiſe du mortier ou ciment en vn ouurage de maçonnerie. Et en cecy il y a deux choſes à remarquer,
qui ſe toucheront plus à plein cy apres; la reduction
aſſauoir des lettres à vn moindre nombre; & la varieté de figures en des meſmes caracteres; dequoy
dependent de treſgrandes commoditez és chiffres,
ſelon la petite table ſuiuante.

b	c	d	l	m
p	ſ	t	r	n
h va pour elle meſme.				
a	e	i	o	u
f	g	q	x	z
f	*g*	*q*	*x*	*z*
y	*s*	*k*	*ſ*	*f*

Icy il n'y a que ſeize lettres qui ſeruent, parce
que f g q x & z ſen peuuent retrancher; aſſauoir
a b c d e h i l m n o p r ſ t u. En la conſtruction
des vocables, les voyelles qui y ſont apparentes, aſ-
ſiſteront comme pour nulles; & ne ſeruiront que
de liaiſon: Pour exemple prenons derechef le meſ-

DES CHIFFRES. 196

me subiect que dessus; *Les causes premieres*; mais il fault estre premierement aduerty, que les dix consones qui seruent, se transchangent l'vne pour l'autre, comme vous voiez : h va pour h; & les cinq voyelles se couurent sous les cinq consones inutiles; lesquelles se representêt si vous voulez par les cinq caracteres qui leur respondent audessous, qu'il fault escrire ainsi differemmêt comme ils sont en lettre italique, horsmis le k si on ne veult, parce qu'il n'est point employé ailleurs; & ce pour les discerner de ceux qui seruent secretement de voyelles. Donques *l*, se change en *r*, apres laquelle il fault adiouxter vne voyelle pour la liaison; prenôs la premiere venue *a*; au lieu de *e* se met *g*, adiouxtez *o*: pour *s* se met *c*; il y aura *ragoc*; car il n'y faut point de suitte de voyelles si vous ne voulez, d'autant que c'est la fin du mot. En apres *c* se represente par *ſ*; mettez *o*: *a* se represente par f, mettez *e*: *u* par ʒ; vous aurez *soſeʒ*: *ſ* derechef par c mettez *a*; *e* par g, mettez *i*; *ſ* par c; *cagic*: p par b; auec vn *o*; r par l, auec *a*; e par g auec *o*; *bolago* : m par n; auec *e*; i par q auec *u*; e par g, auec *i*; *nequgi* : r par l, auec *u*; e par g auec *o*; *ſ* par c; auec a; *lugoca*. Somme qu'il y aura pour ces trois mots contenans 18. lettres ces six dictions ; *ragoc ſopheʒ cagic bolago nequgi lugoca*. Mais il ne fault oblier de les separer, de peur d'embrouiller & confondre tout; & de les escrire par les caracteres tels qu'ils sont representez en cest alphabet: au lieu desquels six il en faudroit trois fois autant, selon le troisiesme de la polygraphie, en ceste sorte: *Abran madu ladil cadilin pafa aear loria mafaru damis bodur omer dromu drel varon maftru phis laru medis.* Par le quatriesme liure il est encore plus prolixe, & plus aisé à descouurir, iusqu'à vn enfant qui sçauroit lire tant soit peu; parce que la lettre qu'on veult exprimer est tousiours la secõde du mot; comme *Elamach mefar aftrafi*, LES: *Acalach deban durman afyphas meron ofiel*, CAVSES, &c. Mais il n'est pas question de courir icy de suitte tous les alphabets comme en l'autre si l'on ne veult; parce que vous pouuez chiffrer par vn tout seul ce que vous voudrez, en ceste façon; bien est vray qu'vn mesme mot y seroit repeté plusieurs fois; *Elamach nerach afarach ecorach baldach lufaphac afarach nerac afarach*; & si ces desinences toutes semblables seroient merueilleusement ennuieuses, & le chiffre plus aisé encore à descouurir; neaumoins on peult transposer les valeurs de ces secondes lettres, les changeant les vnes és autres. Mais auec tout les remedes & desguisemens qu'on y sçauroit faire, ce ne sont pas artifices dignes de comparoistre parmy tant d'autres plus exquis, sil n'y a quelque finesse latente qu'il n'a voulu manifester: aussi ne les ay-ie icy aposez, que pour mõstrer qu'ils se peuuent meliorer.

PLVS tolerable sans comparaison, & de plus grãd abregemét beaucoup; *Fruftra enim fit per plura, quod per pauciora fieri poteft*; porte la maxime cõmune; seroit d'employer à ce mesme effect, les monosyllabes, fort familiers en nostre lãgue plus qu'en nulle autre:

à pro-

à propos dequoy ie vous en ameneray icy vne histoire, dót par mesme moié se manifestera l'artifice d'vn chiffre, lequel s'estend à beaucoup d'autres ; inuincible au reste, de toute inuincibilité. L'an 1551. que i'estois encore à Rome, Monsieur de Termes qui depuis a esté Mareschal de France, y aiant esté enuoié au lieu de Monsieur D'urfé, mais plustost pour dresser les preparatifs de la guerre qui se meditoit en Thoscane, & à la Myrande par le Pape Iules tiers de ce nom, à l'instance & subornement des Imperiaux, que pour les depesches des benefices, & autres telles negociations dependantes de l'ambassade, qui n'estoit pas si bien de son gibier que le fait des armes; comme les chemins fussent desia cloz par la voye ordinaire; si qu'il falloit aller prendre vn fort long destour par la Romaigne, & delà par le Venitien à trauers les grisons & les Suisses ; & que toutes choses commençassent à se suruciller de plus pres, il y auoit lors vn *Messere Paulo Pancatuccio de Volterre*, apointé du Pape pour les dechiffremens, en quoy à la verité il estoit assez honnestement versé, & y faisoit quelques petits miracles du bas bout ; mais certains bons compagnons du party François, cherchans à luy dóner vne cassade, s'en vont contrefaire vne lettre en chiffre, adressante, *à Monseigneur, Monsieur le Baron de Grissemenisse, grand superintendant, &c.* telle estoit la subscription du paquet ; & en la mesme couuerture ces mots encore de l'autre part ; *Cestuy-cy soit recommandé sur tout autre pour l'importance dont il est :*

Ddd.

& aduertissent le courrier de ce qu'il auoit à faire : lequel ioüa fort biē son roolle; car arriué qu'il fut à Espollette à la poste, feignāt de chercher quelque chose dans sa valize, il oublie de propos deliberé ceste depesche sur le buffet; qui n'y fut pas plustost trouuee, que le maistre de la poste ne l'enuoiast tout à l'heure mesme au Secretaire maieur de sa Sainĉteté; lequel la mit és mains de *Messere Paulo*: & luy de dōner dedans d'estoc & de taille, à tort & trauers; tant qu'assez aiséemēt il en arrache quelques mots; car ce n'estoit qu'vne bien simple transposition de lettres, telle que vous auez veu cy deuant au fueil. 11. Dont remply de grande allegresse il s'en va de ce pas porter au Secretaire ce qu'il en auoit dechiffré; contenāt en substance ce qui s'ensuit. *Les affaires vont icy de la sorte que ie vous vois dire; & se font de toutes parts de fort chaudes menees souz main, par le moië de Mōseigneur l'Illustrissime* DINERO (ce mot estoit chiffré en capitales) *qui commande à tout comme vous sçauez: mais ie vous supplie de ne diuulguer ce que ie vous māde; car peut estre on ne trouueroit pas bon que vous en fussiés serui le premier. Pour commancer donques à vous le deduire de fil en esguille.* S'en estant retorné poursuiure le reste, il trouue tout vne autre chanson qu'il n'attendoit pas; & ce à l'exemple de ceste interieure inscriptiō de la sepulture de Semiramis; Herodote l'attribue à Nitocris, là où par le dehors il y auoit escrit en grosses lettres onciales; QVE CELVY QVI AVROIT AFFAIRE D'ARGENT LA FIST OVVRIR; MAIS QV'IL N'EN PRIST QVE CE QV'IL LVY EN FAVDROIT PAR NECESSITE. Dequoy Darius, Prince auare aiant voulu faire espreuue, trouua d'autres lettres contr'escrites par le dedás, qui disoient ainsi: SI TV N'ESTOIS VN MAVVAIS HOMME ET INSATIABLE, TV NE TROVBLEROIS PAS AINSI PAR TON AVARICE LE REPOS DES MORTS, EN DEMOLISSANT LEVRS SEPVLCHRES. Il y auoit donques en ceste sorte: *O pauure miserable esclaue que tu es de dechiffremēs, où tu perds en fin ton huille & ta peine, que te sert-il de te ronger ainsi le cœur apres ces vaines curiositez, presumant par ta laborieuse recherche pouuoir atteindre à descouurir les secrets des autres, qui sont reseruez à Dieu seul? Or emploie tō loisir & occupatiō desormais à de plus fructueuses choses, sans ainsi inutilemēt dissiper le temps, dōt toutes les faueurs & thresors de ce mōde ne sont bastants pour t'en rachepter vne seule minute. Et de fait espreuue encore si tu pourrois tant seulement paruenir à la moindre lettre de ce qui suit cy apres.* C'estoit vn chiffrement à double sens, tout formé de monosyllabes, selon la table que vous voiez, où chaque mot va tousiours pour deux lettres, de quelque costé que on les vueille prendre; le reng d'enhault marqué de noir monstrant celles dont lesdits monosyllabes cōmancent, affin de les pouuoir choisir plustost au dechiffrer; & les rouges y correspondantes, celles pour qui ils sont emploiez, auec les autres capitales rouges aussi qui sont à costé; au rencontre desquels deux ordres, l'vn perpendiculaire, & l'autre trásuersal, se trouue le mot qui represente les deux lettres du double sens; dont l'vn estoit, mais ils ne le sceurent pas lire, &

Ddd ij

TRAICTE

ne se pourroit en sorte quelconque sans le secret, *Le Pape à l'appetit d'autruy a entrepris une chose: & l'autre, dont peult estre il ne mettra guere à se repentir.* Car premieremēt cela estoit chiffré en ceste sorte : pour *l*, du premier, en hault, & *d* du second, à costé, à leur rencontre se presente ce mot *poing*: pour *e*, & *o*, *nud*: *p, a, vous a, t, gect: p, p, vueil. e, e, noir a, u, gens*; & ainsi du reste; de maniere qu'il y auoit ces mots icy, pour tous les deux sens, l'vn quant & l'autre ; *poing nud vous gect vueil noir gens point gect vingt nect dent pain don moins gris fonds don bord flanc paix gaing nez seul deux bled nain vingt beau pair cinq faim sens nuict loin art teint clef nain.* Mais tout cela estoit puisapres couuert d'vne seconde enuelouppe; & surchiffré lettre par lettre, par la premiere table du fueil.

Fueil.49. 46. dont la clef estoit vn P, en ceste sorte *p, de p, dō ne. l: o de p, i: i de o, p: n de i, f: g de n, n:* si que voila ce mot de *poing* mis icy pour les deux lettres *l, d*, surchiffré par autant qu'il en contient, *l i p f n.* Et qui est celuy maintenant qui peult venir à bout de cela? car en premier lieu il n'est possible d'obtenir ceste premiere couuerture, dependant d'vne clef mentale cōme il a esté dit en son lieu:& quant l'on en seroit venu à bout, ce seroit neaumoins à recommancer, quāt on ne trouueroit que ces monosyllabes qui seruent d'vn autre chiffre interieur, & qui est à double sens quant & quāt. Mais de ces enuelouppes à guise d'escorces & escailles, plus à plain cy apres: Cependant voicy la table de ces monosyllabes.

3

	B.	C.	D.	F.	G.	H. Q.	L.
	R.	S.	T.	V.	A.	B.	C.
R	Bac.	Camp	Dard.	Faun.	Gain.	Ha.	Lac.
S	Bam.	Cas.	Dé.	Fard.	Gay.	Hault.	La.&
T	Banc.	Cent.	Dent.	Faix.	Geɕt.	Heur	Laid.
V	Bas.	Chair.	Deux	Faulx.	Gens.	Hors.	Leu.
A	Beau.	Chauld	Dieu.	Feint.	Gond.	Heur	Leuth
B.	Becq.	Chef.	Dix.	Fiel.	Goust.	Houx.	Li.d.
C	Bien.	Chien	Doigt.	Fier.	Grand.	Huict.	Lieu.
D.	Blanc.	Ciel.	Donc.	Fils.	Gras.	Hurt.	Li.
E.	Bled.	Cinq.	Don.	Flanc.	Gré.	Quay.	Loin.
H.	Bœuf.	Clair.	Dos.	Fleur.	Grec.	Quant.	Long
I.	Blond.	Clef.	Dot.	Floc.	Grief.	Quart.	Lors.
L.	Bois.	Cloud.	Doulx.	Foy.	Gris.	Que.	Loup
M.	Bord.	Col.	Drap.	Fol.	Gros.	Quel.	Lourd
N.	Bas.	Corps.	Duc.	Fonds.	Gué.	Qui.	Loy.
O.	Bruit.	Coup.	Dueil.	Fort.	Gueɕt.	Quin.	Loz.
P.	Brun.	Cours.	Duc.	Franc.	Gueur	Quoy.	Lu.

DES CHIFFRES.

OR tout ainsi qu'és chiffres doubles d'icy dessus, vn seul caractere sert pour deux lettres, mais il en fault aussi 400. au lieu de vingt; ou 256. en lieu de seize; & tous differends, pour faire les quadratures desdits nombres; au rebours nous en amenerons icy de simples, ou plusieurs caracteres ne feront qu'vne seule lettre; non ia assemblez en des vocables signifians, comme ceux du premier, & du second liure de la Polygraphie, ains ineffables en apert, nonobstant que ce soient nos communes lettres; car il n'y en aura que de trois sortes si vous ne voulez, voire de deux, & encore d'vne tant seulement; estant possible par ceste voye d'en escrire toutes vos intentions : dequoy nous amenerons icy quelques artifices, & par cy apres derechef de plus excellens ; partie empruntez des autres, mais ameliorez de nous; & la plus grand part prouenans de nostre pure inuention. En premier lieu voicy vne table où il y a iusqu'à 27. accouplemens des trois premieres lettres; au lieu desquelles vous pouuez vser de trois autres telles que bon vous semblera, ou de caracteres faits à plaisir, car cela n'importe de rien : on peult mesme se seruir de ceux du chiffre à compter, comme ils sont icy eualuez ausdites lettres; de points aussi, & de lignes toutes semblables; & d'autres qui sont differentes par leurs longueurs : Plus des notes dont se marquét les quantitez des syllabes, longues & briefues -- v. Mais cela a diuerses considerations & vsages ; car les

Eee

points & lignes pareilles vont par certain ordre de leurs affociations & redoublemens; comme font tout de mefme les quantitez, toutesfois non tant, parce qu'elles font de deux fortes: quant aux lignes qui fe varient par leurs longueurs, parquoy elles fe pourroient infiniment defguifer, nous n'en prendrons icy que trois differences, pour correfpondre aux trois lettres, & notes du chiffre: mais à l'imitatiõ de cecy fe pourront mediter plufieurs autres inuentions, & tant qu'on voudra; parquoy il fuffift d'en auoir touché les maximes. Le nombre au refte de vingt fept, a efté choifi tout expres; tant à l'exemple des Hebrieux, que pour ce que c'eft le Cube du Trois, autant qu'il y a de lettres differentes icy; ouquel f'accomplift la parfaicte reuolution de toutes les tranfpofitions & affemblemens qui peuuent efcheoir au Ternaire: & celà les pourroit bien auoir induit, d'adiouxter les cinq finales à leurs anciennes vingt deux lettres, pour arriuer à ce nombre de 27. Finablement les lettres que reprefentent ces 27. triplications, font icy tranfpofees hors de leur ordre accouftumé, pour toufiours obfcurcir dauantage le chiffre; mais celà fe peult varier comme on veult.

DES CHIFFRES. 200

D	E	F	G	H	I	K	L	M
aaa	aab	aac	aba	abb	abc	aca	acb	acc
444.	447.	448.	474.	477.	478.	484.	487.	488.
...	..-	..⋮	.-.	.--	.-⋮	.⋮.	.⋮-	.⋮⋮
---	---	---	---	---	---	---	---	---
∪∪—	—∪—	∪——	————	∪∪∪	———∪	∪∪—	——∪∪	∪——

N	O	P	Q	R	S	T	V	X
bbb	bba	bbc	baa	bab	bac	bca	bcb	bcc
777.	774.	778.	744.	747.	748.	784.	787.	788.
...	..-	..⋮	.-.	.--	.-⋮	.⋮.	.⋮-	.⋮⋮
---	---	---	---	---	---	---	---	---
—∪—	∪—∪	∪———	∪∪∪∪	———∪	∪∪∪—	——∪∪	∪∪——	—∪∪—

Y	Z	A	B	C	&	ll	rr	ſs
ccc	cca	ccb	caa	cab	cac	cba	cbb	cbc
888.	884.	887.	844.	847.	848.	874.	877.	878.
⋮.⋮	⋮..⋮	⋮..	...	....	....	....	.. ..	....
—	—⫽	—⫽	—⫽	—⫽	—⫽	—	—⫽	—
∪——∪	——∪∪∪	——	∪	——	∪———	—∪—∪	∪——∪—	✦

Eee ij

POVR exemple; *L'esprit humain peult atteindre tout*; Celà sera escrit en ceste sorte de trois lettres seules, mais qui triplees ne seruiront toutesfois que pour vne; car celà se faict moiennant leurs diuerses associations ɩ acb aabbacbbcbababcbcaabbb cbaccccbabcbbbbbcaabbcbacbbcaccb bcabcaaababcbbbaaababaabccbbcabb abcbbca. Tout de mesme il se peult faire auec les chiffres, les points, lignes, & quantitez, correspondentes ausdites lettres. Par les chiffres; 487447748 778477478784, *l'esprit*. Par les points . .. . *humain*; les lignes --- — — — — — — — — — - *peult* : les quantitez --. -- ʊʊ. --ʊʊ. - ʊ. - ʊ. - ʊ. -. ʊʊ, — ʊ, - ʊ, *atteindre*. Icy il y faut des points pour distinguer les lettres, par ce que n'y aiant que deux sortes de caracteres - ʊ. ils sont aucunefois seuls, ou doublez, triplez, quadruplez; & les autres tousiours vniment trois à trois. Il y en a eu de si curieux de chercher par ces quantitez vne autre maniere de chiffre qui s'y rapporte, fort ingenieux à la verité, & subtil, mais penible ce qui se peut; assauoir au lieu de ces caracteres chercher des vocables, Latins principalement qui y correspondent. Comme pour *a*, qui est marqué par vne longue toute seule auec vn point — . ce mot de *Vox*, qui est long; pour *t*, deux longues & deux briefues; - - ʊʊ, *hæc flebilis* pour *e*, vne longue & vne briefue „ *alta*, pour *i*, deux longues, & vne briefue, *proferret*; pour *n*, vne longue, vne briefue, vne longue, - ʊ - *anxios*; pour *d*, deux briefues ʊʊ, *cruci*; pour *r*, trois longues vne briefue, – – – ᵕ, *atus in p̄ s*, pour *e*, vne longue, vne briefue *rente : Vox hæc flebilis alta proferret anxios cruciatus in parente*. Mais celà feroit fi laborieux, principalement pour faire vn fens congru, que ie ne penfe pas qu'il fuft poffible d'y arriuer à la longue, nompas mefme en quatre ou cinq lignes de fuitte. Trop plus commode feroit l'artifice de la polygraphie ; & ce qu'à l'imitation de Tritheme en a proieƈté BaptiftePorte en fes chiffres. Quant aux afterifques ⋆ triágles ∇, rondeaux O, & femblables notes qui n'ont aucune diferéce entr'elles ; tout celà, comme vne feule lettre auffi, s'en va le mefme train que les points, en les feparát aucunemét l'vn de l'autre ainfi qu'eux. Pour exemple, prenons o qui eft rond ; pour efcrire le mot de *Ateindre*, il y aura en cefte forte ; ooo ooo oo oo ooo o o o oo o oo ooo oo oo oo o o o oo o oo o o oo. Mais ce feroit le meilleur de remplir les efpaces auec des lettres, vne, deux ou trois à voftre fantafie & difcretion ; qui iroient pour nulles : comme fi des trois deffufdités *a b c* vous ne voulliez prendre que le *c* qui feruift, Il y faudroit aller ainfi : *l'efprit* ; cbcccaccacbcaccbccacbcccaccb ccaccсbccacbccacbcccaccbccaccbca. Et d'infinies autres manieres ; mais il y va vne grande perte de lettres ; & fi cela fe peut plus commodémét obtenir par d'autres manieres que nous monftrerós cy apres de noftre inuention. Cependant pour pourfuiure celles encore qui dependent de ce mefme fujeƈt de trois lettres, en voicy vne table plus abregee, reuenant neaumoins à vn mefme effeƈt.

E e e iij

TRAICTÉ

	AA	BB	CC	AB	AC	BC	CB
A	a	d	g	l	o	r	u
B	b	e	h	m	p	s	x
C	c	f	i	n	q	t	z

LA PRACTIQVE au reste en est telle. Voiez parmy les petites lettres marquees de noir, celle que vous voulez escrire, & en son lieu mettez les deux capitales rouges qui sont accouplees ensemble au frōt d'enhaut respondantes à ladite lettre, auec la capitale rouge qui les va croiser en trauers, de la main gaulche vers la droicte; toutesfois il ne les faut mettre en capitales, car celà n'est ainsi marqué que pour les pouuoir discerner; ce qui s'esclarcira mieux par exéple: *L'esprit humain*; au dessus de *l*, se presente *ab*, & à costé *a*; mettez doncqu' *ab*: au dessus de *e*, sont *bb*, & a costé *b*, *bbb*: dessus *s*, *bc*, auec *b* a costé, *bcb*: sur *p*, *ac*, auec *b*; *acb*: sur *r*, *bc*, & à costé, *a*; *bca*: sur *i*, *cc*, auec *c*, *ccc*: & sur *t*, *bc*, auec *c*: *bcc* il y aura *aba bbb bcb acb bca ccc bcc*, & ainsi du reste. MAIS pour se resteindre des trois lettres qu'il faut emploier à deux seulement, il sera besoin se seruir de cinq au lieu de trois, de ceste sorte; toutes-fois on les peut transposer à plaisir.

DES CHIFFRES. 201

	A	B	C	D	E
A	b	f	l	p	t
B	c	g	m	q	u
C	d	h	n	r	x
D	e	i	o	s	a

POVR chiffrer donques ; *Atteint par tout*; faites ainsi: au dessus de *a* se trouue *e*, és capitales d'enhaut, & en celles de costiere, *d*; mettez *ed*: au dessus.de *t*, est *e* encore, & *a* à costé; *ea*: *e* donne *ed*: *i, bd*: *n, cc*: *t, ta*: *p, da*: *a, ed*: *r, dc*: *t, ea*: *o, cd*: *u, cb*: *t, ea*. Assemblez, il y aura; *edeaadbdcceadaeddceacdebea*.

DE CECY part encore vn bel artifice, de se reseruer vn second sens caché parmy le premier, si l'on estoit surpris, & contraint d'exhiber son chiffre: & ce par le moien de cinq lettres des vingt-trois, qu'on reseruroit pour nulles; par ce qu'on se peut passer de dix-huit voire de moins, & retrancher *q*. mettant en lieu *cu*, & pour *x*, *cs*: Quant à *y z &*, elles ne sont point autrement necessaires: lesquelles cinq nulles iront pour les cinq voyelles, qui ioüeront le roolle de ce double sens, comme il s'ensuit: mais le tout se peut aussi transposer. C'est icy le chiffre que vous pourrez communiquer.

Chiffre double.

TRAICTE'

d	f	g	h	l	m	n	p	q
a	b	c	d	e	f	g	h	i
r	s	t	x	y	z	&	b	c
l	m	n	o	p	r	s	t	u

Nulles.
a	e	i	o	u

ET cest autre sera l'occult, que vous reseruerez à part pour le sens secret, qui sera beaucoup moindre; & s'escrira par les cinq voyelles qu'on alleguera estre inserees pour seruir de nulles; en les accouplant deux à deux pour faire vne lettre, comme au precedant.

	A	E	I	O	V
A	b	f	l	p	t
E	c	g	m	q	u
I	d	h	n	r	x
O	e	i	o	s	a

SOIT donques que vous vueillez escrire ce qui s'ensuit, tiré d'vne sentence du Zohar; par le premier
de

DES CHIFFRES. 203

de ces deux chiffres : *En toutes les dixaines par faction le plus seur est de s'enfuir bien tost & auoir de vers la face de l'Ange qui en est le minist.re et e.ne.ne.* Et l'autre qui est secretement meslé parmy; *Cela n'est e ce nce e nouea* l'on procedera de maniere, que celuy-là ira son train par la transposition des lettres de la premiere de ces deux tables, ou autres semblables;& cestui-cy se meslera à la trauerse selon la seconde : ce qui n'est qu'vn esbauchement de plusieurs autres artifices, d'inserer vn ou plusieurs sens souz le pretexte & couleur des nulles, qui se toucherõt cy apres, non encore atteints de personne, & celà pouuons nous affermer, car iusques icy on ne les a point emploiees à de tels vsages, au moins dont on aye eu cognoissance : *e* en premier lieu se change en *l.n* en *i.r* en *o.o* en *a.u* en *o.r* en *v. e* en *l.s* en *&*; somme, *En toutes* : & ainsi du reste. Entremeslez y maintenant les voyelles seruans de nulles selon ceste seconde table, pour le sens reserué à part ; mais celà depend de vostre discretion de le faire bien à propos, combien que la carriere vous en soit libre ; neaumoins il ne les y fault inserer que de quatre en cinq lettres ; quelquefois les deux tout ensemble, car ces deux ne vont que pour vne lettre; &aucunefois separees,parce que le consachant du secret les sçaura fort bië recognoistre au dechiffremët. Pour exemple, ce qui le donnera mieux à entendre; apres *l.v* qui font *en* mettez pour *c* qui est la premiere lettre du second sens ; les deux qui luy correspondent au front & costiere, assauoir *a.e.* apres *s &*, qui

Fff

est la fin du mot *toutes*, adiouſtez pour *e* la ſeconde lettre de *ao*: &c. Somme que l'eſcriture ſe trouuera eſtre telle que vous pouuez voir cy deſſous. En quoy il faut eſtre aduerty, qu'icy les lettres qui ſeruét pour le ſecond ſens, & qu'on voudra faire paſſer pour nulles à tous autres qu'à ſon conſachant, ſont marquees de rouge, afin de donner tant mieux à comprendre & faire diſcerner l'artifice; car en eſcriuant à bon eſcien il ne le fault pas faire ainſi, ains toutes de noir de peur de donner ſoupçon: *lt ae bxcbl & ao rl & hqcqtl & yl zu o & lgc bq xt & rl yrc & ao & lcZ ol & b hl & lt mcq Zu a fqlt bx & b aebdcrxqt uo hlcd t boo rdmdgl ae hlj ordtnl ee gcqii lta l & bo rl ue sqai tq & bzl ao lb ae l & lgcue blcZoo*. Cecy tailleroit bien de la beſongne aux dechiffreurs par conjecture ſans alphabet; car l'vne de leurs principales reigles eſtant de compter le nombre que chaque caractere ſe trouuera en tant de lignes, & de prédre les plus frequentes pour les voyelles, d'autant qu'en toutes ſyllabes il y en a pour le moins vne; c'eſt ce qui les abuſeroit, quand ils les trouueroient plus dru ſemez que nuls des autres, ne ſeruans toutesfois de rien en l'vn des ſens, & en l'autre pour toutes les lettres.

Il y a encore vne autre maniere dont fut autheur certain Gueldrois, ce dit Cardan, qui procede auſſi par trois caracteres; nompas par la triplication d'iceux, comme és precedentes, mais par leurs diuerſes collocations & aſſiettes; dont l'vſage depend de ceste petite tablette, laquelle ne se doit eslargir dauantage que vous voiez, car là consiste tout le secret; que ie n'appreuue pas beaucoup quant à moy, estant fort laborieuse & penible, & auec cela de peu d'importance & engin. Pour *x* vous ferez comme cy dessus, ou bien vous adiousterez vne virgule, ou vn poinct, & pour *h* pareillement, ou en autre sorte; ce qui obscurcira le chiffre dauantage, à cause qu'on pourra referer cela à autant de punctuations.

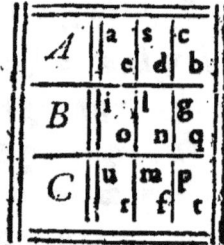

AV SVRPLVS elle doit estre carree, & couppee en la face d'enhault toute raze: Puis quand vous en voudrez escrire, il faudroit reigler vostre papier pour le mieux, auec du plomb ou du charbon, pour aller plus iuste, & qu'on le puisse effacer apres auoir faict. Appliquez doncq ceste face d'enhault sur la ligne trassee; & marquez tout premierement l'vne des trois capitales que vous voudrez, car elle ne seruira que pour conduire & addresser les petites lettres qui font l'escriture; esquelles vous chercherez la premiere de vostre subiect; qui soit encore pour exemple ledessusdit, *Es diuines punitions*; ce sera vn *e* auquel

Fff ij

correspond és capitales. Transportez le second espace où est le petit *a* iustement souz *ja* marqué, Puis cherchez la secõde lettre de vostre theme, qui est *s*, & marquez celle qui luy respond, assauoir *d*: & poursuiuez ainsi, mettant tousiours le petit *c* souz la lettre derniere escrite, & y marquant en lieu, l'vne des trois capitales *A B C* en petit volume, car il n'y a qu'elles employer icy, à l'endroit où la lettre que vous voulez representer se rencontre. Mais le mal est qu'il se presente en certains endroits plus qu'en d'autres, des espaces bien plus distans; qu'on peut neaumoins remplir d'autres lettres qui ne seruiront que de nulles. Au surplus ceste inuention se peut dire auoir plus de subtilité que d'effect dont on puisse se preualoir, & la subsequente de mesme, pour autant que les vuides en seront plus distans encore, & plus malaisez à remplir, & à discerner: mais ie n'ay voulu laisser pour celà de les representer icy; parce que l'ordinaire des hommes est de conuoitter plus ardemment, & faire plus de cas des choses absentes, que de celles qu'ils ont à leur veuë & en main; ioint que cecy donnera lustre aux inuentions qui sont trop plus ingenieuses, quand on les viendra confronter par ensemble.

DES CHIFFRES.

A	i	a	t	e	f	p	q
B	e	u	r	m	d	h	x
C	o	s	l	n	g	b	z

TOVT de mesme est, celle du chassis ou papier persé par endroits, de la sorte qu'on voit cy dessouz, ou autre telle qu'on voudra; ouquel dans les fentes & ouuertures on escrit ce qu'on pretend estre cognçu du correspondant; puis on remplist les espaces de quelques syllabes ou mots entiers, qui confondēt & peruertissent le sens qui y est exprimé: mais celà ne me semble pas gueres seur, parce qu'il reste tousiours quelque marque d'inegalité en ceste reiteration d'escriture, qui ne va pas tout d'vn mesme fil & teneur; ioint qu'il est assez malaisé d'arriuer si precisement à trouuer vne suitte de mots sur ceste escriture premiere, où il y ait vn sens si naïf qu'on ne s'aperçoiue de l'artifice. Il faut au reste que ce chassis soit d'vne lame fort deliee, d'argēt ou de cuyure, & proportionnelle au calibre dont on veut escrire: que vostre correspondāt aussi en aye vne semblable, & persee de la propre sorte; reigler quant & quant le papier de peur qu'on ne varie en escriuant. Quād on veut lire le cōtenu, & celà est bien plus aisé que d'accommoder l'escriture, il ne faut qu'apliquer le chassis là dessus, lequel couure tout ce qui ne sert que pour desguiser

E ff iij

TRAICTÉ

ce qu'on veut mander, le laissant en veuë. En voicy vn portrait, sur lequel s'en pourrõt former plusieurs autres tous differens, à la discretion d'vn chacun: & la dessus se mesnager vn sens secret par la voye des dimentions, selon les distances des trouz & des espaces comme il se verra cy apres; mais cela ne seruiroit que pour vn seul coup.

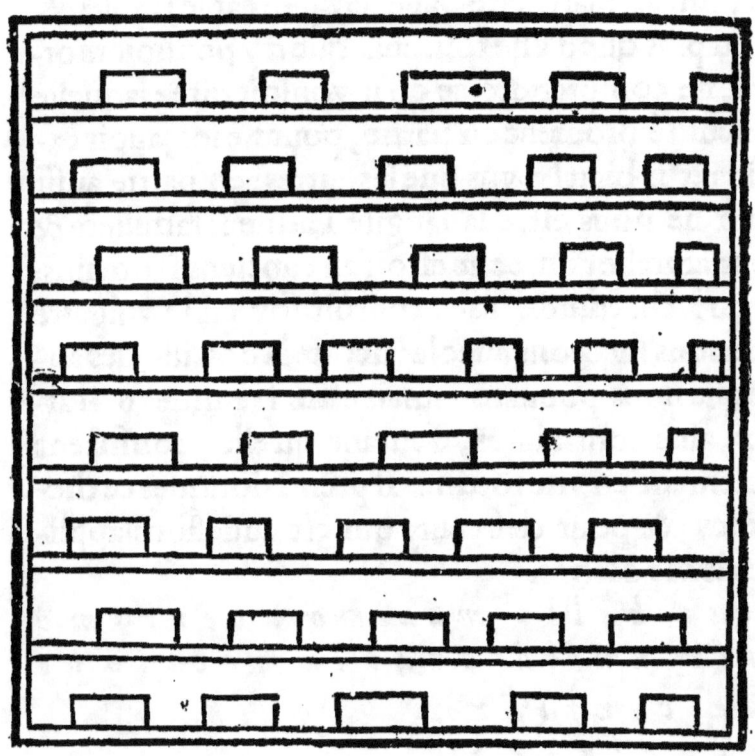

IL y a vn autre artifice que touche Baptiste Porte, non à reiecter de vray; ains assez subtil & ingenieux; au reste si c'est de son inuention ou d'autruy, il n'en sonne mot: Tant est qu'il y procede auec des clefs, & par certain ordre des lettres, en ceste maniere. Il vous assiet autant de points à egalle distance les vns des autres, comme le subiect qu'il veult exprimer contient de lettres: & sans les desguiser autremét les marque esdits poincts, selon qu'elles se rencontrent auec celles de la clef qui reiglent tout. Mais cela vous sera mieux manifesté par exemple; car ie l'ay leu & releu plus que d'vne fois, auāt que d'y pouuoir mordre, ne comprendre ce qu'il vouloit dire: laquelle obscurité prouient en partie, pour ne se sçauoir expliquer si bien les vns que les autres; en partie aussi pour ne nous estre la langue Latine si familiere & connaturelle cóme elle estoit aux anciens Romains; & qu'à chacun de nous endroit soy est le vulgaire que nous succeons auec le laict de la norrisse; les autres ne nous pouuans iamais estre si naifues & si aisees, ains contraintes, d'autant qu'elles consistent seulement en vne rottine. Il prend donques ce theme icy; & pour clef celuy qui est audessous appliqué lettre à lettre.

Post bello maximo acerrimo
cast umfod eratlu cretiape
que conflato.
cru salgazel.

La premiere lettre du subiect estant *p*, & la premiere de la clef, *c*, qui est la troisiesme de l'alphabet, il met sur le troisiesme poinct, *p*. La seconde est *o*, a qui correspond *a* de la clef, qui est la

premiere; parquoy il met immediatement *o* apres *p*. Pour *s*, la troisiesme du sujet, se retreuue vn autre *s* aussi de la clef; & pource qu'elle est la 17. il passe dudit *o*, iusqu'au 17. point ensuiuant, pour y marquer *s*. *T* suit apres au 4. lieu, tant du sujet que de la clef; & pour ce que c'est la 18. lettre, il saulte 18. points depuis *s* la dernier marquee, pour y asseoir *t*. Et va ainsi continuāt comme vous le pouuez icy veoir: Que si d'auenture deux lettres se venoient rencontrer sur vn mesme point, comme il peut souuent aduenir, il faudra enjamber par dessus sans le comprendre au nombre, iusqu'au premier point vuide ensuiuant.
e . p o t . l o . i . a . . . . l s m . b o
x . . . m . . . . . . *Post bello maximo* : mais quant il y aura vne plus longue suitte de sujet, celà dira mieux. Et certes ce n'est pas vne inuention trop disgraciee; bien que penible, & sujette à se trauerser: au moien dequoy pour la rendre aucunement plus facile & moins dangereuse, il nous a semblé d'y proceder par vne autre voye, qui est plus claire & abregee; sans estre sujette à laisser des vuides, ny sauteller ainsi par dessus les points qui seroient remplis, ains passer outre tout d'vn train sans interruptiō; ny s'embarrasser à des clefs, qui en cest endroit n'est qu'vn superflu surcrez de labeur: mais nous en reseruerons l'vsage & practique pour les chiffres à plusieurs escorces, dont nous parlerons cy apres; à quoy ceste tradition est la plus propre de toutes autres.

Q VI

DES CHIFFRES. 207

Qvi voudroit maintenant parcourir toutes les diuerses sortes de chiffres, celà iroit comm'en infini, par ce que chacun s'en peut tous les iours inuenter de nouueaux, où les autres n'auront pas encore pensé: mais en tout celà il n'y a que deux ou trois principaux buts où l'on doiue tendre; assauoir de se dresser des alphabets non trop embrouillez, ne confuz d'vne oisiue multitude de caracteres, afin qu'ils ne soient ennuyeux, mais assez aisez à chiffrer & à dechiffrer; & auec cela inuincibles à tous ceux qui n'en entendront le secret: & qui ne se puissent perdre, oublier, descouurir, ne cōmuniquer à personne si l'on ne veut: & tels sont sans doubte ceux des premieres tables; les carrez & doubles aussi; & en somme tous les autres que nous auons touchez iusqu'icy; qui se peuuent desguiser en tant de sortes qu'on voudra, neantmoins ce sera presque tousiours vne mesme chose à peu pres. L'autre maniere est d'excogiter quelque bizarre & fantastique façon d'escriture, qui n'aura encore comparu sur les rengs, ny esté diuulguee en publicq, telle que quelques-vnes que nous donnerōs cy apres; en quoi toute soupçon soit ostee que ce puisse estre lettre lisable par aucun artifice quelconque. Et finablement d'arriuer, s'il se peut, à vne du tout conforme à l'escriture commune, où il y ait exterieuremēt du sens, si qu'on ne puisse presumer qu'il y ait rien caché dessouz, ains tant seulement ce qui se voit en apparence; comme est l'artifice de la Steganographie, dont nous auons produit les exem- *Artifices de la steganographie, mais fort douteux.*

Ggg

ples qu'en donne Tritheme. Cardan liure 12. de la varieté des choses, chap. 61. & Baptiste Porte en griffonnent ie ne sçay quoy; qui est d'auoir deux gros liures d'vn mesme autheur, impression, & volume; l'vn pour soy, & l'autre pour son correspondant; & ce en la langue où l'on veut escrire; comme pourroit estre vn Pline ou Plutarque, & autres tels, où il y ait vne grande diuersité de matieres, qui est requise en cest endroit : & cotter la page où l'on veut commancer, par la datte de la depesche, ou semblable signe qui vous puisse seruir d'aduertissement : Pour exemple, si c'estoit du 10. du mois, il faudroit que celuy à qui elle s'adresse, prist garde à la dixiesme page : mais de celà il n'y a qu'assez d'expediens trop plus propres, s'il ne tenoit à autre chose. On met donques au moins de paroles que faire se peut, ce qu'on veut escrire secretement : celà fait, il faut chercher le premier mot de vostre sujet en ceste page, où s'il ne s'y rencontre, passer outre és autres suiuantes ; & au lieu d'iceluy prendre le precedant ou le subsequent, selon que vous en serez demeuré d'accord. Et pour marquer l'endroit de la depesche où le correspondant doit prendre garde au dechiffrer, ils enseignent que cela se face auec vne capitale vn peu grandelette, pour la faire discerner du reste; & finer ainsi, à fin de ne le trauailler en vain : ce que ie trouuerois trop meilleur de faire en rayant ce premier mot, ou vn autre en lieu, comme s'il y eust eu quelque faute en l'orthographe ou escriture : & de mesm : à la fin du propos; ou par quelque autre marque & signal ; car la campagne eſt belle & large en ceſt endroit pour s'y dilater à plaiſir, chacun ſelon ſa fantaſie en maintes diuerſes manieres : puis faut ainſi pourſuiure de mot en mot par la meſme voye. Mais quelque choſe qu'ils veulent dire, ie ne voy pas comme celà ſe puiſſe faire, m'y eſtant aſſez trauaillé, & pour neant. Ie ne dis pas qu'il ne puiſſe bien reüſſir en quelque endroit, ainſi qu'és exemples par eux amenez, pluſtoſt à mon iugement aſſeruiz ſur la ſuite des liures, que les liures au ſujet qu'ils ont voulu repreſenter, ce qui eſt courre le contrepied ; car il aduiendra le plus ſouuent, que douze ou quinze mots qu'on voudroit eſcrire, ne ſe rencontreront pas peut eſtre à propos en cent ou deux cens fueillets; & encore fort rarement pourra-il auoir du ſens au contexte & ſuite d'iceux. Puis, commét eſt-ce, ſelon que nous auós deſia dit cy deſſus, qu'on penſe faire quant aux noms & ſurnoms; & infinies particularitez de ce ſiecle, qui n'ont rien que ce ſoit de commun auec les autheurs anciens, ny le plus ſouuent aux modernes, ny autres liures qui ſoient en eſtre ? Car celà ſe varie ſans ceſſe ſelon les circonſtances du ſujet, & les occaſions qui ſuruiennent, rarement ſemblables les vnes aux autres. Au moïen dequoy c'eſt vn trop extreme labeur ; & qui quant & quát de cent fois n'en reüſſira pas peut eſtre deux bien au net, qu'il ne le faille replaſtrer, rabiller, racouſtrer auec pluſieurs adiouſtemens, qui en fin noyent & eſteignent du tout

Ggg ij

TRAICTE'

ce peu de lumiere que le dechiffreur en deuroit recueillir: comme mesme est contraint d'aduoüer iceluy Porte, liu. 2. chap. 17. où il s'interprete vn peu mieux: *At cùm sine ordine, & sine aliqua vera significatione veniet, sic eam accommodabimus : multa inseremus verba, vt ordine aliqua significent; & vt superuacanea noscantur ab amico, linea notabimus. Vel &c.*

Autre artifice. LE mesme est-il de l'artifice qu'il traicte encore, de choisir les mots dont l'on a affaire, dans quelque liure; & marquer leur place en vne fueille de papier huillé, pour le rendre par là transparent, de la mesme marge que sera le liure : Puis les pocher sur du papier blanc non huillé, & du mesme calibre, & l'enuoier à son correspondant; lequel l'ayant huillé, & appliqué sur les mesmes pages, y discernera les mots ausquels se doiuét raporter les marques. D'AVTRES procedent par vne autre voye par le liure aussi, mais non auec des mots entiers, & hors de soupçon, comme ceux-là pretendent faire, ains lettre à lettre par des nombres; dont le premier accompagné d'vn coma au derriere pour en faire la distinction, marque la page; le second auec vne virgule, la ligne; & le tiers auec vn poinct, la quantiesme lettre sera celle qu'on veult exprimer. Pour exemple soit ce mot icy *charité*; ie prendray la 17. page de ce traicté, en laquelle la lettre *c* arriue à estre la premiere de la seconde ligne; parquoy ie marque, 17: 2, 1. *h* estant la 21. de la 3. ligne; ie mets 3, 21. *a*, la seconde d'icelle mesme, 3, 2. *r* la 31. ie mets 3, 31. *i*, la 19. de la 4. ie

Autre encore.

mets 4, 19. *t* la 11. d'elle mesme 4, 11. & *e* la v1, 4, 6.
Ce chiffre à la verité est inexpugnable sans la communication du secret; car que seroit-il possible de coniecturer là dessus? mais il est fort laborieux tant au chiffrer qu'au dechiffrer; & subiect à se mesconter: Puis il y a tant de caracteres pour chaque lettre, que ie n'y trouue pas grãde saueur: Il suffist de l'auoir atteint en passant, parce que i'en ay veu quelques-vns le tenir fort cher, & en faire grand cas; comme fait du sien vn Leon Alberti Florentin, *degno*, ce dit-il, *d'vn Imperator*, *o d'vn Re*; & au reste la plus fadde & ridicule inuentiõ qui sceust tomber en vn foible & mince esprit de huict ou dix ans seulemẽt. Il y a bien d'autres expediens plus aisez, comme nous le montrerons cy apres: Et mesmes quant à cestui-cy quelques-vns y procedent plus ingenieusement; deguisant ceste chiffrerie en forme de tables astronomiques, du hault en bas comme escriuent les Cathains: enquoy les signes monstrent l'ordre & suitte des pages; assauoir le mouton la premiere, le taureau la seconde, les iumeaux la tierce; & ainsi des autres: la premiere des deux colomnes qui est des degrez, denote la ligne; & la seconde, des minutes, la quantiesme lettre c'est que vous y deuez chercher cõme vous le pouuez veoir icy; ou le taureau monstre que c'est la seconde page à laquelle il se fault addresser. Bien est vray que celà donneroit vn peu à penser à vn qui entendroit les mathematiques, quãd il le verroit ainsi desreiglé; mais il passeroit à la plus grand-part.

Ggg iij.

TRAICTÉ

♉	
Degrez.	minut.
1.	3.
14.	34.
14.	36.
14.	39.
15.	8.
15.	23.
15.	24.

Ce chiffre donques de plusieurs escorces & enuelouppes, lequel a esté promis cy dessus, n'a pas esté nomplus ignoré des Hebrieux, comme on en peult veoir assez de vestiges en plusieurs interpretations des Prophetes: à l'imitation dequoy quelques-vns qui en ont eu l'odeur de loin, s'y sont exercez, plus ou moins heureusement les vns que les autres, selon leur capacité & portee. Car comme la plus-part des esprits humains soient tendres & infirmes de soy, & fort subiects nõ qu'à broncher, ains à donner le plus souuent du nez à terre tout à plat, en des impertinences & absurditez rabotteuses, s'ils ne sont ferme-soustenus par les resnes de l'experience, & du iugement, quand on pense auoir trouué la febue au gasteau, & se resiouir trop outre mesure de son εὕρηκα à guise d'vn autre Archimede, c'est alors qu'on en est le plus esloigné, en danger de demeurer court auecques vn empan de nez. Et certes à propos de l'artifice

DES CHIFFRES. 210

dont il est icy question, ie vy vn quidam, il y a quelques trente cinq ans, qui estoit si extrememét aueuglé en son faict (Plustost l'appelleray-ie de ceste sorte qu'affronteur impudent) qu'il n'eut point de honte de demander au feu Cardinal du Bellay, vn seigneur qui se delectoit de toutes rares & gentilles inuentions, deux mille escus pour la communication d'vn sien chiffre, qu'il disoit transcender les nuees: mais il se trouua bien honteux, quand en moins de deux ou trois heures on le luy eut tout interpreté sur l'essay qu'il en presenta. Comme il y procedoit, nous le dirons par cy apres: cependant ce n'estoit autre chose comme n'est aussi l'artifice duquel nous pretendons parler, sinon qu'vn mesme subject couuert de plusieurs chiffres reiterez les vns sur les autres; tout ainsi que pourroient estre diuerses chaloppes, escailles, peaux & tuniques, dont vn noyau de noiz ou amende est reuestu & enueloppé auant que de penetrer iusqu'à lui: Chose à la verité non à desdaigner, pourueu qu'elle soit prise du bon biez. Et en premier lieu voicy ce que i'en trouue estre tacitement touché dans Rabbi Moyse Egyptien au 70. chapitre du premier liure de son directeur. CELA *a esté de tout temps obserué parmy nous, de ne rien rediger par escrit des profonds secrets de la Loy, à fin d'obuier aux sectes & partialitez d'opinions qui en pourroient sourdre, quand chacun les voudroit interpreter à sa fantasie, ains les communiquer seulement de bouche, pour les retenir dans le cœur & en la pensee; & encores non à toutes personnes indifferemment,*

Chiffres de plusieurs couuertures reiterees.

TRAICTÉ

ny à autres qu'à ceux de noſtre nation; qui ſoient quant & quant gens ſages & modeſtes, ſçauants & diſcrets: ce qui a eſté cauſe que la plus part des principaux myſteres ſont deperiz entre nous-meſmes, tant par la longueur du temps, que par la domination des eſtrangers, leſquels en eſtoient & ignorãs, & incapables; ſi qu'il ne ſe trouue plus rien de celà, ſinon quelques petits recueils & ſommaires pour y reſueiller les gens doctes & d'entendement, telles que ſont les traditions & maximes qu'on peut veoir dans le Talmud, & autres endroits: leſquelles ſont au reſte de deux ou trois eſpeces, tout ainſi que le cœur d'vn arbre armé par deſſus de pluſieurs eſcorces; ou vn noyau reueſtu de diuerſes eſcailles: ce qui a trauaillé tout plein de perſonnes, eſtimans qu'il n'y euſt aucũ fruit caché là deſſouz. Et au ſecõd liu. chap. 44. il monſtre cõme par la tranſpoſitiõ des lettres, ſe deſcouurent de treſ-admirables ſecrets en la ſainte eſcriture. Le mercaua meſme, ou chariot d'Ezechiel, & ſes rouës l'vne dans l'autre; & l'eſprit de vie eſtant en icelles, auquel ſymboliſe le ſens contenu en vn contexte d'eſcriture, ſemblent battre ſur ces enueloppes de chiffres; à quoy ſe rapportent auſſi d'autre part ces corones entrelaſſees l'vne dans l'autre, de ſubſtance rare & eſpoiſſe; & comparties de lumiere & de tenebres, dont Parmenide alleguoit conſiſter la ſtructure de l'vniuers. Et de là ne s'eſloigne pas encore beaucoup Ariſtote, bien qu'il ſe retienne ſur ſes adreſſes, & que par tout il s'eſloigne aſſez de ſemblables ſpeculations & myſteres, tout confit au ſens commun; Que les choſes naturelles ne ſont point ſelon l'accident, ains

Plutarque liur. 2. des opinions des philoſophes chap. 7.

ont vne

ont vne certaine cause qui les fait de necessité estre telles cō-me elles sont; laquelle a besoin d'vne autre cause superieure; & celle-cy encore d'vne autre, tãt qu'on arriue à la premiere qui est l'ordonnateur d'icelles; duquel depend la premiere intelligence motrice; de la premiere la seconde; & de ceste-cy la troisiesme; & ainsi du reste, par vne concatenation qui paruient iusqu'au dernier, & premier bout, qui sont vn mesme. Ces trois enueloppes donques, & surcouuertures de chiffres, sont assez apertement practiquees tout au commencement d'Ezechiel en ces mots cy: *Estant assis au milieu des captifs, sur la riue du fleuue Chobar*; où les Cabalistes interpretent ce כובר *Chobar* par vn *Ethbas* ou transposition de lettres, pour כרוב *Cherub*, c'est à dire vne influence des *Cherubins*, Anges du second ordre; car ce sont les mesmes lettres diuersement colloquees; & en apres ce mot de fleuue se rapporte & conuient fort bien à celuy d'influéce; parce qu'ils viennent tous deux du verbe fluer ou couller, comme est le propre des riuieres de tendre tousiours contrebas, iusqu'à s'aualler en la mer, qui est le grand receptacle de toutes: & aussi de l'influxion, laquelle nomplus que l'intelligence ne remonte iamais, comme dit Zoroastre, νόησις μήποτε ἀναβαίνει: & pourtãt Dieu influë tousiours sans relasche, par ses canaux, ainsi qu'vne source perpetuelle d'eau viue, sãs iamais remõter: car où est-ce qu'elle se pourroit surhausser, attendu que le throne de son essence est par dessus tout? De ceste descente de la diuinité és choses inferieures, parle ainsi Rabbi Ioseph Casti-

Moyse Egyptien liu. 2. chap. 21.

Hhh

Pagination incorrecte — date incorrecte

NF Z 43-120-12

glian, és portes de la lumiere apres les anciens Cabalistes: *Au commancement de la creation du monde, la diuine cohabitation estoit descendante és choses inferieures: & comme la diuinité cohabitast icy bas, les cieux & la terre se trouuerent vnis ensemble, & estoient les sources & les canaux qui en decoulloient, agissans en perfection, tirez du hault encontre bas; Dieu accomplissant tout par mesme moien, tant dessus que dessouz.* Ainsi donques le fleuue Chobar est en ce chiffre en lieu de la premiere escorce, ou couuerture; & l'influence du *Cherub* à quoy celà est aproprié, la seconde; qui couure la tierce, où est finablement le vray sens & intelligence; assauoir la lumiere du tetragrammaton יהוה, dont il est escrit au pseaume 36. *In lumine tuo videbimus lumen*; c'est à dire que par la lumiere du FILS nous verrons celle du PERE. Ce fut elle qui descendit en l'entendement du Prophete, par le second ordre des Anges, ainsi que par vn tuyau ou canal; qui est le rãg des *Cherubim*, autremẽt *Ophanim*, c'est à dire formes ou rouës, dont Ezechiel parle tout soudain apres; lesquelles rouës au monde elementaire ne sont autre chose que les quatre Elemens, designez par les quatre animaux qui sont representez en ceste vision: au celeste les Spheres qui s'enueloppent l'vne l'autre: & en l'intelligible les hierarchies & ordres des Anges & intelligences, que l'escriture appelle autrement administratoires esprits. Mais pour reuenir à nostre propos, l'artifice dont le dessusdit pretendoit s'aider, estoit fort simple & mal entendu: dont pour vous en donner vn exemple, prenons que ce soit ce subiet cy qu'on vouluſt eſcrire, pris des ſentences de Zoroaſtre; *On ne doit trop preſſer ſa deſtinee*: il le chiffroit en premier lieu par ceſt alphabet d'vne ſimple commutation reciproque, de chaque lettre precedente en la ſubſequente; & au rebours:

I.	a	c	e	g	i	m	o	q	s	u
	b	d	f	h	l	n	p	r	t	x

Sr qu'il auoit ceſte ſuitte & cõtexte de lettres; *p nu mſcplassqpooqfttfqtbcftslmff*: laquelle il rechiffroit de nouueau par ceſt autre alphabet, qui va ſelon l'ordre commun des lettres departies en deux rengees, tout ainſi que le precedant, & en dix cellules, dont les caracteres de deſſus & deſſouz ſe tranſchangent alternatiuement l'vn en l'autre:

II.	a	b	c	d	e	f	g	h	i	l
	m	n	o	p	q	r	s	t	u	x

PARQVOY il y auoit ainſi : *daarodxmgge dccerhhrehnorhgx'arr*. Et tiercement il le recouuroit par ceſt autre encore, ouquel les lettres ſont accouplees ſelon que quelques nations les proferent l'vne pour l'autre.

III.	a	b	c	d	f	g	l	m	o	s
	e	p	q	t	h	i	r	n	u	x

Dont telle en estoit la disposition : t e c l u t s n
i i a t q q a l f f l a f m u l f i s e l l. Mais ce n'estoient
pas ces alphabeths proprement, ains de semblables
qui leur equipolloiét à peu-pres : ny le subiect nomplus ; car il seroit trop malaisé de rien descouurir en
si peu de matiere. Au reste celuy-là cuidoit, & non
sans quelque apparence de prime-face, que pour
auoir esté les deux derniers surchiffremens reiterez
sur vn contexte d'escriture, où il n'y auoit sens quelconque, ne rien de lisable en l'assiette & suitte des lettres, que par toutes les transpositions qu'on sceust
promener le dernier, il ne s'y en trouueroit point
aussi, iusqu'à ce qu'en retrogradant sur le contrepied,
on eust rebroussé chemin par ses destours, ainsi côme és ruzes & defaictes d'vn cerf, de luy au second,
& du second au premier, où s'estoit commancé à alterer la suitte des lettres d'vn sens prononçable &
intelligible, à vne disposition comme morte, & du
tout esteinte, par leurs diuerses transpositions & eschanges. Mais ie diray bien dauantage, car non que
de trois enelouppes tant seulement, ains de cinquante, voire cent mille, & encore plus iusqu'en infiny que cela s'estend, que puissent estre reiterez ces

surchiffremens, d'alphabet en alphabet les vns fur les autres, il n'importe de rien ouquel de tous vou-vous preniez pour le dechiffrer, eſtans en celà tous egaux, autant le dernier comme le premier ou ſecōd; parce que la diſpoſition des lettres dont eſt tiſſu le ſens qui en reſulte, ores qu'elle f'altere de figure, comme pourroit eſtre vn *a* pour vn *d*, ſon ordre pri-mitif ne ſe peruertiſt pas pour celà, que ſ'il y a deux meſmes lettres toutes de ſuitte, vous n'en trouuiez deux auſſi qui f'entreſuiuront; ſi qu'il demeure touſ-iours arrengé ſelon ſon premier eſtabliſſement, & compoſition, & ſa forme particuliere rencloſe taci-tement dedans ſoy, preſte à f'en expliquer audehors, tout ainſi que l'eſpece de quelque oiſeau dans vn œuf; & d'vn vegetal en ſes pepins, noyaux, greffes, ou ſemence, pour f'eſclorre, germer & poindre hors de leur puiſſance endormie, en vne reſueillee action de leur conſemblable. L'alphabet ſuiuant vous peult faire veoir, que ſur le troiſieſme rechiffrement il eſt auſſi aiſé de l'interpreter comme par le premier ou ſecond, car il eſt fort bien reiglé caractere pour ca-ractere; ouquel les onze lettres rouges ſont celles qui ſont employees en ce ſubiect; & les autres neuf noires, non.

Hhh iij

TRAICTE'

a	b	c	d	e	f	g	h	i	l
r	c	f	g	n	s	x	q	t	e
m	n	o	p	q	r	s	t	u	x
a	b	l	m	p	u	i	o	d	h

DE CECY vient à naiſtre vne tresbelle ſpeculation, qui vaut bien la practique & vſage d'vn mauuais chiffre, car il ne s'en trouue qu'aſſez de plus exquis les vns que les lettres: C'eſt qu'il n'y a rié qui cóuienne mieux à la ſtructure de l'homme, que le contexte d'vne eſcriture; ouquel, les lettres tiennét le lieu des quatre humeurs principales, & de leurs meſlages, qui en produiſent pluſieurs autres; auſſi ſont elles appellees les principes ou elemens: les ſyllabes ſe rapportent aux parties ſimilaires, comme on les appelle; aſſauoir les cartilages, oz, ligamens, membranes, tendons, nerfs, veines, arteres, & chair muſculeuſe: les dictions aux membres: & la clauſe qui en eſt tiſſuë, au corps complet: puis le ſens finablement contenu la deſſouz, à l'ame ou eſprit qui viuifie les parties du corps: ce qui ſe practique auſſi és deuiſes, ou l'on nome la figure d'icelles, le corps; & l'ame, le mot qui l'accompagne & eſclarciſt. A quoy ſe conforme aſſez en termes expres le liure d'*Habbahir* ou Elucidaire, quád il dit que les lettres Hebraïques ſont accomparees au corps humain; les accents, à l'eſprit; & les points seruans de voyelles, à l'ame; car ils meuuent les lettres muettes de soy, à quelque signification, tout ainsi que l'ame fait les esprits & le corps où ils sont plongez. Et de fait ce que nous voyons que les corps priuez de l'esprit de vie qui les maintenoit en leur estre, se demolissent & resoluent en leurs parties elementaires & principes dont ils furent premierement composez, nous est fort familierement representé par vne plâche d'imprimerie, de laquelle apres auoir esté tiree, les caracteres venans à estre separez hors de leur suitte & assemblement, sont redistribuez, chacun en son propre lieu dans la caisse, pour estre recomposez de nouueau à quelque autre sens. Ainsi donques les lettres symbolisent aux substances constitutiues du corps; desquelles, nonobstant qu'en si peu de nombre, par la varieté neaumoins de leurs assemblages & mixtions, se procreent tant de diuerses especes és triples genres des composez, mineraux, vegetaux, animaux; & d'indiuiduz comme en infiny: estát au reste lesdites substances en vn perpetuel changemét & permutatió des vnes és autres, de la mesme sorte que sont les lettres, qui par leurs differentes assiettes, suites, entrelassemens & transpositions, forment tantost vn texte d'escriture, puis tantost vn autre tout dissemblable, combien que ce soient les mesmes caracteres; souz lesquels gisent les sens exprimez, qui tiennent lieu d'ames; & ces sens là estans vne fois formez ne se peuuent plus peruertir en d'autres, ains demeurent tousiours les mesmes; quelque alteration que puisse souffrir leur couuerture exterieure, pourueu que la proportion de leur ordre qui en constitue la difference, ne soit point changee de sa deuë & naïfue assiette; comme il se peut veoir par les diuerses transpositions des trois alphabets dessusdits, là où par plusieurs desguisemés les lettres ayás esté iettees hors de leur premiere structure, celà a peu faire de vray que le sens qu'elles exprimoient en appert s'est caché intrinsequemment, & substraict de la cognoissance ou il estoit aparauant exposé, ainsi que sous la couuerture d'vn masque; mais nompas esteint & anneanti pour celà, qu'il ne demeure reellement en son premier Estre, bien qu'en secret, & imperceptible de prime-face à nostre apprehention & notice, côme desfiguré qu'il est. De mesme l'ame raisonnable estát vne fois procreée & iointe au corps, combien que les parties d'iceluy se defacent, peruertissent, alterent, & se transchangent en cent mille & mille façons, en estát separee elle ne laisse de subsister permanente à part en sa mesmeté à elle propre & particuliere, diuisee de toutes autres; ainsi que les indiuiduz, voire les plus consemblables, tels que pourroient estre les mousches, fourmis, & pareils insectes; les moyneaux mesmes & herondelles, qui nonobstant leur si exacte ressemblance font leur cas à part chacun endroit soy, & pour soy, car ce que proiecte, sent & patist l'vn, l'autre pour celà ne le proiecte, sent ny ne souffre pas. L'ame doncq vne fois produicte ainsi qu'vn sens, est

permanente

permanente & incorruptible à iamais; pour à tout instant qu'il sera besoin reprendre de nouueau son corps, & l'informer comme auparauant, sans qu'il luy faille retrograder par les mutations qu'il aura souffert en plusieurs millenaires d'annees, d'animal en vegetal, de cestuy-cy en animal, vegetal, mineral, &c. nonobstant lesquelles, l'affinité mutuelle & appetitiue de l'vn à l'autre leur est tousiours demeuree emprainte reciproquement en la forme & en la matiere, sans autrement se deperir; à guise d'vne madaille coignee, ou autre ouurage de relief, qui ne sçauroit s'aproprier à autre creux que celuy dont il fut moullé; ny le moulle, coing, ou cachet nomplus cōuenir à autre figure que celle qui en aura esté formee. Tout cecy se rapporte fort bien à ce que nous tenōs de l'immortalité de l'ame, & de sa permanence reelle apres la dissociation du corps: car si elle estoit assignee tant seulement sur l'opinion d'Aphrodisee, Auerrois, & leurs semblables, qu'en la resolution du corps, & de ses parties, l'ame qui les viuifioit ne s'amortist pas quant & quant, ains s'en va reconioindre à son tout, qu'ils appellent l'intellect cōmun, dōt elle estoit procedee, c'est à dire à vne nature etheree, qui est l'ame de l'vniuers, tout ainsi que le corps fait à ses parties elementaires, selon que l'escrit le Poëte Lucrece apres Empedocle;

Cædit item retro de terra quod fuit ante,
In terras; & quod missum est ex ætheris oris,
Id rursum cæli fulgentia templa receptant,

Iii

celà n'ameneroit pas beaucoup de consolation aux bons, ny guere de terreur aux meschants, sans l'asseurance qu'on doit auoir, qu'apres la demolition du corps elle garde encore son indiuiduité particuliere, pour le reprendre en la generale resurrection, comme l'allegue Tertullian apres Mercure Trismegiste au 33. chap. de l'ame: *Digressam animam à corpore non refundi in animam vniuersi, sed manere determinatam, vti rationem patri reddat eorum quæ in corpore gesserit.* Ce qui se conforme au dire de l'Apostre; *Que chacun selon ce qu'il aura fait de bien ou de mal, le doit rapporter par son corps.* Morien aussi, pour monstrer tousiours la conuenance des trois mondes, accommodant par similitude ce propos icy a son Elixir, dict presque le mesme; *Hoc quoque te scire decet, quod anima citò suum corpus ingreditur, quæ cùm corpore alieno nullatenus coniungi potest.* Laquelle reconionction du corps & de l'ame, qui ne se doit entendre, si d'auenture ce n'estoit assimilatiuement, fors de la resurrection de la chair au dernier iour, a esté destournee par Pythagore, à ie ne sçay quelle metempsychose ou transmigration de l'ame en diuers corps, iusques à ceux des bestes brutes; ce que quelques-vns ont tasché de radoucir, comme chose par trop indigne que l'ame raisonnable vinst ainsi à degenerer, & l'ont restreinte aux corps humains tant seulement; la reduisans encore de ces perpetuelles, & comme circulaires reprises de corps, à trois fois & non dauantage: en quoy ils tachent de se fonder sur ce 33. de Iob; *Liberauit animā suam ne pergeret in interitum, sed viuens lucem videret. Ecce hæc omnia operatur Deus tribus vicibus per singulos, vt reuocet animas eorum à corruptione, & illuminet luce viuentium.* Mais ceste adaptation est vn peu chatouilleuse, & comme participāte de l'heresie de Carpocrates dans le mesme traicté de Tertullian, chap. 35. *Metempsychosin necessariò imminere, si non in primo quoque vitæ huius commeatu, omnibus inlicitis satisfaciat. Cæterùm totiens animam reuocari habere, quotiens minus quid intulerit, reliquatricem delictorum donec exoluat nouissimum quadrantē, detrusa identidem in carcerē corporis:* A quoy ceste triple reiteration est bastante selon l'opinion d'aucuns Cabalistes. Toutes lesquelles choses, & assez d'autres se peuuent discourir & traicter sans aucune inconuenience, sur le sujet de ces trois escorces de chiffres, ou de plus grand nombre, lesquels procedent par la simple voye des transpositiōs & eschanges de lettres: toutesfois celà ne reüscist pas selon la voye que nous auons allegué cy dessus, en quoy plusieurs se sont aheurtez assez lourdement, sans obtenir ce qu'ils pretendoient. Ce Rabbi donques si renómé fils de Maimon, auroit-il escrit quelque chose de faux, de friuole, ou imaginaire? Ce qui ne se doit attendre de luy, ains plustost mettre peine d'obtenir sa conception; & sauuer ce qu'il en a dit, en l'apropriant au triple sens de l'escriture, representé par ce tant celebre cordon retors en trois, du 4. de l'Ecclesiaste; *Funiculus triplex difficile rumpitur;* le litteral, c'est assauoir, qui se rapporte comme au mon-

Agripa li. 3. chap. 41.

Eccl. 80.

de elementaire, plus materiel & groſſier; l'allegorique au celeſte; & l'anagogique à l'intelligible: leſquelles trois ſortes d'interpretations & ententes à guiſe d'autant d'eſcorſes ou tuniques, ſe couurent & enueloppent l'vne l'autre, ainſi que la peau de quelque animal fait la chair, qui contient puis apres les oz, où eſt finablemét récloſe la moüelle, qui denote le ſens, & ſes trois couuertures ſuſdites oz, chair, & peau, les trois chiffres reiterez l'vn ſur l'autre, ou il eſt comme noyé & enſeuely. Mais ce nombre de trois ne ſe reſtreint pas ſimplement à tant, & non plus, ains ſoubs ce mot là eſt compriſe vne certaine infinitude, ſuiuant ce qui a eſté cy deuant allegué d'Ariſtote; & de Pythagore en apres; *Omne & omnia tribus terminantur.* De ces enueloppes, & tayes, qu'il eſt beſoin de demeſler auant que de penetrer au ſens qu'elles couurent, nous en auons aſſez d'exemples en l'eſcriture; comme le deſſuſdit du fleuue *Chobar*, & du *Cherub* en Ezechiel : & du chandelier à ſept lumieres dans l'Exode, & les nombres, qui denotoit les ſept Planetes au monde celeſte, & les ſept inferieurs Zephiroths en l'intelligible, dont decoulent inceſſamment és corps celeſtes toutes les facultez & vertus qu'ils influét de là icy bas dedans le monde elementaire. Au 4. de Zacharie ces ſept lumieres ſont interpretees pour autant d'yeux du Souuerain, qui parcourent inceſſamment toute la terre en ſon circuit; ce que l'Apocalypſe en auroit tranſcrit mot à mot preſque, pourroit-on dire, auec la plus grand part de

Fueil. 19.*b.*
Fueil. 179.*b.*

ses mysteres: mais ne les a il peu pescher comme les Prophetes de l'ancienne loy, en la mesme source de l'archetype, où toutes choses sont tousiours semblables? Dont à mesure qu'elles s'en esloignent, aussi se diuersifient-elles, & alterent d'autant; tout ainsi que quelque plant & marcottes de Languedoc, transportees de là au vignoble de Blois; & de Blois successiuement à Paris; il fault en fin qu'elles viennent à degenerer & s'abastardir de leur premiere naifueté & vigueur naturelle, que l'assiette & aspect du terroir & du ciel leur auoient imparty. CES tant belles speculations si sublimes, franchissans les dernieres bornes de l'vniuers iusqu'au throne de l'essence & gloire de Dieu, sont le propre gibier des Cabalistes, & s'appellent *de Mercaua*; comme celles de la creation & nature des choses dittes delà du *BereZit*, sont le subiect des Talmudistes: Celles-cy estans par eux accomparees à l'or d'*Euilah* en Genese 2. qui est simplement bon, selon que le porte la verité Hebraïque du texte; & de la *Mercaua*, à l'or d'Ophir tresbon & tresfin en toute pureté & perfection; comme il est dit en Isaie 13. *Ie feray l'homme plus precieux que le trespur & meilleur or, voire plus que n'est l'or d'Ophir, qui est tresfin.* Lesquels deux ors, & les deux sciences qui leur symbolisent, representent les deux mondes, l'intelligible, ou siecle aduenir pour nostre regard; & le sensible, qui est le present; suiuant les traditions du nom de Dieu, composé de 42. lettres: *Mon bien-aimé enhault, & en bas, heritier des deux mondes, le present, &*

Iii iij

le futur: Ce qui se raporte au MESSIHE, & ses deux natures, diuine & humaine; & quant à nous, à l'ame, & au corps; à la pensee, & à la parole, ou escriture; au sens apparent, & au mystique caché secretement dessous. Car tout ainsi que quelques-vns ont traicté leur philosophie par les nombres & proportions; les autres par les figures geometriques; d'autres par l'harmonie & accords de musique; d'autres sous des inuolutions de fables, enigmes, allegories, paraboles, & semblables voyes, differentes les vnes des autres quant à la maniere de proceder, & selon les subiects qu'ils ont pris pour vn fondement à eux propre; comme Epicure les Atomes, Pythagore les nombres, Platon les Idees, Aristote son Entelechie, qui arriuent finablement à vn mesme but; en semblable les Cabalistes manient la leur par l'occulte escriture des chiffres, consistans non seulement en vn deguisement de caracteres, mais de mots entiers: Ainsi que pour exéple, l'ame est par eux raportee au *Malchut* ou la Lune; qui est le miroüer non luisant, cóme il a esté dit au commencement de cest œuure; parce que ce qu'elle a de lumiere, luy prouient du Soleil ou du Tipheret, qui symbolise à la Diuinité; de la splédeur de laquelle l'ame tout de mesme obscurcie par les coinquinatiós du corps vient à estre illustree: Au moien dequoy non sans grand mystere, nomplus que toutes ses autres ceremonies, l'Eglise catholique a institué le commencement du caresme qui est le temps de penitence, tousiours à la nouuelle

Lune; & encore à celle du dernier mois, *Adar*, qui respond à nostre Feurier; comme si celà denotoit, que tout ainsi que quand la Lune par la priuation de la clarté du Soleil pour nostre regard, est reduitte iusqu'au dernier poinct de ses ombrageuses tenebres, elle vient delà peu à peu à s'illuminer derechef par vne nouuelle reception de ses raiz ; En cas pareil celles dont nos ames par leurs ordes concupiscences & desbordemens, se sont toutes ternies & offusquees de la souilleure d'vne sombre sensualité, quand elles viennent à repentance de leurs mefaits, & se recognoistre en ce sainct temps à nous par especial ordonné pour cest effect, reçoiuent peu à peu, s'il ne tient à elles, & de iour à autre ; vne clarté de la grace & misericorde diuine ; tant que finablement par de tresameres & poignantes contritions de cœur ; de fort longues macerations de la chair ; vn deplaisir de ses offenses ; deuotions, prieres, ieusnes, aumosnes; elles soient complettement illustrees de la diuine splendeur ; droict à Pasques, où tousiours se rencontre la pleine Lune du mois de *Nisan* ou de Mars, le premier, & le renouuellement de l'annee; auec le flot de l'equinocce du printemps, lors que la mer d'icy bas est en son accroissement le plus hault ; & que la mer supramõdaine est toute comble remplie à plein bord de benedictions ; car *Malchut*, & la Lune encore, sont aussi prises pour la mer, comme il est escrit *fueil.*115.*v.* dans les Portes de la lumiere : qui est representee de Salomon entre les autres vstancilles du temple, par

TRAICTÉ

3.*des Rois* 7. ceste ample cuue de fonte soustenue de douze bœufs, tornez trois à trois deuers l'vne des quatre regions du ciel, selon les douze signes du Zodiaque: car de la mesme sorte que tous les fleuues & les riuieres s'en vont rendre en la mer; & les influences celestes reduire en la Lune, comme en leur matrice, pour estre de là transmises en bas; aussi toutes les diuines benedictions se recueillent dans le Malchut, ou la Lune Archetype, qui est Cabalistiquement appellee la *Cerue Vnicorne*, par qui tous les Patriarches iusques à Moyse ont prophetisé, en l'vne des deux branches de la prophetie, assauoir la lumiere des predictions; car l'autre branche qui consistoit en l'operation des miracles, ne fut oncq' octroyee à nul auāt luy. Ceste mer mystique au surplus, ou Malchut, designee en Genese 2. par le fleuue qui vint à sourdre du lieu de volupté & plaisir, pour arrouser tout le iardin, n'est autre chose que le sacresainct quadrilettre ineffable יהוה; A propos dequoy il est dit en S. Ieā 4. *Fiet in eo fons aquæ salientis in vitam æternam*; lequel se diuisoit en quatre principaux canaux, cōme nous l'auons touché cy deuant; qui sont *Ghedulah*, amour & dilection, grace & douceur; *Geburah* force, iustice, & equitable dispensation de graces; *Tipheret*, la vertu masculine agente, laquelle influe; & *Malchut*, la vertu feminine qui reçoit de luy. De ces deux derniers dauantage dient les Cabalistes, que le Tipheret est la source dont procedent toutes les bonnes influences d'amont, assauoir le Soleil Archetype & supramon-

supramondain, lequel impartiſt ſa lumiere au *Malchut*, tenant comme lieu enuers luy de noz ames; & ce quand nous obſeruons les commandemens de la loy: mais ſi nous venons à les tranſgreſſer, il en retire ſa lumiere; y aiant telle conuenance & relation de ces deux reciproquement, que de l'eſpouſee à l'eſpoux, dans le 5. des Cantiques, c'eſt à dire de l'ame raiſonnable à ſon Createur & Sauueur; *Dilectus meus candidus, & rubicundus; caput eius aurum optimum*: & de ces deux blanc & vermeil, proportionnement meſlez enſemble, comme nous l'auons deſia dit cy deuant apres Platon en ſon Timee; λαμπρὸν τε ἐρυτρῷ λευκῷ τε μιγνύμενον ξανθὸν γέγονε, prouient ceſte agreable citrinité de l'or Orphirien, qui eſt le tetragramme deſſuſdit, contemperé de cleméce & miſericorde à ſa main droite, deſignees par la blancheur; & de ſeuere chaſtiment quelque fois auſſi, à ſa main gaulche, quand il s'irrite & enflamme contre noſtre rebell'-endurcie contumacité, ce que marque la couleur rouge, propre au ſang: A quoy conuient fort bien ce qu'apres le treſpaſſement du Sauueur, de l'ouuerture qui luy fut faite au coſté, ſortit de l'eau qui eſt blanche, & du ſang vermeil; & ce qu'en met d'abondant le meſme Euangeliſte au 5. chap. de ſa premiere canonique; *Non in aqua ſolum venit, ſed in aqua & ſanguine.* Il eſt donc blanc au coſté droit où eſt le ſiege de remiſſion; & rouge au gaulche, où eſt celuy de ſa rigoureuſe Iuſtice; comme luy-meſme le teſmoigne en ſaint Mathieu 25. & au pſeaume 16. il eſt dit; *Dele-*

Kkk

ctationes in dextra tua vsque in finem : ce qui est aussi designé par le laict, & le vin.

OR voiez vn peu ie vous prie, comme ne nous cuidans qu'aller esbatre & soullacier bord à bord le long de la coste, dans vn simple esquif, nous ne nous sommes donnez de garde que la courante tacitemēt nous a ainsi transportez au large, & rauis bien auāt en la haulte mer. Pour donc relascher d'où nous sommes partis, qui est ce chiffre à trois où plusieurs couuertures, tant cherché de beaucoup de gens, & atteint de peu, comme en peut faire assez de foy ces grands rodemens & circulations si penibles où se promene comme à clos yeux Baptiste porte: Ce chiffre dis-je, par toutes sortes de transpositions qu'on le sceust taster iusqu'en infiny, ne manifestera iamais rien quelconque du sens y enclos: Car commēt s'en pourroit-il former aucun de son contexte & suittē de lettres, puis qu'il n'y est pas? Entendez neantmoins depuis la seconde reiteration en auant, nomplus qu'vn choul, laictuë, ou autre telle herbe à la prendre en sa derniere & complecte perfection, ne se peut trouuer dans vn petit grain de son espece, quelque anatomie qu'ō en sceust faire. Toutesfois si y est le sens en quelque sorte que ce soit: Oy de vray, mais comme en Idee, qui de là nous conduit à sa forme; & sa forme finablement en retrogradant, à son materiel indiuidu perceptible. Parquoy laissant toutes ces voyes si malaisees, & qui quant & quant n'ōt rien de commun auec cest artifice, en voicy vne procedant d'vn seul & simple alphabet, moiennant le-

Liu. 2. ch. 1. 20.

DES CHIFFRES. 230

quel sans en sortir hors, vous pouuez couurir vn mesme subiect non que de trois escorces & enuelouppes de chiffremens tous differends les vns des autres, ains de cent millions, s'il en est besoin; car celà n'a ne fin ne borne; à guise d'vne ligne spirale, qui partant d'vn centre se dilate & accroist peu à peu, tousiours tornant autour de soy, & s'enueloup-pant elle-mesme, sans iamais neaumoins se toucher ny se rencontrer, fust-ce en infiny. Ceste voye au surplus depend de la Ghematrie, dont nous n'auons pas encore parlé; à cause des nombres & dimensions qui la reiglent selon cest alphabet icy, qui se doit trâsposer pour le mieux ; mais nous n'en donnerons la practique & vsage que par la cõmune suitte & ordre des lettres, afin qu'auec moins de trauail d'esprit le secret s'en puisse cõprendre: Puis quât se viendra à bon escien qu'on s'en voudra seruir & le mettre à execution, chacun le pourra varier pour soy à son appetit.

Alphabet	a	b	c	d	e	f	g	h	i	l
L'ordre des lettres	1.	2.	3.	4.	5.	6.	7.	8.	9.	10.
Alphabet Commun.	f	g	h	i	l	m	n	o	p	q
	m	n	o	p	q	r	s	t	u	x
Qui guide tout.	11.	12.	13.	14.	15.	16.	17.	18.	19.	20.
Transposé.	r	s	t	u	x	a	b	c	d	e

Soit donques que nous vueilliõs chiffrer le mesme sujet que dessus ; *On ne doit trop presser sa destinee,*

TRAICTE'

on y peut proceder par plusieurs manieres, tant auec
des clefs que sans clefs; dont nous donnerons des es-
chantillons de toutes. Mais afin d'abreger tousiours
dauantage, nous ne prédrons icy qu'vne seule lettre
pour clef, assauoir H, & voicy comme il faudra faire: regardons en premier lieu la quantiesme lettre est
o, la premiere du subiect, apres H, & ie trouue que
c'est la cinquiesme assauoir *e*, parquoi ie mets *e*. *n* qui
suit apres se trouue la 7. lettre apres *e*, parquoi ie mets
g, qui est la 7. lettre : *n* est la 5. lettre apres *g*, ie mets
doncq *e*: puis *e* est la 20. lettre apres elle mesme, &
pourtant ie mets *x*, qui est la 20. de l'alphabet: *d* a-
pres *x* est la 4. elle mesme *d*: *o* apres *d* la 9. ie mets *i*
apres soi est la 20. q eschet en *x*: *b* apres *x* la 2. elle mesme *b*: *t* apres *b*, la 16. *r*, Somme que pour chiffrer premierement *on ne doibt*, il y aura en lieu, *e g e x d i x b r*.
Pour le dechiffrer faut faire ainsi. *e* est la cinquiesme
lettre de l'alphabet ; comptez dóc cinq depuis la clef
H, & ils se rencontreront en *o*. *g* est la 7. lettre, qui a
compter depuis *e* se trouue en *n*. *e* la 5. à compter de
g (tousiours la subsequente de la precedente) se trouue en *n* *x* la 20. à compter depuis *e*, va retrouuer,
e. & ainsi du reste. L'AVTRE maniere va ainsi sur
la mesme clef. La 13. lettre assauoir *o* la premiere du
subiect à compter 13. depuis H, se rencontre en *a*: *n*
la 12. apres *a* eschet en *o*: *n*, derechef la 12. à compter
de *o* eschet en *e*: *e* la 5. apres *e* eschet en *l*: *d* la 4. apres *l*
en *p*: *o* la 13. apres *p*, en *g*: *i* la 9. apres *g*, en *r*: *b* la 2.
apres *r*, en *t*: *t* la 18. apres *t*, en *r*. Somme: *o e l p g r t r*.

Pour le dechiffrer: à compter de ꝑ la clef iufqu'en *a*, il y a treize efpaces; & la 13. lettre eft *o*, parquoy ie marque *o*: depuis *a* iufqu'à *o* il y en a 12. qui eft *n*: depuis *o* iufqu'à *e*, 12. encore, le mefme *n*: depuis *e* iufqu'à *l*, 5. affauoir *e*: &c. Il y a affez d'autres voyes encore que nous laiffons pour briefueté, à la recherche des lecteurs; & nous contenterós de leur reprefenter icy ces trois couuertures, dependantes, affauoir la tierce laquelle doit demeurer en veuë, de la feconde; & cefte-cy de la premiere, où fe doit finablement rencontrer le fens, & pluftoft non, car il faut retrograder par le contrepied, fur les mefmes erres qu'on a tenuës, à caufe qu'il a efté tranfpofé & realteré de main en main par les fuittes & reuolutions de fes propres lettres: fi que ce chiffre fe peut bien dire, & à bon droit, l'vn des rares & exquis de tous autres, pour plufieurs raifons que ie laiffe. Que fi ie fuis vn peu trop prolixe en cecy, la neceffité le requiert, eftant la chofe vn peu obfcure de prime-face, fi qu'elle a befoin pour le commancement d'eftre exprimee par les menuz; mais y eftant rompu & exercité tant foit peu, il n'y a rien de plus facile. Voicy au furplus ces trois furchiffremens fans clef, & par vne voye aucunement differente des deux fufdites, mais prefque conforme à la premiere, horfmis qu'icy on rentre toufiours deffus les lettres du fubiet; & là fur celles qui auront efté tranfpofees, en cefte forte. O ne fe tranfpofe point puis qu'il n'y a point de clef, & il en fert aux lettres fubfequentes: foit doncq icy *o*: *n* eft

TRAICTÉ

la dixneufiesme lettre apres *o*, parquoy ie mets *u*, qui est la dixneufiesme lettre de l'alphabet: *n* apres *n* est la vingtiesme, & pourtant ie marque la vingtiesme assauoir *x*: *e* apres *n* est la 13. ie marque *o*, la 13. d'apres *e* est la dixneufiesme *u*: *o* apres *d* est la 9. *i*: *i* apres *o* la seiziesme *r*: *b* apres *i* est la 13. *o*: *t* apres *b* la 16. *r*: Somme *ouxouiror*. Pour le dechiffrer: *o* va pour *o*: *u* est la 19. lettre, & la dix-neufiesme lettre apres *o* se rencontre en *n*: *x* est la vingtiesme lettre qui apres *n* eschet en *n*: *o* la 13. lettre apres *n* se rencontre en *e*: *u* la dix-neufiesme apres *e* eschet en *d*: *i* la neufiesme apres *d*, en *o*: *r* la 16. lettre apres *o*, en *i*: *o* la treziesme apres *i* en *b*: *r*. la 16. apres *b*, en *t*. Tout le surplus tant de ce premier alphabet, que des deux subsequents, va de mesme, du tiers au second; du second au premier; & du premier chiffrement au sens contenu là dessous; comme vous le pouuez esprouuer. Mais ie serois bien d'aduis d'vser de transpositions, & de clefs pour le plus seur.

Premiere couuerture.

On ne doit trop presser sa destinee.

ouxouirorxtfaxbinxhmadcanamcox.

Seconde dependante de là premiere.

ofaoflgscdtuduhgchhclcutmilnlg.

Troisiesme dependante de la seconde

oqnodslsapacqcerexqgoruotabts.

POVR faire vn essay de cecy, nous ne prendrons que quatre lettres; o q n, car ce peu suffira pour reigler tout le demeurant. o sera pour o: o qui est la tresiesme lettre, à compter de luy ce nombre escherra en f: q la quinziesme à compter de f escherra en : n la douziesme apres a en o: voila les quatre premieres lettres de la seconde couuerture tirees; Lesquelles ie dechiffre par la mesme voye; o pour o: f la sixiesme apres o se rencontre en : a la premiere apres n en : o la treziesme apres u, en o: assemblees elles font o x o, comme vous pouuez veoir au premier chiffrement: lequel en fin ie desueloppe comme dessus; o pour o: u la dixneufiesme se rencontre apres o en : x la vingtiesme apres n en : o la treziesme apres n en , qui est le subiect descouuert à nud, . QVE si vous voulez desguiser les lettres en notes du chiffre à compter, les appariant deux à deux pour faire vne lettre, comme vous voyez en cest alphabet, ce seroit d'abondant espandre en ceste nuict obscure de soy comme en vn decours de Decembre, vn brouillaz si obscur, qu'il faudroit destranges flambeaux pour l'esclarcir & y veoir clair.

TRAICTE

1.	2.	3.	4.	5.	6.	7.	8.	9.	10.
a	b	c	d	e	f	g	h	i	l
10.	11.	12.	13.	14.	15.	16.	17.	18.	19.
11.	12.	13.	14.	15.	16.	17.	18.	19.	20.
m	n	o	p	q	r	s	t	u	x
20.	21.	22.	23.	24.	25.	26.	27.	28.	29.

IL Y AVROIT donques par ces notes du chiffre ainsi accouplees deux à deux pour chaque lettre, au lieu du tiers chiffrement dessusdit *o o q n o* &c. en ceste sorte; 2 2 2 2 2 4 2 1 2 2 1 3 2 6 1 9 2 6. 10 2 3 10 14 24 12 14 25 14 29. 24 16 22 25 28 22 27 10 11 27 26. Voiez comme pour les cinq premieres lettres se sont fortuitement rencōtrez huict 2. presque tout de suitte: & qui est l'esprit, s'il n'estoit aduerty du faict, qui peust rien coniecturer là dessus? Et si tout cela se peult transposer. EN APRES vient à cōsiderer que n'y aiant qu'onze lettres des vingt qui soiét emploiees en ce suject, assauoir *abdeinoprst*, les autres neuf en estans bannies, il y auoit aussi és trois faulx chiffremens deuant dits tousiours onze lettres precisément; ce qui denotoit assez leur simple transpositiō, ou l'ordre & proportiō de leur theme que nous pouuons appeller l'ame, se conseruoit

tousiours

tousiours en son entier là dessous: mais icy d'vne autre façon en la premiere couuerture il y a douze lettres; en la seconde, 15. & en la tierce, 16. Quant aux notes du chiffre, toutes y interuiennent; ce qui monstre assez la circulation spirale dont consiste cest artifice; ouquel il y a infiny autres beaux & rares secrets.

CEs diuerses ausurplus enuelouppes de chiffres redoublez ainsi les vns sur les autres, charrient tout plein de belles comparaisons auec elles ; cóme pourroit estre d'vn tresfort donjon ou roquette enclose dans vne citadelle; & ceste citadelle en vne ville, munie autour de marescages, ou precipices qui en defendroiét l'aduenue: ou de quelque palais d'vn grád Roy, ouquel dans la salle soient establis les gentilshommes; en l'antichambre les seigneurs de marque: & en la chambre de parement où est la chaire de respect, auec ses oreilliers & coissins representant la maiesté, les Princes ; d'où l'on entre finablement au lieu plus secret ou est sa personne propre. Mais en cas de Philosophie, elles auroient vne fort grande conuenance & affinité auec les differences des accidents; dont ceux qui primitiuement consistent és corps, comme les couleurs, odeurs, & saueurs, se peuuent assez aisément conceuoir; là où des autres dont le fondement depend d'vn autre accident (& tel est le surchiffre d'vn chiffre) ainsi que la clairté en la teinture, & le courbement en la ligne, la maniere de leur y-existence en est fort occulte & cachee : combien

L ll

doncq' à plus forte raiſon le deura-elle eſtre, ſi vn autre accident venoit encore à s'y adiouſter de ſurcrez, dont meſme le fondement ne ſoit pas ſtable, ains tranſitoire & ſucceſſif? car la choſe ſera tant plus embarraſſee & ſecrette. OR à prendre d'ailleurs & conſiderer ces trois eſcorces & recouuertures de chiffres, és compoſez elementaires, elles nous ramentoiuent la façon dont leurs ſubſtances ſont encloſes l'vne dans l'autre; Parce que le ſel ne ſe manifeſtera iamais que l'huille & onctuoſité aduſtible n'en ſoit dehors; & l'huille ne deſlogera pas que l'eau n'en ſoit premierement partie: de maniere que le mercure contient le ſoulphre; & le ſoulphre couure le ſel, qui eſt confondu & caché dans les cendres. C'eſt ce que Parmenide veult inferer dans la Turbe des philoſophes, par ces mots cy; *Natura natura lætatur: Natura naturam continet: Natura naturam ſuperat*. Mais ce liuret là eſt moderne; & les philoſophes y introduits, ſuppoſez: cecy quant & quant tiré mot à mot des ſcholies que iadis compoſa Syneſius ſur vn traité de Democrite, intitulé Φυσικὰ καὶ μυστικά; l'adreſſant à vn Dioſcore archipreſtre de Serapis dieu patron des Alexādrins; là où entr'autres choſes il racompte, comme exerçant l'eſtat de miniſtre au temple de Memphis deſſous le grand preſtre Hoſtenes, auec les enfans d'iceluy, vne fois qu'ils prenoient leur repas dans le temple, tout à coup ſ'alla creuer vne colomne, és fragmens de laquelle ils trouuerēt enchaſſees de petites tablettes de pierre où eſtoient eſcrits ces trois verfets cy, & rien autre; qui fignifient ce que deſſus : ἡ φύσις τῇ φύσει τέρπεται. ἡ φύσις τὴν φύσιν νικᾷ: ἡ φύσις τὴν φύσιν κρατεῖ. L'ordre de ces manifeſtemens de ſubſtances ſe peult aſſez voir par eſpreuue ; que bruſlant du bois, ou ſemblable choſe, premierement vne fumee s'en euapore qui n'eſt autre choſe qu'eau ; ce que vous apperceurez bien à l'aiſe, en la receuant dans vne chappe d'alembic ; par le bec de laquelle vous verrez tout incontinent diſtiller l'eau à groſſes gouttes. Ceſte ſubſtance comme plus contraire au feu dechaſſee, la flamme ſe prend au meſme inſtant à la liqueur graſſe onctueuſe, qui s'appelle huille ou ſoulphre ; & ne ceſſera de bruſler, tant qu'elle ſoit acheuee de conſommer. Alors le ſel qui eſt fixe & incombuſtible, & lequel eſtoit enueloupé dans ces deux ſubſtances l'vne ſur l'autre, reſtera és cendres ; dont il ſe ſeparera aiſément par vne forme de lexiue auec ſa própre eau, ou autre de puits ou de fontaine qui ſoit bien necte. Mais celà a eſté deſia touché cy *fueil.*104. deuant ; & n'eſt reiteré icy que pour l'adapter à ceſte triple couuerture de chiffres. Surquoy ſe peuuent encore approprier les trois eſprits de tous corps, aux trois elemens ; la couleur aſſauoir au feu, car elle giſt ſous le ſentiment de la veuë, qui eſt le plus ſubtil de tous, & de nature de feu : l'odeur enapres à l'air : & le gouſt à l'eau. Leſquels elemens, eſprits, & ſubſtances elemétaires ſont de deux natures ; l'vne corruptible, qui eſt l'exterieure ; & l'autre pure & necte ; qui eſt l'interne ; à guiſe de l'eſcriture en chiffre, dont les ca-

Lll ij

caracteres apparens, en leur ordre & assiette couurét le vrai & naïf sens musse là dessouz;ny plus ny moins qu'vn François oyant parler vn Allemant ou Polonois dont il ignore le langage, apperçoit bien qu'il dit quelque chose, mais il ne l'entend pas pourtant: Et si y a plus, car il y remarquera beaucoup de mots à son aduis, conformes aux nostres, ou à peu pres, mais qui signifierōt vne autre chose, & quelque fois tout le rebours; comme ceste diction d'*Abe* en Arabesque qui signifie *ne voulant* ; & en Hebrieu le contraire *voulant* ; en Latin à l'oyr seulement prononcer, on penseroit que ce fust l'imperatif du verbe *Habeo* ; & en François vne dignité ecclesiastique. Ainsi pourroit-il arriuer és chiffres des orchemes & metatheses, où il se rencontreroit quelque sens, mais nompas celuy qu'on a pretendu d'y cacher: dequoy les Prophetes sont par tout semez en leurs secretes formes d'escrire, dependans des transpositions & commutations de lettres à eux fort propres & familieres; & tenans comme lieu de chiffre à l'endroit des autres, selon ce qui est escrit en Isaye 29. *Et erunt vobis verba prophetarum sicut verba libri signati.* Plus en Ieremie 23. *Peruertistis verba dei viui.* Et mesme au כובר *Chobar* susdit d'Ezechiel, il y a encore deux autres anagrammes, בכור *Becor* ou primogenite; & רוכב *Rokeb*, cheuaulchant, ou monté à cheual : *Et ascendit, seu equitauit, super Cherubim*, pseaume 18. ce qui n'est qu'vn mesme mot transposé.

Apocal. 5.

Av svrplvs premier que de sortir encore du

tout hors du propos de ces trois substances, ie ne feray point de scrupule d'inserer icy vn passage entier de Rhases du liure *de la Triplicité*, tant pour la rareté dont il est, & qu'il esclarcist beaucoup de choses atteintes legierement de nous en cest œuure; que pour nous condouloir auec les gens doctes de la perte de tant de bons liures; qui pour faire place à vn taz de petits fatras miserables qui ont toute la vogue auiourd'huy, s'esuanoüissent de iour à autre, au tresgrand preiudice des arts & sciences: car certes ie puis dire de verité, m'estre trouué pour vne fois iusqu'à cent douze petits traictez de pareil subiect, du mesme Rhases, fort bien escrits en parchemin tout d'enlumineure, auant deux cens ans; lesquels auec plusieurs autres papiers d'importance, recueilliz de costé & d'autre auec vne extreme peine & labeur, par la malignité d'aucuns me furent retenuz & substraits l'an 1569. à Thurin, hors le sceu & adueu du Prince. Ce fragmét donques portoit ainsi. *Il y a trois natures, dont la premiere ne peut estre apprehendee ny cogneuë, que par pitié, & vne fort esleuee contëplation; c'est* DIEV *tout bon, tout puissant, autheur & premiere cause de toutes choses; & le souuerain iuge, magistrat & dominateur de tout l'vniuers. L'autre n'est ny voyable ny tangible, quand bien on seroit tout contre, assauoir le ciel en sa rarité. La troisiesme, qui est le monde elementaire, & lequel comprend tout ce qui est dessous la region etheree, s'aperçoit, se voit & cognoist par nos cinq sentimens, le voir, oyr, fleurer, gouster, & toucher: Dieu au reste qui fut de toute*

LII iij

eternité auant toutes choses, & auec lequel rien n'estoit fors son nom propre à luy seul cogneu, & sa sapience, ce qu'il crea en premier lieu fut l'eau, en laquelle il mesla la terre, dont vint à se procreer puisapres tout ce qui a vie & estre icy bas, selon leur maniere: & en ces deux elemens espoix, grossiers & perceptibles à nos sentimens, sont compris les deux autres subtils & rares, l'air & le feu : ces quatre corps liez ensemble d'un tel meslange, qu'ils ne se sçauroient totalement separer: deux desquels d'autre-part sont fixes, assauoir la terre & le feu ; & deux volatils, l'eau & l'air. Parainsi chaque element symbolise & a conuenance auec deux autres dont il est enclos : & en contient reciproquement deux en soy ; l'un corruptible & subiect à pourriture & adustion ; l'autre permanent & incorruptible, de nature celeste : comme l'eau, dont il y en a de deux sortes; l'une pure & elementaire ; & l'autre est l'eau commune que nous voyons, tant des pluyes, & autres nuages, que des sourees & riuieres qui en prouiennent. Il y a tout de mesme vne terre elementaire, blanche, clere & luisante, couuerte neaumoins de plusieurs enuelouppes, parquoy il n'est pas du tout bien aisé d'y paruenir ; & l'autre, noire infecte & puante : le feu aussi ; l'un perpetuel & se maintenant presque de soymesme ; l'autre bruslant, & exterminable, comme il extermine ce à quoy il s'attache & peult mordre. Item vn air sempiternel pur & nect ; & vn autre fetide & combustible. Toutes lesquelles substances estans de ceste sorte meslees és mineraux, vegetaux, animaux, sont cause de leur mort & destruction : Parquoy il fault de necessité que ce qui y est de substance pure, soit par art separé

DES CHIFFRES. 236

de ses elemens corruptibles, pour le reduire & amener à une clarté cristalline, nectoiee de toutes ses immondes terrestreitez : car au reste les trois elemens liquides, eau, air, & feu sont inseparables les vns des autres ; pourautant que si l'air estoit distrait d'auec le feu, luy qui en a son maintenement & pastures, s'esteindroit soudain. D'autre-part si l'eau estoit separee de l'air, tout s'enflammeroit : & si l'air estoit tiré du tout hors de l'eau, d'autant que par le moien de sa legereté, il la tient aucunement suspendue, tout seroit submergé d'icelle. De mesme encore si le feu estoit separé d'auec l'air, tout seroit reduit en deluge. Estans donques ces trois elemens inseparables l'vn de l'autre, ils se peuuent bien neaumoins separer d'auec la terre, mais nompas du tout ; car il est requis qu'il y en demeure vne partie pour donner consistance au corps, & le rendre tangible, par le moien d'vne subtile & delice portion d'icelle, qu'ils enleueront auec eux, hors de la crassitude grossiere, qui demeure en bas. Cecy se conforme aucunement, à ce que mettent les commentateurs du Iezirah, Rabi Iehuda, Rabi Iacob Cohen, & autres ; Que des quatre elemens vint à sourdre la matiere des dix spheres celestes, despouillee de ses accidens corruptibles, comme nous pouuons mecaniquement voir au verre, qui par l'industrieuse depuration de l'humain artifice, est de la rarité spongieuse, & obscurité qui estoit és cendres, amené à vn ferme & solide espoississement, auec vne transparenee tresclere. Boëce aussi ne s'en esloigne pas beaucoup quant il dit à l'imitation des Pythagoriciens;

Tu numeris elementa ligas, ut frigora flammis,
Arida conueniant liquidis ; ne purior ignis
Euolet, aut merſas deducant pondere terras.

VOILA comment les Cabaliſtes en leur ſecrete philoſophie, la ſupreme de toutes autres, qui en dependent comme les diuerſes manieres de parler & d'eſcrire de tous les peuples de la terre, font du langage, & des caracteres Hebrieux; ſe vont promenans à l'eſcart hors des grands chemins battuz & froyez de la multitude groſſiere, par des ſolitaires ſentiers incogneus aux autres, à trauers les cimes des plus haut eleuees montagnes; où peu s'en eſt fallu que ſans m'en aduiſer autrement, ne cuidant ſinon de les ſuiure de l'œil loin à loin, ils ne m'aient ſubſtrait à moymeſme, pour me charrier apres eux; ſans me reſouuenir de l'autre poinct qui auroit eſté delaiſſé intermis; aſſauoir de reduire le nombre des lettres & caracteres de l'eſcriture de moins en moins, iuſqu'à ſe paſſer finablement d'vn tout ſeul; auec lequel, ſans y en emploier dauantage ſi l'on ne veult, ſe puiſſent exprimer toutes ſortes de conceptions : car de ceſte ouuerture naiſſent tout-plein de beaux & rares artifices, dont nous donnerons les maximes plus generales, auec les practiques qui ſeront neceſſaires pour les faire mieux conceuoir, & en enſeigner l'vſage & execution. Pour donques proceder en cela pied à pied, en premier lieu les Hebrieux, Il nous fault reigler là deſſus, aians 22. lettres primitiues, ils les diſtribuent en cinq ordres ou claſſes, ſelon les endroits

dont

dont depend leur prolation : quatre du gozier aſſauoir, dittes de là les gutturales, qui ſont א *aleph*, ה *he*, ח *cheth*, & ע *ain* : Pareil nombre de palatines ; ג *gimel*, י *iod*, כ *caph* & ק *coph* : cinq qui ont leur ſiege en la langue ; ד *daleth*, ט *teth*, ל *lamed*, נ *nun*, & ת *tau* : autant qui ſ'arreſtent és dents ; ז *zain*, ס *ſamech*, צ *tſaddi*, ר *res*, & ש *Shin* : & quatre finablement és leures ; ב *beth*, ו *vau*, מ *mem*, & פ *pe*. Leſquelles lettres de chaque claſſe, ſe tranſchangent bien aiſément, & ſe mettent l'vne pour l'autre ; Si que quaſi on ſe paſſeroit en tout de cinq caracteres variez neaumoins aucunement ainſi que deſſus. Mais nous n'en pouuons pas faire ainſi, qui auons nos lettres ſans points, ny accents, les voyelles meſmement preſcriptes & limitees ; combien qu'il y ait des nations qui les proferent l'vne pour l'autre ; comme les Anglois *e* pour *a*, & *i* pour *e* : Les Allemands *d* pour *t*, & au rebours ; *f* pour *p* ; *v* conſone pour *f*, &c. Pour noſtre regard, nous auons ſeize conſonantes à l'imitation des Latins ; *b. c. d. f. g. k. l. m. n. p. q. r. s. t. x. z* ; qui ſe ſoubsdiuiſent en ſept demy-voyelles ; *f. l. m. n. r. s. x* ; dont il y en a quatre qu'on appelle liquides, les Grecs les nomment immuables, *l. m. n. r*. Il y a puis apres cinq voyelles ; *a. e. i. o. u* : dont *i* & *u* tiennent par fois lieu de conſones. Voions maintenant comme nous les pourrons raccourcir, & reduire à moins : car & et *q* ſont abbreuiations & non lettres : & *y* eſt pur Grec, au lieu duquel bien que les Latins, & nous encore plus frequentement l'employons, nous pour-

De la reductiõ des lettres à vn moindre nõbre, & des commoditez qui ſen enſuiuent.

M m m

rons sans aucun inconuenient nous passer de nostre
i : & en lieu de *z* pareillement mettre *s* : Pour *x* aussi
cs, comme en *Alecsandre* pour *Alexandre* ; & quelquesfois *ss* ; & plus durement encore *gs*. Au lieu du
q, nou-nous seruirons du *c*, car aussi bien vn *u* suit
tousiours apres, aumoins si c'est en vn mesme mot;
& pour le *k* pareillement ; & le *g* encore, s'il est deuant *a. l. o. r. u.* comme en *Cabriel, cloire, Couuerneur, cros, cucrdon* ; car mesme il y a plusieurs nations
qui le prononcent de la sorte. Si c'est deuant *e* ou *i*,
la consone I pourra estre substituee en son lieu ; ainsi
qu'en *Ientil*, & *Iilbert*, pour *gentil*, & *gilbert*. Pour *f*,
on accouplera *ph* ; car il n'est pas question d'obseruer és chiffres vne si exacte orthographe ; au contraire il y en a qui la peruertissent & debauchent tout
expres, afin d'obscurcir tousiours dauantage ; mais ie
ne serois pas de cest aduis, car il y a assez d'autres expediens sans recourir à ceste vaine superfluité de labeur pour le dechiffrant. H est necessaire, & malaisément s'en peult-on passer, mesme en nostre lãgue,
neaumoins il est assez aisé de la representer tacitemẽt
par quelque petite marque secrete : & quãd bien elle
sera comprise en la reduction que dessus, le nombre
n'arriuera qu'à seize ; *a. b. c. d. e. h. i. l. m. n. o. p. r. s. t.
u* ; qui se pourront puisapres restreindre à huict, en
diuersifiant chacune de ces 16. lettres de deux façõs,
où il y ait tant soit peu de difference qu'elles se puissent discerner l'vne de l'autre ; & le moins qu'il y en
pourra auoir sera le meilleur ; pour oster dauantage

DES CHIFFRES. 238

le ſoupçon : Que ſi on les deguiſe de quatre ſortes, comme il eſt facile ſelon ce qui ſe demonſtrera cy apres, ce ſera reduire toute noſtre eſcriture de chiffre à quatre caracteres tant ſeulement. Le fruict auſurplus & commodité qu'on peult attendre de ce retranchemét de lettres, ſe peult aſſez apparceuoir par la table ſuiuante, promiſe cy deuant au fueillet 185. quant au lieu de 400. caracteres qui eſcheent à vn chiffre carré de vingt lettres, il n'y en a icy que 256. le carré de 16. & par ce moien 144. ſauuez par la ſubſtraction de quatre lettres : En quoy pour la differéce des ſeize nou-nous ſommes ſeruis des punctuatiós, auec lés caracteres Grecs : mais on pourra trouuer en cela aſſez d'autres expediens, chacun ſelon ſa fantaſie ; comme meſme de renuerſer leſdites lettres de toutes les ſortes qu'elles le peuuent endurer ; y en ayant à cela de plus propres les vnes que les autres, car elles tiendront lieu d'autant de diuers caracteres : Dont pour ſe reſtreindre à vn exemple qui pourra reigler tout le reſte, nou-vous propoſerons icy le B en ces quatre aſſiettes : B. ꝗ. ꟺ . ꙡ.

Mmm ij

TRAICTE

		A.	B.	C.	D.	E.	F.	I.	L.	M.	N.	O.	P.	R.	S.	T.	V.
		H.	I.	L.	M.	N.	O.	P.	R.	S.	T.	V.	A.	B.	C.	D.	E.
A.	H.	a	b	c	d	e	f	g	h	i	k	l	m	n	o	p	q
B.	I.	r	s	t	u	x	y	z	&	q	A.	a,	b,	c,	d,	e,	f,
C.	L.	g,	h,	i,	k,	l,	m,	n,	o,	p,	q,	r,	s,	t,	u,	x,	y,
D.	M.	z,	&,	q,	B.	a;	b;	c;	d;	e;	f;	g;	h;	i;	k;	l;	m;
E.	N.	n;	o;	p;	q;	r;	s;	t;	u;	x;	y;	z;	&;	q;	D.	a.	b.
H.	O.	c:	d:	e:	f:	g:	h:	i:	k:	l:	m:	n:	o:	p:	q:	r:	s:
I.	P.	t.	u:	x:	y:	z:	&:	q:	E.	a.	b.	c.	d.	e.	f.	g.	h.
L.	R.	i.	k.	l.	m.	n.	o.	p.	q.	r.	s.	t.	u.	x.	y.	z.	&.
M.	S.	q.	F.	α	β	γ	δ	ε	ζ	η	θ	ϑ	κ	λ	μ	ν	ξ
N.	T.	ξ	π	ϖ	ρ	σ	υ	φ	χ	ψ	ω	G.	α,	β,	γ,	δ,	ε,
O.	V.	ζ,	ξ,	η,	θ,	ϑ,	κ,	λ,	μ,	ν,	ξ,	π,	ϖ,	ρ,	σ,	υ,	φ,
P.	A.	χ,	ψ,	ω,	H.	α;	β;	γ;	δ;	ε;	ζ;	ξ;	η;	θ;	ϑ;	κ;	λ;
R.	B.	μ;	ν;	ξ;	π;	ϖ;	ρ;	σ;	υ;	φ;	χ;	ψ;	ω;	K.	α:	β:	γ:
S.	C.	δ:	ε:	ζ:	ξ:	η:	θ:	ϑ:	κ:	λ:	μ:	ν:	ξ:	π:	ϖ:	ρ:	σ:
T.	D.	υ:	φ:	χ:	ψ:	ω:	L.	α.	β.	γ.	δ.	ε.	ζ.	ξ.	η.	θ.	ϑ.
V.	E.	κ.	λ.	μ.	ν.	ξ.	π.	ϖ.	ρ.	σ.	υ.	φ.	χ.	ψ.	ω.	M.	N.

DES CHIFFRES. 239

IL y a d'autres retranchemens encore qui se pourroiét faire, bien qu'auec moins de facilité que les desfusdits; tels que de *b*, ou *p*, qui ont presqu'vne mesme prolation; & pareillement *d* ou *t*, ainsi qu'en *Pabtiste* pour *Baptiste*; *Alexantre* pour *Alexandre*; *dresues* pour *tresues*; & semblables cõmutations, fort familieres aux Allemans: côme estoiét aux anciés Romains celle de *r* en *s*; ainsi qu'en *Valesius* pour *Valerius*; *Fusius* pour *Furius*; dequoy font assez de foy leurs inscriptions tant és marbres, qu'en bronze: Ce qu'ont imité les Parisiens de treslongue main; mais le pollissement de la langue leur a en fin faict laisser ce *masy masault*, pour *mary marault*; & au contraire *rairon* pour *raison*. De tout cecy l'on ne s'en peult pas beaucoup preualoir en ceste reduction de lettres, à cause de plusieurs equiuoques qui pourroient aisément peruertir le vray sens, & mettroient en trop de peine le correspondant, mesmes si c'estoit à la teste des dictions, où ceste commutation seroit du tout intollerable, comme en *saison* pour *raison*, &c. Et en cas pareil ce que ces anciens Latins mettoient quelquefois *o* pour *i*, *ollis* pour *illis*; & pour *u* encore, *Hecoba* pour *Hecuba*, *notrix* pour *nutrix*: Et *e* pour *i*, *Menerua* pour *Minerua*; *leber* pour *liber*, qui est bien plus rude: Le tout à l'imitation de ce que dessus des Hebrieux; ce que nous ne pouuons pas ainsi librement faire: Bié est vray qu'en beaucoup d'endroits, soit par certaine affecterie, soit par le vice de la dialecte, ql̃ques-vns voulãs plus serrer les dẽts qu'ils ne doiuent, proferét vn *s* au lieu d'vn *z*, & vn *i* pour vn *e*: Ioint qu'en

M m m iij

TRAICTÉ

chiffre celà se pourroit bien suporter par certaine petite marque d'vn poinct ou accent, & semblables notes; mais il fault chercher d'autres adresses plus compendieuses & mieux alignees.

TOVT ainsi donques qu'on tasche en ces artifices de chiffres les plus subtils & couuers de tous autres, de restreindre le nombre des lettres au moins qu'on peult; car là consiste l'vne des principales reigles & maximes; il fault en contr'eschange chercher le plus de diuersitez desdites lettres quát à leur forme, qu'on pourra. Car les chiffres dependent de quatre principales sortes de mutations, que selon la traditiue des Peripateticiens, touche tacitement le Rabi fils de Maymon en la 4. proposition du premier chap. du 2. liure: assauoir selon la substance, ce qu'on appelle generation & corruption; à quoy se raportent és chiffres les diuerses figures des caracteres, ainsi que Rabbi Iehuda l'explique en son commentaire sur le *Iezirah*. Enapres, selon la quantité, qui depend de la grandeur ou petitesse, augmentation & diminutió; comme nous le monstrerons cy apres en practique, par l'estendue & accourcissement des lignes & des espaces seruans de lettres, sans autre difference de figure. Tiercement, selon la qualité, où consiste l'alteration; à quoy se raportent les *Thmurah*, & les *Ziruph*, qui sont les eschanges des caracteres les vns és autres. Et finablement selon le lieu, qui est le changement d'assiette & de place; assauoir les *Ethbas*, metatheses, orchemes, anagrammes, & transpositions.

Quatre principales maximes des chiffres.

Mais plus particulierement encore, & comme en detail, tout cecy se peult distinguer en neuf differences; qui sont la substance, quantité ou magnitude, figure, composition & assemblement, nombre, colligance, complexion ou temperament, action, & vtilité.

Il a esté dit au fueil. 190. qu'vn des principaux artifices & ruzes des chiffres dependoit de la reductiō des lettres à vn moindre nombre; ce qui se pouuoit effectuer de trois sortes; ou en retranchant les inutiles & superflues dont on se pouuoit aisément passer, comme il a esté monstré cy dessus: ou en accouplant plusieurs mesmes lettres ensemble pour en faire vne; & de cela en ont esté dōnez assez d'exemples depuis le fueil. 200. quelques-vns plus ingenieux encore estans reseruez à quand il sera questiō de la Ghematrie: Ou en diuersifiant lesdites figures & caracteres; qui est augmenter d'vn costé ce qui auroit esté accourcy d'vn autre; car pour sept lettres eclypsees de vingt trois, pour reduire l'alphabet à seize, si de chacune de ces seize nous auons quatre differens caracteres, qui arriueroient à 64. ce seroient quarante vne d'augmentation : mais il ne le fault pas prendre de ceste sorte ; car il est icy question du nombre des lettres ordinaires de nostre commune escriture, & nompas de celuy de leurs caracteres, qui se peuuent diuersifier auec de tresgrandes cōmoditez : & entre autres que les 16. lettres à quoy ont esté reduittes les vingt trois, se peuuent restreindre encore à quatre, leur donnant à chacune quatre diuerses figures, qui par ce moien parferont le nombre de seize: & de là viendront à naistre quatre differends alphabets, chacun de quatre lettres tant seulement, & neaumoins tousiours de seize caracteres: Ie bats icy vn chemin peu frayé des autres. Que si nous voulons estendre les lettres iusqu'à vingt cinq; & d'autre part les restreindre à quinze, parce qu'au lieu de H se pourra aiseemét substituer vne virgule, ou autre telle note secrete, il ne faudra que cinq lettres, chacune deguisee de trois manieres pour faire vn alphabet de quinze; tellemét que desdites vingt cinq lettres nous tirerons cinq alphabets differends, de la sorte que vous verrez subsequemment: mais il vaut mieux premettre deuant vn essay de ces varietez de figures; enquoy quatre suffiront pour ceste heure, qui doiuent neaumoins estre les plus conformes qu'il sera possible; & qu'il n'y ait que tant soit peu de difference qui puisse suffire pour les faire secretement discerner, à fin d'oster le soupçon de l'artifice.

a.	a.	b.	b.	c.	c.	d.	d.
a.	a.	b.	b.	c.	c.	d.	d.
e.	e.	f	f.	g.	g.	h.	h.
e.	e.	f.	f.	g.	g.	h.	h.
i.	i.	k.	k.	l.	l.	m.	m.
i.	i.	k.	k.	l.	l.	m.	m.
n.	n.	o.	o.	p.	p.	q.	q.
n.	n.	o.	o.	p.	p.	q.	q.
r.	r.	ſ.	s.	t.	t.	u.	u.
z.	r.	ſ.	s.	t.	t.	u.	u.
x.	x.	y.	y.	z.	z.	&.	&.
x.	x.	y.	y.	z.	z.	&.	&.

MAIS en ceſte table ſuiuante il y a 25. lettres, comparties en cinq alphabets, chacun deſquels n'en contient que cinq ; qui diuerſifiees de trois façons font le nombre de quinze ; H y eſtant repreſentee au

Nnn

TRAICTE'

bout, par vne virgule, ou semblable punctuation. Tout cecy se peult & doit transposer pour chacun en particulier; neaumoins ie l'ay mis à l'accoustumé, pour plus facile intelligence.

I	a A	a B	a C	b D	b E	b I	c L	c M
	c N	d O	d P	d R	e S	e T	e V	, H
II	f A	f B	f C	g D	g E	g I	h L	h M
	h N	i O	i P	j R	k S	k T	k V	, H
III	l A	l B	l C	m D	m E	m I	n L	n M
	n N	o O	o P	p R	p S	p T	p V	. H
IIII	q A	q B	q C	r D	r E	ʃ I	ʃ L	ʃ M
	ʃ N	t O	t P	t R	u S	u T	u V	, H
V	x A	x B	x C	y D	y E	y I	z L	z M
	z N	& O	ʊ P	ꝯ R	ꝗ S	ꝗ T	ꝗ V	. H

DES CHIFFRES. 242

Av regard des commoditez & vſages qui ſe peuuent tirer de ce retranchement de lettres, & de leur diuerſité de figures, il ſeroit bien malaiſé de les limitèr, eſtant ceſte carriere ample & ſpacieuſe, pour ſ'y exercer chacun endroit ſoy à ſon appetit, qui d'vne façon, qui d'vne autre ; Si que tel ſe rencontrera en quelque belle inuention, où les autres n'auront pas encore donné : parquoy ie me contenteray d'en toucher icy quelqu'-eſſaiz ; & ſur la fin du liure d'autres encor de plus d'importance, qui en monſtreront aucunement la practique. Et en premier lieu ces accouplemens de trois lettres pour en faire vne, en la page 200. & leurs diuerſes tranſpoſitions pour les varier, ſe peuuent reduire à vne ſeule, à tout le moins en apparence ; car nonobſtant qu'il y en ait trois, elles ſont neaumoins ſi peu diſſemblables, ains ſi conformes, que qui ne ſeroit aduerty de l'affaire, malaiſément ſ'en pourroit-il apperceuoir ne douter. Mais encore que toutes les lettres ſe puiſſent deſguiſer en pluſieurs ſortes, comme vous l'auez peu voir cy deſſus, ſi en y a il toutesfois de plus propres à cela que les autres : comme le *d*, qui ſe varie fort aiſément ſelon qu'il eſt plus ou moins alongé ; *f* par les diuerſes cloſtures de ſa teſte, & l'extention de ſon traict en bas ; ſ de meſme ; *o* l'vn tout rond, l'autre en ouale, & le tiers vn peu eſcarri ſur les flancs ; *y* eſtant ouuert à la teſte, ou du tout clos ; comme auſſi le *z* : auec maintes autres

Nnn ij

differences qui se peuuent mieux representer en portraicture, que donner à entendre par escrit; & que chacun se peult forger à sa fantasie. Ces trois lettres donques a. b. c. proposees pour vn exemple au fueil. dessusdit 200. se pourront eschanger à vne seule, variee de trois façons; assauoir a en vn o tout rond, comme vous le voiez icy en Romain: b en vn o longuet & oual, tel qu'est l'Italique: & c en vne autre maniere de o, tant soit peu carré sur les flancs qu'il suffise pour le discerner; mais on n'en vse pas en l'Imprimerie. Ausurplus l'on procedera en tout & par tout de la mesme sorte que porte la practique qui est là traictee en ce fueil. pag. 2. Mais au suiuant 201. il y en a encore vne autre, nõ auec trois lettres, ains vne seule par ses diuers accouplemens; qui s'en va le mesme chemin que les poincts, asterisques, & autres figures semblables n'aians aucune difference entr'elles; là où o auroit esté pris pour exemple: & pource que les interualles & separations qui les distinguent pourroiẽt amener quelque soupçon, qui conduiroit finablement à la descouuerture de l'artifice, ce sera pour le mieux de remplir lesdits espaces auec vne autre mesme lettre variee aucunement, afin que l'escriture soit toute egalle sans point d'interruption ny de bresche, & par ce moien que la ruze demeure cachee: Ce que nous representerons icy puis que nous ne pouuons mieux, auec le o Romain pour les accouplemés qui formẽt les lettres, de la mesme sorte qu'en la pag. 201. Et le o Italique seruira pour faire les separations, &

remplir les vuides; En quoy nous prendrons ce subiect: *Tout se peult à vn bon effect*, qui ira de ceste maniere o o o o o o o o o o o o o o o o o o o o o o o o o
o o o o o o o o o o o o o o o o o o o o o o o o o o
o o o o o o o o o o o o o o o o o o o o o o o o o o
o o o o o o o o o o o o o o o o o o o o o o o o o o
o o o o o o o o o o o o o o o o o o o o o o o o o o
o o o o o o o o o o o o o o o o o o o o o o o o o
o o o o o o o o o o o o o o o o o o o o o o o. Certes cela n'estant point diuulgué, donneroit assez à penser de plaine arriuee: Bien est vray qu'il y a vne grande quantité de caracteres pour exprimer peu de subiect; Parquoy nous en chercherons icy d'autres voyes plus compendieuses.

CY deuant en la page 202. a esté inseree vne petite table monstrant la maniere, qu'au lieu de trois caracteres qu'il falloit pour chaque lettre, on se pourra passer de deux; mais en recompence là où pour ces trois l'on n'en employoit aussi que trois differends; il est en cest autre besoin d'vser de cinq sur vingt lettres, dont ils font la quarte partie. Si donques ces vingt lettres sont reduittes à seize, il n'en faudra que quatre; lesquelles appariees deux à deux suffiront pour escrire tout ce qu'on voudra. Au surplus cela se peult effectuer, tant auec les capitales marquees de rouge, que les notes du chiffre, qui iront pour lettres; & se reseruer 9. & o. pour nulles, ou pour entresemer vn sens apart.

Chiffre de cinq caracteres tant seulement.

N n n iij

TRAICTÉ

| | F. | G. | Q. | X. |
	1. 5.	2. 6.	3. 7.	4. 8.
F. 1. 5.	a.	e.	m.	r.
G. 2. 6.	b.	h.	n.	s.
Q. 3. 7.	c.	i.	o.	t.
X. 4. 8.	d.	l.	p.	u.

LA practique en est toute telle que des cinq lettres, prenant celles qui sont marquees en capitales rouges au front d'enhault & à costé, au croisement desquelles se récotrera la petite lettre de l'aire, qu'on veult exprimer; comme *t* en *x* & *q*; *o* en *qq*; *u* en *xx*: *t* en *xq*: Somme *xqqqxxxq*, qui veult dire *Tout*. Ce n'est que la mesme chose tousiours, peult-on alleguer: ouy; mais si au lieu de ces quatre lettres nous n'en prenons qu'vne seule variee de quatre sortes, selon que vous auez veu cy dessus; si que la premiere de chaque carré serue pour *f*; la seconde pour *g*; la troisiesme pour *q*; & la 4. pour *x*; ce sera comme escrire d'vne seule lettre, à cause de ce peu de difference qui y est marquee secretement. Au moien dequoy voilà vne autre commodité que nous ameine encore ce retranchement de lettres; & leurs diuersitez de figures. Le mesme se peult practiquer encore

Chiffre d'v-ne seule let-tre.

DES CHIFFRES.

par les caracteres du chiffre a compter, selon qu'ils sont cottez en la table susdite au bas des capitales rouges, deux pour chacune, dõt l'on prendra laquelle qu'on voudra; comme pour exprimer *t*, au lieu de *xq* qui le representent, on peut mettre 43. ou 47. ou 83. ou 87. & ainsi des autres, en les accouplãt à vostre discretion & plaisir, selon que vous l'aurez cõploté a-uecques le correspondãt: lesquelles manieres de chif- *Fueil.* 199. fres sont comme l'enuers de ceux à double entente, où chaque caractere importe deux lettres; & en ceux cy, les deux ne seruent que pour vne. Et là ou és chif-fres doubles on choisist au bord d'ēhaut & de costie-re les lettres qu'on veut representer par les caracteres semez dans l'aire, qui respondent à la croisee du ren-contre desdites deux lettres, icy au rebours on prend dãs l'aire la lettre qu'õ veut desguiser par les caracte-res des bords, qui se vont rencontrer en ladite lettre.

A.v. regard de la seconde table, qui consiste de cinq alphabets, chacun de cinq lettres tant seulemēt; mais variees de trois façons pour faire quinze, car *H* y est exprimee par l'vne des punctuations, part vn autre artifice fort extrauagant; à l'imitation presque de ce chaos & confusion de lettres enquoy le *Torah* *fueil:* 37. ou la loy fut donnee à Moyse, en vn globe de feu: 132. 188. à sçauoir d'escrire cinq choses differentes, voire en cinq lãgages tout pesle-mesle, par les cinq alphabets dessusdits, dont il en a esté desia touché cy deuant quelque chose au fueil. 193. mais là on procede par la triplication des trois caracteres; & icy par la triple

TRAICTE'

varieté de figure en chacun des cinq. Et combien que de primeface cela semble deuoir estre si embarrassé, qu'il n'y a esprit qui sceust prendre la patience de le demesler; neaumoins rien n'est de plus dilucide & aisé; à cause que les alphabets sont fort bien distincts; & se peuuent facilement discerner les vns des autres, tát au chiffrer qu'au dechiffrer. Mais pource que cela se comprendra mieux par exemple, en voicy vn ouquel il y a cinq mots, chiffrez chacun par son alphabet à part; *Vertun a besoin de faueur.*

| c b d e c | h f | L m p o m n | r r | c y x g y g c |

Chiffre double de 72. caracteres.

DE ce mesme retranchement, & de la varieté de figure, part vne autre inuention encore d'vn chiffre carré à double entéte, le plus exquis de tous ceux qui ayét esté descouuers iusqu'icy, car il consiste de peu decaracteres au prix des autres, dont il est tát moins embrouillé, & plus facile à faire croire qu'il n'y auroit que l'vn des deux sens, si l'on estoit surpris, & qu'on fust contraint d'exhiber son chiffre: mais aussi a il fallu pour cest effect de seize lettres se restreindre à douze; enquoy neaumoins il n'y a pas beaucoup d'incommodité; car H en premier lieu passe par la punctuation; B se peult aisément suppleer par le P; D par T; & O par V: mieux assez que nompas au rebours V par O: T par D: & P par B: parquoy
nous

DES CHIFFRES. 245

les auons icy emploiez pluſtoſt que les autres. Chaque caractere auſurplus des 24. eſt diuerſifié en trois manieres, pour arriuer au nombre de 72. à quoy monte la multiplication des douze lettres eſtendues de front, par les ſix accouplees deux à deux à coſté, comme on peult voir en ceſte table.

	P	C	T	E	I	L	M	N	A	R	S	V
E. P.	a	a	a	b	b	ß	c	c	ç	d	d	d
V. C.	e	e	e	f	f	ſ	g	g	g	h	h	h
T. L.	i	i	i	k	k	k	l	l	L	m	m	m
I. M.	n	n	n	o	o	o	p	p	p	q	q	q
A. N.	r	r	e	ſ	ſ	s	t	t	t	u	u	u
R. S.	x	x	y	y	y	z	z	z	&	σ	c

EN voicy la practique, pour laquelle nous prendrons ce double ſubiect; aſſauoir pour le ſens qu'on voudroit tenir moins caché; *Vn tel monſtre de vous aimer*; & pour l'autre plus reſerué; *Mais il vous trahira s'il peult*. Vous y procederez doncques ainſi, mais il fault entendre, d'autant que les lettres marquees en capitales à coſté ſont accouplees deux à

Ooo

TRAICTE'

deux, parquoy il aduiendroit souuent, qu'au dechiffrer on seroit en peine de sçauoir celle qu'on deuroit prendre; qu'à cela il se remedie par le moien de ces deux caracteres ff & ſſ, ou de semblables; qui en apparence seront semez parmy les autres comme pour nulles tant seulement, mais en secret, par tout où il sera question d'exprimer la lettre de dessous, on mettra consecutiuement apres celle qui la represente, l'vne de ces deux notes, qui en seruira d'aduertissement: Pour celle de dessus, il ne fault que le seul caractere du rencontre, en ceste maniere; V & M, se viennent croiser au troisiesme *q* de la table: N & A, au second *t*: T & I, au troisiesme *n*: E & S, au premier *y*: & ainsi des autres. Vous pouuez encore adiouster si bon vous semble vne tierce nulle comme *z*, ou autre telle, qui seruira pour la separation des mots, & en euiter le meslange & cõfusion: & au reste transposer le tout comme il vous plairra.

ON peult d'abondãt proceder en ces chiffres doubles d'vne autre sorte, estendant les seize lettres de front; & pour le regard de celles qui leur correspondent au costé gaulche, les reduire à douze; parquoy il les faudra tripler, afin qu'il n'y ait que quatre rengs, si qu'il n'y aura que 64. caracteres en tout; comme vous pouuez voir par la table suiuante, où nous auõs employé ces caracteres de plusieurs sortes, & la plus grãde part reuersez, pour nous accommoder à l'Imprimerie; mais en leur lieu, l'on en peult forger à sa fantasie de tous nouueaux. Que si c'est la premiere

Autre chiffre double de 64. caracteres.

DES CHIFFRES. 246

qu'on vueille exprimer, il ne faudra rien adiouster apres le caractere du rencontre: Si la seconde, on l'accompagnera d'vn *coma*: si la troisiesme, d'vn poinct. On y peult semblablement inserer des nulles, qui tiendront par fois le lieu desdites punctuations, afin de diuersifier tousiours.

	L.	M.	N.	O.	P.	R.	S.	T.	V.	A.	B.	C.	D.	E.	H.	I.
A.P.C.	a.	ᴀ.	ã.	ā.	b.	ḅ.	c.	ͻ.	d.	ꝺ.	e.	é.	f.	ſ.	ff.	g.
.E.L.	h.	ʻq	i.	j.	ī.	k.	ꝃ	l.	m.	ɯ.	m̃.	n.	ñ.	o.	ó.	œ.
.M.N.	p.	ṗ.	p̃.	p.	ꝑ.	q.	σ̇.	ꝙ.	q̇.	q̃.	t.	r.	ꞃ.	ſ.	ſ.	s.
R.S.V.	ſs.	s̃.	t.	u.	v̇.	ú.	x.	ẋ.	y.	ẏ.	z.	ƶ.	&.	℈.	ꝏ.	?.

Mais on peult reduire les seize lettres d'enhault à douze, aussi bien que celles qui sont à costé, de façon qu'il n'y en auroit que 48. Et encores en les accouplant deux, à deux comme les autres sont trois à trois, que vingt quatre; moyennant cinq punctuations, en ceste maniere. La premiere des deux d'enhault auec la premiere de costé, rien que le caractere du rencontre tout simple. La premiere d'enhault auec la seconde costiere, vne virgule subsequemment ,. Ceste premiere auec la 3. costiere vne disiunctiue ;. La seconde d'enhault auec la premiere costiere vn coma : auec la 2. vn poinct . auec la troisiesme vn interrogant ?. le tout selon ceste table. Que si ces accouplemés de deux lettres au front d'enhault estoiét

Autre de 48. & de 24.

Ooo ij

TRAICTE'

De seize. chacun reduit à trois comme les costieres, & restreints en quatre espaces, il ne faudroit que seize caracteres en tout pour ce chiffre double: Qui est-ce *Fiseil. 236.* que nous auions proposé cy deuant, de monstrer les *b.* moiens comme d'vne telle multitude & confusion de quatre cens caracteres és chiffres doubles de vingt lettres, on se pourra peu à peu, & par les menus, restraindre iusqu'à vn tout seul; à l'exemple que toutes choses prouenans de l'vn, ou de l'vnité, & de là s'estendans comme en infiny, retournent finablement d'ou elles partirent.

	A.P.	C.T.	E.L.	I.M.	N.R.	S.V.
A.P.C.	a.	b.	c.	d.	e.	f.
T.E.L.	g.	h.	i.	k.	l.	m.
I.M.N.	n.	o.	p.	q.	r.	s.
R.S.V.	t.	u.	x.	y.	z.	&.

Chiffres meslez.
ICY me reuient en memoire certain chiffre que ie pourrois auoir oblié cy deuant, lequel participe des clefs, & des chiffres carrez à double entente, bien qu'il soit simple, mais au reste indissoluble. Car ores que l'esprit humain par son industrie & sagacité puisse descouurir quelque chose sur ce qui luy est proposé en veuë; que sçauroit-il neaumoins conie-

&urer ne gloſer ſur ce qui ne luy apparoiſt en aucune ſorte? *Ignotum*, à ſçauoir, *per ignotius*; ainſi que pourroit eſtre quelque mot du guet coplotté en la ſecrete penſee de deux perſones qui s'entr'entendent: Ce ſeroit certes vne trop outrageuſe deuinaille, ſurpaſſant preſque la portee Angelique; car celà eſt reſerué à Dieu ſeul; *Qui nouit ſolus cor omnium filiorũ hominum*. Ce chiffre donques depend encore de la table du fueil. 50. b, ou autre ſemblable carree; dont l'vſage ſe fourche en deux en ceſt endroit, auec bien peu de difference. Pour exemple ſoit ce theme icy pris du poëte Arat; *Nous ſommes tous d'vne celeſte race*; au lieu de proceder à vn ſens double, nous n'en prendrons qu'vn ſeulemét; que nous contrechiffrerós ſur quelque ſubjet tenant lieu de clef; cóme pour auoir pluſtoſt fait, le commancement cy deſſus; *Icy me reuient en memoire*: il faudra faire ſelon qu'il a eſté dit és chiffres des clefs; c'eſt, de regarder au front d'enhaut de la ſecóde table és capitales noires, qui ſont en ceſt endroit pluſapropos que les rouges, la premiere lettre de voſtre clef, qui eſt *i*; & en ſa colonne deſcendant en bas, à quelle autre lettre des carrez de l'aire elle ſe va rencontrer au croiſement de la premiere de voſtre ſujet; és capitales noires auſſi de la main gaulche; ce ſera *r*. Pourſuiuez de meſme: Soubs *c*, *o* ſe retrouue en *m*: ſouz *i*, *u* en *c*: ſouz *m*, *s* en *c*: tellement qu'au lieu de *Nous* il y aura *r m c o*.

L'AVTRE voye eſt de mettre au lieu de la lettre contenue és petits carrez reſpondant au rencontre

3. *des Rois*, 8.

Fueil. 48. & 49.

Fueil. 50. b.

O o o iij

des deux capitales; vne qui soit la tantiesme de l'alphabet, qu'est le carré à compter descendant en bas, ouquel se rencontre ladicte lettre; comme au lieu de *r* qui se trouue au dernier sous *i*, mettre *x*, qui est la vingtiesme lettre, parce que c'est la vingtiesme chambre & la derniere, comme *x* l'est de l'alphabet de vingt caracteres. Au lieu de *m*, qui se rencontre la premiere au croisement de *c* & *o*, mettre *a*, qui est la premiere aussi: au lieu de *c* la septiesme en la croisee de *i* & *u*, mettre *g*: au lieu de *c* en la croisee de *m* & *s*, où elle est au 5. carré, mettre *e*: ou bien prendre trásuersalemét l'ordre desdites lettres és rengees de gaulche à droit, mais il faudroit transposer autrement les lettres, parce qu'elles ne sont pas là bien ordonnees pour cest effect. Vostre dexterité & discretion vous guidera pour le surplus. Et encore que cecy ne paroisse de primeface autre chose que les chiffres des clefs; c'est neaumoins vne ouuerture à d'autres fort ingenieux artifices, à qui y voudra vn peu mediter de plus pres. Car tout ainsi que des lignes procedent les superfices; & des superfices les corps solides: & que de plusieurs demonstrations simples d'Euclide s'en forment d'autres composees; & de ces composees, d'autres encore qui le sont plus; en semblable des Maximes & reigles generales des chiffres de nous atteintes en cest ouurage, s'en peuuent forger vn grand nombre, qui seront meslez de deux, trois, ou quatre d'icelle; tel qu'a esté le precedant: auquel nous adiousterons de surcrez l'artifice d'escrire de quatre lettres

DES CHIFFRES. 248

du fueil. 143. mais practiqué d'vne autre forte. Ie *Autre chiffre à clef, de quatre lettres.* chiffre donques ce que ie veux tenir occult fur tel fubjet qui aura efté conuenu auecques mon correfpondant : & pour exemple foit celuy mefme de cy deffus; *Nous fommes tous*, &c. Et la clef pareillement, ou contrefujet; *Icy me reuient* n apres i fe trouue eftre la troifiefme en ordre; ie mettray nõ la 3. lettre c, ains y procederay d'vne autre façon, pour n'vfer que de quatre lettres, dont l'vne encore ne feruira que pour la diftinction des nombres qui expriment icy les lettres: les nombres dis-ie à l'imitation des Latins, qui iufqu'à cent n'en emploient que ces quatre icy; I. V. X. L. mais iufqu'à vingt les trois premieres fuffirõt; au lieu defquelles i'en fubftitue d'autres pour toufiours defguifer l'affaire: prenons que ce foit F au lieu de I: G au lieu de V: & H de X: Q, ira pour la di- *Fueil. 230* ftinction: parquoy ie fais en cefte forte: *n* apres *i* fe rencontre eftre la troifiefme, qui feroit c, en lieu duquel ie mettrois I I I qui font trois, mais ie mets trois *fff*, auec vn *q* pour la feparation. Pourfuiuez de la mefme forte; *o* apres *c* eft la dixiefme; au lieu de *x* qui fait dix, ie mets *h* qui tient fon lieu, & *q* pour la feparation: *u* apres *i* eft la dixiefme, ie mets *hq* : *s* apres *m* eft la vj: ie mets *gfq* : & ainfi du refte: fi que ce mot de *nous*, chiffré fur *ici m*, va de cefte forte *fffq hq hq g fq*. Et à la verité qui ne cognoiftroit le fecret, il feroit bien malaifé d'y rien deuiner ny comprendre: & auffi peu, voire encore moins de venir à bout de le dechiffrer, parce que chacun peut diuerfi-

TRAICTE

fier ces caracteres, & les transposer à sa fantasie, pour son vsage particulier: mais il seroit bien aussi bon les laisser és nombres, cóme si c'estoit quelque compte qu'ó eust à rédre; au lieu du *q* mettát vn point pour separation en ceste sorte ; III. X. X. VI. Que si vous m'alleguez la pluralité desdits caracteres pour exprimer vne seule lettre, vsez de ceux du chiffre variez de deux façons, si que chacun representera le sien : ou bien de lettres en leur lieu comme vous verrez cy dessous. Mais n'employant que quatre caracteres, vous pouuez inserer parmy vn contexte des autres seize qui restét, tant des notes du chiffre q̃ des lettres; chiffré de l'vne des manieres qui vous viendra le plus à gré. Voicy au reste la variation de ces caracteres, qui amenera de fort grandes commoditez; & mesme l'artifice d'vn chiffre double, en les accouplant deux à deux au lieu de trois ; car leur difference est si petite selon que vous le pouuez voir, que malaisément se peult-on douter de la ruze ; principallement en l'escriture à la main, d'autant qu'elle ne cósiste qu'en vn peu plus ou moins de rondeur ou carreure. Et pource que les lettres estás reduittes à seize, il reste deux de ces notes du chiffre, qui disét quatre; ces quatre telles q̃ vous les voudrez choisir, se pourront espargner non seulemét pour des nulles en apparence, & pour la separatió des mots, mais par mesme moyen pour vn sens à part, qui sera le troisiesme, suiuát ce qui a esté redit desia plusieurs fois cy dessus; & que vous le verrez cy apres en practique.

Fueil. 192. *b.*

DES CHIFFRES. 249

1	2	3	4	5	6	7	8	9	0
f	g	h	i	l	m	n	o	p	q
1	2	3	4	5	6	7	8	9	0
r	s	t	u	e	a	b	c	d	e

Av regard du chiffre double par les accouplemens desdits caracteres, il procede selon ceste table, de la propre façon que les autres: Surquoy on sera aduerty qu'à cause que nous n'auons pas ceste difference en l'impression, les capitales marquees de noir, au front d'enhault, & à costé, monstrent qu'il faudra vser de la note ronde pour la lettre qu'on veult exprimer; & les rouges, que c'est des carrees.

	I. T.	L. V.	M. A.	N. B.	O. C.	P. D.	R. E.	S. II.
I. T.	11.	12.	13.	14.	15.	16.	17.	18.
L. V.	21.	22.	23.	24.	25.	26.	27.	28.
M. A.	31.	32.	33.	34.	35.	36.	37.	38.
N. B.	41.	42.	43.	44.	45.	46.	47.	48.
O. C.	51.	52.	53.	54.	55.	56.	57.	58.
P. D.	61.	62.	63.	64.	65.	66.	67.	68.
R. E.	71.	72.	73.	74.	75.	76.	77.	78.
S. II.	81.	82.	83.	84.	85.	86.	87.	88.

Ppp

TRAICTÉ

POVR exemple, à ce que celà soit rendu plus intelligible; *Tout est remply de la bonté diuine*; *t* & *o* se viennẽt rencontrer en 51. Et pource que *t* est rouge, il faudra marquer le 5. carré, & 1. qui denote *o* qui est noir, rond: mais le caractere carré estant icy exprimé en rouge, & le rond en noir, nous sommes cõtraints de l'exprimer en ceste sorte 5 1. Suiuẽt apres *v* & *t*, tous deux rouges, c'est à dire carrez, qui se croisent en 12. & ainsi du reste. Or quand celà ira tout d'vn train, & de noir, ioint le peu de difference qu'il y a en la varieté d'vn mesme caractere, il semblera, qu'il n'y en ait en tout que huict; & malaisément se pourroit-on apperceuoir de la ruze, que chasque caractere en si petit nombre peust aller pour deux lettres, en quelque sorte qu'elles se puissent accoupler; voire deux & demie encore, si on vouloit y employer toutes les dix notes, qui disent vingt; & se passer de seize lettres.

AINSI les notes du chiffre à compter semblent estre fort à propos pour l'occulte & secrete escriture, tant à cause de la facilité de leur formatiõ, que pource qu'en quelque sorte qu'on les arrenge, ils constitueront tousiours vn nombre, dont l'on se pourra aisément souuenir, tant au chiffrer qu'au dechiffrer. Bien est vray que le mesme se pourroit faire, & pareillement au calcul, par toutes sortes de lettres vsitees par les nations; & par des caracteres faits à plaisir, mettant *a* pour 1. *b* pour 2. *c* pour 3. &c. iusques à neuf; & *h* pour le zero 0: Ce qui se peult

DES CHIFFRES. 250

transposer ainsi qu'on veult, & en changer le contexte en tous sens; à recullons, du hault en bas, du bas en hault, & autrement pour esteindre le soupçon que ce fust escriture desguisee, ny autre chose que des nombres ou Sommes; ce que ces caracteres ont de precipur sur tous autres. Dont voicy encore vn nouuel artifice, qui mettroit en grande perplexité d'esprit ceux qui n'entendroient le secret; parce que la moictié des seize lettres vont seule à seule; & le reste deux accouplees ensemble, comme ceste figure le vous demonstre. 1. au reste sert pour les distinguer, & o. pour la separation des mots.

H.	I.	L.	M.	N.	O.	P.	R.
2.	3.	4.	5.	6.	7.	8.	9.
S.	T.	V.	A.	B.	C.	D.	E.
22.	23.	24.	25.	26.	27.	28.	29.

POVR escrire donques le mesme subiect dessusdit; *Tout est remply*, &c. il y aura en ceste sorte : 2317124 1231029122123109129151814131o. Mais là dessus s'en peuuent bastir plusieurs autres.

A CE propos, ie me resouuiens d'auoir veu autrefois des psaultiers exprimez par nombres en ces notes du chiffre à compter; non que cela formast aucune escriture, car il n'y en auoit point du tout, & n'estoit que pour vn redressement de memoire : car *Chiffre pour la memoire.*

Ppp ij

Contraste insuffisant

NF Z 43-120-14

TRAICTÉ

les pseaumes estoient là compartis par tables, chacune appropriee au sien; contenant autant de doubles régees diuisees en dix espaces, qui disoiët vingt, comme il y auoit de versets au pseaume: & autant de ces espaces remplis de suitte par ordre, cóme le verset contenoit de mots; Si que chacun d'iceux exprimoit le sien par le nombre premierement de syllabes; & audessous, par celuy des lettres: le tout de la sorte que vous voiez icy representé le pseaume 117.

Laudate dominum omnes gentes: laudate eum omnes populi.
Quoniam confirmata est super nos misericordia eius: Et veritas Domini manet in æternum.

I.	3.	3.	2.	2.						
	7.	7.	5.	6.						
	3.	2.	2.	3.						
	7.	3.	5.	6.						
II.	3.	4.	1.	2.	1.	6.	2.			
	7.	10.	3.	5.	3.	12.	4.			
	1.	3.	3.	2.	1.	3.				
	2.	7.	6.	5.	2.	8.				

CELA auons nous bien voulu inferer icy; tant parce qu'il n'est pas hors du subiect des chiffres, que pour faire voir combien les hommes de tout temps ont esté curieux de se trasser chacū endroit soy quelques notes secretes pour se receler de la cognoissance des autres : comme les marchans en leurs marques, & papiers de compte ; les medecins en leurs pieds de mouche ; les Iurisconsultes en leurs paragraphes ; & autres semblables. Mais nous en monstrerons cy apres bien de plus bizarres & derobbees ; non en forme ny vsage de lettres hieroglyphiques, chaque caractere important quelque sens complect, ains d'escriture lisable & distincte ainsi que celle de tous les liures, combien que malaisément pourroit-on soupçonner que c'en fust : Et ce à l'imitation des Egyptiens, qui anciennement ont vsé de l'vn & de l'autre, selon que le tesmoigne ce lieu d'Apulee en sa Metamorphose de l'asne doré ; *Veteres Ægyptij libros habuere ignorabilibus literis prænotatos, partim figuris animalium concepti sermonis compendiosa verba suggerentes ; partim nodosis, & in modum rotæ tortuosis, capreolatimque condensis apicibus à curiositate personarum lectione munita.*

IL a esté dict cy deuant que tout le faict de l'escriture, & des chiffres par consequant, car ils en dependent, cōsistoit en la forme des caracteres ; en leur ordre ; & en leur puissance : Que la forme au reste, gist ou en la figure des lineamens, ou en la varieté des couleurs, ou des deux ensemble ; car vn *a* noir peult representer vne lettre ; & vn *a* rouge vne autre : vn verd tout de mesme, iaulne, ou bleuf, &c.

fæil. 131.*b.*

P p p iij

TRAICTE'

De sorte que par la seule diuersité des couleurs, sans différence de figure, on pourroit bien représenter toutes sortes de lettres, & escrire de caracteres semblables; ny plus ny moins que d'autre-part nous escriuons communemét d'vne couleur seule, moiennant la varieté de figures. Et sur ce propos des couleurs diuerses en des figures qui sont semblables, se présente vne assez gentille inuention, d'exprimer toutes ses conceptions au lieu d'escriture, par des cottoueres, ou patenostres, & autres tels desguisemens d'enfileures tenans lieu de lettres, selon que vous pouuez voir par cest alphabet; dont les huict couleurs y marquees representent autant de lettres doubles, qui par le moien de quelques petits grains l'vn d'vne couleur, & l'autre d'vn autre, qui seront semez entredeux, se pourront discerner : Pour exemple, si vne patenostre d'esmail blanc sert pour vn *a*, y ayant vn grain de corail enfilé apres, la mesme seruira pour vn *b*, si elle est secondee d'vn grain d'ambre, ou de Iayet; & ainsi du reste.

A. B.	C. D.	E. H.	I. L.	M. N.	O. P.	R. S.	T. V.
Noir.	Blanc.	Rouge.	Iaulne.	Verd.	Bleuf.	Tané.	Violet.

Fueil. 201. MAIS celà est vn peu grossier; & se peult plus ingenieusemét practiquer par la voye des poicts. .. ... & des o oo ooo. Employant pour des o Romains, qui par leurs diuers appariemens establissent les let-

tres, quelques grains de Iayet, ou d'Ebene ; & pour les Italiques longuets en ouale, o, qui sont la separation, des grains de corail, d'or, d'argent, ou semblable estoffe, à la discretion & commodité d'vn chacun. L'AVTRE maniere depend de la table du fueil. 243.b. auec quatre sortes de grains, accouplez deux à deux pour former les lettres, selon que vous le pouuez voir esclarcy distinctement par cest alphabet.

Grains	d'Or.	d'Argent.	d'Ebene.	Perles.
d'Or.	A.	B.	C.	D.
d'Argent.	E.	H.	I.	L.
d'Ebene.	M.	N.	O.	P.
Perles.	R.	S.	T.	V.

DE ceste ouuerture d'enfileures & de Patenostres, & de la diuersité des couleurs, peuuent naistre infinis autres artifices de mesme, pour contrefaire l'escriture, par des grottesques, guillochis, entrelaz, fueillages antiques, & moresques ; & autres telles fantasies, à guise des tapiz de Turquie, & ouurages de damasquin. I'ay veu mesme arranger & picquer des espingles par quarterons, en de gros papier comme on les vend communement, dont la difference consistoit à la teste, l'vne vn peu mieux arrondie & frappee que l'autre, faisans par ce moien vn effect semblable, que les deux sortes de patenostres, ou grains susdits. De maniere qu'en cest endroit il est impossible d'en prescrire aucun limite ne borne; Il suffist d'en addresser le grand chemin, où ne se trouueront qu'assez de petits sentiers & addresses, toutes tendans à vn mesme but. Aussi nou-nous estudiós plus d'enseigner les maximes & reigles generales de bastir des chiffres de plusieurs sortes, que de les bailler mecaniquement tous maschez: & ce à l'exemple d'Euclide & d'Archimede, qui se sont côtentez de traicter des demonstrations, dont on peust inuenter infinis secrets d'engins, instrumens & machines materielles, presque d'vn incroiable effect, dependantes toutes de certaines proportions, que l'esprit apprehende & comprend trop mieux que ne font les sens corporels, ausquels ils ne les ont voulu rabaisser ne assuiettir; comme tresdoctement le deduict Plutarque en la vie de Marcellus, & en la seconde question du huictiesme des Symposiaques.

Mode de se faire entendre par des feux de loin fueil. 115. fueil. 202.

A v regard de l'artifice de faire entendre ses conceptions par des feux la nuict, & de la fumee sur iour, cela va presque conformement à l'escriture des lettres accouplees ensemble pour en faire vne, que nous auons cy deuãt touchee, & que de surcrez ceste figure vous le demonstre; en laquelle les nombres d'enhault marquent les feux de la main droicte; & ceux de costé, de la gaulche: Si que pour representer vn *a*, il fauldroit leuer vne torche ou flambeau allumé à droict, & vn autre gaulche: Si vn *b*, vn à droict, & deux à gaulche: Si vn *g*, deux à droict, & deux à gaulche:

gaulche: Pour vn *o*, trois à droict & trois à gaulche: Pour vn *t*, quatre à droict, & trois à gaulche; & ainsi du reste, selon que les nombres se viennent à rencontrer, & croiser en la lettre que vous voulez estre exprimee: mais cest alphabet se peult transposer cõme les autres. Ceste practique passe encore à s'entreparler tacitement par les doigts, en les esleuant en lieu de flambeaux, ou les placquãt par l'ordre dessusdit sur la bouche, ou sur l'vn des yeux: sur laquelle ouuerture se peuuent inuenter mille autres petites gentillesses & subtilitez; parquoy ie ne l'ay voulu'e oblier icy.

	1.	2.	3.	4.
1.	a.	f.	m.	r.
2.	b.	g.	n.	s.
3.	c.	h.	o.	t.
4.	d.	i.	p.	u.
5.	e.	l.	q.	x.

A v rang des chiffres, pour le moins occulte escriture, peult-on bien releguer aussi les minutes des grefiers, notaires, sergens, & semblables manieres de gens de practique: & encore l'escriture de beaucoup de personnes, qu'à peine autres qu'eux sçauroient li-

Qqq

re; combien qu'elle ne soit que de nos lettres ordinaires, mais difformees de telle sorte, qu'on n'y sçauroit presque rien discerner. Or laissant à part ces vicieux chaffourremens qui procedent d'insuffisance, il y en a d'autres qui consistent en perspectiue, car en y regardant de front, on n'y sçauroit rien discerner de lisable; mais l'accommodant obliquement en l'assiette qui luy est propre, ce qui estoit imperceptible apparoist; Ce n'est pas chose toutesfois dont on se puisse preualoir, ny en tirer aucun vsage; il suffist de l'auoir remarqué en passant. Il y en a d'autres qui dependent de la seule acuité de la veuë; la lettre estāt si deliee que l'œil à peine la peult comprendre; telle que s'est veuë de nostre temps celle d'vn gentilhomme Siennois appellé *Spannochio*, qui escriuoit sur du velin, sans aucune abbreuiation, tout *l'In principio* de S. Iean, en autant ou moins d'espace que ne contient le petit ongle; d'vne lettre au surplus si exquise & si bien formee, qu'il ne seroit pas possible de mieux; mais qu'on n'eust sceu bonnement lire, sinon auecques les yeux d'vn lyncee, ou à tout le moins des lunettes propres à ce, semblables aux miroüers improprement appellez ardents, qui rendent à la veuë toutes choses trop plus grandes qu'elles ne sont; tels que ceux dont Lampride escrit l'infame & debordé Heliogabale auoir eu vn cabinet reuestu, pour l'abbuz de ses detestables ordures: ou auec vne phiole de cristallin pleine d'eau de vie, ou de vinaigre distillé au dernier degré de subtilité; car il n'y a rien de plus clair, ny plus transparent que ces deux liqueurs bien rectifiees, ny qui esclatte plus à la veuë; en mettant quelque lumiere au derriere, pour la reuerberer sur la chose que l'on veult voir. Telle estoit aussi l'escriture, & les traits d'vn peintre Anglois nommé Oeillarde, depuis huict ou dix ans en ça; d'autant plus à esmerueiller, que cela se faisoit auec vn pinsseau faict des poils de la queuë d'vn escurieu, qui ne resiste ny souftient pas comme feroit vne plume de corbeau, qui est tresferme, & se peult tailler deliee sur toutes autres, ou de semblables; là où le pinsseau obeïst & traisnasse; si subtile pareillement, qu'il n'estoit possible aux yeux plus aigus d'y rien discerner, que par le moien de ces lunettes de perspectiue, & encore à vn clair Soleil, ou auec le secours dessusdit de la phiole. Telles furent au temps iadis, & plus admirables sans comparaison, comme procedans des deux plus souuerains maistres qui onques furent en cest endroit, les trois lignes de trois couleurs s'entrecoupantes en leur espoisseur, si espoisseur on doibt appeller des traits si subtils, que trasserent à l'enuy & emulation l'vn de l'autre, Apelles & Prothogenes, selon que le racompte Pline liu. 35. chap. 10. lequel au 7. liure, chap. 21. apres Ciceron, allegue toute l'Iliade d'Homere, qui contient de quatorze à quinze mille vers, auoir esté escrite de si menue lettre en velin, qu'elle pouuoit toute en vne coquille de noix, ainsi que nous voyons certaines paires de grands de Vendosme, propres pour vne

Qqq ij

moienne personne. Zonare tome 3. de ses annales, en l'Empire de Basilisque, parle d'vn boyau de serpent long de six vingts pieds, ouquel estoiét escrites en lettres d'or l'Iliade, & l'Odissee: mais cela n'estoit pas si estrange que le precedant; & ce que Suetone touche en la vie de Neron, article 47. de deux gobelets qu'il auoit entre ses plus fauorites & cheres besongnes; sur l'vn desquels estoit grauee l'Iliade, & l'Odissee sur l'autre. Le mesme Pline au lieu cy dessus amené du 7. liure, met que Callicrates tailloit des formis, & semblables petits bestions d'iuoire; & Myrmecides des chariots attelez, de quatre cheuaux, auec leur conducteur sur l'vn; & des nauires de la mesme estoffe; le tout si subtil & si delié, qu'il estoit comme impossible de faire distinctió des parties: Ce qu'il resume encore au 35. liu. chap. 5. adioustant que c'estoit de marbre, chose plus malaisee encore. Au surplus assez de gens ont peu voir de nostre aage, des coches de verre à quatre roües attellez de trois cheuaux, auec le cochier tenant son foüet desployé en l'air, le tout couuert de l'aisle d'vne mouche: & des ouurages de plus fresche datte d'vn certain torneur de Crouttelles, presqu'incroiables: Entre autres vn ieu de quilles auec la pircuette, dans vne bouette garnie de son couuercle, le tout d'iuoire excellemment elabouré, qui ne pesoient pas ensemble trois grains. Ie puis dire auoir veu aussi en mes ieunes ans vn orfeure à Molins, natif d'Ansterdan en Hollande, qui auoit enchesné vne pulce en vie, à vne chesne d'or de cinquante chesnons, ne pesans pas toutesfois trois grains. Mais telles choses sont aucunement hors de nostre propos; au moien dequoy il suffist d'en auoir incidemment parcouru ce peu que dessus.

MAINTENANT pour venir au troisiesme article des chiffres, qui depend de l'ordre, suitte, & assiette des caracteres, dont les signifiances se changent selon leurs diuerses collocations, i'en mettray cy des artifices qui consistent tout en cela; Parquoy il n'est point besoin d'y auoir difference aucune ny de figure, ny de couleur, ains seront les notes toutes semblables; Comme de poincts, estoilles, fueil- *fueil. 76.b.* les d'arbres; & en somme tout ce qui se peult representer en nature, & hors d'icelle imaginer de fantastique en l'humain esprit. Bien est vray qu'en vne telle page que pourroient estre celles-cy estendues au double, ne sçauroient tenir plus de cent ou six vingts caracteres qui seruent: mais d'autant qu'és choses d'importance il n'est pas question de se dilater en langage, ains s'y restreindre le plus qu'on peult, ce nombre là pourra suffire pour exprimer assez de sens; à tout euenement il ne fault que reiterer, & desguiser le tout sous quelque pretexte qu'on verra le plus à propos; comme de mettre dans sa depesche en lettre aperte; *Ie vous enuoie la figure & disposition du ciel, pour vne telle, ou telle constellation*; & choses semblables, pour

Qqq iij

TRAICTE'

effacer le soupçon que ce fust escriture. Dauantage y a il rien en bonne foy, selon que vous le pouuez voir icy, qui mieux ressemble la face du ciel en vne claire & sereine nuict paré d'estoilles, & l'assiette & collocation d'icelles en diuers aspects & figures, telles que mesmes les astrologues descriuent leurs astres? car il ne faut pas estimer qu'elles aient esté ainsi temerairement arrengees sans quelque mystere & signifiance, ainsi que l'a sceu fort bien remarquer Rabi Moses Egyptien liu. 2. chap. 20. de son directeur: *Omnia ista sunt propter causam quam ignoramus; neque sunt frustrà, neque casu; sicut nec venæ in corporibus animalium, ita vt vna fuerit grossa, alia subtilis, absque intentione aptatoris. In neruis etiam diuersitas &c.* Et pourtant est-il dit au pseaume 147. *Que Dieu a compté la multitude des estoilles, & leur a imposé à toutes des noms*; c'est à dire qu'il en sçait le nombre, & en cognoist les vertus, proprietez, & effects. Ce qu'il ne faut pas trouuer si estrange de leur Createur, puis qu'vn homme mortel Hipparque l'attenta bien, moiennant certains instrumens de luy inuentez pour cela; *Ausus rem etiam Deo improbam, annumerare posteris stellas, ac sydera ad normam expangere, organis excogitatis per quæ singularum loca atque magnitudines signaret*: De sorte qu'il en apperceut vne à son dire, nouuellement nee de son temps, & adiointe à celles qui souloient estre: Ce qui le mit en opinion, & quelques-vns encore apres luy, que nos ames apres ceste vie venoient à estre transmuees en des estoilles:

fueil. 81.b.

Pline liu.2. chap.26.

Là dessus mesme bat Mahomet au commencement de son Alchoran, de ceste belle ieune dame à qui les deux anges *Aroth* & *Maroth* aians declaré la maniere de monter au ciel, elle estant paruenuë là sans en vouloir plus redescendre, fut conuertie en la lumineuse estoille du iour. Mais bien plus pertinemment au propos que dessus ce passage icy de Sainct Luc 10. χαίρετε δὲ μᾶλλον ὅτι τὰ ὀνόματα ὑμῶν ἐγράφη ἐν τοῖς οὐρανοῖς; *Resiouïssez-vous plustost que vos noms sont escris au ciel*; c'est à dire au liure de vie. Ce qui est confirmé encore par les traditiõs des Mecubalistes & Mages; Que toute la nature n'est qu'vn beau volume & registre, *fueil. 54. b.* où sont escrites les merueilles du Createur; & mesme au ciel en belle lettre bien lisable, à ceux au moins qui la cognoissent. Et de cela en fait vn de ses articles le Comte Pic de la Mirande en la 74. des questions, ausquelles il se presente de respondre par les proportions & les nombres; *Vtrum in cælo sint descripta & significata omnia cuilibet scienti legere?* Et Agrippa apres luy au 2. liu. de son occulte philosophie, chap. 51. De maniere que ceste escriture celeste d'estoilles, est appellee des Cabalistes בתב מלאכים *Chetab Malachim*, l'escriture des anges: Parquoy elle n'est point oisiue ne fortuite; ains tout ainsi que l'assiette des pieces *fueil. 87. b.* sur vn tablier en vn ieu d'eschets ne signifie rien à ceux qui ne l'entendent pas; si fait bien à de bons ioüeurs, qui ne sçauroient voir remuer vne piece qu'ils ne comprennent aussi tost à quoy cela tend; de mesme est-il de la collocation des estoilles, & de

TRAICTE'

leurs diuerses assiettes en tant de differends compartimens, qu'il n'est possible de les nombrer, constituans par ce moien infinis aspects & figures. A quoy se raporte encore ce que mettent les Cabalistes; Que l'escriture des anges est placquee dans le creux & voulte du ciel, qui est ce que nous pouuons voir d'icy; & celle du souuerain Dieu sur le doz & conuexité d'iceluy, hors du monde sensible en la partie exterieure, si cela se doibt ainsi appeller, où la diuinité reside, dans le throne de son Ensoph ou infinitude. Ce qui estoit aucunement representé par les tables de la loy donnee à Moyse, escrites dedans & dehors, & lisables des deux costez; assauoir la partie de dedans à chacun; & celle de dehors à Moyse seul, par la reuelation de Dieu; & à ceux à qui le Prophete en voulut depuis faire part. Voicy dõcques deux exemples de cest artifice; dont le premier est d'vn ciel parsemé d'estoilles; exprimans ce subiect du pseaume 19.

fueil. 44. b.

fueil. 124. b.

Les cieux en chacun lieu,
La puissance de Dieu
Racomptent aux humains:
Ce grand entour espars
Nonce de toutes parts,
L'ouurage de ses mains.

TOVTE

DES CHIFFRES. 257

TOVTE ceste escriture au reste depend du seul ordre, soit des estoilles, soit des points, ou semblables notes tenans lieu de lettres, & de leur collocation & assiette ; parquoy la varieté ny de figure, ny de couleur n'y faict rien : & si celà se peult transposer d'infinies façons, dont le secret consiste au treillis que vous pouuez voir cy apres; ouquel il y a vingt colomnes & interualles descendans en bas marquees de leurs nombres par ordre : & seize transuersales rengees, qui les vont coupper en 320. carrez ou chambrettes, où se doiuent asseoir les notes qui doiuent representer les lettres, selon qu'elles leur correspondent en l'alphabet cotté à la main gaulche, & que l'ordre de leur situation le requiert. Mais d'autant qu'en tous les seize carrez de chacune des vingt colomnes, de quelque sorte que celà puisse escheoir, és vns plus, és autres moins, ou point du tout, ne se peuuent mettre plus de cinq notes, parce qu'il n'y a que cinq differences d'assiettes, aussi toute ceste maniere de treilliz ne peult contenir que cent lettres; c'est à faire puisapres à reïterer tant qu'on ait parfaict ce qu'on veult escrire. Il fault doncq auoir vne deliee lame de cuiure, ou à tout euenement de papier de carte; & la marquer de la maniere qu'est ce treillis; tous les carrez vuiddez à iour, fors ceux des nombres, & des capitales, si qu'il n'y reste que les filets pour faire la separation des carrez : Il se presupose qu'il est besoin d'en auoir

Rrr

deux toutes semblables, l'vne pour soy, l'autre pour son correspondant. Puis vous procederez par vne telle collocation de poincts, que vous la voiez designee en ce carré, qui vous manifeste tout l'artifice, car le parensus va de mesme.

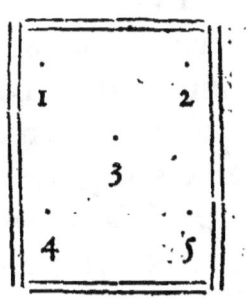

Assavoir le coing d'enhault de main gaulche pour la premiere lettre de chaque carré, ainsi qu'il est cotté icy; celuy de main droicte pour la seconde; du milieu pour la troisiesme; du coing d'embas au costé gaulche pour la quatriesme; & du droict pour la cinquiesme. Celà premis, placquez bien iuste vostre lamine treillissee sur vne fueille de papier du mesme calibre, & l'arrestez ferme qu'elle ne chancelle, car là gist toute l'importance: Puis vous marquerez au carré de la premiere colomne, qui correspond à la lettre que vous voulez representer, vn poinct au coing gaulche d'enhault; comme pour ne sortir point du subiect exprimé icy au

droict de la premiere lettre, qui est L : Au carré
qui respond à E, en la mesme colomne, vn autre
poinct au coing droict d'enhault encore : En celuy qui respond à S. vn au milieu : En l'autre de
C. vn au coing gaulche d'embas : & de I. vn au
costé droict, qui est pour la cinquiesme lettre de
ceste colomne. Celà faict, vous passerez à la seconde, & y procederez de mesme ; continuant ainsi de rang en rang iusque à la vingtiesme, selon que
vous le voiez marqué de noir en ce treilliz, par les
lettres que les poincts deguisez comme il vous
plairra, representent. Mais tout celà se peult aussi
commodeement executer, ou plus, auecq vn semblable treilliz trassé sur du papier huillé, où vous
pouuez voir à trauers bien à l'aise, tant au chiffrer
qu'au dechiffrer ; & alors il ne sera point de besoin d'y marquer plus d'vn filet, au moien dequoy
vous aurez les carrez plus spacieux, & moins embrouillez & confus.

AINSI ces poincts seruans de lettres, sont
pour le subiect dessusdit deguisez icy en forme
d'vn ciel semé d'estoilles, suiuant la collocation
declaree ; ou s'il se trouue quelque tare, & à l'arbre subsequent aussi ; assauoir qu'elles ne correspondent directement à leurs lettres, celà peult prouenir de la faulte de la portraicture, qui ne les a du
tout si bien adiustez comme il fault ; & du treillis
pareillement, qu'il est bien malaisé de former si

Rrr ij

TRAICTÉ

exacte auec des reiglets de l'Imprimerie, comme à la main moiennant la reigle & compas : mais ces figures suffiront pour vous en monstrer la maniere, ainsi qu'vn modelle de quelque edifice.

EN ceſte autre planche, qui a la forme d'vn laurier dont les bacques ſeruent de lettres, car les fueilles n'y ſont adiouſtees que pour ornement, comme ſi c'eſtoit pour ſeruir de nulles, la ſcituation n'en eſt pas telle que la precedente; ains en forme du ſigne de la croix que nous faiſons communement, du hault en bas; de gaulche à droict; & finablement au milieu, en ceſte ſorte.

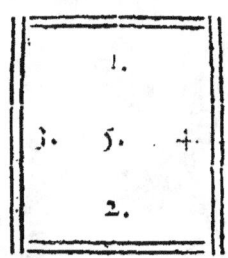

QVE ſi les chambres ou carrez eſtoient vn peu plus ſpacieux que ceux du treilliz cy deſſous, on y pourroit adiouſter aux quatre coings vn caractere, qui ſeroient neuf en chaque carré; & neuf vingts pour page. Ces bacques donques ainſi aſſiſes, font ces trois verſets du Pſeaume 103.

Sus loüez Dieu mon ame en toute choſe;
Et tout cela qui dedans moy repoſe,
Loüez ſon nom treſſainct & accomply.

Lequel ſubiect eſt occultement exprimé par ce laurier reueſtu de fruicts & de fueilles.

Ttt

TRAICTÉ

MAIS vous pouuez encore renuerſer ce treilliz, & ſon ordre, en mettant les lettres en hault, & les nombres à coſté, au rebours du precedant, qui eſt marqué de noir, & ceſtui-cy de rouge, pour vous le faire mieux comprendre; auec quelques mots, de l'vn & l'autre des deux ſubiects.

	1.	2.	3.	4.	5.	6.	7.	8.	9.
L.	l.			l					
M.									
N.		n		n					
O.									
P.									
R.									
S.	s.	s							
T.									
V.		u		u	u				
A.			a						
B.									
C.	c		c c						
D.									
E.	e	e. e							
H.				h					
I.		i		i					
	20.	19.	18.	17.	16.	15.	14.	13.	12.

DES CHIFFRES.

IE ne veux pas nier au reste, que ceste maniere d'escrire ne soit vn peu laborieuse, mesmement au dechiffrer; & qu'il ne s'en trouue assez d'autres de plus commodes & aisees; mais tant est qu'on s'en peult seruir au besoin: & si nous ne les auons apposees, que pour faire voir en practique ce qui auroit esté dit cy deuant; que tout ce grand vniuers n'est qu'vn liure, où sont escrites les merueilles du Createur, en tresbelles & lisables lettres comme vn contexte d'escriture, desquelles seruent tous les indiuidus qui y sont, selon l'ordre de leurs arrengemens & collocations, & non par les differences de leurs figures ne couleurs; tout ainsi que la terre selon ses diuerses scituations, & aspects du ciel, produist en vn endroit des simples, tant mineraux que vegetaux; des bestes aussi & oiseaux; & la mer des poissons, qui ne s'engendrent point ailleurs.

CES treillis se peuuent encore emploier à vn autre vsage d'escrire, & mesme à vn chiffre de double entente, auec les nombres; & plus deguisemét beaucoup, auec les marques des sept Planetes, & des douze signes, tenás lieu de nombres, comme vous voiez cy apres: Neaumoins les vns ny les autres ne sont pas icy appliquez pour seruir de lettres, ains ce sont les carrez qui en seruent au rencontre des deux alphabets; & les nombres inserez dedans monstrent l'ordre qu'on les doibt prendre pour la suite de son subiect; chacun d'iceux carrez exprimant deux lettres. Voicy doncq comme on pourra approprier

Autre chiffres doubles.

Xxx

TRAICTÉ

les caracteres des Planetes & signes pour ceux des nombres; en sorte que malaisément y sçauroit-on soupçonner autre chose, sinon que ce fussent quelques manieres d'Ephemerides, ou semblables astronomiques obseruations. Mais vous deuez estre aduerty, que par les nombres il faudra commancer à vn, 1. & par les planetes & signes à onze, 11. afin de les accoupler ensemble, & par ce moien donner plus de couleur à l'affaire, quãd on cuidera que ce soit tel ou tel planete en tel signe. Et pource que la marque de l'Escreuice est cõforme au nombre de soixãte neuf, 69. & celle du Capricorne vn peu plus fascheuse à representer que les autres; & que nou-nous pouuons passer en cest endroit de dix seulement, autant qu'il y a de notes du chiffre, ces deux se pourront reseruer l'vne pour representer 100. & l'autre 200. là où il sera question de s'estendre en plus grand' quantité d'escriture. Tout cela au reste se peult varier à vostre appetit; & les lettres se transposer d'vne autre sorte qu'elles ne sont, afin que chacun aye son alphabet à part, & que les autres n'y cognoissent rien.

☽	☿	♀	☉	♂	♃	♄	✹				
1.	2.	3.	4.	5.	6.	7.	8.				

♈	♉	♊	♌	♍	♎	♏	♐	♒	♓	♋	♑
1.	2.	3.	4.	5.	6.	7.	8.	9.	0.	100.	200.

EN cecy l'on peult proceder doublement: par les caracteres en premier lieu des planetes & signes tenans lieu de nombres; & commencer comme a esté dit à onze 11. assauoir la Lune ☽ qui marque 1. auec le mouton, ♈ qui marque vn 1. aussi; lesquels deux ensemble 11. font onze en chiffre, & les loger en la chambre du rencontre des deux lettres que vous voulez exprimer. Comme pour exemple en ce subiect cy; *On doibt s'efforcer de bien viure, pour mourir puisapres de mesme*; nous prendrons deux lettres de suitte assauoir *o n*, au rencôtre desquelles vous trouuerez marqué ☽ ♈. qui est le premier nombre par ceste voye, assauoir onze 11. Suit puisapres *s e*; au croisement desquelles i'ay mis ☽ qui fait vn 1. auec le ♈ qui est le second signe, & faict deux 2. Et ainsi du reste; tousiours auec le caractere de la Lune, & de signe en signe, iusques à ce qu'on soit arriué aux poissons ♓, qui representent o. & mis apres 2. font vingt 20. qui est, parce que l'on commance à 11. le dixiesme appariement de deux lettres. Cela fait, vous viendrez au second planete qui est mercure ☿, representât 2. en l'accouplât apres le signe du mouton ♈, qui est le premier en la chambre du rencontre de *n u*, si que vous exprimerez par ces deux, 21. qui est l'onziesme appariement. Poursuiuez de ceste façon; il n'y a rien de plus aisé.

L'AVTRE voye, qui n'est toutesfois comme en rien dissemblable, sinon de prẽdre vne lettre du premier vers, & vne du second, comme *o* & *p*, procede icy par les notes du chiffre, & suite des nombres : car pource que ces deux lettres sont le premier accouplement, ie marque 1. en leur rencontre; ainſi que ie fais 2. en iceluy de *n* & *o*, qui eſt le ſecond: & ainſi de main en main tout le demourāt; comme vous pouuez voir en ceſte table, où ce qui va par les planetes & les ſignes eſt marqué de rouge, & de noir par les nombres, pour le mieux diſcerner icy; car à bon eſcien il faudra que le tout ſoit noir, & pouuez vſer des deux enſemble; car tant plus le treillis ſera chargé de matiere, pourueu qu'il n'y ait point de confuſion, le chiffre en apparoiſtra plus beau & occult: & ſi ces nombres appoſez auec les planetes & ſignes perſuaderont dauantage, que ce doiue eſtre quelque myſtere d'aſtrologie. Mais pource que les degrez ne paſſent trente en chaque ſigne, & les minutes ne vont que iuſqu'à ſoixante, comme font auſſi les ſecondes, & tierces, enſemble les autres fractions ſubſequentes; ſi l'on vient à exceder ces nombres là, il ſera bon de le marquer par quelque ſecrete note qui en ſerue d'aduertiſſement; comme en vſant de la ſeconde forme des caracteres du chiffre, tels que vous auez peu voir cy deſſus; ou d'autres artifices ſemblables, afin qu'on puiſſe apperceuoir ceux qui doiuent aller les premiers, & qui apres.

DES CHIFFRES. 265

	A.	B.	C.	D.	E.	H.	I.	L.	M.	N.	O.	P.	R.	S.	T.	V.
A.												15.				
B.					☽											
C.													.			
D.				20.									☽♏	♃♊		
E.		18.	☽♏	26.		☽♓ 23.		♀=	21.				♀♊ ♀♓	☽♉		
H.											☽♍					
I.			13.								9.					
L.				.										.		
M.				♀♑	5.								25.			22.
N.			.				.			☽♈						
O.			☽♉				♀♌	2.		♃♍			6.			
P.	♀♈		16.						1. 11.							
R.				8.17.	10.	♀♎			☽♎ 4.							♀♋ ♀♏
S.				♀♍ 14.	♀♓ 19.							.				24.
T.					☽♃											
V.				3.		♀♉	.		♀♈		♀♎	12.	7.			

TRAICTÉ

Moiens d'emploier les caracteres seruans de nulles, pour des lettres qui feront vn sens reserué à part, & ce par leur seule position & assiette.

C'est l'ordinaire en tous les chiffres, mesmemēt ceux dont l'on vse communement és cours des Princes, de semer parmy l'escriture huict ou dix caracteres oisifs, qui ne forment rien que ce soit, ains sont seulemēt pour brouiller le sens qu'on pourroit atteindre par la suitte & rencontre des lettres, selon les reigles de cest art, & en rendre tousiours le dechiffrement tant plus malaisé. Cela au reste depend de la discretion d'vn chacun, de les adiouster & espādre és endroits le plus à propos, pour troubler l'industrieuse coniecture du dechiffreur, laquelle estant parauenture sur le poinct d'en obtenir quelque lumiere, ces nulles se venans mettre à la trauerse l'esbloïssent de nouueau, & offusquent, comme si l'on venoit soudain tendre quelque sombre & obscur rideau entre deux. Et encore, cōme nous auōs mōstré cy deuant, que ce surcrez de ruze & cautelle ne soit en rien quelconque necessaire és chiffres à clef, ensemble la plus-part des autres que nous auons touchez en ce liure; neaumoins pource que sous le pretexte de ces nulles situees comme il est besoin, & nompas fortuitement & à la vollee, se peult practiquer vn sens à part, si couuert que malaisément s'en pourroit-on aduiser qui ne cognoistroit le secret, Il nous a semblé d'en deuoir recueillir icy quelques artifices, sur lesquels s'en pourront bastir plusieurs autres. Prenons donques que des vingt lettres nous n'en vueillions qu'emploier les seize plus necessaires, reseruant *f. g. q. x*, pour ces nulles, qui ioüeront le roolle du sens plus secret. Quant a *y, z*, on s'en pourra aider aussi si l'on veult, en les semant par cy par là à volonté sans aucune contrainte, pour seruir simplement de nulles & non d'autre effect, afin de tousiours plus en plus desguiser & couurir l'affaire. Et soit pour exemple ce theme icy; *Le temps, & l'occasion sont les deux plus cheres choses de toutes, & pourtant il ne les fault pas laisser escouller en vain, car la penitence suiuroit de pres.* Et ce qu'on veult cacher par les nulles; *Sage celuy qui en sçait bien vser.* Ie viendray à chiffrer le premier ainsi que bon me semblera. Mais pour le mieux comprendre, vsons icy de la plus simple commutation, car on pourra puisapres trop plus obscurcir le tout; Ce n'est que pour rendre la chose plus clere: & soit cest alphabet icy, où il n'y a pas beaucoup de finesse; neaumoins il suffira.

a.	b.	c.	d.	e.	h.	i.	l.
m.	n.	o.	p.	r.	s.	t.	u.

LES nulles seront inserees parmy ces lettres où sera chiffré le subiect plus ample, de façon que *f* apres la troisiesme seruira pour *a*; apres la 4. pour *l*;

TRAICTE'

apres la 5. pour *h* ; & apres la 6. pour *b* : & ainsi des autres, selon que ceste seconde table vous monstre. Enquoy il fault estre aduerty de compter les interualles de ces lettres tousiours de la derniere nulle precedente.

.	F.	apres		G.	apres	
3. lettres. a.	4. l.	5. h.	6. b.	3. e.	4. r.	5. m.	6. c.
	Q.	apres		X.	apres	
3. i.	4. f.	5. n.	6. d.	3. u.	4. o.	5. t.	6. p.

SELON l'alphabet dessusdit il y aura en ceste sorte, assauoir les lettres noires pour ce theme icy ; *Le temps & l'occasion sont les deux plus cheres choses de toutes ; & pourtant il ne les fault pas laisser escouller en vain ; car la &c.* Et les rouges qui sont les nulles, que nous auons ainsi variees expressément, pour les faire tant mieux discerner, pour l'autre desrobbé sous leur couuerture ; *Sage celuy qui en sçait bien vser* ; u r i r q a d h f r i u q com g h t c b h c g b i u g r h p r f l h d x u l h q o s r e r h g o s c x h r h q p r i g c l i r h q r i d c q l e i m b i g t u b f r u r q h d s m l x u i d m h u f m t b q h r e g r h o c l q u u r x e r b l q m t b g o m e u g.

PAR l'autre maniere, l'on ne placque pas indifferemment ny à toutes heurtes les nulles pour seruir de

DES CHIFFRES.

de lettres, nomplus que par la precedente; combien que plus en liberté beaucoup, & frequentement si l'on veult; mais au lieu de quatre il en fault icy huict, dont chacune sert pour deux lettres, non par leur figure ou valeur, ains par leur assiette & collocatiõ, autre neaumoins que la precedente; assauoir selõ qu'elles sont apposees apres vne lettre de nombre impair, ou pair suiuant l'ordre de l'alphabet; comme il vous appert par ceste figure.

Apres l'vne de toutes ces huict lettres de nombre impair.							
A.	C.	E.	I.	M.	O.	R.	T.
f va pour a.	g pour i.	k. l.	q. m.	x. n.	y. o.	z. p.	&. r.
Apres ces huict de nombre pair;							
B.	D.	H.	L.	N.	P.	S.	V.
f va pour h.	ç pour t.	k. u.	q. a.	x. b.	y. c.	z. d.	&. e.

Povr exemple soient encore les dessusdits themes, que ie chiffreray de mesme qu'au precedant, de noir l'vn, & de rouge l'autre, en ceste sorte: *u f rirá d q hr g iu & com hy tcb & hc k biu k r ç hp y rlh k dulhog srerh & o x sehf rh v pricl q i z rh g rid x cg leimb & it xub kru frh & dsm*

Yyy

TRAICTE'

& lui. Somme que les lettres noires font ; *Le temps, & l'occasion sont les deux plus cheres choses de toutes, & pourtant il ne les fault* : & les rouges *Saie celuy qui en sçait bien vser*. De ces ouuertures dependent infinies autres telles ruzes, dont l'on peult receller ses intentions ; lesquelles n'estás point encor cogneues ameneroient autant d'esbaïssement, comme diuulguees de mespris ; ainsi que de tous autres secrets les plus rares : & d'icelles, principalement de la premiere iointe auec les diuerses figures des lettres, vient à naistre l'vne des plus exquise & occulte escriture de toutes autres.

RESTE à ceste heure de venir à quelques autres artifices plus subtils encore, dependans de ce que les Cabalistes nomment la *Ghematrie*, mot sans doute corrompu de celuy de geometrie ; mais ils comprennent aussi par là l'arithmetique, sans laquelle la geometrie ne peult consister, ne les mesures & figures sans les nombres ; Si faict bien l'arithmetique qui est plus simple & plus formelle, sans la geometrie, qui est plus materielle & grossiere, comme sont les figures plus que les nombres ; voire tout ainsi que la parole & l'escriture ne peuuent estre sans quelque premeditation de pensee, là où la pensee peult bié estre sans la parole, ne l'escriture. Ils pourroient aussi parauenture auoir esté meuz de donner à ces deux sciéces iointes ensemble, plustost le nom de la seconde, assauoir la geometrie, car il est moderne, que de la premiere ou arithmetique, de ce que Platon la ma-

La Ghematrie des Hebrieux.

gnifie tant au 7. de la Republique, qu'il l'appelle la notice du TOVSIOVRS ESTANT. τȣ͂ γὰρ ἀεὶ ὄντος, ἡ γωμετρικὴ, γνῶσις ἐστιν. Et en vn autre endroit, selon que l'allegue Plutarque en la 2. question du 8. des Symposiaques, il met que Dieu l'exerce continuellement:Surquoy il discourt que Lycurgue bannit hors de Lacedemone la proportion arithmeticale, pour y introduire la geometrique; denotant par celle-là vne tumultueuse confusion de la Commune, qui consiste en nombre, & par consequant concerne l'egalité, en laquelle chacú est le maistre comme rats en paille, *Nos numerus sumus, & fruges consumere nati,* (dit Horace) *Sponsi Penelopes, Nebulones, Alcinoique:* & la geometrie la raison, parce qu'elle gist en la difference des lignes plus longues ou courtes : ce qui denote l'authorité que doiuent auoir les grands, & les gens de bien & d'honneur, de conseil, & de preuoiance, pardessus ceste dereiglee cheurme du populace ignorant & brutif; la plus-part encore vicieux, desbauchez, temeraires, & precipitez; qui ne cherchent que l'egalité, dont il n'y a rien de plus iniuste & pernicieux en vn estat. Au moien dequoy Dieu en toutes choses, entant qu'elles le permettent, & que faire se peult, la sustrait du monde; & obserue en son lieu le merite geometriquemét, & la dignité; terminát le tout selon la raison. Platon donques par le grand & le moindre; descrit non seulement la matiere, comme le luy veult imputer Aristote, ains les formes aussi, ensemble tous les composez de ces

Yyy ij

TRAICTÉ

deux, selon les degrez de leur essence & perfection; Ny plus ny moins que Pythagore auant luy, l'auoit fait par le nombre pair, & l'impair; & Empedocle par l'espoix, & le rare, qu'il constituoit entre les Principes. A ceste imitation les Cabalistes ont basty des *chiffres par* artifices d'escriture occulte, par la voye de ladite ghe-*la voye des* matrie; establis sur des nombres de poincts d'vne *nombres & mesures.* part; & de longueurs de lignes de l'autre; qu'ils desguisent puis apres de plusieurs sortes. Mais pour n'entrer point en vne trop longue estendue desdites lignes, nou-nous contenterons icy de huict differences, dont chacune sert reciproquemẽt pour deux lettres, qui se discernent par certaines petites marques & notes secretes, malaisees à apperceuoir, de peur d'engendrer quelque soupçon de la ruze; qui est-ce que nous cherchons le plus d'euiter : & entre autres, de couper les trois ou quatre plus longues lignes par endroits, auecques si petit interualle & distance, qu'elle n'aproche à la moictié pres le moindre des espaces qui resteront entre les lignes, lesquels seruent aussi bien de lettres que font les lignes, selon leurs mesures. Le mesme encore se peult effectuer par les esloignemens des poincts l'vn de l'autre; & les accommoder en estoilles, triangles, carrez, lozanges, ronds, lettres semblables; & generalement en toutes sortes de façons qui viendront à la fantasie, sans difference de figure, de couleur, ny d'assiette; qui n'ont point de lieu en cecy, ains les nombres tant seulement, & les mesures. Dequoy nous en donnerons

DES CHIFFRES. 269

icy des exemples, sur lesquels s'en pourront former plusieurs autres. Au reste il y a bien plus de commoditez en ceste inuention, que nompas en celles des treillis precedans; tant pource qu'il y pourra tenir de la matiere dauantage, qu'aussi que de là procedera encore vn autre artifice & mode de chiffre le plus secret de tous les autres, & dont l'on se pourroit douter le moins. Voicy doncq la figure des lignes seruans de lettres, selon leurs quantitez plus longues ou courtes; Surquoy se reiglent aussi les espaces.

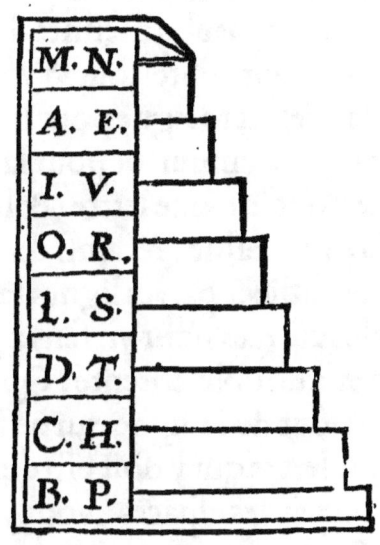

L'VSAGE de ceste table, & des artificés qui en dependent consiste ainsi que vous pouuez cognoistre, à auoir quelque petit compas bien iuste; & en pre-

Yyy iiij

mier lieu marquer vn poinct au commancement de la ligne où vous voulez chiffrer par ceste voye; qu'il n'y aura point de mal de traſſer legerement auec du charbon, afin d'aller plus droict, car cela n'eſt pas icy de peu d'importance, & puis on le pourra effacer auec de la mie de pain. De ce poinct donques vous commancerez à prendre vos dimentions auec l'vne des iambes du compas, & eſtendrez l'autre autant que monte la ligne qui ſert pour la lettre que vous voulez repreſenter: Puis meſurer tout de meſme l'eſpace qui doibt demeurer vuide entre la premiere ligne & la ſeconde, ſelon la lettre qu'il denote; car ces eſpaces comme a eſté dit ſeruent auſſi bien de lettres que font les lignes, & par les meſmes dimentiós: Si que vous pouuez pourſuiure tout d'vn train vn ſubiect, mettant la premiere ligne pour la premiere lettre; le premier eſpace enſuiuant pour la ſeconde; la deuxieſme ligne pour la tierce lettre; & le deuxieſme eſpace pour la quatrieſme; & ainſi du reſte: ou bien pourſuiure le ſubiect par les lignes tant ſeulement; & reſeruer les eſpaces pour vn ſens à part, ainſi qu'és chiffres carrez à double entente, Que ſ'il reſte quelque vuide au bout de la ligne qui ne ſoit capable de repreſenter la lettre qui y doit eſtre exprimee, ſoit par les lignes ou par les eſpaces, vous y pourrez marquer vn poinct. vn coma: ou virgule, pour en aduertir le correſpondant. Et pource que les lettres ſont accouplees icy deux à deux, ſi qu'on ſe pourroit à tous propos meſconter à prendre l'vne pour l'au-

DES CHIFFRES. 270

tre, vous pouuez remedier à cela par vne section de la ligne en ceste sorte : Si c'est la premiere des deux lettres marquees en teste, il faudra laisser toute la ligne en son entier : si c'est la seconde, on la couppera par le milieu, y laissant vn bien petit espace comme en ceste-cy —— ——. Pour le regard des espaces, si c'est la premiere lettre, vous les delairrez tous vuides; Si la seconde vous y pourrez marquer vn petit traict correspondant aux bresches & lumieres des lignes, en ceste sorte . — . Mais vous le pourrez mieux apperceuoir par la figure subsequente, où ce subiect icy est exprimé ; *Ne faites à autruy ce que vous ne voudriez qu'on vous fist.*

Av lieu de ces lignes l'on peult encore se seruir de poincts ou d'estoilles, & semblables notes comme dit est: Que si c'est la premiere des deux lettres qu'ils representent, il suffira d'y en mettre vn : si la seconde, il en faudra coupler deux pres à pres. Et sera trouuee ceste maniere d'escrire fort occulte entre toutes autres ; car à tout euenement, quand bien on entreroit en soupçon de chiffre, on cuidera que ce soient les poincts ou estoilles qui seruent de lettres ainsi qu'és autres de cy deuant ; là où ce sont les longueurs des lignes & des espaces qui font cest effect ; & ne se mettent ces poincts à autre fin que pour les distinguer d'ensemble. Toutes lesquelles inuentions apres auoir esté diuulguees semblent comme estre ridicules ; mais ceux qui n'en cognoissent l'artifice, les reputent pour vn miracle non que malaisé, ains presqu'impossible à conceuoir. Et tels sont la plus-part des plus rares & exquis secrets ; l'vne des principales causes qui engarde de les reueler. A quel propos doncq, peult-on dire, les vois-ie ainsi prostituant? Et dequoy (puis-ie repliquer à cela) peuuent-ils seruir renfermez à guise d'vn thresor enchanté, dont personne ne reçoit aucune commodité ne profit? Neaumoins c'est vne question ambigue, qui balance & se peult debattre en l'vne & l'autre des deux parties; parquoy chacun en peult faire à sa volonté, comme de son propre : mais de cela plus à plain cy apres encore. Cependant voicy des exemples de poincts & d'estoilles ; auecques quelques autres deguisemens,

qui

DES CHIFFRES. 271

qui dependent tous de ces longitudes & dimensiõs. Et premierement par les poincts sur ce subiect ; *de la mesme mesure que vous mesurerez les autres, ainsi vous aussi mesurez.* Enquoy il fault estre aduerty que ces dimensions se doiuent prendre du secód poinct, quand ils sont doublez pour monstrer la seconde lettre: Toutesfois cela se peult varier à l'arbitre & discretion d'vn chacun; comme aussi la transposition des lettres, que nous auons arrengees ainsi tout expres, parce que celles qui sont les plus frequentes en l'escriture, sont exprimees par les plus courtes lignes & espaces : & les autres qui interuiennent plus rarement, par les plus longues, afin qu'on puisse cóprendre plus de subiect, quand l'estendue en sera moindre. On pourroit encore remplir les espaces de quelques caracteres, & notes; & mesmes du chiffre à compter, pour en former vn second sens reserué à part; ou poursuiure tout d'vn train le premier, en liant ces caracteres de suitte auec les lignes, & les espaces, pour tousiours embrouïller dauantage. Voicy la figure où le subiect cy dessus est contenu & exprimé.

Zzz

TRAICTE

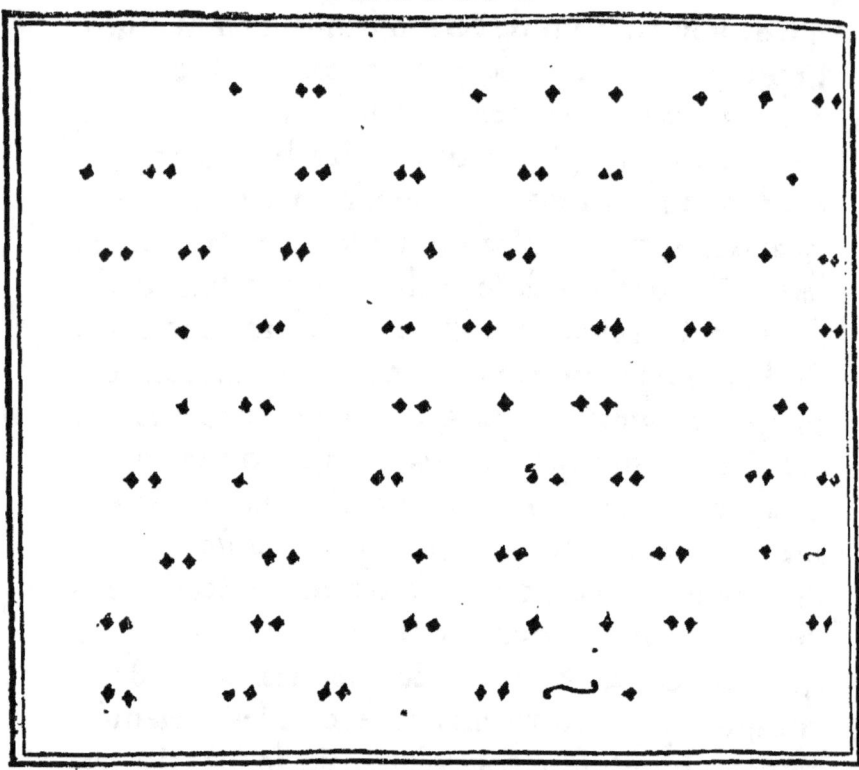

QVANT aux poincts, mais cela se faict par vne autre voye, il y en a qui les sement parmy vn chiffre de lettres transposees, en façon des bresches & fragmens de Festus, & semblables autheurs mutilez, de la maniere qui s'ensuit ; assauoir pour le regard des lettres, selon le second alphabet du fueil. 222. pour plus grãde facilité : & pour les poincts par cestui-cy.

A. E.	I. V.	O. R.	L. S.	M. N.	D. T.	C. H.	B. P.
..	...	....	.....	......	....	....	....

POVR exemple, prenons ce vers de Pythagore:

DES CHIFFRES.

Ne faires rien qui vous puisse offenser: Mais entendez, que les poincts representans la seconde lettre, doiuent estre precedez d'vn ⁊. adiousté à la queuë des autres lettres, comme pour nulle toutesfois, & ne seruant que d'vne marque à discerner laquelle des deux : Si c'est la premiere il n'y en faut point. Il y auroit donques ainsi : *bqr...abqgz....uqbei....⁊....dinggz...rqbgz..f.*

MAIS pour retourner à nostre propos, voicy encore le mesme subiect cy dessus ; *De la mesure &c.* deguisé en forme d'estoilles : Et pource qu'elles occupent plus d'espace que ne font les poincts, il faudra chercher vn expedient de se passer d'vne seule sans les redoubler ; qui sera d'alonger vn peu le traict du milieu en celles des secondes lettres ; & pour les premieres laisser tous les quatre egaux, qui constituent huict rayons, comme vous pouuez voir icy : mais cela se peult varier de plusieurs façons ; mesmes de faire les estoilles des secondes lettres vn peu plus grandes que les autres ; ou de six rayons seulement au lieu de huict ; ou au rebours ; & semblables marques secrettes qui sont de peu d'apperceuance.

Zzz ij

TRAICTE

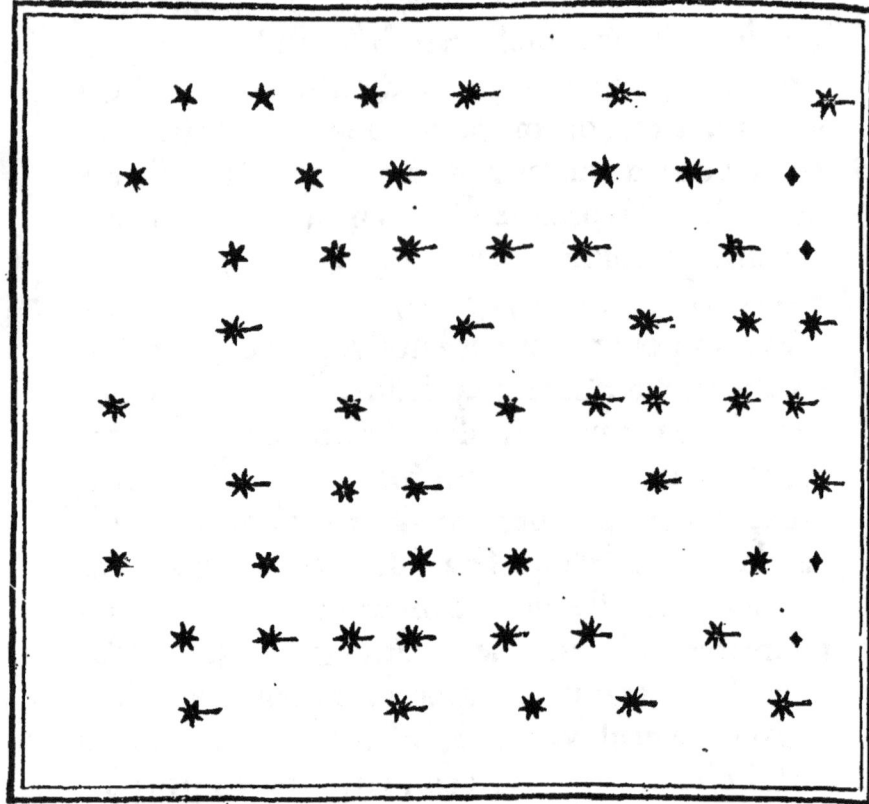

L'ESCRITVRE qui suit cy apres est contrefaitte à l'imitation de la Syriaque, à cause de ses liaisons & rotonditez; & va aussi par les mesures des longueurs; neaumoins il n'y en a que de quatre sortes, dont chacune est variee quadruplement; par le moien des ronds recoquillez au bout de chaque ligne; assauoir deux par dessus, & autant par dessous; l'vn d'iceux marqué d'vn poinct au milieu; & l'autre tout vuide; comme vous voiez en cest alphabet.

DES CHIFFRES. 273

H	M	N	T
A	E	I	O
V	L	R	S
B	C	D	P

Av svrplvs le subiect qui est representé en la table suiuante, est cestui-cy; *Peu sont encor cogneuz les secrets de nature*

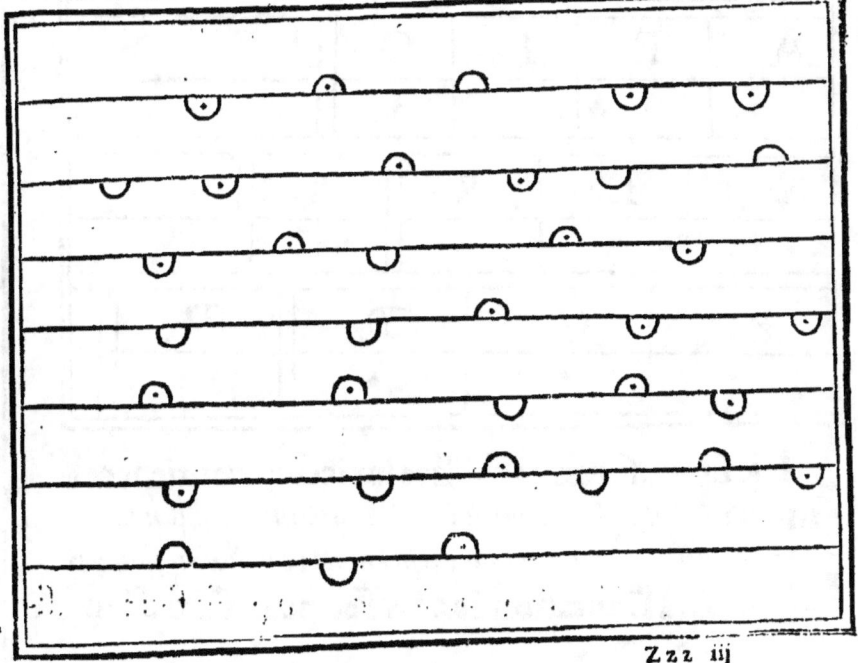

TRAICTÉ

Dv mesme artifice depend ce chiffrement, deguisé en façon d'vne maçonnerie de pierre de taille ouuree à la rustique, par des longueurs aussi de quatre differéces sans plus, chacune d'icelles variees de quatre sortes; deux sans aucuns poincts, & deux auec vn poinct au milieu: & de chacune de ces deux sortes, l'vne traffee à la main droicte d'vne ligne tant seulement, l'autre, de deux; selon que vous le pouuez voir par cest alphabet, ouquel les carrez de la fin des lignes, où il y a deux poincts, ne seruent que pour le remplissement d'icelles.

H.	M.	N.	T.		
	•	•			

A.	E.	I.	O.		
	•		•		

V.	L.	R.	S.		
•			•		

B.	C.	D.	P.		
	•	•			

La figure suiuante chiffree sur iceluy, contient ces mots: *Le plus fort boulevard de tous autres, est le nom de Seigneur dignement inuoqué dessus nous; car il n'en faut pas douter.* Et à l'imitation de cecy s'en peult faire d'infinies sortes; dont nous en mettrons encore vne autre cy apres qui procede par vne autre voye.

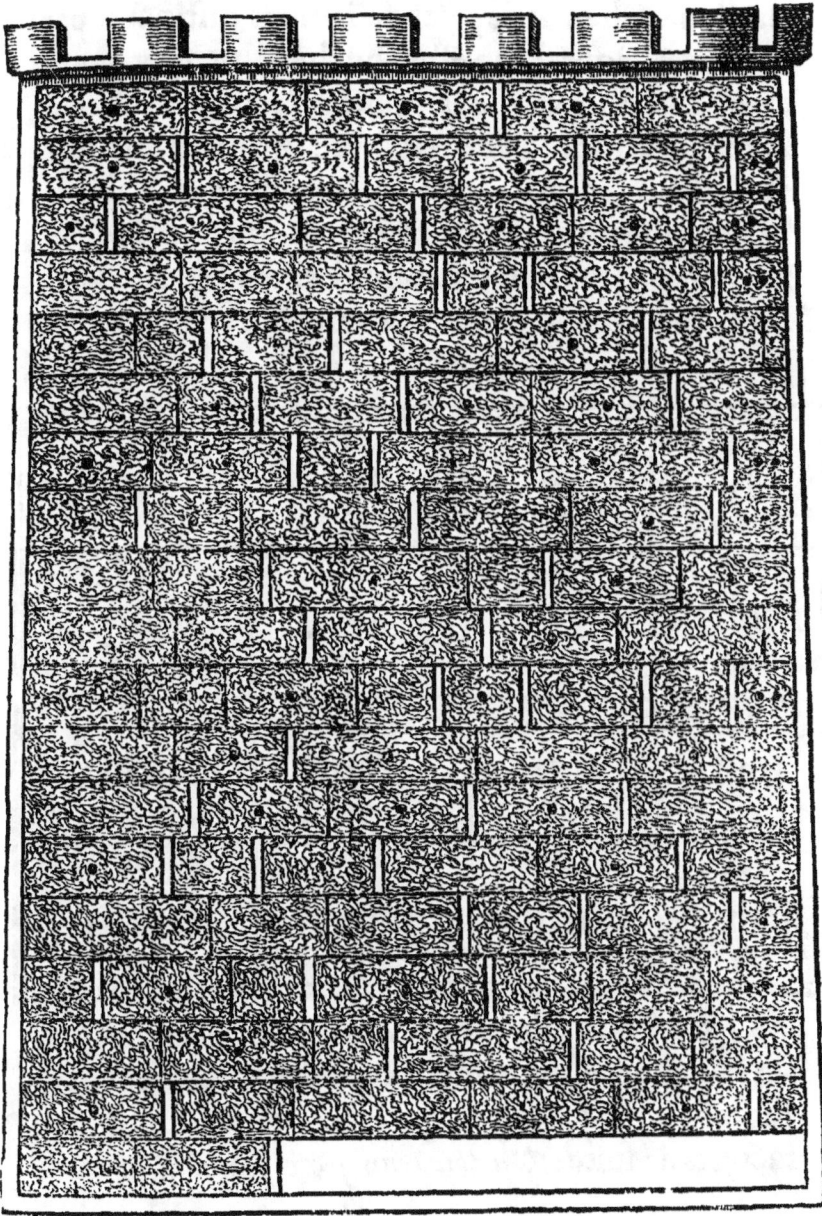

TRAICTE'

ON peult outreplus au lieu de ces dimenſions, tant des lignes que des eſpaces, ſuiuant l'autre branche de la Ghematrie, vſer de iambes diſtinctes par nombres, dont il en a eſté touché ie ne ſçay quoy cy deſſus, à propos des poincts, accommodees à la reſſemblance d'vne eſcriture Armenienne fort abondante en ces manieres de iambages. L'alphabet en pourroit eſtre tel à peu pres, ou pour la difference des deux lettres iointes enſemble, les vnes ſont cloſes par le deſſus comme *m,n*; & les autres par le deſſous ainſi qu'vn *u*.

A	E	I	O
n .	u	m .	w .
2	2	3	3
V	R	L	S
m .	w .	mn .	ww .
4	4	5	5
M	N	T .	D
mm .	www	mnn	www .
6	6	7	7
B	P	C	H
mmm .	wwww .	mmmm .	wwww .
8	8	9	9

QVANT à la ſeparation des lettres, cela ſe fait par vn plus grãd eſloignement entredeux; comme en ce ſubiect pour exemple, qui eſt contenu ſous ces caracteres de ſuite; *On doit tenir ſecret ce qui eſt rare.*

DES CHIFFRES. 275

J'EN ay veu autrefois quelques fragmens assez antiques, de *Petrus Apponus*, & d'vn *Bailum*, de l'occulte philosophie: & à l'imitation de cecy on pourroit s'entr'escrire par des tailles comme les appellent les boullangiers, tauerniers, & telles manieres de gés: Ce sont certains petits bastós escarriz ou ronds, qu'on adiuxte l'vn auec l'autre, presqu'à guise de la Scytale Lacedemonienne; où l'on marque des hoches, & par interualles des V. faisans cinq; & des X. dix; lesquelles deux notes seruiroient icy pour la separation des lettres: mais en maintes autres sortes cela se pourroit accommoder sur ceste ouuerture: Dôt à ce qu'on dit, le sieur de Saluaisons gentilhomme d'entendement & de valeur, l'an 1556. se seroit seruy à l'entreprise du chasteau de Milan; car les soldats qui s'y acheminoient de diuers endroits à la file, auec vn baston blanc au poing, ne sachans rien de l'affaire, tout se venoit en fin comprendre & raporter au but proiecté, moiennant ces hoches, qu'aucuns qui les attendoient à des carrefours, marquoiét

Aaaa

TRAICTE

en leursdits bastons. Et fust reüssie sans doute, sans la tare d'vn pied & non plus, dõt les eschelles se trouuerent courtes: mais ce sont des tours de fortune; laquelle, comme dit Cesar, aiant vn grand pouuoir par tout, le faict voir plus particulierement qu'en nulle autre chose, és occasions de la guerre.

NE faict encore à oblier cesteinuention que touche Agrippa liu. 3. chap. 30. autresfois en tresgrande recommandation enuers les anciens Cabalistes; depuis l'on en a faict litiere. Ce sont quatre lignes s'entrecroisantes à angles droicts; deux d'icelles perpendiculaires, & deux trauersieres, qui par ce moien viẽnent à establir neuf caracteres differends, qu'on accõmode à autant de lettres; Si que diuersifiez par vn poinct assis au milieu, des autres neuf qui en sõt vuides, en resulteront dix huit lettres de ceste maniere.

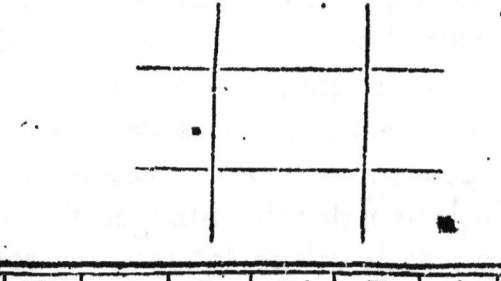

MAIS vous les pouuez transposer : & si, gardant

neaumoins touſiours leur figure, vous voulez varier l'eſtendue des lignes en chaque caractere de deux manieres, comme il ſe peult, & non dauantage, vous aurez pour chacun trois lettres; qui auec les eſpaces d'entredeux, comme deſſus, feront quatre. Adiouxtez des nombres, ou autres notes ſeruans de lettres dans les eſpaces, ce ſera vn chiffre à cinq entêtes toutes enſemble; dont vous reuelerez, & reſeruerez ce qu'il vous plairra. Pour vn exemple de trois lettres en chacun de ces caracteres, prenons les trois premieres de ce mot *honeur*, aſſauoir H O N; *h* en ſera la fondamentale, ſelon qu'elle eſt figuree en ceſt alphabet : dont la ligne ſ'eſtendant de long en trauers audeſſus, par les dimentions du fueil. 269. exprimera *o*; & les deux perpendiculaires de coſté & d'autre, *n*; de la ſorte que vous voyez au premier des deux enſuiuans: là où pourautant que *n*, eſt la ſeconde des deux lettres aſſociees, car *o* eſt la premiere, afin de la remarquer d'auec ſa compagne *m*, il a eſté beſoin d'apoſer vn petit poinct aupres des deux lignes perpendiculaires qui la repreſentent; mais cela ſe peult varier en diuerſes ſortes. L'autre caractere eſt pour les trois lettres qui ſuiuent, E V R; dont E ſera de meſme la principalle, exprimee par la figure de l'alphabet, qui eſt vn carré, ſans poinct auſſi; dont les deux lignes tranſuerſales d'enhault & d'embas, ſemblables entr'elles, ſeruent pour V; & les perpendiculaires des deux coſtez, pour R; toutes deux les ſecondes, parquoy il y a des poincts appliquez. L'eſpace

Aaaa ij

au reſte qui eſt de l'vn à l'autre de ces caracteres, par ſon eſtendue repreſenté : & les nombres eſtans entredeux ſelon la double difference de leur alphabet au fueil. 249. font ſur tous : Si que cela aſſemblé exprime ces mots; HONEVR SVR TOVS : comme vous le voyez en la figure ſubſequente. Mais vous les pouuez prendre ſeparement; & mettre cinq ſubiets differends, voire en diuers langages tout enſemble d'vne meſme ſuite, qui ſeront neaumoins ſeparez & diſtincts l'vn de l'autre : Si que ie ne vey pas qu'eſprit quelconque tant ſubtil peuſt-il eſtre, ſceuſt penetrer à le demeſler, ſans la communication du ſecret, duquel dependent infinis autres tels artifices & ouuertures.

DE ces inuentions enapres appropriees à vne façon de chaſſis, part vne autre maniere de chiffre, lequel nonobſtant qu'il ne puiſſe guere contenir de matiere, ſi n'eſt-il pas à outrepaſſer ſous ſilence, pour eſtre merueilleuſement occult, & comme exempt de tout ſoupçon que ces traicts deuſſent aucunemét ſeruir d'eſcriture; Ioint qu'on peult remplir les carrez par des nombres, ſelon qu'il a eſté dit cy deuant en plus d'vn endroit; & reſeruer ce qui eſt exprimé

DES CHIFFRES. 277

par l'estendue de leurs lignes pour vn sens à part; car qui est-ce qui se douteroit de ceste cachette? Cela donques procede par la voye des dimensions, telles que vous les pouuez voir figurees en cest alphabet.

H.	M.	N.	T.	
A.	E.	I.	O.	
V.	L.	R.	S.	
B.	C.	D.	P.	

ET voicy vn exemple qui vous le fera trop mieux conceuoir qu'on ne le sçauroit exprimer par escrit; ouquel par les longitudes des lignes est contenu ce theme icy ; *Ignorance est la mere de tous vices* ; deguisé en façon d'vne muraille à la rustique, pourautant que celle de cy deuant m'a semblé vn peu trop embrouillee & confuse.

Aaaa iij

TRAICTE

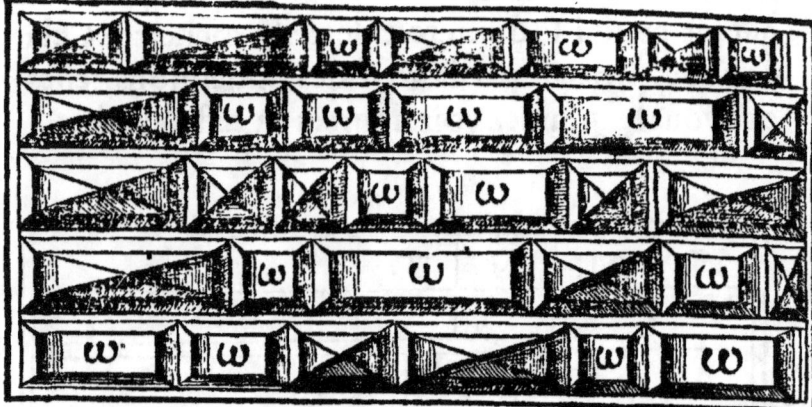

ET pource qu'il n'y a que quatre sortes de dimentions, chacune seruant pour quatre lettres; deux se discernent d'vne façon l'vne d'auecques l'autre, assauoir par deux sortes des quartiers de pierre: & les deux autres, l'vne qui ait ceste figure ω comme d'vn *omega* Grec; là où sa compagne n'en aura point. Mais cela se peult faire plus celeement, & par des notes moins euidentes. Voila comme se peuuent bastir plusieurs sortes de chiffres, meslez de deux ou trois maximes simples; tout ainsi que les mots se forment des syllabes; & ces cy des lettres.

TOVS lesquels artifices & inuentions comme nous auons desia dit ailleurs cy deuant, dependent de ce que mettent les Cabalistes, & mesme Rabbi Ioseph Salemitain fils d'Abraham, en son iardain du noyer apres le Roy Salomon, que tout le mystere de l'occultatiō des diuins secrets, consiste sous l'escorce d'vne escriture vulgaire, en nombre, figure, & poix, suiuant ce qui est escrit en la Sapience 11. *Omnia in*

Fueil.133.
& 60.b.

numero, mensura, & pondere disposuisti. A quoy se raporte ce que nous auons amené de Rabbi Moyse Gerundense surnommé Ramban, sur les mysteres *Fueil. 132.* de la loy; Que tout fut reuelé à Moyse par les portes de l'Intelligence, au sens literal, & l'Anagogique, par des proportiõs arithmeticales, & geometriques; assauoir selon le nombre, la figure, & la mesure des caracteres Hebraïques. Ce qui ne sesloigne guere de l'opinion d'Epicure, que les atomes, enuers luy les *Plutarque* principes de toutes choses, ont ces trois qualitez, fi- *opiniõs des* gure, grandeur, & poix: mais Democrite duquel il *philosophes,* l'auoit emprunté, les restreint à deux; grandeur assa- *chap.3.* uoir, & figure; à cause qu'estans ainsi indiuisibles, & *Fueil. 188.* non apperceuables fors par la raison, ils ne peuuent *b.* auoir de poix.

Or pour ne laisser rien en arriere de ce qui est peu venir à nostre notice & inuention, concernant le subiect par nous entrepris, la musique mesme se peult deguiser en forme de chiffre; faisant seruir les lignes & leurs entr'espaces de lettres, auec les notes briefues, semibriefues, & noires, selon qu'elles y seront scituees; dont se peuuent former plusieurs alphabets à la discretion d'vn chacun: Bien est vray qu'il est malaisé, que cela estant ainsi contraint & assubiecty à l'escriture, la musique en puisse estre ne bien reiglee, ne guere plaisante; quant à tous propos elle sortira hors de ses limites & gonds, tantost en hault, tantost en bas; mais chacun n'est pas Orlando Lassus, Adrian Veillart, ne Iosquin. Les tablatures pareillement tant du luth, que de l'eſpinette ſy pourront bien accommoder; ſoit à la mode d'Italie par les notes du chiffre, 1. 2. 3. 4. &c. ou à la Françoiſe auec a. b. c. Aumoien dequoy nous aurons, outre les autres ſubtilitez de nos chiffres dependans de l'art de grammaire, aſſauoir des lettres & caracteres de l'eſcriture, par leurs diuerſes tranſpoſitions, commutations, aſſociemens, figures, aſſiettes, & entreſuittes, approprié encore a celà les quatre diſciplines de Mathematique; comme les nombres & leurs proportions, par la voye arithmeticale: les points, lignes, & figures qui en procedĕt, par celle de la Geometrie; leſquelles deux comme a eſté dit ſont compriſes des Cabaliſtes ſous le mot de la Ghematrie: En apres les eſtoilles en leurs aſpects & poſitions, auec les marques des planetes, & des douze ſignes, par l'aſtrologie: & finablement la Muſique par les notes d'icelle, tant des voix que des inſtrumens. Puis il y a les animaux, arbres, herbes, fleurs, couleurs; & tous les deguiſemens & varietez tant de la nature comme de l'art, qui repreſentent ie ne ſçay quoy de la Phyſiologie. En ſorte que tout ainſi que l'eſcriture comprend, & fait comprendre toutes choſes; toutes choſes au reciproque ſe peüuent aproprier pour ſeruir d'eſcriture.

MAIS de peur que l'exceſſiue ſurabondance de tant de diuerſes ſortes de chiffres, qui ſont ſans nombre, & ne ſe peuuent limiter, n'amenaſt quelque ennuy & degouſtement aux bons eſprits; qui ſe pourroient roiét mesme indigner, & non sans cause, de se veoir ainsi tailler les morceaux de si court, qu'on ne voulust rien delaisser à leurs viues & ingenieuses recherches, il seroit bien temps desormais de fermer les canaux, la prairie aiant esté abreuuee plus qu'à suffisance; ce qui ne se peut faire plus côuenamment que par le chiffre superlatif de tous les autres, comme estant hors de tout doubte & soupçon, qu'il y ait rien de caché souz ce qu'on voit en apparence; tel que pourroit estre celuy de Tritheme, & Cardan, duquel en ont cy deuant esté produits les exemples, si au moins il est vray ce dont ils se vantent; qui est d'escrire en toutes sortes de langages, & congruemét, auec vn sens non contraint en aucune sorte, tout ce qui peut tomber en la fantasie, sans qu'on y puisse apperceuoir autre chose, que ce que monstre la suitte des mots, desquels chacun en represente vn autre comme enseuely là dedans. Quant à moy celà m'est vn peu chatouilleux & suspect; & ne me peut tomber en l'entendement comme celà se puisse faire, par la voye au moins qu'ils alleguent. Parquoy ie feray à guise de ceux, qui ne pouuans auoir place en la ville, se contentent de loger aux faux-bourgs; & presenteray liberalement icy au publicq, vne partie de ce que i'ay peu conceuoir de cest artifice, tant de moy-mesme, que des autres; car de le manifester tout à plat, il n'est ne loisible, ne raisonnable: Toutesfois ce ne sera pas de faire valloir chaque mot pour vn autre, selon qu'ils dient, ne lettre pour lettre en tous rencon-

Fueil.207.

Fueil.182.

Bbbb

TRAICTÉ

tres,dont ie me douterois pluſtoſt;ou vn mot entier pour vne ſeule lettre , ainſi qu'en la Polygraphie; mais trop bié d'enchaſſer occultemét dans vne plus grande quantité de mariere,quelque ſubiect moindre , ſans rien alterer ne corrompre de tout ce qu'on voudra eſcrire apertement, en quelque langue que ce puiſſe eſtre,car il n'y a rien d'aſtreint en celà ; Qui va de la maniere qui s'enſuit. IL FAVDRA en premier lieu vſer de trois differences de lettres, telles, ou à peu pres, dont en a eſté fait vne monſtre en la figure du fueil.241.l'vne deſquelles,ſeruira pour le ſens apert, touſiours d'vne meſme teneur, ſans varier, ne ſe departir de la forme de ces caracteres ; & les deux autres pour celuy qui ſera caché là deſſouz, ſelon l'aſſiette & ſuitte des lettres; c'eſt aſſauoir, que ſi vous voulez ſecretement repreſenter vn B il faudra que ce ſoit touſiours apres vne ſeule lettre du ſens manifeſte,& vn P.de meſme,mais la difference eſt que le B. ſera exprimé par la ſeconde forme de chaque lettre;& le P. par la troiſieſme: entédez tout cecy ſelon la figure dudit fueil. 241. où il vous faut auoir recours. Si c'eſt vn A ou vn E. apres deux lettres du ſens apert,qui doit touſiours aller vniformement ſon grand train,vous formerez la lettre qui ſe preſentera, par la ſeconde des carrez, & par la troiſieſme pour E. Et ainſi du reſte, comme ceſte table vous monſtre.

Apres la premiere lettre	Apres la II.	Apres la III.	Apres la IIII.
B. P.	A. E.	I. O.	V. R.
2. 3.	2. 3.	2. 3.	2. 3.
Apres la V.	Apres la VI.	Apres la VII.	Apres la VIII.
L. S.	M. N.	D. T.	C✢ H.
2. 3.	2. 3.	2. 3.	2. 3.

MAIS le tout sera plus familier & intelligible par quelque exemple; car il est assez malaisé de le faire conceuoir en escrit. Prenons donques que parmy ce subiect icy : *Encor que la vertu ordinairement soit mal recogneuë, & sans cesse trauersee d'enuies; si ne peut on faillir toutesfois de s'y exercer, pour la grande consolatiõ qu'elle ameine à nostre ame, dont elle est la vraye medecine & pasture;* Nous vueillions inserer secretement; *le merite nuist plus qu'il n'aide* ; sans accroistre pour celà le nombre des lettres du premier theme, ne rien changer de leur contexte; nous y procederons de ceste sorte. La lettre L qui est la premiere d'iceluy, se trouue arriuer au cinquiesme reng; apres donc ces cinq lettres du sens appert, *encor*, nous formerons *q* qui vient la sixiesme, par la seconde figure de la table du fueil. susdit 241. pourautant que *c* qui va pour *q* est la premiere des deux accouplees ensemble au dernier carré cy dessus; car la premiere forme des quatre

Bbbb ij

va pour le sens appert. Suit par apres E qui a sa place apres la seconde lettre d'iceluy ; en comptant tousiours de la derniere precedente lettre du sens secret ; & par ainsi apres ces deux lettres *u e* ie formeray celle qui suit, assauoir *t* par la tierce figure, parce qu'*e* est la seconde des deux lettres associees. Mi consequemment estant au sixiesme reng, apres ces six lettres *à verit*, nous formerons *o* par sa seconde figure pour autant qu'*m* est la premiere des deux : & ainsi du surplus qui seroit trop prolixe & ennuyeux d'espelucher par le menu, attendu que celà est maintenant assez aisé à conceuoir suiuant ce que vous le voyez representé icy tout du long. Et pource que ces differences de lettres ne se trouuent pas si a propos és caracteres de l'impression comme à la main, nous auons esté contraints de vous l'exprimer tellement quellement par vne autre voye ; assauoir les premieres des deux lettres du sens secret, qui se deuroient former par la seconde de leurs figures, en gros romain, mais de rouge, car le sens appert va son train en gros romain noir ; & les secondes, qui deuroient estre par leur tierce figure, par d'autres rouges italiques : comme vous le voiez icy ; ou les lettres rouges vont pour deux lettres, l'vne du sens appert selon la teneur d'iceluy ; & l'autre pour le secret, moiennant leur diuersité de figures, & le lieu où elles viennent à estre posees par l'ordre des nombres qui leur sont assignez en la table d'icy dessus. Outre laquelle varieté de figure se pourrót employer aussi à ce mefme effect, les capitales, les abreuiations, & punctuemens; & telles autres notes fecretes, qui ne fe peuuét remarquer finon de ceux qui f'entr'entendent : mefmement parce que noftre efcriture & les autres encore fors l'hebraïque, confiftent toutes en liaifons; les lettres qui feront lyees enfemble feruiront feulement pour le fens apert, & là où il y en aura vne à par foy feparee des autres, ce fera pour l'vn & l'autre des deux fens; le tout felon les collocations deffufdites. Somme qu'il y a infinis moiens que chacun fe peult traffer à fa fantafie; voire trop plus exquis que ne font ceux que nous auons icy efbauchez, dont voicy l'exemple.

Encor que la vertu ordinairement foit mal recognue, & fans ceffe trauerfee d'enuies, fi ne peult-on faillir toutesfois de f'y exercer pour fa grande confolation, &c. Mais celà a bien meilleure grace, & quant & quant moins de foupçon, quand il eft efcrit à la main; En quoy ie ferois bien d'aduis pour toufiours tant mieux obfcurcir & cacher la ruze, que ce foit de quelque lettre baftarde vn peu longuette, italique, ou autrement, telle que celle dont les femmes ont accouftumé d'vfer, afin que la difference des caracteres foit moins apparente & apperceuable, ce qui fuccede pluftoft en de grands mal formez, qu'en de petits de main exquife. Il n'y a rien au refte de plus facile quand on y eft exercité.

Il y a affez d'autres ruzes & expediés pour ce mefm'-effect; comme de choisir vne suitte de mots où il y ait sens, composez au reste de certaines lettres, de la scituation desquelles vous soiez d'accord auec vostre correspondant; ainsi que de la deux, trois, ou tantiesme, à ce qu'il les puisse discerner des autres qui ne seruent que pour amuser; & ces lettres-là distraictes & reduittes en vn contexte d'escriture, soit à les prendre en leur droicte & propre valeur, *a* pour *a*; *b* pour *b*; ou transposees *l* pour *d*; *m* pour *e*, &c. formeront vn sens à part occulte & caché sous la couuerture de l'aparent: Mais outre que ce n'est pas vne subtilité guere seure, ains subiecte à descouurir, elle est bien penible, & quant & quant manque, si qu'elle ne reussiroit pas souuent; & contient fort peu de matiere: aumoien dequoy ie la laisse à ceux qui y auront plus de goust que moy. Et pareillemét ce laborieux dictionaire; lequel eschangé diction pour diction; substantif mesme pour substantif; adiectif pour adiectif; verbe pour verbe, &c. les nombres adiuxtez aussi, & les cas, les temps & autres particularitez de grammaire, pourroit à la verité succeder en quelques endroits, mais nompas par tout. OR voicy en lieu que i'estime estre plus à propos d'adiouster icy, auant que clorre de tous poincts les deductions de ces notes secretes inaperceuables, fors à ceux qui tacitement s'entendans les appliquent chacun endroit soy, & font seruir à leurs ententes, si qu'elles demeurent comme inuisibles à tous les autres; qu'attendu la subtile & ingenieuse malignité de ce siecle, ouquel il n'y a escriture ne seing-manuel qui ne se contreface & falsifie; ce ne sera peu faict à ceux qui exercent les charges publiques, & ont les grands affaires en main, où à toutes heurtes il leur fault signer plusieurs depesches d'importance, d'auoir soing de s'armer & munir en cela de quelques remedes; comme de certains petits traicts derobbez, & marques latentes, tant en l'escriture du nom, qu'au seing & paraffe qui l'accompagne, qu'autre qu'eux ne puisse descouurir ne discerner : ce qui se peult aisément faire de plusieurs sortes; & entre autres en les variant selon la dacte de l'annee, du mois, & du iour; si qu'elles soient d'vne façon en ceux qui sont de nombre impair, & d'vne autre en ceux du pair: car les faulsaires ne s'en sçauroient pas aduiser pour le côtrefaire, comme chose qui leur est du tout incogneuë; Parquoy leur fraude se descouurira tout soudain de ceux qui auront faict l'expedition, en la confrontant & collationnant sur leurs marques : le mesme se peult encor practiquer sous le seeau.

MAINTENANT on pourra icy m'obiecter, que voulant enseigner les manieres d'escrire occultemét, & donner des moiens, artifices & inuentions pour ce faire, iusqu'à oster hors tout le soupçon qu'on pourroit conceuoir que ce soit chiffre, ny escriture qui contienne autre chose que ce qu'on voit apertement, sans y auoir rien de caché dessous; au contraire ie les descouure & manifeste, & suis moy-mesme celuy qui interromps le but de mon intention:

TRAICTÉ

Ce qui eſt veritable ſans doute; mais comment le pourrois-ie faire autrement, ſi ie ne voulois du tout ſupprimer la publication de ceſt œuure? Ce qui me ſeroit faire autant de tort; & non d'autre ſorte que ſi vne impitoiable mere venoit à eſtouffer, ou iecter vne pierre au col dans vn profond abiſme d'eaus, la creature qu'elle auroit enfantee à bien grand trauail, & pourtant la deuroit tenir tant plus chere; car certes ie n'ay moins pené en cecy, ſi d'auenture ie ne l'ay plus, qu'en nul autre de mes labeurs. Et de le cōmuniquer ſeulement en particulier à d'aucuns, pluſtoſt que d'en faire part au publicq, celà ſeroit vn peu dangereux & ſuſpect, comme meſme ie l'ay bien cognu par experiéce, qu'ils ne ſ'en vouluſſent trop preualloir, & parauenture ſe l'aproprier, en le publiant ſous leur nom apres mon decez, ce qui eſt aſſez aduenu à d'autres: Parquoy i'ay mieux aimé d'en vſer ainſi; Ioint que ie n'ay faict icy qu'eſbaucher en bloc les ouuertures, generales, & groſſieres inuentions de ces chiffres, reſeruant aux bons eſprits, de les polir & amener à plus grande perfection; car ſous ces maximes giſent infinis autres ſecrets & artifices, trop plus beaux que ceux que ie puis auoir deſcouuerts. Qve ſi l'on me veult aſſaillir d'vn autre coſté, que ce n'a pas eſté bien faict de manifeſter ainſi indifferemment telles choſes, dont pluſieurs manieres de gens peuuent abuſer en plus d'vne ſorte; à celà ie dis qu'au contraire, ie leur en ay pluſtoſt retranché les moiens, quād ils verront toutes les ruzes dont ils

ſe

se voudroient aider en ce cas, estre esuentees, & mises en aperte euidence; car certes ie ne cuide pas qu'il y en puisse guere auoir, qui ne tombe sous quelqu'vne des maximes que i'ay touchees; Ioint que d'autres, comme Tritheme, Cardan, & Baptiste Porte, en ont assez donné d'ouuertures, sans reprehension de personne: Si mieux ou moins heureusement que moy, c'est à faire à la voix publique d'en decider, & non à la particuliere affection d'aucuns enuieux, qui pour s'introduire, aduancer, & faire valoir, ne cherchent point de plus courte addresse, que de descrier à tous propos, & sans propos les œuures des autres. I'y ay faict au reste du moins-mal que i'ay peu; & si n'ay gueres emprunté de personne: Ne m'estant pas voulu arrester à deduire plusieurs artifices de lettres non apparentes; car celà est si triuial, si battu, rebattu, & prostitué, que ce me seroit vne coruee trop ennuieuse voire indigne, d'y auoir emploié vne seule plumee de mauuais ancre: comme d'escrire auec de l'alum bruslé; ou du sel armoniac; ou du camphre, destrempez en eau; ce qu'estant sec, blanchist à pair du papier; qu'il faut tremper puis apres dans de l'eau, qui le rend noir, & l'escriture demeure blanche; ou le chauffer deuant le feu, tant que le papier roussisse, & l'ancre s'offusque: le mesme faict le iuz d'oignons; & l'eau encore toute simple. Si l'on trasse quelque chose sur le bras, ou autre endroit du corps, auec du laict, ou de l'vrine, en iectant de la cendre dessus, elle y adhere, & monstre ce qui y aura esté desseigné. Le

Escritures non apparentes.

Cccc

TRAICTÉ

sel armoniac resouls à par-soy à la caue, ou autre lieu humide, si l'on escrit de ceste liqueur, tout demeure blanc: frottez le papier auec du cotton trempé en eau distillee de vittriol, ou de coupperose, l'escriture apparoistra noire. Il y a vn autre artifice de faire vne petite incision à vn œuf, auec la pointe d'vn trencheplume bien affilé, par laquelle on fourre dedans de petits billets de papier escris des deux costez, de la largeur de l'ouuerture, non plus grande que du petit doigt; & y en peult assez tenir: Puis on la replastre auec de la craye ou ceruse, & de la chaulx viue, empastees auec de la glaire; Si qu'il seroit bien malaisé d'y rien remarquer ne cognoistre, quand bien mesme on les auroit fait durcir & peller; car cela demeure enclos dans leur substance, sans que rien paroisse dehors. Il y en a qui font coudre les lettres qu'ils portent en la semelle de leurs bottes, ou soulliers; ou fourreau d'espee: Sous les fers encore de leurs cheuaux: Font vne incision dans vne verge de saulx, estant en seue dessus l'arbre encore, & la creusent; puis y aians inseré les lettres, la laissent reprendre & reclorre; & couppent la verge: C'est de l'inuention de Theophraste, non des plus spirituelles pour vn si subtil philosophe; Ioint que cela a besoin de temps, & si la cicatrice y demeure emprainte tousiours. Le mesme se peult effectuer, & encore plus commodeement, dans vn baston de torche, ou semblable bois de sapin creusé, puis enduire la fente auec de la sieure fort subtile & sassee, de la mesme estoffe,

Artifices de cacher les lettres.

deſtrempee auec de la colle blanche: Dequoy il ſemble qu'vſa Brutus en allant à Delphes, comme le marque Tite Liue à la fin du prem. liure. Et en vn autre endroit de la 4. Decade, ſi ie m'en ſouuiens, Polycrate, & Diognet enfermerent vn brief de plomb, dans vne tourtre: Harpague, en Herodote, vne lettre dans le ventre d'vn lieure. D'autres les font aualler à des chiens, & puis les eſuentrent. Iſtiee fit raſer la teſte d'vn ſien eſclaue, & apres auoir eſcrit deſſus auec vn pinſſeau, de noir à noircir deſtrempé à huille, ou de l'ancre des Imprimeurs, laiſſa recroiſtre ſes cheueux d'vn bon doigt; puis le depeſcha vers Ariſtagore, luy mandant de bouche de le faire raſer derechef, pour vn mal qu'il auoit aux yeux; ſi qu'il apperceut ce qui eſtoit caché là deſſous. Il y en a qui enferment leurs lettres dans vn caillou artificiel, faict de ceſte ſorte. On préd des cailloux de riuiere qu'on faict calciner, & reduire en poudre paſſee par vn ſubtil tamis: Puis on l'incorpore auec ſa quarte partie de reſine fondue, & vne de poix, meſlant bien le tout auec vn baſton; & eſtant ceſte compoſition encore chaulde, & par conſequant molle, enueloupent la lettre dedans; façonnant le caillou deuant le feu à tout les mains trempees en eau tiedde, de la ſorte que bon leur ſemble: Cela faict, on le laiſſe ſecher. Il y a vn autre malin artifice qui ſe faict auec de l'alum bruſlé, deſtrempé en eau, dõt on eſcrit ſur du papier: eſtant ſec tout deuiendra blanc. On bruſle d'autre part de la paille de froment, qu'on eſtend en vn linge, surquoy on passe de l'eau tiedde par tant de fois, qu'elle ait emporté toute la noirceur de la paille: Puis on escrit de ceste ancre sur l'escriture blanche dessusdite, ce qu'on ne veult pas tenir secret : & pour lire ce qui est caché, s'effaçant ce qui apparoist manifeste, il fault auoir de l'eau de vie, ou l'on aye fait tréper des noix de galle concassees grossierement, tant que l'eau de vie en ait attiré & embeu la teinture, auec du cotton mouillé dedans, l'escriture apparente s'esuanouïra, & l'occulte viendra à se descouurir, noire comme est la commune: En quoy il y a certain secret qu'il ne m'a pas semblé deuoir diuulguer; nomplus que d'vne autre maniere d'ancre qui s'efface d'elle mesme en quinze iours ou trois sepmaines; composee de pierre de touche, sablon d'Estampes, sang de pigeon, noix de galle, & autres ingrediens, mesme de l'huille de tartre, auec laquelle il fault destremper le tout, y adioustant vn peu d'ancre affoiblie auecques de l'eau. Mais telles choses sont pueriles, & dangereuses quant & quant d'en abuser; Au moien dequoy il n'est pas besoin ny loisible de s'y estendre plus auant.

VOILA ce que nous auons peu sauuer de nostre œuure DV SECRETAIRE, par nous elabouré en Italie l'an 1567. & 68. à l'imitation de l'orateur de Ciceron, & Quintilian; du Courtisan du Conte Balthasar de Castiglion; du Veneur, & du Faulconnier de Phebus; & du Pilote de Pierre de Medine: diuisé au reste en trois liures; au premier desquels se traictoit de la norriture du Secretaire, & de l'instruction, doctrine, & enseignement, où il deuoit estre exercé en ses ieunes ans; ensemble de la cognoissance qu'il luy estoit requis d'auoir des bonnes lettres, & des langues; parce que moiennát l'aide & secours de celles-là, il se pouuoit accommoder d'infiniz beaux traicts & exemples tirez des liures, qui luy aportent vn grand aduantage & soulagement à la conduicte des affaires à quoy il est appellé: & la varieté des langues luy fournira de plusieurs riches locutions pour en embellir son stille; d'autant qu'elles se polissent les vnes les autres, tout ainsi que les diamans qui reciproquement s'entretaillent. Et de faict quelque bon esprit & heureux naturel, qui neaumoins sert beaucoup en toutes choses, que puisse auoir quiconque faict ceste profession: Quelque rottine, rompement aux affaires, & experience que le temps, & le long maniment d'iceux luy acquierent; Tout cela neaumoins s'il n'est secondé de science acquise, ne peult pas reluire si excellemment, comme quant l'vn est secouru de l'autre; selon que le tesmoigne fort bien Horace en son art poëtique:

Ego nec studium sine diuite vena;
Nec rude quid prosit video ingenium: alterius sic
Altera poscit opem res, & coniurat amice.

Le second liure contenoit aucunes reigles & maximes de nostre parler, iusqu'icy permis à trop d'habá-

TRAICTÉ

don & de liberté, ainsi qu'vn genereux poullain, qui n'aiant encore esté adressé, ny retenu de mords & de bridde, va de gaieté de cœur bondissant, sautellant, trepignant de costé & d'autre, hors de toute cadence, temps, & mesure: auec quelques formules & exéplaires des lettres qu'on appelle missiues; de memoires & instructions; passeports, saufconduits; patentes, & semblables depesches; de celles principalement qui sont affectees aux affaires d'Estat, & des finances; dont ie puis aucunemēt parler sans mesprendre, comme celuy qui en sa ieunesse a esté norry par six ou sept ans, auecques feu monsieur Bayard, premier secretaire des commandemens du grand Roy François; & l'vn des plus difers & mieux escriuans de son aage: aiant du depuis par plus de trente ans faict cest exercice, sinon sous des Rois, à tout le moins aupres des Princes & grands Seigneurs, qui n'ont pas esté sans charge d'armees, & d'affaires de grand' importance: Voyagé outre-plus bien long temps, & en plusieurs lieux ; en quoy s'il ne tient à nostre default, le iugement a de coustume de s'affiner touiours de plus en plus, & ruzer; car toute Domination & Estat a le mesme respect à l'endroit des voisins qui l'entourent, que le centre d'vn cercle enuers sa circonference. Ces deux liures là me furent par la malignité d'aucuns, substraits l'an 1569. à Thurin; & du tout pour iamais adirez pour moy. Quant au troisiesme, qui estoit de la dignité & excellence de l'escriture, voire par dessus la parolle; ensemble des occultes

Fueil. 31.
43.

manieres d'escrire, i'en auois enuoié desia les esbauchemens par deça en main seure; à quoy i'ay eu assez de loisir l'espace de dixsept ans, d'adiouster beaucoup de choses à ce que i'en auois proiecté comme en blocq dedans mes secrets ruminemés & discours; sans les reueller à personne iusqu'à maintenant, que i'en fais liberalement vn don & present gratuit au publicq; à ce que le briz de ce mien naufrage ne s'acheue de s'engloutir & submerger dans les ondes d'vne obliance perpetuelle.

R pour faire fin; d'autant que la curiosité des personnes pourroit parauenture auoir plus cher de se seruir en leurs escritures secretes, de caractes incogneuz, que de ces transpositions, eschanges, & adouemens des communes lettres; ny des proportions tant des nombres que des mesures; auec telles autres subtilitez, en quoy nos chiffres versent pour la plus-part; il nous a semblé valoir mieux de satisfaire à leur desir auec vne varieté d'alphabets de diuers peuples & nations, dont par mesme moien se pourra puiser quelque vsage & enseignement, que de s'arrester à de fantastiques notes bizarres de pieds de mouche faits à plaisir, qui n'importent rien que ce soit, fors la seule valeur & signifiance des lettres qu'ils representent, & pour lesquelles on les employe & fait seruir. Pour commancer donques aux caracteres Hebraïques, qui sont les plus anciens de tous, voire formez du propre doigt du souuerain Dieu, auant la creation du siecle, si nou-nous en voulons raporter à ceux que nous auons là dessus alleguez cy deuant; quelques-vns ont opinió, que Moyse en auoit de deux sortes; l'vne de ceux dont estoient escrites les deux tables du decalogue, pleins de grands & profonds mysteres en leurs figures, toutes dependantes du Iod, comme a esté dit: Et estoit ceste escriture la Sacre-saincte, reseruee à luy seul en secret; ensemble aux prestres, & leuites, pour la spiritualité seulement, combien que les San-hedrin n'en fussent pas exclus aussi: laquelle il ne fault point douter que ce ne fust celle que nous auons; comme en faisoient foy ces deux lettres ס *samech*, & ם *mem* final, conseruees entieres és fragmens des premieres tables qui furent rompues pour raison du veau d'or: Mais ceste escriture fut depuis diuulguee indifferemment au publicq par Esdras, au retour de la captiuité Babylonienne. Quant aux poincts & accents, ie les laisse, car cela traisne vne trop longue queuë apres soy; les vns alleguans que ce fut iceluy Esdras qui les inuenta; & les autres, ou il y a plus de certitude, les attribuent aux Massorets, qui vindrent quelque temps apres S. Ierosme. Il y a d'autres caracteres encore de la mesme escriture & langage, qui sont sans poincts & sans accents, desquels ont vsé la plus-part des Rabbins en leurs commentaires & traditions, ce qu'on appelle lettre courante, parce qu'elle va plus viste que l'autre, comme estát moins carree, & plus arrondie; Parquoy elle n'a pas vne telle

grace

Fueil. 37.

Fueil. 22. b. & 57. b.

Fueil. 159. b

DES CHIFFRES. 287

grace & plaisir à l'œil: on l'appelle la petite ou menue escriture, ou *masket*; mot approchât de ce qu'en Arabesque signifie mince, & extenue: En voicy les deux alphabets tout ensemble, dont la signifiance des lettres selon les anciens Cabalistes, a esté desia cy deuant expliquee. *Fueil. 87. 88.b. 89.b. & 91.*

ET cest autre icy est de capitales, extraict des vieils marbres de la terre Saincte: mais aucunement differentes des ordinaires vsitees.

Dddd

TRAICTE'

EN voicy encore vn autre, qui fut pareillement apporté il y a defia bien long temps de ces regions là à Venife, durant que les Princes & Barons Chreftiens y faifoient la guerre contre les infideles Mahometiftes, qui eft de fort beaux & plaifans caracteres, prefque tous autres que les communs; & contretirez fur ceux d'vne fort antique infcription qui eftoit en Ierufalem: departiz au refte en trois régees, chacune de neuf caracteres; dont la premiere commance en bas de la main droicte vers la gaulche à la mode Hebraïque: la feconde affauoir celle du milieu, fuit de gaulche à droict en montant: & la tierce, celle d'enhault, de droict derechef à gaulche, ainfi que vous le pouuez voir icy; où cela eft bien à noter, que la fixiefme lettre qui eft *Vau* eft du tout femblable à vne croix, comme le *Vau* des Samaritains, tel qu'il fe verra cy deffous.

ON attribue cest alphabet à Enoch, qui seruit *En la Vvoarchadumie de l'Athee, part. 2.* mesme de scribe & de secretaire à Adam selon que dient les Mecubalistes ; & que ce fut de ces caracteres dont Seth, & luy engrauerent és deux colomnes mentionnees au prem. des antiquitez de Iosephe, chap. 4. l'vne de bricques, & l'autre de marbre, tout ce qu'ils auoient peu apprendre des secrets des astres, & des elemens, pour le garentir des vniuersels accidents des conflagrations & deluges qui deuoient quelquesfois aduenir. Et de faict comment eust-il esté possible qu'en ce peu d'espace de 300. ans qu'il y eut du deluge iusqu'à Abraham, du temps duquel l'astrologie estoit en sa plus grand' vogue en Chaldee, on eust peu establir les regles & maximes de ceste science, qui ont besoin d'vne si longuë & particuliere obseruation du cours du ciel & des estoilles, s'il n'y en eust eu quelques esbauchemens precedans, à eux laissez de main en main ? Car on tient qu'Adam fut creé auec pleine & entiere cognoissance de tous les ouurages du Brezit, c'est à dire de la creation. Pour le iourd'huy mesme encore en Ethio-

Dddd ij

TRAICTE

pie ils ont vn traicté d'Enoch, dschoses diuines, tenu là en fort grand respect, & aduoué pour canonique. Et certes nous sommes plus illustrez de la moindre apprehension que nous puissions conceuoir des substances celestes, & intelligences qui leur assistét, que si par toutes nos ratiocinations & discours nous auiós atteint tous les plus profonds effects de nature en ce bas monde elementaire. Car puis que de toute Eternité en Dieu sont immuablemét ordonnees les dispositiós de toutes choses aduenir, il s'ensuit de là, que ceux seróc les plus proches & plus aptes à les preuoir, qui par vn supreme exces & rauissemét de pensee, & par vn amour souuerain enuers celuy dót tout procede, tascherót de s'auoisiner le plus-pres de luy. Et pourtant est nostre esprit plus propre & idoine à cela durãt le dormir du corps qu'en veillãt; parce que les affectiós d'iceluy sót alors plus brillãtes & desbãdees; si qu'elles preualent à la partie contemplatiue. Au moien dequoy les predictiós des Hebrieux, se raportét à ces Ecstases & transportemés au troisiesme ciel, qui est le móde intelligible, & le liure de vie, ensemble le miroüer luisant, où se voiét nectemét & distinctemét toutes choses, sans aucũ voile ne couuerture; & par cósequant és lettres & lãgue Hebraïques aussi, mieux qu'en aucunes de toutes autres. CELLES des anciés Chaldees souuerains maistres en l'astrologie, au móde celeste; ouquel, outre ce qui s-peult atteindre & cóprendre par le mouuemét tãt du ciel de l'oriét à l'occidét, que des Planetes & de leurs spheres au rebours, preside ce qui s'appelle *Bathcol*, la voix vniuerselle, que le Zohar, & autres plus signalez Cabalistes interpretent pour la puissance mediatrice & motrice de tout l'vniuers; assauoir l'Intellect du Messie ou du Verbe, *(mens mentium)* comme ils l'appellét, par qui le souuerain Pere meult tout. CELLES des Slbilyes, estoient dediees à l'elementaire & inferieur, pour la cõduitte & reiglemẽt des choses humaines; ce qui fut cause que les Romains les embrasserent plus volõtiers, cõme du tout tẽduz & inclinez à cela. Si qu'il y a eu trois disciplines principales enuers les Sages anciẽs: Celle en premier lieu des Hebrieux, qui ne tẽd qu'à cõformer nos pensees, actions & cõportemens à la droicte voye, prescripte par les ordõnances & preceptes diuins, qui expriment comme Dieu veult estre honoré & seruy ; & que nou-nous deuõs maintenir par vne charité mutuelle & reciproque prochain à prochain, l'vn enuers l'autre, pour la conseruation de l'humaine societé, dont il n'y a rien de plus aggreable en la terre à ce grand monarque & recteur de tout l'vniuers, au tesmoignage mesme de Ciceron, nonobstant qu'Ethnique. La seconde est des effects prouenans du ciel, & de la varieté de ses diuerses influences en bas; dont la preuoiance nous est octroyee pour y preuenir, s'y accommoder, ou y obuier; *Vir sapiens dominabitur astris*, dit l'astrologien Ptolomee : & ceste-cy estoit plus particuliere aux Chaldees, Puis aux brachmanes, gymnosophistes, & autres sages de l'orient, qui humoiẽt les

Dddd iij

premiers rayons du Soleil iournellement à son leuer de l'ocean, comme s'il se fust venu reffreschir de sa couche, & rauigorer de nouuelles forces, tout ainsi qu'vn cerf au partir de sa reposee. LA troisiesme estoit des choses constituees sous le ciel, dedans le monde Elementaire, dont la terre est en lieu d'vne base & de fondement; là ou les notions & presages ne se peuuent mieux assigner, qu'en ce qui est és animaux le plus conjoint de l'esprit de vie à la materielle masse du corps; comme au cœur, foye, & autres precordes où cest esprit à son principal siege & demeure: & ce pour l'interpretation des Prodiges, & semblables signes, qui nous admonestent de quelque signalé desastre & calamité aduenir: Et cela fut comme en propre aux Egyptiés & Hetrusques excellens en l'aruspicine. Desquelles trois meslees ensemble, les mages en composent la leur quatriesme. Tellement qu'en cecy apparoist ie ne sçay quelle croisee du monde, dont les Hebrieux tiendroient le centre; les Chaldees, & Indiens le bout du leuant; les Celtes, & Hetrusques de l'occident; les Egyptiens & Ethiopiens du midy; & les Scythes du septentrion; ainsi que les quatre principaux gonds de la terre, à quoy tout le demeurant se raporte.

IL y a vn autre alphabet Hebraïque, qu'on allegue auoir esté donné à Abraham au passage de la riuiere, lors qu'il sortit de Chaldee pour venir en la terre de Chanaan, depuis ditte la Palestine, la Iudee, & la Terre Saincte, dont voicy les caracteres. Au regard des

DES CHIFFRES. 290

Samaritains qu'on attribue aussi à Moyse, nous les donnerons cy apres.

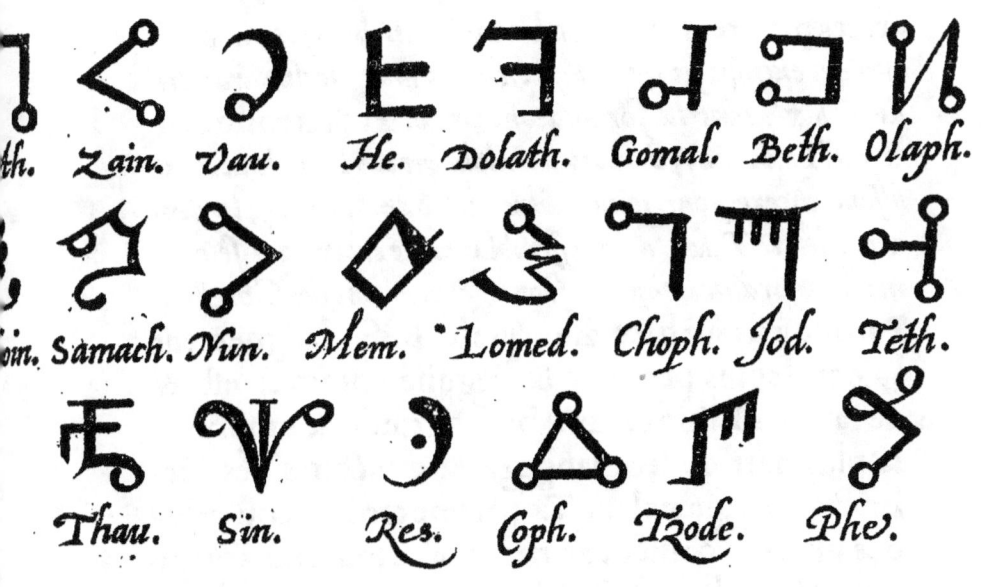

ICY se presente incidemment vne chose qui merite bien n'estre teuë, ains examinee vn peu de pres; qu'en cest alphabet, d'Enoch, & au Samaritain aucunement, la sixiesme lettre qui est le *Vau*, combien qu'elle se raporte à l'ypsilon grec, monstre la figure

d'vne croix renuersee; comme si par là estoit denoté le mystere du crucifiement de nostre Sauueur, qui interuint le vi. iour ou ferie de la sepmaine; & encore à la vi. heure du iour. Mais Origene, & S. Ierosme depuis luy, alleguent, que de leur temps mesme le *Tau* Hebrieu auoit la forme d'vne croix; Origene en ces propres termes en l'omelie *In diuersos*; CEVX *estoient exempts seulement qu'on auoit marqué du caractere du* TAV *aiant la forme d'vne croix*. Et S. Ierosme sur le 9. d'Ezechiel; *En l'ancien alphabet des Hebrieux, dont vsent encore pour le iourd'huy les Samaritains, la derniere lettre* TAV *a la ressemblance de croix; qui se voit marquee ordinairemẽt au front, & és mains des Chrestiẽs.* Parquoy il faut bien dire, que les Iuifs malignement l'aient depuis peruerty & deguisé comme il est: & de faict les Ethiopiens Abyssins qui ont emprunté la plus-part de leur langage & caracteres des Hebrieux, marquent leur *Ta* par vne croix; là où celuy des Iuifs n'y cõuient en rien que ce soit, ains à vn gibet, & fourches patibulaires; & encore moins le Samaritain: car il n'est pas à croire que des personnages de si grand nom, & si saincts preudhommes, eussent voulu controuuer cela; pour la corroboration de nostre foy, pourroient arguer là dessus les Iuifs; mais à l'instant mesme ils eussent peu estre atteints & cõuaincus de chacun, d'vne trop euidente faulseté, & pourtant rendu nostre cause pire; qui au reste n'a point de besoin d'vn si foible renforcement; parce que ce qui est escrit au 9. d'Ezechiel, que ce *Tau* fut
marqué

marqué par l'ange au front des personnes gemissantes & contristees, peult auoir encore vne autre interpretation, que les nostres mesmes ne reiectent pas; que c'estoit principallement pour denoter le regret, douleur & ennuy, qu'auoient les gens de bien de voir l'obseruation de la loy qui en Hebrieu s'appelle *Torah*, dont la premiere lettre est le *Tau*, ainsi à mespris qu'elle estoit : Et c'est chose assez familiere aux Hebrieux, par la voye de leur Notariacon; & aux Grecs & Latins encore, de representer tout le mot entier, par la premiere lettre d'iceluy; comme il a esté assez amplemét touché cy deuant. Mais d'autre-part en confirmation de ce que mettent Origene & S. Ierosme, cecy vient bien à cósiderer, que le *Taf* grec qui imite le *Tau* hebraïque, & qui suit tout de mesme le *Ro* & le *Sigma*, comme cestui-cy faict le *Res* & le *Shin*; tant en capitale T, que menue lettre τ, est du tout semblable à vne potence qu'on appelle de S. Anthoine, fort approchante d'vne croix, il ne s'en fault que le croisillon d'audessus, où posoit la teste du patient, & estoit attaché l'escriteau contenant le dicton de sa mort : car on sçait assez, que les caracteres Grecs ont esté empruntez des Hebraïques, & Samaritains, comme nagueres a esté dit. Enapres, ce qui fait encore à cecy; est que d'autant que ce mot תו *Tau* signifie *signe*, par certaine Antonomasie, on peult dire que ce deuoit estre celuy de la croix ; que mesmes les mages, Perses, & les Egyptiens tenoient estre la plus excellente figure de toutes autres; com-

Fueil. 45.b.

Eeee

TRAICTE'

me consistant de deux lignes s'entrecroisantes à quatre angles droits, dont rien ne se peult trouuer de plus ferme ny de plus solide, si qu'elle ne peult chanceller nulle part nomplus qu'vn Cube : & les quatre bouts denotent les quatre parties du monde ; Orient, occident, midy, & septentrion ; le hault, & le bas ; le costé droict & le deuant ; le gaulche & l'enuers, ou derriere, selon le liure de *Iezirah* : mais auec plus d'authorité l'Apostre aux Ephesiens 3. ἵνα ἐξισχύσητε καταλαβέσθαι σὺν πᾶσι τοῖς ἁγίοις, τί τὸ πλάτος καὶ μῆκος, καὶ βάθος, καὶ ὕψος ; *Afin que vous puissiez comprendre auec tous les saincts, quelle est la largeur, & la longueur ; la profondeur, & la haulteur.* Tellement que non sans mystere, la benediction des Iuifs propres se faisoit par ce signe icy ; auquel il y a grande apparence que le *Tau* deuoit ressembler, puis que mesme il le signifie ; comme si la croix, tout ainsi que ceste lettre est la derniere de l'alphabet, deust estre aussi la fin & accomplissement du *Torah* ou la loy, designee par icelui, qui en estoit le premier caractere. Car quand i'ay dit que תו *tau* veult dire signe, il faut entendre d'vne borne ou limite, en Grec ὅρος πέρας, & τέρμα ; & en Latin *limes* ou *terminus* : lequel se consideroit en deux sens ; l'vn du leuant au ponant, qui s'appelloit *Decumanus* ; & l'autre du midy au septentrion, *Cardo* ; comme met Pline liu. 18. chap. 34. Si que ce n'estoit autre chose qu'vn croisement ; lequel se procreoit de deux lignes se venans entrecoupper à vn centre. Mais ce qui est tresadmirable, tout ainsi que non

Fueil. 150. *b.*

seulemēt le caractere du *Tau* representoit vne croix, ains le mot encore ות la signifioit, la seconde lettre de ce mot là, qui est ו *Vau*, monstre la figure d'vn cloud; & si le mot composé de ces deux ensemble תו le signifie. QVANT au supplice de la croix, il a esté de vray particulier aux Romains enuers les estrāgers, & esclaues; mais nompas qu'ils en aient esté les premiers autheurs, ny seuls vsé; car nous lisons au 14. de Strabon, & ailleurs encore, que Polycrates tyran de Samos fut crucifié par le Satrape Orontes, lieutenant du grand Roy de Perse és basses regions de l'Asie, & és isles circonuoisines, l'an 230. de la fondation de Rome, comme met Pline liu. 33. chap. 1. Ce qui eschet vers la reedification du temple sous Zorobabel, plus de 500. ans auant l'aduenement du Sauueur: & dans Plutarque en la vie de Cleomenes, que Ptolomee Roy d'Egypte le fit pareillemēt mettre en croix, apres qu'il se fut entretué auec vn autre: Plus és commentaires d'Hircius, de la guerre Aphricaine, que Iuba Roy de Mauritanie fit crucifier tous les Numides, qui s'en estoient fuys du combat dans le camp. De la forme de ce supplice, par six ou sept ans que i'ay demeuré à Rome, i'ay faict autrefois tout ce qui m'a esté possible, & par la communication des gens doctes les plus versez en l'antiquité Romaine, & en reuisitant tous les marbres, bronzes, medailles, & camaieux antiques, dont l'on en peust tirer quelque cognoissance & instruction, mais ie n'en ay peu rien redresser. Dans les autheurs mesmes

Eeee ij

TRAICTÉ

nomplus ne s'en trouue rien de plus clair & de plus preignant, que ce passage de Cicero en la 7. des Verrines; exagerant la cruaulté de Verres encontre vn nommé Gauius, lequel il fit crucifier; *Quamuis* (dit-il là) *ciuis Romanus esset, in crucem tolleretur*: Et pour luy accroistre plus son martyre, qu'il appelle *crudelissimum & teterrimum supplicium*; il fit planter la croix sur le bord du far de Messine, qui est vn petit bras ou destroit de mer, separant l'isle de Sicile d'auec la Terre-ferme de l'Italie; audeça duquel s'il eust peu passer il estoit hors de la puissance & iurisdiction de cest inhumain: Et le fit attacher la face tornee deuers Rome: *Dixisti palam* (suit apres) *te idcirco illum locum deligere, vt ille qui se ciuem Romanum esse diceret, ex cruce Italiam cernere, ac domum suam prospicere posset.* Et derechef; *Italiæque conspectus ad eam rem delectus est, vt ille in dolore cruciatúque moriens, perangusto freto diuisa seruitutis ac libertatis iura cognosceret: Spectet inquit Patriam, in conspectu libertatísque moriatur.* De ce lieu nous aprenons quatre ou cinq particularitez concernans ce supplice; l'vne que c'estoit le plus cruel & atroce de tous les autres, ainsi qu'est à nous mettre vn forfaicteur tout vif sur la rouë, sans luy donner rien des coups qu'on appelle de grace, parce qu'ils abregent la vie, & par consequent leur enorme passion & douleur: l'autre, que les Romains n'en vsoient point à lendroit de ceux qui auoient le droit de leur bourgeoisie, ains seulement enuers les esclaues, & les estrangers; mesmement les brigands & voleurs infignes; les perturbateurs du repos publicq, les feditieux qui vouluffent attempter quelque chofe contre l'eftat; & les feducteurs tafchans d'introduire quelque nouuelle doctrine contre l'ancienne religion; dequoy les Iuifs calomnierent IESVS-CHRIST enuers Pilate. En apres qu'on dreffoit ces gibets croifez tous neufs & expres hors des villes. Puis que le condamné auoit la tefte droict efleuee; car autrement il n'euft pas peu veoir au loin deuant foy, & diftinctement, pour luy rengreger fon regret & douleur; parquoy il n'eftoit pas penchant contre bas, ou de trauers en cefte maniere de croix que nous appellons Bourguignonne, comme aucuns tafchent de fubtilifer, parce que le fang qui fe fuft affaiflé en la tefte, y affluant de toutes parts, l'euft incontinent eftouffé: & finablement, ce qui corrobore tant plus cecy, qu'il expiroit attaché-là peu à peu en tormens extremes, tout tranfi de faim & de foif, & molefté à toute outrance de l'ardeur du Soleil en efté, & de la rigueur du froid en hyuer, mais plus encore des mouches & des oifeaux, qui en toute liberté luy venoiét bequeter les yeux, le vifage, & toutes les autres parties du corps; principalemét, comme il eft a croire, és playes que les clouds dont ils eftoient fichez auoient faites; car les mots de *Crucifigere* & *fuffigere* emportent que ce deuft eftre pluftoft ainfi, que nompas liez de cordages; ioinct ceft autre paffage de Ciceró, contre Pifon: *An ego fi te & Gabinium cruci fuffixos videam, maiore afficerer lætitia, ex corporis ve-*

Eeee iij

stri laceratione, quàm afficior infamia? ce mot de laceration important quelque deschirement du corps, & naureure. Et de fait les deux larrons, quoy qu'on les represente en quelques endroits autrement, de relief & platte-peinture, furent executez de la mesme sorte que IESVS-CHRIST, comme le tesmoigne S. Augustin sur S. Iean : & l'histoire Ecclesiastique à l'inuention de la vraye croix, met en termes expres, qu'on ne la peut pas discerner des deux autres, que par le miracle de la resurrectió d'vn mort qu'on placqua dessus. Mais en cest endroit les Iuifs nous reprochent, qu'à tort nous les calomnions d'auoir crucifié IESVS-CHRIST, d'autant qu'ils n'vserent onques de ce supplice, n'en ayans iamais eu que de quatre sortes: de vray le mot de עץ *Ets* qui se trouue ainsi traduit en Genese 40. & 41. Iosue 8. & Esther 5. 8. & 9. & que les paraphrastes Chaldaïques, & le nouueau Testament Syriaque tornent צליב *tZelib*, ne signifie proprement autre chose qu'vn arbre, pieu, perche, & semblable bois; comme aussi fait le grec σταυρὸς, combien qu'il soit plus particulier à la croix, & aux trellisseures que l'autre. Mais ce n'est pas ce qu'on leur dit, sachans assez que depuis qu'ils furent reduits en prouince souz le ioug & obeissance de l'Empire Romain, on ne leur laissa que leurs loix municipales, & policé particuliere, dót l'execution de la croix n'estoit pas; autrement ils n'eussent point crié tout haut; *Nobis nõ licet interficere quemquã*; ainsi que ce furent eux qui calomnieusemét instruirét la procedure, subornerét des faux-tesmoins, & finablemét contraindrét Pilate, le menaçât de le deferer à l'Empereur, de condamner à mort l'innocent iuste, qu'il cherchoit d'absoudre & faire eschapper. Donques les quatre sortes de supplices qu'auoient les Iuifs, & les cas affectez à iceux estoient tels qu'il s'ensuit; ce que nous auons bien voulu inserer icy, comme chose non impertinente, & qui n'est pas des plus vulgaires à vn chacun. La premiere, comme il est expliqué au Talmud, & en l'abregé de la Mischne sur le traicté des Sanhedrin, estoit le lapidement; qui est tousiours soubsentendu deuoir estre, quand en l'escriture se trouuent specifiez ces mots cy, *& sanguis eius in eo*; dont dixhuit especes de crimes estoient punis: Qui eust eu affaire à sa mere, à sa marastre, à sa tante, ou à sa bru: qui defloroit vne fille desia fiácee à vn autre: vn Sodomite, tant enuers les garçons, que les bestes; & vne femme qui se fust prostituee à icelles: le blasphemateur; l'idolatre, & qui induisoit les autres à idolatrie: celuy qui offroit de sa semence à moloch: vn Necromantien qui enquist l'esprit *d'Ou*, & de *Iedain*: les deuins: Quiconque prophanoit le Sabat; qui maudissoit ses pere-meres; ou leur estoit rebelle, desobeissant, & iniurieux: qui trahissoit sa patrie, ou conspiroit à l'encótre: vn empoisonneur, & sorcier. Auant que d'arriuer au lieu de l'executió, on admonnestoit le criminel de se confesser & se recognoistre; ce qui estoit cómun aussi à tous autres condamnez à la mort; car seló leurs traditions, qui ne se

Quatre sortes de supplices aux Iuifs.

Le lapidement.

cõfeſſe n'a point de part au ſiecle aduenir en l'heritage des biẽ-heureux: & celà ſe voit au 7. de Ioſue où il admonneſte ainſi Achan: *mon fils donne gloire au Seigneur Dieu d'Iſraël, & te confeſſe; & ſi me declare ce que tu as fait; ne m'en celle rien*. A quoy l'autre reſpond; *Veritablemẽt i'ay peché encõtre le Seigneur Dieu d'Iſraël, & ay fait ainſi telle choſe & telle*. A ceux qui ne ſçauoient pas la formule de la confeſſion, on la leur dictoit mot à mot en la ſorte; *La mort que ie vois receuoir, me puiſſe eſtre en expiation de tous mes mefaits & offenſes*. Et là deſſus on luy donnoit à boire du vin mixtionné auec de l'encens, afin de l'enyurer d'auantage & luy troubler l'entendement, ſi qu'il apprehendaſt moins l'horreur de la mort: Ce qui a quelque affinité auec ce paſſage icy de S. Marc 15. καὶ ἐδίδουν αὐτῷ πιεῖν ἐσμυρνισμένον οἶνον; *& luy donnerent à boire du vin mixtionné auec de la myrrhe*. Celà fait on le deſpouilloit tout nud, horſmis d'vn linge deuant les parties honteuſes; aux femmes on laiſſoit leur cotte & chemiſe: Puis on le montoit les mains liees ſur vn eſchaffaut dreſſé expres à la haulteur de deux ſtatures d'homme; d'où l'vn des teſmoins le precipitoit de toute ſa force ſur vne groſſe pierre placquee au deſſous: Que ſil ne mouroit de cela, les autres teſmoins eſtans en bas, luy en reiectoient vn autre du poix de plus de deux cens liures ſur la poictrine & ſur le ventre: que ſil tardoit encore à expirer, la multitude l'acheuoit là à coups de pierres. Et de ce pas on l'alloit pendre au gibet, la face tournee en dehors vers le peuple;

ſi vne

DES CHIFFRES. 295

si vne femme, endedans contre la potence : Aucuns
dient qu'on les enterroit, excedé les idolatres, & blaſ-
phemateurs. L'autre maniere de ſupplice eſtoit le
bruſlemét, duquel ils vſoient en dix crimes : Enuers
la fille d'vn preſtre qui eſtant mariee commiſt adultere: celuy qui auoit affaire à ſa fille, ou à ſa niepce, ou
à la fille de ſon fils; ou à la fille de ſa fille; ou à la fille
de ſa femme; ou à la fille du fils, ou à la fille de la fille
d'elle; à la mere de ſon beaupere; à la mere de ſa belle
mere: tous cas dependans de l'ardeur de luxure, parquoy il eſtoit bien raiſonnable de les chaſtier par le
feu. La maniere de l'execution eſtoit telle : On en-
fonçoit le condamné dans vn taz de fiens, iuſqu'aux
eſcelles; & lors on luy mettoit vne nappe ou longiere au col, que deux hommes forts & robuſtes ti-
roient de toute leur puiſſance des deux coſtez, tant
qu'il ouuriſt la bouche bien grande, par où on luy
iectoit en la gorge vne petite bille d'acier toute rouge, laquelle s'auallant dás l'eſtomac luy bruſloit ſoudain les entrailles, & ainſi rendoit l'eſprit. LA TROI-
SIESME eſtoit le decollement, preſqu'à noſtre mode; qui s'eſtendoit en premier lieu enuers les habitans d'vne ville qui ſe fuſt deſtournee à idolatrie:
Puis aux homicides, tant par glaiue, qu'à coups de
baſton, & de pierre; ou qui euſſent poulſé quelqu'vn
dans le feu, ou dans l'eau, dont il ne ſe ſeroit peu retirer, ains y ſeroit mort : que s'il s'en pouuoit retirer,
nonobſtant que de ceſt inconuenient il mouruſt
apres, l'autre n'en eſtoit point coulpable. ET LA

*Le bruſle-
ment.*

*Le decolle-
ment.*

Ffff

TRAICTÉ

L'eſtrangle-
ment.

QVATRIESME eſtoit d'eſtrangler, ceux aſſauoir qui auroient frappé leur pere ou leur mere; ou emblé & deſtourné vn Iſraëlite pour le vendre à des eſtrangers: vn du cóſeil qui s'oppoſaſt & contrediſt à l'vnanime conſentement d'iceluy, & en part roublaſt l'execuṫió: vn faux prophete, ou qui prophetiſaſt au nom & vertu d'vn idole: vn adultere: Celuy qui euſt deſbauché la fille d'vn preſtre, & l'euſt violee. L'execution en eſtoit toute telle que du bruſlement, fors du fer chaud; car quand le criminel eſtoit enfoncé dans le fiens, & la longiere iectee au col, on l'eſtreignoit tant qu'il fuſt du tout eſtranglé. Tous ceux-cy eſtoient enterrez dans la foſſe commune ou ſe mettoient les executez par iuſtice, iuſqu'à ce que la chair fuſt du tout conſommee: & alors on rendoit les oſſements à ſon parenté, pour les enſeuelir au ſepulchre de leurs anceſtres: Puis les parents & alliez du defunct s'en alloient trouuer les Iuges, & les teſmoins, pour leur declarer en public de ne leur en porter aucun maltalent ny mauuais vouloir, hayne ou rancune; aduoüans la depoſition contre luy pour bonne & loyale; & le iugement equitable. Mais pour retourner à la croix, Pline liu. 8. chap. 16. met Polybe auoir eſcrit, qu'eſtant en Afrique auec Scipion, il vit des Lyons crucifiez; ayant le peuple eſté contraint d'en vſer ainſi pour en eſpouuenter les autres, qui les venoient meſme aſſieger dans les villes. Ioſephe vers la fin du liure qu'il a fait de ſa vie; & cecy eſt l'vn des plus ſpeciaux & poignans teſmoignages qui se trouue point nulle part és anciens autheurs non Chrestiens, pour nous instruire de ceste forme de supplice, racompte qu'apres la prise de Ierusalem par Titus, au retour d'vne ville appellee Techue, il trouua toute la cápaigne semee des croix de ceux qui y auoient puisnagueres esté attachez; dont entr'autres il en recogneut trois de sa familiere accoinctance, qui viuoient encore: Parquoy il s'alla ietter au pieds de Titus, qui luy octroya grace de les dependre; dont les deux en les medicamentant de leurs playes rendirent l'ame; & le troisiesme reschappa. Ce qui monstre tout apertement, que la mode Romaine en ce cas, estoit de les clouer à la croix, la teste toute droicte esleuee.

AINSI Moyse eut deux sortes de caracteres, l'vne pour les choses sacrees, assauoir l'Hebraïque, qui est celle que nous auons; & l'autre pour les prophanes, cóme la Iustice, police, cómerces, & semblables affaires du monde; & pourtant vulgaire, & vsitee de tout le peuple Iudaïque; qu'on tient estre la Samaritaine, celle dont vsoient les anciens Chaldees, & qui se communica depuis aux Pheniciens: Dont tout ainsi que de l'Hebraïque sont prouenues la Syriaque & l'Arabesque, fut enfantee la Grecque; & cósequemment la Latine, qui consiste toute ou peu s'en fault des capitales Grecques, comme on peult voir; & que le tesmoigne Pline liu. 7. chap. 58. où il cite vn ancien tableau de bronze apporté de Delphes à Rome, ayant ceste inscription icy: *Fueil. 127. & 128.*

FFff ij

TRAICTÉ
ΝΑΥΣΙΚΡΑΤΗΣ Ο ΜΕΝ ΑΘΗΝΑΙΟΣ
ΕΜΕ ΤΕΘΕΙΚΕΝ.

Par où il s'estudie de prouuer que les lettres Grecques anciennes estoient presque les mesmes que les Romaines ou Latines. Et au chap. 56. precedāt, il met ces lettres-là auoir esté les Assyriénes, ou selō les autres les Syriaques, mais ce sont sans doubte les Samaritaines: lesquelles horsmis l'*Aleph* & le *Jod*, deux caracteres mysterieux, sont si conformes aux Grecques & Latines si on les considere & prend à l'enuers, que ce n'est presque qu'vne mesme chose. Ce que dessus confirme encore Eusebe par la propre denomination des Grecques; où à l'imitation du Chaldaïsme a esté adiousté à la pluspart vn *a* pour leur desinence, auec quelques transpositions en d'aucunes, comme *Alpha* au lieu d'*Aleph*; *Betha* pour *Beth*; *Gamma* pour *Gamel*, ou gimel; *Delta* pour *Daleth*, &c. Au reste selon l'opinion de plusieurs, ce fut bien en la langue Hebraïque qu'Adam imposa à chaque chose son droit nom & appellatiō; & que ce parler se maintint seul par tout l'vniuers iusqu'à la confusion Babylonienne, qu'il se varia en soixante douze langages, autant que de principautez; mais pour le regard, de l'escriture il y a quelques difficultez là dessus, que nous auōs amenez cy deuāt du Talmud. S. Ierosme au passage ja allegué sur le 9. d'Ezechiel; *Antiquis Hebræorū literis, quibus hodie vtūtur Samaritani*, semble tenir que les caracteres Samaritains furēt les premiers qu'eut le peuple Hebrieu: & plus particulierement

Genese 11.

Fueil. 128.

encore au proëme du liure des Rois, Que les Hebrieux eussent vingt-deux lettres en leur alphabet, la langue mesme Syriaque le tesmoigne assez, qui pour la plus part est fort aprochante de l'Hebraïque; ayant aussi vingt-deux lettres, & d'vn mesme nom, mais de differends caracteres. Les Samaritains encore ont le Pentatheuque de Moyse escrit par autant de lettres, dissemblables tant seulement de figure, & d'accents. Et est chose toute certaine qu'Esdras apres la prise de Jerusalem, & la restauration du temple sous Zorobabel, inuenta d'autres caracteres, ceux assauoir desquels nous vsons maintenant; iusqu'à ce temps-là ceux des Samaritains & des Hebrieux ayans esté tousiours les mesmes. Ce qui le put inciter de le croire ainsi, fut que les Israëlites à la reuolte des dix Tribuz, quant elles se desmembrerent de la corone Iudaïque sous Roboam fils de Salomõ, auec lequel ne persisterent que Iudah, & Beniamin, s'estans allez establir sous Ieroboam au milieu de Iudee en la cõtree de Samarie, à Sychen ville capitale de tout leur Estat, declinerent à idolatrie. Et pource qu'ils garderent les anciés caracteres, Esdras & les Iuifs qui s'estoient retenus en la vraye religion du seul & vray Dieu, afin de n'auoir rien de cõmun auec eux voulurẽt vser d'autres lettres & escriture: & les Samaritains, ensemble leur posterité iusqu'auiourd'huy, ont tousiours gardé l'anciẽne. Car en tout le Leuãt il y a trois sortes & manieres de Iuifs: les Talmudistes, autrement les communs; qui exposent la loy à leur fantasie: les *Caraim* ou literaux qui s'arrestent du tout à la lettre, & au texte

Ffff iij

TRAICTÉ

de l'escriture, que seule ils reçoiuent, reiettans toutes humaines traditions: & ceux-cy sont fort abhorrez des autres: la troisiesme est des Samaritains; dôt voicy l'alphabet lequel tout ainsi que l'Hebrieu, le Chaldee, Syriaque & Arabesque, procede en dedans, à l'imitation du cours & mouuement de nature, de la main droicte vers la gaulche, ou du dehors en tirant vers l'estomac.

Alphabet Samaritain.

ꡀꡁꡂ	Aleph.	ꡃꡄ	Lamed.
ꡅꡆ	Beth.	ꡇꡈ	Mem.
ꡉꡊ	Ghimel.	ꡋꡌ	Nun.
ꡍꡎ	Daleth.	ꡏꡐ	Samech.
ꡑꡒ	He.	ꡓꡔ	Ain.
ꡕꡖ	Vau.	ꡗꡘ	Pe.
ꡙꡚ	Zain.	ꡛꡜ	Tsadde.
ꡝꡞ	Cheth. Hheth.	ꡟꡠ	Cof.
ꡡꡢ	Teth.	ꡣꡤ	Res.
ꡥꡦ	Iod.	ꡧꡨ	Shin.
ꡩꡪ	Caph.	ꡫꡬ	Tau.

EN voicy vn autre, aduoué & receu à Rome pour tel, selon le tesmoignage qu'en ameine Theseus Ambrosius.

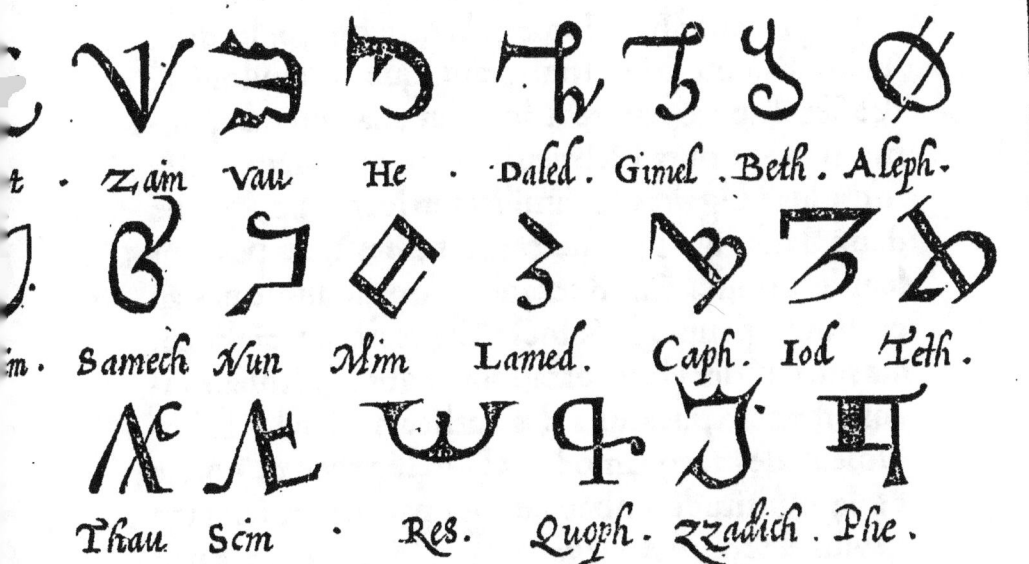

L'ANCIEN langage Chaldaïque deuoit estre le Babylonien, ceste ville estant pour lors le chef de toute la domination des Chaldees: Au regard des lettres, les vns tiennent que ce fussent les Samaritaines, & les autres, que c'estoient celles qu'on appelle du passage de la riuiere, que vous auez veu cy dessus.

Ierem. 21.4.
1. Esdr. 5. c.

Mais tant la langue que l'escriture ont souffert plusieurs mutatiõs du depuis: car durant les lxx. ans que les Israëlites demeurerent captifs en Babylone, il se fit vn meslange de l'Hebrieu & du Chaldee, tel qu'on peult voir par les escrits de Daniel & d'Esdras; plus és Targuns ou paraphrases de Ionathan, & d'Onkelos; le Targun aussi Babylonien, la Mischne, & les deux Talmuds, tant le Ierosolimitain, que le Babylonien, & assez d'autres œuures; dont les characteres neaumoins sont purs Hebrieux: mais ces paraphrastes son plus vulgaires & familiers en leur stille, que les deux dessusdits Prophetes; & ne sentent pas tant leur antiquité. Car d'autant qu'on ne lisoit pas au commun peuple la Saincte Escriture en Hebrieu, ains au lieu de cela les paraphrases qui en estoient aucunement explicatiues, les autheurs d'icelles s'estudioient de s'accommoder à l'intelligence & portee de la multitude imbecille, qui parloit vn langage moins elabouré & elegant que l'Hebrieu; tel à peu pres, s'il s'en pouuoit faire quelque assez propre & & pertinente comparaison, que pourroit estre l'Italian, ou plustost l'Espagnol enuers le Latin. Ceste-cy fut la premiere alteration de l'Hebrieu, & du Chaldaïque: depuis il s'en est fait tout-plein d'autres, tant du langage que de l'escriture; dont vsent encore pour le iourd'huy plusieurs nations espandues ça & là par l'Asie, & l'Arabie, viuans sous la domination du Turc, qui ont retenu le nom de Chaldees: & sous celle du Sophy Roy de Perse, qui les tollere en ses pays,

pays, bien que Chrestiens, mais tous entachez de l'heresie d'vn Nestorius iadis Euesque de Constantinople, dont l'erreur fut condamnee en la tierce Synode d'Ephese; mettans en nostre Sauueur deux personnes, l'vne diuine, & l'autre humaine; & n'aduouans la vierge Marie estre mere de Dieu, ains seulement de IESVS-CHRIST entant qu'homme: Niét au reste la preséce de son corps en l'Eucharistie, fors quant on l'vse; consacrent de pain leué, ainsi que les Grecs; & communient sous deux especes, iusqu'aux petites creatures. Mais le fort de leur residence est en Tartarie, en vne tresample estendue de terres, plus que ne contiennent toute la France & Italie iointes ensemble. Ils celebrent le diuin seruice en vn langage qu'ils disent estre le Chaldaïque; & en leurs liures de doctrine, vsent de ces caracteres icy; mais en leurs traffics & commerces, ils s'accommodent au vulgaire tant du parler que de l'escrire, des lieux où ils conuersent & traffiquent.

Gggg

TRAICTE

Heth . Zoy . Vuaff He . Dolath . Gomal . Beth . Aleph

Hee . Zemcat . Nun . Nym . Lameth . Kaph Ioch . Theth

Ou . O . I . E . A . Chaf . Syn . Res . Koph . Zsade. ſſe

CEST autre alphabet, Chaldee encore, eſt de çeux
qui conuerſent en Perſe & Medie.

DES CHIFFRES.

AVTRE alphabet Chaldee des particuliers habitans de Babylone, maintenant dicte Bagadet en la Mesopotamie, sous l'obeïssance des Othomans Empereurs des Turcs, qui fait frontiere au Sophy Roy de Perse. Et encore que tous vsent vulgairement du parler Turquesque, & langue Arabicque, & en leurs escrits des caracteres, neaumoins les naturels du pays, se sont de fort longuemain reserué à par eux, ceux qu'ils auoient receuz de leurs ancestres.

Gggg ij

TRAICTE

HHETH.	ZAIN.	VAV.	HE.	DOLAD.	GOMAL.	BETH.	OLAPH.
SONCHATH.	NVN.	MIM.	LOMAD.	LOMAD.	COPH.	IVD.	TETH.
THAV.	SEIN.	RIS.	QVOPH.	ZZODE.		PHE.	AIN.

Chaldée au rebours des autres.

MAIS en voicy vn autre que ie trouue inscrit Babylonien en la bibliotheque des Seigneurs Grimani Venitiens; ou cecy semble vn peu estrange, que toutes les lettres sont inscriptes à la mode Grecque, & de gaulche à droict, au rebours de tous les Chaldees. Ce qui pourroit parauéture proceder (autre chose est-il bien malaisé d'en coniecturer) des peregrinations & voyages que ces gens-là auroient faict parmy les

Grecs habituez és basses regions de l'Asie, & les caloiers du mont de Sinaj, & autres endroits de l'Arabie; les Armeniens pareillement, Iacobites, Georgianiens, Copthites, Abissins, & semblables, qui escriuét tous de la mesme sorte que les Grecs, & les Ponantins : Si que du commerce qu'ils ont eu par ensemble, retenans la figure ancienne de leurs caracteres, ils auroient seulement changé l'ordre de l'escriture. Mais si en cest endroit le coiecturer peult auoir quelque authorité & credit, ie mescroirois pluftoft que ce fust l'alphabet des Maronites, attendu mesmes que les lettres assignees aux caracteres, sot Grecques. Ces Maronites prindrent iadis le nom d'vn certain Maron Heretique, qui ne mettoit qu'vn intellect & volonté en IESVS-CHRIST, & par consequant qu'yne seule operation ; ouquel erreur, dont fut autheur vn Antiochien nommé Macaire, condamné en la VI. Synode à Constantinople, ils persisterent bien cinq cens ans ; & finablement l'abiurerent és mains d'Emery patriarche d'Antioche, se rengeans à l'obeïssance du siege de Rome : là où au concile de Lateran celebré sous le Pape Innocent III. ils receurent auec les autres traditions Catholiques, l'vsage des cloches, des mittres, crosses, & gros anneaux que les Prelats portent és doigts pardessus leurs gands; car en toutes les Eglises de l'Oriét ces choses là n'ont point de lieu. Pour le iourd'huy ce sont encore tous Chrestiés, mais composez de plusieurs pieces ; & espadus en diuers endroits de l'Asie ; mesme en Babylone,

TRAICTÉ

au monaſtere de Sinaj; & en celuy de S. Anthoine, ou S. Macaire, au grand deſert qui s'eſtend le long de la mer rouge front à front de l'Ethiopie, depuis la ville du Thor, iuſqu'en Adem principal apport de toute l'Arabie heureuſe; les vns Grecs, les autres Syriens, & Arabes; qui vſent de differends langages, & façons d'eſcrire.

L'AVTRE signalee alteration du Chaldaisme, a esté en la langue Syriaque ou Ierosolymitaine, qui garde quant & quât le nom de Chaldee, parce qu'elle participe de l'Hebrieu & du Chaldaïque, mais les caracteres sont differends des Hebrieux & Samaritains. Le *Thargum* ou paraphrase Ierosolymitaine, ensemble celle des prouerbes, sont presque pur Syrien: le nouueau Testamét aussi, fors l'Apocalypse, & quelques epistres des Canoniques, se trouuent escrits & imprimez en ce langage & caracteres; aportez de la terre Saincte, où certains Chrestiens qu'on appelle de la ceinture, espanduz par toute Syrie, mais principallement habituez és enuirons du mont Liban, en nóbre de plus de quatre mille mesnages, en vsent encore pour le iourd'huy au seruice de leurs Eglises; allegans les auoir euz de main en main successiuemét depuis le temps de IESVS-CHRIST, qui en vsoit, comme du vulgaire practiqué alors entre tous les Iuifs; car l'Hebrieu n'estoit que pour les hommes doctes, selon que le semble inferer ce passage de S. Iean, 7. *Dequoy les Iuifs s'esmerueilloient* (assauoir de la doctrine du Redempteur) *en disant; Comment est-ce que cestuy-cy peut sçauoir les escritures, veu qu'il n'a point apris les lettres?* Ces gens-là sont les reliques des Chaldeens, tous chrestianisez auiourd'hui, & reduits sous le Patriarchat d'Antioche, mais entachez des anciennes Heresies; iardiniers au reste, vignerons & laboureurs, car ils sont inutiles à la guerre, au trafic & manufactures; malins, doubles, rapineux, desloyaux entre tous autres.

Le Syriaque

Chrestiens de la ceinture en Syrie.

TRAICTÉ,
Premier alphabet Syriaque, de plus grosse lettre.

V	H	D	G	B	A
Vau	He	Dosad	Gomal	Beth	Olaph

L	C	I	T	HH	Z
Lomad	Coph	Iud	Teth	Hheth	Zain

P	GA	A	S	N	M
Phe. Pe	Gain. Ain	Somchath	Nun		Mim

TH	SC	R	Q		ZZ
Thau	Scin	Ris	Quoph		Zzode

E T cest autre est de la menue lettre courante, qui s'escrit plus commodeement, pour raison de ses liaisons, & se forme mieux, en la ramenant comme du hault en bas sur le papier, comme aussi faict l'autre; ou d'endehors vers l'estomac.

CECY

DES CHIFFRES. 303

CECY au surplus merite d'estre remarqué en passant, comme chose loüable en l'institution des ieunes enfans, & qui est digne d'estre imitee; Que les leurs aprenans l'A.B.C. ont accoustumé d'accompagner chaque lettre d'vn nom qui commance par elle; le tout ensemble venant à former vn preambule de prieres sainct & deuot, en ceste sorte.

A. Olaph; *Aloho*, Dieu: B. Beth; *Barnio*, le Createur: G. gomal; *Gabero*, puissant: D. Dolath; *Diono*, Iuge: H. He; *Hadoio*, l'humble; V. Vau; *Vaedo*, Promis; Z. Zain; *Zaiono*, norrissier: Hh. Hheth; *Hhanono*, misericordieux: Th. Theth; *Tobo*, bon: I. Iudi; *Iohubo*, liberal: C. Coph; *Cino*, droicturier: L. Lomad; *Imino*, pacifique: M. Mim; *Morio*, Seigneur: N. Nun; *Nuhero*, lumiere: S. Somchath; *Sabro*, esperance: A. Ain; Ga. Gain; *gobado*, gouuerneur: P. Pe, Phe; *Pharuquo*, Sauueur: zz. zzode; *Zhbo*, crucifié: Q. Quoph; *Quadiso*, Saincte, R. Ris; *Romo*, tres-haulte: Sc. Schin; *Sbihho*, glorieuse: Th. Thau; *Thlithoiutho*, TRINITE' *face nous mercy de nos faultes:* ou semblable requeste, qui suit les tiltres & qualitez dessusdites, à la volonté d'vn chacun. Il y a vingt-deux lettres comme aux Hebrieux, & s'escrit de mesme de la main droicte vers la gaulche.

Il se trouue deux autres alphabets sous le nom encore de Syriaques; mais ie les prendrois pluftoft pour Pheniciens, ou Ioniques; parce qu'ils procedent tout au rebours, de la main gaulche vers la droicte, à la mode des Grecs & Latins; des Ethiopiques aussi, & Armeniens; mais auec vne telle inscription de lettres, qui n'a rien de commun auec celles-là.

Premier alphabet Phenicien.

Luz. Bem. Cem. Dinni. Ethim. Fetim. Gith. Huth.

Iothim. Kauu. Lathim. Momi. Nichoim. Olyph. Phisai. Quemi.

Rophi. Sith. Toth. Vr. Xith. Xith. Yn. Ziph. ziph.

TRAICTÉ

Autre alphabet Phenicien ou Ionique.

N	B	I	⋈	ß	ⱴ	✳	ſ	N
A.	B.	C.	D.	E.	F.	G.	H.	I.

L	ⱷ	P	⋈	Π	L	N	D	M
K.	L.	M.	N.	O.	P.	Q.		R.

R	Ʋ	H	⋏	⋏	⋏	I	Z
S.	T.	Th.	V.	X.	Y.	Z.	

MAIS en cestui-cy, pour raison qu'il n'y a que les caracteres tant seulement, & des capitales romaines au bas, il a esté de besoin d'adiouster à part leurs appellations qui sont telles.

A. *Alemon*: B. *Bendi*: C. *Cath*: D. *Delphim*: E. *Ephri*: F. *Foiti*: G. *Gylipos*: H. *Hirnim*: I. *Ioith*: K. *Kiti*
L. *Lechim*: M. *Malachil*: N. *Nabdoti*: O. *Oith*:
P. *Porzeth*: Q. *Quitolath*: R. *Rafith*: S. *Salath*:
T. *Tothimus*: V. *Varalath*: X. *Xiroam*: Y. *Yaoin*:
Z. *Zocium*.

L'AVTRE langage qui est procedé de l'alteration de l'Hebrieu, selon qu'il a esté dit cy dessus, est l'Arabesque; fort ancien, comme venu d'Ismaël fils d'Abraham, & de sa feruante Hagar, lequel s'alla habituer en Arabie; & de luy, ses descendans ont tousiours gardé le nom d'Ismaëlites en general, autrement les Madianites : mais ils en ont deux autres subalternes; l'vn d'Hagareens, en l'ancien Arabesque dicts *El Magherin*, & des Hebrieux *Hagrim*, mot venant de laditte Hagar; & l'autre de *Elsarak* Sarrazins, de Sarra femme legitime d'Abraham, selon quelques-vns, mais ineptement comme nous dirons cy apres. Au regard des Hagareens, leur residence ferm'-arrestee fut establie anciennement en l'Arabie Petree, où est le mont de Sinaj, sur lequel fut donnee la loy à Moyse; qui auec les enfans d'Israel au sortir d'Egypte, demeura trente huict ans là és enuirons à rodder de costé & d'autre, sans aduancer plus d'vne iournee de chemin, comme le coĉte Rabbi Rambam fils de Maimon au 51. chapitre du 3. liure de son *More Haneuochim*. Ceste contree prit son nom de la ville capitalle d'icelle,

L'Arabesque.

Fueil. 296.

Genese 16. 17. & 20.

appellee Petra, assise sur le torrent d'Arnon, où jadis establit sa domination le Roy Areta, il y a quelques seize cens ans; du nom duquel furent depuis appellez les autres Rois ses successeurs, ainsi que ceux d'Egypte du premier Ptolomee fils de Lagus. Apres la mort de Mahomet, les Pontifes qui luy succederent tant au temporel qu'au spirituel, partans de là firent de grandes inondations & saillies de costé & d'autre; & s'emparerent de plusieurs prouinces circonuoisines, mesme de toute la Surie, où ils se fermerent de pied-coy à Damas, enuoians leurs capitaines auec de grosses & puissantes armees conquerir au long & au large. Et certes sous ces Pontifes il y eut d'aussi braues guerriers, & gens de lettres & d'entendemét, qui furent onques en tout le reste de la terre: mais les Sarrazins, que nous prenons communemét pour Mahometistes, ont de tout temps esté les plus insignes badolliers & volleurs de tous autres, sans auoir aucune demeure arrestee, ains voltigeans incessammét sans feu sans lieu à trauers les deserts, & destroirs des mótagnes, adiacétes à l'Assyrie, Mesopotamie, Surie, & Egypte; pour destrousser tant les passants en petit nombre, que les carauanes mesmes bié accópagnees, par toute la Palestine, Egypte & Afrique; & faisans à l'imporueu de grosses incursions & entrees sur les peuples circonuoisins. Ce n'est pas au surplus de Sarra femme d'Abraham que ce nom procede, comme abusiuement on le cuidde; ains de l'ancienne appellation, de ce peuple; dont Ptolemee parle en la description d'Idumee: mais plus particulierement Ammian Marcellin au 14. de ses histoires; *Saraceni tamen nec amici nobis vnquam, nec habendi, vltro citróque discursantes, quicquid inueniri poterat, momento temporis parui vastabant &c.* où il met que de son temps, qui fut plus de 250. ans auant Mahomet, tout estoit infesté de ces Saracins, depuis l'Assyrie iusqu'aux cataractes & saulx du nil, qui separét l'Ethiopie d'auec l'Egypte; exerçans les mesmes brigandages & destrousselmens que font encore pour le iourd'huy ceux qu'on appelle les Alarbes. Mais ce seroit chose par trop prolixe de parcourir tous les affaires des Arabes, & les diuers peuples à quoy s'eslargist & estend ce nom là; qui par l'espace de cinq ou six cens ans a dominé la plus-part de l'Asie, & Afrique, voire vne bonne portion de l'Europe; pour le moins toutes les Espagnes, dont les Rois de France les ont par plusieurs fois chassez: Il n'y a pas mesme cent ans qu'ils occupoient encore le royaume de Grenade, & l'Andelousie. Le parler au reste Arabic est le mesme que l'ancien, corrompu de l'Hebrieu & Chaldee; Si que c'est vn bien grand aduantage & abregement à ceux qui l'aprenét, de sçauoir quelque peu de l'Hebrieu; ayant tousiours eu fort grand cours, & mesme depuis que ceste grosse masse d'Empire Turquesque s'est establie; Si que des dix parts du monde, il se peult dire qu'il est en vsage enuers les six ou les sept, d'autant que toute la doctrine des Mahometistes est en ceste langue. Or combien elle est ancien-

TRAICTÉ

ne, ce seul passage de S. Ierosme en son prologue sur Daniel nous l'aprend assez, où il met que le langage de Iob conuient beaucoup auec l'Arabic ; ce qui monstre son affinité auec l'Hebraïque & Chaldee ; mais il a ses caracteres à part, qui ne ressemblent en rien quelconque ceux de l'Hebrieu, ny gueres plus aux Samaritains ; si font bien aux Syriaques, estans ronds les vns & les autres, auec de belles & gracieuses liaisons. En voicy l'alphabet.

‏ا‎	Elif.	A.		Lam.	L.
	Be.	B.		Mim.	M.
	Gim.	G.		Nun.	N.
	Dal.	D.		Sin.	S.
	He.	H.		Hain.	
	Vau.	V.		Fe.	F.
	Ze.	Z.		Tsad.	Z. ou TS.
	Che.	CH.		Caf.	K.
	Te, Ti.	T.		Re.	R.
	Ie.	I.		Ssin	S. ou Sch.
	Chief.	Ch. ou C.		Te.	T.

A PROPOS des Sarrazins dessusdits, l'autheur des passages d'outre mer leur attribue l'alphabet suiuant,

DES CHIFFRES. 307

uant, sans s'en expliquer dauantage; mais il tient aucunement de l'Arabe.

. Dal. Reh. Heith. Ezym. Tech. Te. Be. Aleph. Ayn.

h. Ta. Cdachus. Sad. Schyn. Szyn. Zaym. Re. Heche. Nun.

ym. Lam. Lam. Caph. Khab. Flea. Saym. Vuolstulapox. Ye. Lamoheph. Vua u.

LEs Chaldees au reste, & les Syriaques, au lieu du coma: ou de la virgule, au milieu de la clause n'estant encore paracheuee, mettent vn poinct; & *Punctiations.*

Iiii

à la fin quatre, variez de noir & de rouge, en ceſte ſorte ⁙ LES Arabes en ont de quatre façons; le poinct hault ainſi que les Grecs· ou bas comme les Latins. en lieu de virgule; ou bien le coma à guiſe du *Sheuah* Hebrieu, qui ſert de meſme: & pour le coma, & l'interrogant, ils ont trois poincts en forme de Segol ∵ mais ils en vſent de trois manieres, la poincte tornee contre-mont en façon de pyramide ∴ ou à droict∶· & à gaulche ·∶. La quatrieſme, qui ſert de poinct à la fin de la clauſe, eſt de quatre poincts en forme de lozange ou de croix ⁘ Ce qui ſe cognoiſtra plus apertement par ceſt exemple de l'Euangile: IESVS *leur dit· Ie ſuis venu en ce monde pour faire que ceux qui ne voyent goutte voyent clair. Et que les voyans ſoyent aueuglez* ⁘ *Ce qu'oyans quelques Phariſiens qui eſtoient venuz auec luy demanderent* ⁘ *Et ne ſommes nous pas aueugles nous auſſi* ⁘ *Il leur fit reſponce* ·⁘ *Si vous eſtiez aueugles vous n'auriez point de peché· mais pource que vous dites que vous voyez clair. voſtre peché demeure en vous* ⁘ LES Abyſſins ou Ethiopiens à la fin de chaque mot mettent communement deux poincts l'vn ſur l'autre en façon de coma: & au bout de la clauſe quatre en carré ⁘

AINSI donques que la langue Chaldee & la Syriaque ſont venues de l'Hebraïque, en ſemblable de l'eſcriture Samaritaine ſont procedez les caracteres Pheniciens, dont les Grecs ont pris la plus-part des leurs. Et par conſequant les Latins emprunté

S. Iean 9.

DES CHIFFRES. 308

ceux des Grecs, comme il a esté dit cy dessus. Voicy en premier lieu le commun alphabet Grec, tant des lettres capitales, que des menues & courantes.

A.	B.	Γ.	Δ.	E.	Z.	H.	O.
α.	β.	γ.	δ.	ε.	ζ.	η.	θ.
I.	K.	Λ.	M.	N.	Ξ.	O.	Π.
ι.	κ.	λ.	μ.	ν.	ξ.	ο.	π.
P.	Σ.	T.	Υ.	Φ.	X.	Ψ.	Ω.
ρ.	σ.	τ.	υ.	φ.	χ.	ψ.	ω.

LES trois qui suiuent cy apres, Grecs encore, sont moins frequents & vsitez, ains plus rares; extraits au reste de diuerses medailles, camaieux, marbres, & bronzes antiques: & ne fault pas trouuer cela estrãge, car nous voyons comme a changé depuis trois ou quatre cens ans nostre escriture; & les caracteres aussi de l'impression depuis cent ou six vingts.

Iiii ij

TRAICTÉ
Alphabet Grec.

a b g d E Z n θ y
. A . B . Γ . Δ . E . Z . H . Θ . I .

[L M ƕ Ʒ O & R
. K . L . M . N . Ξ . O . P .

ϻ ζ Γ F X Ψ Ω
. Σ . T . V . Φ . X . Y . Ω .

Autre alphabet Grec.

TRAICTÉ
Autre encore venu du leuant.

alpha	bita	gama	delta	e	zita	ita	thita	iota	cappa	labda	mi
ⲁ	β	Γ	Δ	ε	Ӡ	H	Θ	ι	K	λ	μ

ni	pi	oucron	pi	ro	sigma	tan	ypsilō	phi	chi	psi	omega
ρ	ξ	ο	π	ϱ	σ	τ	υ	ϕ	χ	ψ	ω

ARME-NIENS.

RESTE à ceste heure de poursuiure icy tout d'vn train les alphabets des nations qui ont pris l'ordre & suitte des lettres Grecques; ensemble leurs appellations : & premierement des Armeniens, peuple autrefois venu des Arameens, que Pline liu. 6. chap. 17. prend pour les Scythes. Ils ne viuent pas seulement en la grande & petite Armenie, mais par tous les pays en general des Mahometistes, auec de bien grādes immunitez & franchises; car il ne se faict point d'esclaues d'eux cōme des autres peuples Chrestiens, par vn priuilege special à eux octroié du legislateur Mahomet, pour l'auoir quelquefois receu & traicté debonairement; & aussi qu'ils estoient Nestoriens comme luy, ouquel erreur ils persisterent iusques au temps du Pape Eugene III. enuiron l'an 1150. Ce sont au reste bonnes gens & paisibles, la plus-part vignerons & iardiniers, des meilleurs de tout le leuant : mais il y en a aussi de marchants fort riches, qui font de grands trafficqs de costé & d'autre, en camelots, mocayars, toilles de cotton, draps de soye; d'or & d'argent; & tapiz exquis de Perse, Bourse, &

du Caire. Ils portent des dolimans ou longues iuppes, & des cafftans, robbes longues à mettre pardessus, presque conformes à ceux des Turcs, le Turbant aussi tout de mesme, mais billebarré de blanc & de rouge. Geoffroy de Vill'hardhuyn au 8. de son histoire, met que du temps que les François & Venitiens liguez ensemble conquirent Constantinople, ils firét tout-plein de bons seruices au Prince Henry, frere du Comte Bauldouyn de Flandres, esleu lors le premier Empereur François, de la Grece, pendant qu'il faisoit la guerre aux Grecs de l'Anatolie, pres la ville de Landrimiti, il y peult auoir quelques 380. ans: Mais comme il fust repassé en Europe, eux qui le suiuoient estans demeurez derriere auec leurs mesnages en nombre bien de vingt mille ames, furent acconsuiuiz des Grecs, & tous iusqu'aux femmes & petits enfans taillez en pieces sur la place. De faict ils ont esté de tout temps si mortels ennemis des Grecs, qu'ils s'allieroient plustost aux Iuifs & Mahometans qu'auec eux; tant pour l'infamie qu'ils en receurent autrefois, les ayans reietez de leur communion comme heretiques, que pource qu'ils conuiennent en la plus-part de leurs traditions & ceremonies auec l'Eglise Romaine; mais ils ressentent encore ie ne sçay quoy de leur ancien Nestorisme. L'Armenie au reste a esté de fort longuemain diuisee en deux; la grande, & petite: Celle-là appellee à ceste heure la Turcomanie, dont le Sophy en possede la meilleure part; car mesme la ville de Tauris capitale maintenant de tout son Empire, y est situee, confine deuers le Septentrion à la Zorzanie, & la Mengrelie; au leuant, à la mer Hyrcanique, autrement Caspienne, & d'Abacuc, & à la Medie; au midy, elle a la Mesopotamie & Assyrie; & au Ponant, le fleuue d'Euphrate, & la petite Armenie. Au milieu de la grande il y a vne montagne fort haulte, en tout temps couuerte de nege, dont le circuit contient deux bonnes iournees de chemin; au hault de laquelle l'on dit que l'arche de Noë s'arresta apres le deluge vniuersel, parquoy on l'appelle encore à ceste heure *Thoura aram Noë*, *La montagne de Noë en Armenie*, qui en Hebrieu est dicte *Aram*. LA petite Armenie est bornee du mont du Taur, en leur vulgaire *Cortheſtan*, de la Galatie, Cappadoce, Paphlagonie, & la mer maiour; maintenant reduitte presque toute sous l'obeïssance du Turc. Quelques-vns la veullent confondre auec la Cilice, qu'on appelle Caramanie, & en plusieurs endroits de Chalcondyle, *Aladoly*; meuz de ce que la ville de Seleucie, maintenant *Silephica*, qui sans doute souloit estre anciennement de Cilice, est comprise pour le iourd'huy dedans la petite Armenie; laquelle prit ce nom là enuiron l'an 1230. que deux Princes appellez Rubin & Leon freres de l'Infante Armenie, luy donnerent son nom, l'ayans retiree des mains des Turcs, lesquels s'en estoient emparez. Car quand ils sortirent de la Tartarie, les Armeniens furent les premiers assaillis & troussez par eux, si qu'ils perdirent leur Royaume; neaumoins ils cõtinuerent tousiours

Marco Polo liu. 1. chap. 4.

Iosapho Barbaro en son voyage de Perse, chap. 4.

toufiours du depuis en la foy Chreftienne, où ils fe font fi conftamment maintenus, que mefme nommant vn Armenien par tous les pays du Turc, on entend foudain par là vn Chreftien ; mais quand ils fe Mahometifent, ils perdent ce nom d'Armenien. Quant à leur creance & religion d'auiourd'huy, nonobftant qu'ils different en certaines chofes de l'Eglife Latine, fi font-ils bien plus efloignez de la Grecque : car pour toufiours f'en plus diuifer, & des Suriens auffi qui font leurs partialiftes & emulateurs, ils mangent de la chair certains Vendredis ; & y boiuent du vin, enfemble tels autres enyurans breuuages. Autrefois pendant qu'ils eftoient encor gouuernez fous vne royauté particuliere, leur *Melich* c'eft à dire Roy.eftoit fouuerain auffi bien en la fpiritualité comme au temporel ; à propos de ce que dit Virgile, *Rex Anius, Rex idem hominum, Phæbique facerdos* ; mais maintenant ils ont vn Primat qu'ils appellent le Catholique. Leurs preftres font mariez ; mais auant que de dire meffe, ils f'abftiennent trois iours de fuitte de coucher auec leurs femmes ; les Grecs vn feulement ; & ont vne large & ample corone au fommet de la tefte ; le furplus de leur cheueleure efpandue tout à l'entour tant qu'elle peult croiftre ; & la barbe pareillement, à guife des Nazareens ; car ils n'en roignent iamais rien fors la deffufdite tonfure, que les feculiers portent auffi au mefme endroit, mais traffee en forme de croix, depuis l'an 744. que fe trouuans fort moleftez de guerre par

Kkkk

TRAICTÉ

les Suriens, ils furent admonestez en reuelation de
s'accoustrer de ceste sorte, dont tout incontinent
apres ils vainquirent leurs ennemis. Les prestres sont
fort venerables & reformez autant que nuls autres:
& encore que leur seruice aproche plus des ceremonies Latines que nompas des Grecques, mesmes
quant à la façon de leurs calices & platines, neaumoins ils le celebrent en leur vulgaire, & l'assistance
y respond de mesme: & quand on chante l'Euangile
Osculum ils se leuent tous, & s'entrebaisent à la ioüe en signe
pacis. de reconciliation, paix & amour fraternelle. Leur
Eucharistie est azime comme la nostre, c'est à dire
de paste sans point de leuain, en forme d'vne hostie
ronde; laquelle estant consacree ils mettent sur la
platine, & ainsi la leuent & monstrent au peuple;
Puis le calice consequemment, qui est ou de cristallin, ou de bois; & n'adioustent point d'eau dans le
vin. Ils font confirmer les ieunes enfans par vn simple Prestre: Ne reçoiuent point les ordres de Diacre
ne de soubsdiacre, ains de Prestrise tant seulement.
Ne festent pas la natiuité de nostre Seigneur ainsi
que nous, ains ieusnent austerement ce iour là; & en
recompence solemnisent d'vne bien grande deuo-
Cela leur tion le iour de l'Epiphanie, qu'ils prennent pour sa
est commun naissance spirituelle; estimans qu'en ce propre iour
auec les
Ethiopiens. il fut baptizé par S. Iean au fleuue Iourdain. Ils font
leurs prieres & oraisons presqu'à la mode des Turcs
ou Arabes, bas accroupis sur les tallons, & baisent la
terre par trois fois; là où les Turcs deux seulement;

les Grecs prient tout debout. DE tous les sainct̄s
ils ont en plus grand' reuerence l'Apostre S. Iacques *Les Ethio-*
le Maieur, qu'ils tiennent pour leur protecteur & *piens font*
patron ; duquel ils ont vne fort belle Eglise en Ie- *de mesme*
rusalem, bastie pres du lieu où il fut decollé ; & d'autres encore, où ils s'assemblent en grand nombre.
QVANT au caresme, ils le font au mesme temps
que nous, mais bien plus austerement sans compa- *En tout ce-*
raison, car ils n'y boiuent point de vin, & ne man- *cy ils con-*
gent chose quelconque qui ait eu vie, nompas mes- *tiennent*
me du beurre & de l'huille, ny autre maintenement *auec les*
& liqueur sauoureuse, ains viuent seulement d'her- *Grecs, &*
bes, & quelques maigres potages de legumes assai- *Ethiopiens.*
sonnez seulement d'vn peu de sel ; d'oliues seches
non confittes, & semblables choses de peu de goust,
& moins d'appetit. ILs ont finalement leurs cemetieres à part, ainsi que toutes les autres sectes &
religions. LEVR commun parler & vulgaire est le
Turquesque; & leur escriture, l'Arabique, parce qu'ils
conuersent & traffiquent parmy eux ; mais en leur
seruice diuin ; & en leur deuis & negoces priuez,
ils vsent de leur langue particuliere, & de leurs caracteres ; dont il s'en trouue de deux sortes, l'vne plus
ancienne que l'autre, comme le marque Iosapha Barbaro en son voyage de la Perse, chap. 17. *Le chasteau*
(dit-il) de Curcho, au frontispice de la grand' porte à
certaines inscriptions grauees en marbre, qui monstrent
estre de lettres bien formees, Armeniennes comme on te-
noit là, mais d'autre façon que celles dont vsent les Arme-

Kkkk ij

TRAICTE'

viens d'apresent, attendu que ceux qui estoient en ma compagnie ne les peurent lire. En voicy deux alphabets aucunement differends l'vn de l'autre, mais non tant que semble inferer la relation dessusdite.

Premier alphabet Armenien.

Ա	Ա	Բ	Գ	Դ	Ե	Զ	Է	Ը	Թ
A.	A.	BP.	GC.	DT. EIE.	Z.	ÆE.	IE.	TH.	

Ժ	Ի	Լ	Խ	Ծ	Կ	Հ	Ձ	Ղ	Ճ
GZX.	I.	L.	HH.\DH.TZ.ZZ./	CGKQ.	H.	\SS.TS.X./	GL.L.I.G.H.		

Մ	Յ	Ն	Շ	Ո	Չ	Պ	Ք
M.	I.	N.	SC.	O.	S.Z.	PB.	PB.

Ջ	Ռ	Ս	Վ	Տ	Ր	Ց	Փ
SC.CH.Q.Z/RRH.	S.	S.	V.	T.D.	R.	\ZT.ZZ/Y.	P.PS.

Ք	Ու	Փ	Օ
CH.	EV.	PH.	O.

DES CHIFFRES. 313
Autre alphabet Armenien, auec l'appellation de leurs lettres.

[alphabet table with Armenian letters and their names]

Ayp. A   B. pien. b dur. entre   G. quim   Dta dur. entre. Iech   Za. z.
        B. et p.   fort entre e. et g. D et t

j Iet. je   Io.   Ge. g.   Im. j.   Luan. L.   Che. ch.   Tza. tz.

                                                                                      Mm
gnian pronõce. Hho aspiratiõ. Tsa. th ou. Gat. g cõme on le. Gie g. serrat. Hj. h ou j.
nt du palais. forte ou double. Ss. dur   pronõce auec a ou. La langue au palais.

u. N.   Scha sch.   Vua conso-   Ccha c fort.   Be. B.   Gge. G. dur.   Ra R.
                       v. consonati. ou double.

e s.   Vief. D.   Tm. t.   Re R.   Tso. s forte.   Vn fun. fun. Piur. Ke. K. Ief   Phe Ph

LES Iacobites ont auſſi leur alphabet arrengé à la mode Grecque, & les appellatiõs de leurs lettres fort en aprochantes; vſans meſme de ceſte langue, qu'ils eſcriuent de leurs caracteres qui ſont tous Grecs, mais deprauez & peruertis, au ſeruice eccleſiaſtique: & pour les affaires du monde, de leur vulgaire, qui eſt comme moyen entre l'Armenien & le Tartare. Mais

Kkkk iij

ce n'est pas vne nation, ains secte & heresie aiant pris son nom de certain Iacob disciple d'vn Patriarche d'Alexādrie qui les empoisōna de l'erreur de Nestorius, qu'ils ont tousiours depuis tenue sans la desmordre, differéte des traditiós de l'Eglise Latine & Grecque, dōt ils furent long tēps a banniz & excommuniez par Dioscore Patriarche de Constantinople ; & encore pour le iourd'huy le leur s'appelle Iacolit, lequel ordóne leurs prelats & ministres, auec les sacremens à leur mode. Ceste secte prit son origine d'Eutyche, qui entre ses autres impietez maintenoit IESVS-CHRIST n'auoir pas pris son corps de la Vierge Marie, ains estoit penetré dans son ventre ainsi qu'vn clair rayon de Soleil ; reiectans au reste toutes sortes d'images és tēples. Ils ont vne chappelle pour eux en l'Eglise du S. Sepulchre dans la ville de Ierusalem, où ils font leur office à part, tout ainsi que les Latins, Grecs, Abissins, Armeniens, Georgiés, & Maronites, qui sont le mesme que les Chaldees ou Syriens, chacun endroit soy ; car ces sept natiōs & sortes de gens sont admises en ceste Eglise, & y ont leur residence pour leurs consemblables qui y vont en pelerinage. Mais ces Iacobites sans auoir nulle part demeure à eux propre & ferm'-arrestee, sont espanduz en diuers endroits de l'Asie, & Egypte, voire iusqu'en Nubie, & Ethiopie, & en plus de 40. royaumes tant de terre-ferme que des isles à l'orient & au midy, parmy les Mahometistes, dōt ils ont emprunté leur circoncision ; outre laquelle ils cauterisent d'vn fer

Marco Polo liu. 1. chap. 6.

chauld les petits enfans au front, ioües & mains, de
certaines marques; estimãs par là d'accomplir & effectuer ce baptesme au S. ESPRIT, & au feu, que S.
Iean Baptiste remet à no●●●●ueur. Ils font encore   s. Matthieu
les mesmes stigmates & ●●●ques à leurs bras, mais   3.
en forme de croix, pour la reuerence qu'ils portent à
ce tressainct & vertueux signe; & mettre quelque
difference entr'eux, & les autres, tant Chrestiens, que
Iuifs, & Mahometistes, où ils couersent pesle-mesle.
Ils ne confessent pas leurs pechez aux prestres, mais à
Dieu seul; prenans pour cest effect vn rechauld où
ils iectent vn peu d'encens; & estimét qu'auec la fumee leurs offenses montét là hault, où elles leur sont
remises & effacees. N'admettent au reste qu'vne nature en IESVS-CHRIST, tout ainsi (dient-ils) qu'il
n'y a qu'vne seule personne, suiuant les traditions dudict Euthyches; & en remembrance de ce ne font le
signe de la croix que d'vn doigt. Quelques-vns d'entr'eux se sous-diuisent encore à vne autre secte, constituans des deux natures estans en luy, vne tierce qui
en resulte: Communient petits & grands indifferemment sous deux especes. Et quant à leur langage,
ils en ont vn propre & particulier pour entr'eux, ainsi que l'Hebrieu est aux Iuifs; & vne escriture pareillement, telle qu'elle est icy representee; mais ils
vsent par mesme moien de ceux des contrees où ils
habitent & conuersent, qui est communemennt plus
au Caire.

TRAICTÉ

L'alphabet des Iacobites.

ⲁ	Ⲃ	Ⲅ	Ⲇ	Ⲉ	Ⲉ	Ⴝ	Ⲏ	Ⲏ
ALPHA	VVEDA	GAMMA	DELDA	E	ZSO	SYETA	HEDA	THEDA

Ⲓ	Ⲕ	Ⲗ	Ⲙ	Ⲛ	Ⲝ	Ⲟ	Ⲡ	Ⲣ
IODA	CABA	LAVDA	ME	NYN	AXI	OFF	PI	RV

Ⲥ	Ⲧ	Ⲩ	Ⲫ	Ⲭ	Ⲯ	Ⲱ		
SIGMA	TAF	HE	PHI	CHI	EPSI	O		

Ϣ	Ϥ	Ϧ	Ϧ	Ϩ	Ϫ	Ϯ		
SCHEY	VEY	CHA	CHY	HORI	GEVSA	SIMA	DY	

LES Çophtites ont l'appellation de leurs lettres toute de mesme que les Iacobites, mais les caracteres sont aucunement differends, en nombre aussi de trente-deux. Postelle en son traicté des lettres Pheniciennes

niciennes les confond auec les Iacobites, combien
qu'ils soient plus particulierement Egyptiens; &
Chrestiens de plus longuemain: dits ainsi au reste
de la ville de *Coptus*, dont parle Plutarque au traicté
d'Osyris; & Pline liu.5.chap. 9. qui luy attribue l'vn
des Sieges & gouuernemens de l'Egypte. Diocletian
l'an 19. de son Empire qui eschet au 306. de salut, en
fit bien martyriser sept vingts mille, & confiner infinis autres en exil; Parquoy d'vne si horrible boucherie & execution, ils ont tousiours depuis commancé à compter leur *æra*, qui est la dacte de leurs
annees, comme à nous la natiuité du Sauueur. Ils
appellent le PERE *Phiot*, & le FILS *Pfcirim*: &
comptent par les lettres de l'alphabet, ainsi que les
Hebrieux, Chaldees, Grecs, Macedoniens, Dalmates
ou Esclauons, & autres: mais les Arabes, & Indiens,
par certaines notes numerales destinees à cest effect;
& les Latins pareillement.

LIII

TRAICTÉ

L'alphabet des Cophtites.

Λ	ℬ	Σ	Ӿ	F	ℰѴ	Ⲍ	Ⲕ	ЄЄ
ALPHA	VVEDA	GAMMA	DELDA	E	ZSO	SYETA	HEDA	THEDA

8	ⲕ	Ⲗ	ⲙ	ⲚѴ	Ⳅ	Ⲩ
IODA	CABA	LAVDA	ME	NYN	AXI	OFF

Ⲡ	Ⲣ	Ⲥ	T	Ⲭ	Ψ	Ⲭ	ⳃ
PI	RV	SIGMA	TAF	HE	PHI	CHI	EPSI

Ⲱ	Ϣ	Ϥ	ϩ	Ϧ	Ϫ	Ϯ
O	SCHEY	VEY	CHA·CHY	HORY	GEVSA	SIMA·DY

LES Georgianiens, dits des Turcs & Tartares *Iurgianlar*, ont aussi la mesme appellation & nombre de lettres que les dessusdits Iacobites, & Cophtites, mais leurs caracteres plus conformes beaucoup à ceux des Grecs, dont ils ne different de gueres. Ils ont pris ce nom du valeureux martyr S.

George, l'image duquel ils portoiēt en leurs bannieres & enseignes, parce que ce fut luy qui planta le premier en ces quartiers là, proche-voisins de Cappadoce, dont Angorie est la ville capitale, la foy Chrestienne, si qu'ils l'ont eu tousiours depuis en fort grande veneration. Toutesfois Calchondyle met que du temps du grand Constantin, leur Royne aiant esté guerie d'vne tres-griefue maladie par vne femme Chrestienne, ils furent lors conuertis à la foy. Au reste la Georgianie, comme on l'appelle maintenant, est ce que Strabon, Pline, Ptolemee, & autres Geographes nomment Hiberie, qui fait vne portion de l'ancien royaume de Colchos, pres de Trebisonde, & du fleuue Phasis, maintenant le *Fasso*, qui se va rendre dans le Pont Euxin ou mer maiour; là où ceste prouince se va estendre d'vn costé, & de l'autre atteindre la mer Hircanique, & la grand'Armenie. Mais outre ceux qui y habitēt pour le iourd'huy, gens tres pauures & miserables en toutes leurs façons de viure, il y en a d'espanduz en diuers endroits de l'Asie; & mesmes en Ierusalem vn bon nombre, qui outre l'oratoire qu'ils ont en l'Eglise du S. Sepulchre, y occupent tout-plein de lieux saincts, par especial le mont de Caluaire, où au propre endroit ouquel fut plantee la vraye croix, ils ont vne chapelle & autel; & vne Eglise dicte des Anges, où estoit la maison du Pontife Anne. Autrefois ils furent si craints & respectez des Mores, du Souldan du Caire, & apres des Turcs, qu'ils entroiēt

LLll ij

enseignes desploiees iusque dans la ville; exemps auec cela du Tribut appellé *Carazzi* qui se leue pour chaque teste, sur toutes sortes de Chrestiens: ny encore iusqu'auiourd'huy personne ne les a osé assaillir, nompas le Turc, ny le Perse, ny les Tartares, nonobstant qu'ils tiennent la religion Chrestienne, neau-

Heresie de Nestorius. moins de la secte de Nestorius, iadis Euesque de Cõstantinople, dont l'erreur fut condamné en la tierce Synode d'Ephese, mectant en nostre Sauueur deux personnes, l'vne diuine & l'autre humaine; & nioit la presence de son corps en l'Eucharistie, fors quand on l'vse; n'aduouans la vierge Marie estre mere de Dieu, mais seulement de IESVS-CHRIST, entant qu'homme: & autres telles impietez, communes auec celles des Iacobites: Mais parauenture que les dessusdits ne se sont pas donné grand' peine de leur courir sus, pour raison de leur pauureté & misere, & de la difficulté du pays, qui ne meritoit pas le conquerir; les laissant là pour tels qu'ils sont, afin de leur seruir reciproquement de barriere des vns aux autres; car ils ne sont pas si vaillans qu'ils souloient, ains la plus-part gens pusillanimes, hebetez, & faitsneans. Ils suiuent maintenant en tout & par tout les traditions de l'Eglise Grecque, & vsent de ceste langue & escriture en leur seruice, mais de caracteres aucunement differends: En leurs negociations & affaires, ils s'accommodent du Turquesque, Arabe, & Chaldee.

Alphabet des Georgianiens.

Αα.	ΒΒ.	Γv.	Δδ.	ΕΕ.	ε.	ᲒᲒ.
Alpha. a.	Veda. V. consonante.	Gamma. G.	Delda. D.	E.	e.	Tzo. sti.
Ζ ʒ.	ΗΝ.	Θθ.	18.	Κκ.		Μ.
Zeta. z.	Eloni.	Theta. th.	Toda voielle.	Cabda.		Lambda. l.
Μx.	Nv.	Ξ ξ.	Οο.	Ππ.		π.
My. m.	Ny. N.	Xi. x.	O. o.	Phi. P.		
Pρ.	Cc.	Ττ.	Υv.	Φφ.		Χx.
ou. R.	Sigma. S.	Ta. T.	Hje.	Phi. Ph.		Chi. ch.
Ψψ.	Ωω.	Шɯ.	Ԇ ԇ.	ᲮᲮ.		
si. Ph.	omega.	Schi. sch.	Vue. u. com. or. v.	Gimsa. Sinna. s.		T.

QVANT aux Egyptiens peuple si ancien & si renommé en toutes sortes d'arts & sciences; si puissant au reste, qu'il se lit qu'autrefois il y eut bien iusqu'à vingt mille villes habitees, là où pour le iourd'huy à peine s'y en trouue il cinq ou six, auec dix ou douze

Llll iij

bourgades, & en outre si belliqueux, qu'ils ont esté du leurs conquestes, & donné la loy à la plus grand' part de la terre, il ne fault point faire de doute qu'ils n'aient eu aussi vn langage à part, & vne escriture, non tant seulement des notes & marques qu'on appelle les Hieroglyphiques, leur seruans de chiffre secret reserué aux Rois & aux Prestres, mais de lettres communes aussi, dont se peust former vn contexte exprimant par le menu lettre à lettre toutes sortes de conceptions, ainsi que l'Hebrieu, Grec, Latin ; selon que l'infere assez ce passage allegué cy deuant d'Apulee au fueil. 251. Et Tacite en l'onziesme de ses annales : *Que les Egyptiens furent les premiers, qui par figures d'animaux representerent leurs pensees & conceptions ; dont se voient encore de tresanciennes marques de remembrance à la memoire des personnes, grauees en marbre ; eux se maintenãs auoir esté les inuenteurs des caracteres à escrire.* Et au second : *De là Germanicq s'en alla visiter les reliquats des anciennes Thebes, où il y en auoit de tressignalez demeurans ; & en de grosses masses de pierre des lettres Egyptiennes taillees, qui contenoient leur tant grande par le passé opulence & pouuoir. Surquoy aiant esté commandé à l'un de leurs plus anciens Prestres d'interpreter ce qu'elles vouloient dire en leur langue, il racomptoit, que iadis en ceste cité il y auroit eu d'ordinaire bien sept cens mille combattans ; auec lesquels le Roy Rhamses auoit subiugué la Lybie, & Ethiopie, les Medois & les Perses ; Plus conquis la Prouince de la Bactrienne, & la Scythie ; ensemble toutes les terres que possedent les Sy-*

riens, Armeniens, & Cappadociens leurs proche-voisins; ayant estendu son Empire le long de la coste, depuis la mer de Bythinie iusqu'à celle de la Lycie. Se lisoient outre-plus les tributs imposez à ces nations ; le poix de l'or & de l'argent qu'ils deuoient fournir chacun an ; le nombre d'armes, & de cheuaux ; l'iuoire, les aromates & parfums pour offrir és temples, la quantité de bled, & autres viures, vstancilles & municions que chaque pays contribueroit: Tout cela non moins magnifique que ce que leuent pour le iourd'huy les Parthes sur leurs subiects de force, & la domination des Romains sur les peuples par eux conquis. Toutesfois Ammian Marcellin au 17. de ses histoires, apres auoir deduit comme és obelisques d'Egypte estoient grauees en chaque face infinies notes & marques appellees hieroglyphiques, d'oiseaux & bestes estranges, voire (dit-il) d'vn autre monde; il adiouste ces mots icy, qui semblent aucunement contrarier à ce que dessus: *Les anciës Egyptiens n'escriuoient pas comme à ceste heure, qu'vn nombre limité de lettres, & fort aisé, exprime tout ce que la pensee humaine peult conceuoir, ains chaque caractere seruoit pour vn mot à part ; & par fois formoit vn sens complet de plusieurs parolles.* Par où il semble inferer que les anciens Egyptiens n'auoient pas l'vsage des lettres & de l'escriture distincte ainsi que nous, mais tant seulement de certaines notes qui representoient vn sens entier, selon les deux exemples qu'il en ameine; du vaultour qui signifioit la nature, d'autant qu'entre ces manieres d'oiseaux il ne se trouue point de masles, ains tant seulement des femelles, qui à certaine saison de l'annee s'empregnent du vent: & la mousche à miel denotoit le Roy, ensemble les deux conditions qu'il deuoit auoir; l'vne de debonaireté & douceur conforme au miel; & l'autre de seuerité & rigueur representee par l'esguillon. De ces hieroglyphiques il ne s'en voit qu'assez de restes encore, en de grands & petits obelisques, bases de sphinges, & autres marbres apportez à Rome d'Egypte, dont Pline fait bien ample mention au 36. liu. chap. 9. Et le mesme Ammian Marcellin au lieu preallegué, insere en lettres & langage Grec l'explication du plus grand, sous le nom dudit Rhameses. Au regard du parler commun, & de l'escriture, nous n'en auōs, ce crois-ie, rien, ou fort peu: Au moien dequoy ces deux alphabets attribuez aux Egyptiens, me sont vn peu incertains & suspects: nonobstant cela toutesfois ie n'ay laissé de les adiouster icy auec les autres, dont il y en a encore de plus scabreux: Ioint que le premier me semble tenir ie ne sçay quoy de ce *capreolatim* d'Apulee; & les appellations des lettres s'y conformer, telles que vous les voyez cy apres; vingt quatre en nombre, autant qu'il y en a en l'alphabet Grec: Neaumoins Plutarque au traicté d'Osyris, en met 25. selon la multiplication carree du Cinq, autant qu'Apis vescut d'annees.

Premier

Premier alphabet Egyptien.

A . B . C . D . E . F . G . H .

I . K . L . M . N . O . P . Q .

R . S . T . V . X . Y . Z . Th .

TRAICTÉ
Autre alphabet Egyptien.

A . B . C . D . E . F . G . H

I . K . L . M . N . O . P . Q

R . S . T . V . X . Y . Z . Th

Les appellations des lettres Egyptiennes.

A. Athoim. B. Beinthin. C. Chinoth. D. Dinain. E. Eny. F. Fin. G. Gomor. H. Heletha. I. Iamin. K. Kaita. L. LuZain. M. Miche. N. Nain. O. Olelath. P. Pilon. Q. Quyn. R. Iron. S. Sichen. T. Thela. V. Vr. X. Xiron. Y. Yph. Z. Zain. TH. Thau.

DES CHIFFRES. 320

Et pour ne partir point encore de ce propos, voicy vn autre alphabet inscrit & receu communemēt par tout pour hieroglyphique; mais à quel tiltre, ie ne le puis pas affermer. Il est pareillement de 24. lettres.

A	B	C	D	E	F	G	H
I	K	L	M	N	O	P	Q
R	S	T	V	X	Y	Z	Z

SI les deux alphabets cy dessus sont vn peu suspects & douteux, les subsequents ne le doiuent pas guere estre moins : car c'est chose assez cogneuë depuis cent ans en çà, quels peuuent estre les vrays caracteres des Ethiopiens Abyssins, qu'on appelle Indiens aussi, ensemble leur maniere d'escrire, qui va de gaulche à droict ainsi que la nostre ; là où ce premier alphabet assigné ausdits Indiens en la bibliotheque Grimanienne, procede au rebours de droict à gaulche, comme fait l'Hebrieu, le Syriaque, & l'Arabesque ; bien est vray que la langue Abyssine est presque toute tissuë de ces trois là : Aumoié dequoy ce ne le peult estre ; ny des Indiens nomplus de la Chine, & de Cataj, qui escriuent du hault en bas, ainsi qu'il a esté dict cy deuant. Neaumoins l'appellation des lettres de cest alphabet se conforme à celle de l'autre qui suit apres, assigné nommeement ausdits Abyssins par l'autheur des passages d'outre mer, où il afferme l'auoir eu tel de leur ambassade, lors qu'ils vindrēt prester l'obediéce au S. Siege Apostolique sous Sixte quart, enuirō l'an 1482. On appelle cōmunemēt, mais mal à propos, leur *Aceque* ou Empereur, autrement leur *Neguz* ou Roy, פרסתגאני *Prestegiani*, qui en lāgage Persien, lequel a grād cours par toute l'Asie, signifie autant qu'Apostolique, comme qui voudroit dire Roy Chrestien & fort Catholiq, assauoir נגוש חוריו *Negusch Chauuariauui*. Or ce qui leur donne encore ce nom d'Indiens, nonobstāt qu'ils soient ainsi loing de là, en Afrique, vient de ce qu'vn grand Terrien nommé Prestegian domina autrefois la plus grand'-part de la profonde Asie, iusqu'aux dernieres extremitez de la terre vers le Leuant en la Chine, & à Chatai; tant qu'à la parfin, il y peult auoir pres de 400. ans, ces Seigneurs là furent depossedez de la meilleure part de leur heritage par Cingis Can premier Empereur des Tartares, qui de l'aneantissement de ceste domination establirent la leur si puissante. Cin Can puisapres fils dudict Cingis; & Bathi fils de Cin Can, acheuerent de chasser du tout les Abyssins & leur principaulté hors d'Asie, les rembarrans iusques pardeça la mer rouge en Ethiopie, où ils ont tousiours regné du depuis. Mais nous traicterons celà plus à plain & par le menu Dieu aidant, en nos annotations sur l'histoire de Chalcondyle.

TRAICTÉ

Alphabet des Indiens, de la bibliothèque Grima-nienne.

hhethu. Zaiu. Vuauf. He. Danleztim. Gamelie. Bethu. Alephu.

e. Sachmucheth. Nun. Memim. Lamedu. Caphu. Jodo. Tethu.

Thauuuo. Sahnun. Resu. Cophu. Zacde. Pse.

DES CHIFFRES.

Autre alphabet des Indiens Abyssins tiré des passages d'outre-mer.

MAIS voicy celuy qu'ils ont eu de fort longue-main en vsage, & ont encore; ouquel il y a vingt six caracteres, dont les quatre derniers sont lettres ac-

couplees en syllabes par forme d'abreuiation, enquoy ceste escriture abonde fort, comme on peult
voir au traicté de Postelle des douze langues, & au
calendrier Abissin inseré par le sieur de la Scala en
son liure de l'Emendation des temps: Enquoy cecy
est bien à remarquer sur le propos du fueil. 290. b.
que leur *Teth*, a la figure d'vn T. ou potence de S.
Anthoine; & le *Tau* celle d'vne croix parfaicte. Au
reste leur alphabet procede non à la façon des Hebrieux, Samaritains, Syriens, & Arabes, de droict à
gaulche, nonobstant qu'ils en aient pris la plus grād'
part de leur langage & escriture, & qu'eux-mesmes
se nomment Chaldees, ains des Grecs & Latins, de
la main gaulche vers la droicte, selon le cours en particulier des Planetes dont le Soleil est le Principal, au
contraire du premier mobile; car pour cause de leur
adustion, que tesmoigne leur teint si noir, & de leur
proche voisinage de ce luminaire, qui les rostist
incessamment, ils se tiennent comme pour ses enfans icy bas.

Alphabet

DES CHIFFRES. 323

Alphabet Ethiopique, ou des Nubiens.

13.	9.	20.	19.	1.	5.	17.
A. Aleph.	Ba. Beth.	Ga. Gimel.	Da. Daleth.	Ha. He.	Va. Vau.	Za. Zain.
3.	11.	18.	8.	2.	4.	12.
Hhah. Hheth.	Tha. Teth.	Iud. Jod.	Ka. Caph.	La. Lamed.	Ma. Mem.	Na. Nun.
9.	16.	21.	22.	14.	6.	7.
Sa. Sameth.	A. Ain.	Pa. Pe.	Tza. Tsaddi.	Cha. Coph.	Ra. Resh.	Sha. Shin.
10.	23.	24.	25.	26.		
Ta. Tau.	Guo.	Huo.	Kuo.	Chuo.		

Nous auons au surplus apris puis-nagueres, mesme de ceste ambassade du Giapan, qui l'an passé 1585. au mois de Mars, vint prester de si loin, comme de cinq à six mille lieües, l'obedience au sainct Siege Apostolique de Rome, Qu'és Indes Orientales, &
Nnnn

TRAICTE'

encore deux mille lieües audelà, en la Chine, & au Cathaj, dont l'art de l'Imprimerie est venue à nous; pour le moins elle leur a esté long temps auparauant cogneuë, il y a deux especes d'escriture, de mesme qu'Apulee racompte d'Egypte; l'vne de lettres hieroglyphiques; & l'autre de lettres communes, qui par leurs assemblemens peuuent former tous les mots qu'on veult exprimer: Toutes deux procedans non en trauers ainsi qu'aux Hebrieux d'vne sorte, & à nous d'vne autre, ains du hault en bas. La premiere, qu'ils appellent l'escriture de la Chine, est commune generalement à toutes les regions des Indes, tant des Isles que de terre-ferme, mais employee seulement pour les choses spirituelles, & les non vulgaires doctrines, par les Bonzes, comme ils les appellét; Ce sont les puisnez des Rois, Princes & grands Seigneurs, & autres principaux personnages, qu'on reduist en des monasteres auec de gros reuenuz, & de grands respects & auctoritez, pour obuier au desmembrement de l'estat, & aux partialitez intestines: ausquels Bonzes appartient l'administration & conduicte de tout ce qui depend de la spiritualité & religion à leur mode, selon leurs anciennes traditions idolatres, qui sont d'infinies manieres, & eux en nombre presqu'infiny, comme de six à sept mille de leurs monasteres iadis en vne seule montagne pres la ville de Meaco. Et encore que la plus-part soient gens vicieux, ignorans, si s'en trouue-il neaumoins tousiours quelques-vns de plus grand entendement & sçauoir que les autres ; non ja par vne doctrine acquise à l'escolle, ne par la lecture des liures, dont, nonobstant que le papier ne l'Imprimerie ne leur soient pas inusitez, ils n'ont telle commodité que nous, ains par vne inueteree rottine ; & des meditations si assiduelles, que tel y a qui s'y sera occupé trente ou quarante ans tout de suitte, sans communication de personne qui luy peust trauerser ses conceptions ; ainsi qu'vn autre Aristomaque de Soles, qui demeura 58. ans sans s'amuser à autre chose, qu'à obseruer le faict des mouches à miel, pour en escrire plus seurement. Au moien dequoy ils se forgent d'estranges & fort bizarres fantasies, n'estans en cela retenus d'aucune bridde de religion, ny de reprimende du magistrat, qu'ils ne puissent endroit soy abonder chacun en son sens, possedé d'vne vaine & legiere inconstance. Mais ce enquoy ils conuiennent le plus vnanimement entr'eux, est de l'Eternité du monde, & deperissement de l'ame quant & le corps ; se persuadans que ce qui est venu de rien, doit aussi retorner à rien. Surquoy l'vn d'entr'eux, pensant par cela exprimer ce qu'il pouuoit auoir esté auant sa procreation & naissance ; ce qu'il estoit durant sa vie ; & deuiendroit apres sa mort, fit portraire vn arbre sec au milieu d'vn pré ; aux racines duquel d'vn costé il aposa ces deux vers cy, qui renduz de Iaponoys en Latin sonnent à peu-pres de la sorte ;

Cedo, quis nam te seuit arbor arida?
Ego, cuius principium nihil est, & finis nihil.

Et de l'autre, ces autres deux:

Meum cor, quod neque esse, neque non esse habet:
Neque it, neque redit, nec retinetur vspiam.

Tellement que toute leur creance bat à cela, que l'Estre de toutes creatures, soient animaux, tant raisonnables, que bestes brutes; vegetaux, mineraux, depend d'vn RIEN. Et cela n'est pas guere esloigné de ce qui a esté touché cy deuant au fueil. 139. Ny pareillement du 33. de Iob au fueil. 226. entant qu'ils constituent trois ames en l'homme, qui par ordre l'vne apres l'autre s'introduisent au corps, & le delaissent. Et encore qu'ils proposent au peuple plusieurs Deitez à adorer sous diuers noms, si n'admettent-ils rien en leur secret fors ce qui est perceptible au sens; ce spacieux assauoir, & vaste Vniuers, où tout est compris & enclos; mesme le temps, auec son cours, suitte & duree; à quoy ils ne limitent point de borne, soit du deuant, ny de l'apres; du passé, ny de l'aduenir. Orphee l'appelle IVPPITER en ses hymnes:

> *Iuppiter est ce que tu vois;*
> *Tout ce que mouuoir apperçois*
> *Au ciel, en la terre, & en l'onde;*
> *Et brief ceste machine ronde.*

Et au reste, tout ainsi que la terre qui n'est qu'vn poinct indiuisible au regard du premier mobile, demeure suspendue au milieu dudit Vniuers, luy en semblable quelque inimmése qu'il puisse estre, iusqu'à le prendre de la conuexité du ciel Empyree, demeure enuelouppé egallement de toutes parts, comme vne petite pelotte, en ce vuide ou Rien, que les Stoiciens appellent l'INFINY; les Cabalistes ENSOPH; les Prophetes en tout-plein d'endroits les TENEBRES; Orphee, & Hesiode LA NVICT. Ce que dessus me fait souuenir d'vn passage de Rabi Moyse Egyptien au 46. chapitre du troisiesme liure de son Directeur; Que la nation des Zabiens, mot du tout approchant & conforme à celuy des Zaponiens, ne cognoissant pas qu'il y eust vn Createur, estimoient que l'ENs Eternel, à qui iamais la priuation ne conuient, fust le ciel, auec ses estoilles. Et pource que de là se deriuent quelques facultez & vertuz sur des images, & certains arbres, ils conceurent vne opinion, que ces arbres & ces images anonçoient les choses futures, tant les vtiles, que les nuisibles. MAIS ce seroit s'extrauaguer trop auant, d'entrer en ce propos plus outre. CES lettres donques hieroglyphiques de la Chine, & de Chataj, sont tres-difficilles d'apprendre à lire, & à former; parce qu'elles consistent de diuerses figures de bestes, oiseaux, arbres, herbes; & en somme de tout ce que la nature produist, qui leur sert de notes; les vnes seules & à par-soy, & les autres iointes & accouplees plusieurs ensemble, pour en dresser vn caractere qui represente plus d'vn mot; cóme pourroiét estre des Hypocentaures, Chimeres, Sphinges, & semblables monstruositez composees de diuerses natures; Si que ces Bōzes quelque bō esprit qu'ils aiét, y confument la meilleure part de leur aage, auāt que d'en pouuoir eftre bons maiftres; felon que porte la relation d'vn Iefuite nommé Loys Froës, emanee de Bongo l'vn des royaumes du Giapan, au mois de Iuin 1577. en ces propres termes. *Cicatora en ceſte ſi grande ieuneſſe eſt doüé d'vne telle viuacité d'eſprit, qu'en cas des lettres de la Chine; ce ſont certains caracteres, pour leſquels apprendre les Bonzes emploient toute leur vie; il n'y a homme en tous ces royaumes pour expert & verſé qu'il y ſoit, qui ſache mieux former ces caracteres là que luy, ny en faire de plus de ſortes.* Ce qui nous monſtre que ſur les notes generales de ceſte hieroglyphique eſcriture, en les deguiſant & accouplant de diuerſes manieres, ſe peuuent former des caracteres compoſez tous nouueaux, ainſi qu'és notes Ciceroniennes, & en nos deuiſes, & chiffres de noms: comme le teſmoigne ce qui ſuit vn peu plus outre puiſapres en la meſme Epiſtre. *Cicatora changea ſon nom en celuy de S.mon; lequel eſcrit en caracteres de la Chine, ſignifie & repreſente tout autant que,* CELVY QVI EST ENSEIGNÉ DV MAISTRE. par où nous ſommes acertenez, que ceſte eſcriture va à guiſe d'vn chiffre à pluſieurs ententes. Et à ce propos ie me reſouuiens, que l'an 1559. vn peu apres la mort du feu Roy Henry, que ie fuz enuoié en Flandre & Zelande, à l'embarquement du Roy d'Eſpagne qui regne encore pour le iourd'huy, le cachet de ſa ſignature eſtoit comme d'vn paſſement ou rattellier de lettres entrelaſſees de telle ſorte, qu'elles formoient

DES CHIFFRES. 326

le nom de PHILIPPO, & quant & quant ces mots icy, YO EL REY, qui se presentoient encore plustost à la veuë, & plus distinctement beaucoup, lors que d'abordee on venoit à iecter l'œil dessus, nonobstant que la plus-part desdites lettres soient differentes de figure. OR auant que sortir de ceste matiere, ie n'estimeray pas faire chose impertinente ny ennuieuse, bien que parergue aucunement, d'inserer icy tout d'vn train, le cours de la nauigation de ceste Ambassade, qui demeura trois ans sur mer tout de suitte & sans seiourner que pour prendre en passant leurs necessitez; aiant par trois fois changé de vaisseaux où le besoin le requeroit, auant que d'arriuer à Rome; Ioint qu'il n'y en a rien de specifié par le menu autre-part, mesme en l'aduis qui en est venu; & que cela n'est de peu d'importance pour la geographie, & le nauigage. Av partir du Giapan ils tindrent la routte du cap de Lango, où il y a vn goulphe à trauerser de cent lieües, & iusques à la Chine 200. costoians toute la liziere orientale d'icelle, tant qu'ils paruindrent au Royaume de *Mangi*: Et de là poursuiuans leur nauigation à main droicte, donnerent à veuë des Isles Moluches, d'où viennent la canelle, les clouds de girofle, & noix muscades, auec autres semblables aromates & espiceries. Puis laissans ces isles à la main gaulche, tirerent outre, aians à droict la Chersonese doree, maintenant ditte Malaca, distante plus de 500. lieües dudict Giapan; & l'isle de la Taprobane en vulgaire *Sumatra*. De là passent la

Marco Polo, liu. 2. chap. 55. & 68.

TRAICTE'

bouche du fleuue Ganges, & le goulphe qui de luy prend le nom de Gangetique. Et laiſſans à gaulche l'iſle de Zeilan, & à droicte la pointe du Malabar, où ſont les royaumes de Calicut, Cochin Cananor, & autres prouinces fertiles en poiure, gingembre, or, & pierreries, arriuent à Goa, 500. autres lieües de Malaca; & rengent toute ceſte coſte, iuſqu'à la bouche du fleuue Indus, & aux riuages de la Gedroſie. Se coullent viz à viz d'Ormus, ville & iſle du meſme nom, treſriche & abondante en perles, qui eſt ſur le goulphe Perſique: qu'ils trauerſent tout ſans donner dedás, ains prenans le large le long de l'Arabie heureuſe, qui leur demeura à main droicte, auec le Canal de la mer rouge. Liſent conſequemment la partie occidentale du royaume de Preſteian en l'Ethiopie: & pourſuiuent de reng ceſte coſte qui regarde au Soleil leuant: Paſſent le tropique de Capricorne; & doublent le cap de bonne Eſperance: d'où ils dreſſent la proüe de leurs vaiſſeaux vers noſtre pole, tout le long de la coſte de la Guinee, & de l'Aphrique. Puis ſe rengoulphans derechef, atteignent les iſles Canarries: Et de là finablement ſ'en viennent ſurgir en Portugal. S'y eſtans raffreſchis quelques iours, ils trauerſent par terre en Eſpagne; & ſ'en vont rembarquer au port d'Alicante ſur la mer mediterranee, tant qu'ils arriuent à Liuorne en Thoſcane pres Piſe, d'où ils ſ'acheminent à Florence, & à Rome.

Marco Polo Liu.3.chap. 19. & 20.

Alphabet

Alphabet de la Chine, & du Giapan.

TRAICTÉ

LES deux alphabets enſuiuans ſont deferez à Salomon; mais à quel tiltre ie ne ſçay pas, ſi ce n'eſtoit pour certains traictez, que fauſſement on luy attribue; eſquels de meſme on a ſupoſé le nom d'Apollonius Thianeen, pour leur interprete & commentateur, qui a ſon alphabet à part.

Premier alphabet de Salomon.

Hheth.	Zain.	Vau.	He.	Daleth.	Gimel.	Beth.	Aleph.
Ain.	Samech.	Nun.	Mem.	Lamech.	Caph.	Joth.	Teth.
Thau.	Sin.	Res.	Coph.	Sade.	Phe.		

Second alphabet de Salomon.

Heth. Zain. Vau. He. Daleth. Gimel. Beth. Aleph.

Sin. Samech. Nun. Mem. Lameth. Caph. Joth. Teth.

Tau. Sin. Res. Coph. Zade. Zade. Phe. Phe. Phe.

TRAICTÉ

Alphabet d'Apollonius Thianeen.

A.	B.	Γ.	Δ.	E.	Z.	H.	Θ.
I.	K.	L.	M.	N.	Ξ.	O.	Π.
P.	Σ.	T.	V.	Φ.	X.	Y.	Ω.

CETVI-CY est de l'Ange Raphiel, selon le dire de Raziel au second traicté de ses Institutions, où il parle des pierres precieuses, au liure intitulé du feu; lequel apporta ces caracteres du ciel à Adam; dont il en met là l'interpretation & vertu.

DES CHIFFRES.　329

eth. Zain. Vau. He. Daleth. Gimel. Beth. Aleph.

sin. Samech. Nun. Mem. Lamed. Caph. Jod. Teth.

Thau. Sin. Res. Coph. Zadai. Phe.

IL n'y a guere plus d'apparence d'auoir assigné cestui-cy à Virgile en qualité de Philosophe, dont il se racompte des fables trop ridicules : comme d'auoir esté laissé suspédu dans vne corbeille, à my-estage d'vne tour fort haulte, par vne dame à qui il vouloit faire l'amour : mais pour s'en venger il fit esteindre par son art tout le feu qui estoit à Rome, sans

Oooo iij

TRAICTÉ

qu'il fuſt poſſible d'en r'allumer, ſi on ne l'alloit prendre és parties ſecretes de ceſte mocqueuſe; Et encore le mal eſtoit de ne le ſe pouuoir communiquer l'vn à l'autre, parce que ſoudain il s'amortiſſoit; Auec ſemblables reſueries pour entretenir les vieilles & petis enfans: mais les caracteres en ſont aſſez beaux.

Alphabet de Virgile le Philoſophe.

𝔗	𝔛	𝔖	𝔍	𝔈	3	𝔈	6	←
A.	B.	Γ.	Δ.	E.	Z.	H.	Θ.	I. K.

Π	E	Σ	S	&	ν	ν	T	&
Λ.	M.	N.	Ξ.	O.	Π.		P.	Σ.

σ	η	Δ	X	𝔜	D			
T.	Y.	Φ.	X.	Ψ.	Ω.			

DES CHIFFRES. 330

LES cinq alphabets enſuiuans tirez de la polygraphie de Tritheme, ſont d'aſſez plaiſans caracteres, & trop plus aiſez à former que les deſſuſdits; Si que l'eſcriture n'en ſeroit pas de mauuaiſe grace, ny guere embrouillee: dont le premier eſt par Pierre de Apono attribué à vn Honorius ſurnommé le Thebain, qui en eſcriuoit ſes obſeruations magicales, pour ne les diuulguer indifferemment à chacun.

a	b	c	d	e	f	g	h
i	k	l	m	n	o	p	q
r	s	t	u	x	y	z	&

CEST autre eſt particulier aux Chimiſtes.

	a		g		n		t
	b		h		o		v
	c		i		p		x
	d		k		q		y
	e		l		r		z
	f		m		s		&

ET ceſtui-cy eſt de Iaimiel ſurnommé Megalo-

TRAICTÉ

pien, Roy des Attiques tresdocte & prudent, qui en vsoit en ses depesches d'importance.

EN voicy vn qui est extrait, mais ce n'est qu'vn eschantillon, de la grosse masse de notes ciceroniennes, dont il a esté parlé cy deuant au fueil.146.

ET ce cinquiesme est de la forge d'iceluy Tritheme.

Tovs

Tovs au reste en general sont tres-faciles à dechiffrer, si on les vouloit employer à cela, comme estás simples fils n'estoient accompagnez des clefs, ou quelqu'-autre des artifices lesquels ont esté touchez cy dessus.

Les Tzeruiens ont l'appellation de leurs lettres presque conforme à celle des Dalmates ou Esclauós, dont l'on attribue l'alphabet à S. Ierosme; mais la figure en est aucunement differente : Nous n'auons inseré icy que l'Esclauon, où il y a iusqu'à trente deux caracteres. Ceste escriture, au reste & le langage encore plus, ont eu vne fort grande vogue en plusieurs endroits de la terre, non tant seulement en l'Esclauonie, Albanie, Croatie, Carinthie, mais aussi en Pologne, & Vvalachie, Chiouie, Lithuanie, Liuonie, & Moscouie; par toute la Grece, & la plus grand'-part de l'Asie, Egypte, & Afrique, iusqu'à ce que l'Arabic & Moresque ou Punique, à cause que toute la loy Mahometane y est escrite, & que les Turcs qui dominent ces quartiers là s'en seruent en tous leurs escris, luy ait diminué vne partie de son credit.

Pppp

TRAICTE'

L'alphabet Dalmatic, de S. Ierofme.

As. a.   Vidi v confon. vr. vt   Buchi. b. br. bo.

glogoia g. gd. go.   dobro d.   · ieſt e.   exiuit x.

zielo z. zziema tz. iſſe ige.   i voyel. igei cōſ. caco k ko.

luidi l. mis lit m.   nas n. no.   · on o.   pocoe p. p. po.

reci r.   ſlouo s.   terdo t. tb. tu.   huch. y. ou v.   phert ph.

chier ch. cho. oto ω.   ſchia. tc. ou ſch.   ci cco.   cierph.

ſcia.   ier.   iet.   ias.

LES HETRVSQVES furent des plus anciens peuples de l'Italie, là où toſt apres le deluge vniuerſel, Ianus qu'on pretend estre le mesme que le bon patriarche Noé, restaurateur du gëre humain, vint fonder douze citez, ainsi que le marque Caton en ses Origines; D'où par successiõ de temps du depuis, les Romains empruncterent la plus-part de leurs mysteres & ceremonies, au tesmoignage de Cicerõ en ceste formule de loy; ETHRVRIÆ PRINCIPES DISCIPLINAM SACRORVM DOCENTO; QVIBVS DIIS CREVERINT, PROCVRANTO: Et outre-plus, ce qui cõcernoit les auguremés & predictiõs par les entrailles des victimes, & le vol, & chãt des oiseaux; l'interpretatiõ des fouldres, & feux du ciel; gresles & pluyes extraordinaires; monstres, & autres prodiges; dans le mesme autheur, és liures de la Diuination. Quant à leurs lettres & escriture, on tient que toutes ces douze Citez ou Tribuz vsoiẽt de pareils caracteres, commis aux prestres tant seulement, qui les trãsposoient chacun endroit soy, & en varioient l'ordre, valeur, & situation à leur fantasie, à guise des chiffres; quelquesfois en tirant de gaulche à droit, ainsi que nous; & quelques autre-fois au rebours, à la maniere des Hebrieux; afin de se tousiours tant mieux receler enuers les peuples circonuoisins; lesquels ne peussent descouurir les noms secrets des Genies ou anges gardiens, protecteurs & Patrons qui leur assistoient; ensemble la maniere de leurs prieres, sacrifices, & offertoires pour se les auoir fauorables, de peur que les autres ne les euocassent à eux, comme firent puisapres les Romains; l'vn des principaux moyens

Pppp ij

dont s'accreurent ainsi leurs affaires : lesquels sacrifices & ceremonies qui peussent plaire à ces Deitez tutelaires, auoient eu besoin d'vne fort longue obseruation, establie sur vne parfaicte cognoissance des astres; car c'est du ciel que se tire le nom & office de chaque Genie; & de la nature consequemment, & proprieté des choses elementaires, qui ont chacune leur estoille particuliere respondant à l'intelligence qui luy preside : le tout se raportant en fin à la gloire du premier intellect immobile, dont ils dependent, & ont leur estre & mouuement ; le Souuerain-Dieu assauoir, deguisé à eux sous le nom de Ζεὺς ou IOVIS, mot peruerty du IEHOVA, *Qui diligit portas Zion, plusquam omnia tabernacula Iacob.* De ces transpositions des lettres Hetrusques, font foy les deux alphabets ensuiuans, dont l'vn procede à la maniere des Hebrieux de droict à gauIche, & l'autre au rebours cõme les Grecs & les Latins ; car au reste la plus-part des characteres s'entreressemblent. Et combiẽ qu'on ne trouue point nulle part que ie sache, que les Latins aient emprunté les leurs des Hetrusques, neaumoins puis que nous y voyons vne si grãde conformité, il est a croire qu'autresfois ils furent les mesmes. A Volterre l'vne des susdites douze citez, se voient encore pour le iourd'huy force vieils Epitaphes, & inscriptions en tables de marbre, vrnes sepulchrales, & statues, qu'on tient estre de lettres Hetruriennes, mais personne n'y peult rien entendre, à cause que le langage en est esteint de fort longuemain:

Psaume 87.

DES CHIFFRES. 333

Voila ce que c'est d'vne antiquité trop remote, qui tant plus se forlonge & reculle en arriere de nostre temps, tant plus aussi s'obscurcist-elle, & se charge de troubles & sombres nuages; ou s'en va tout à fait plonger dans vn profond goulphre d'obliance & effacement.

Premier alphabet Hetrusque ou Thoscan.

Autre alphabet Hetrusque.

LES GOTHS descendirent premierement de certains peuples de l'Asie appellez Getes, & se vindrent habituer en Gothie, isle fort grande en l'occean septentrional, plus de 400. ans auant l'aduenement du Sauueur. Car l'an du monde 3637. ils enuahirent premierement le pays de Saxe; & quelques 230. ans apres se voulurent aussi iecter dedans la Hance Teuthonique, où sont de present scituees Lubek, Amborg, Gottinghen, & autres villes maritimes proches de Brandebourg, & Pomeranie, sous la conduite de leur Roy Borbuste, où ils furent defaicts lourdement. L'AN 3885. auec leur Roy Sithalque, ils saccagerent tout le pays de Franconie : & depuis firent de fois à autre de grandes courses & rauages en diuers endroits de la Germanie, par l'espace de 300. ans; Tant qu'à la parfin l'an de salut 253. ils entrerent en Hongrie, & de là en Thrace, bié en nombre de trois cens mille hommes, où ils defirent l'Empereur Decius, & tuérent son fils sur la place ; de luy, il se noya en fuyant dans la riuiere d'Abricie : & contraignirét son successeur Gallus luy paier tribut. Puis quelques dix ou douze ans apres inonderent derechef toute la Macedoine & la Grece: & estans passez en Asie, saccagerent entierement les regions maritimes, depuis le Royaume de Pont iusqu'en Surie: mais au bout de six ou sept ans ils receurent vne griefue estrette en la Macedoine & Esclauonie, où il en demeura plus de trois cens mille de tuez au combat par l'Empereur Claudius : & vne autre encore par Aurelian, & Probus. L'AN 382. ils defirent l'Empereur Valens, qui les auoit faict infecter de l'heresie Arriane; & le bruslerent dans vn village de la Thrace, sous la conduitte de leur Roy Alanus. L'AN 385. Theodose les ayant rompuz en plusieurs rencontres, les chassa du tout de la Thrace; Si que leur Roy Athanaric fut côtraint de venir à appointement: lequel estant depuis decedé à Constantinople, les Goths destituez de chef, demeurerent à la soulde des armees Romaines bien dixhuict ans, iusqu'à l'an 404. qu'ils creerent Roy Alaric; lequel quictant Thrace, se vint emparer de Hongrie, où il regna onze ans. L'AN 409. Rhadagaiz auecques deux cens mille Goths entra en Italie, où ils furent entierement desconfits, & luy pris par Stilcon capitaine d'Honorius, lequel octroya à ceux qui se sauuerent de la defaicte, les Gaulles pour s'y retirer; mais ils furent chargez frauduleusemét le propre iour de Pasques par vn Iuif appellé Saul, à la suscitation du mesme Stilcon l'an 413. Dequoy irritez leurs confreres, se reiecterent derechef dans l'Italie, qu'ils saccagerét d'vn bout à autre, & prirent Rome. A ALARIC succeda Ataulphe, lequel fleschy de sa femme Placidie sœur d'Honorius, s'abstint de desoler la ville; & quictát encor l'Italie, passa és Espagnes, que ses successeurs Vvestgoths dominerent plus de 300. ans; iusqu'à l'an 720. que Roderic pour ses excez, & mesme le violement de la fille du Conte Iullian, qui introduit les Sarrazins, aiant esté tué par eux au combat, en luy prit fin le regne des Goths en ceste Prouince, faisant place à celuy des Mores, qui s'y maintindrent bié 700. ans. LES Ostrogoths s'estás emparez de Hógrie enuiron l'an 460. sous leur Roy Valamir, y regnerent 33. ans; iusqu'à ce que Theodoric aiant esté inuité par l'Empereur Zenon de passer

ser en Italie contre Odoacre, dont il redoutoit les efforts, apres l'auoir defait, & finablemét mis à mort à Rauenne l'an 494. il y planta sa domination, ou luy & ses successeurs se maintindrét 58. ans. L'AN 512. comme les François eussent osté aux Vvissegoths Rois des Espagnes, toute l'Aquitaine, Theodoric enuoia contr'eux vne grosse armee, qui en eut la victoire, si qu'il rendit aux Vvissegoths tout ce qu'ils auoient perdu en ces quartiers là ; & se saisit par mesme moien d'vne bonne partie des Gaulles : mais l'an 530. Lothaire recouura le tout, & en deposseda de viue force le ieune Athalaric. Theodoric doncq' regna en Italie 33. ans, là où il fit assez de maulx ; & exercea tout-plein de cruautez enuers les Catholiques, parce qu'il estoit Arrian ; car pour ceste cause il fit emprisonner le Pape Iean premier de ce nom ; & mettre à mort Symmaque, auec son gendre Boëce, deux tressignalez personnages tát en noblesse qu'en doctrine ; desquels nous auons encore les doctes escris. Mais vne fois comme on luy eut seruy à souper la teste d'vn fort grand poisson, il entra en telle perturbation d'esprit, pensant proprement voir le chef de Symmaque, qui le regardoit d'vne horrible mine, la gueulle ouuerte hideusement, & les yeux embrasez pleins de feu, que de frayeur, ioint le remords de sa conscience, bien tost apres il en mourut. IL laissa vne seule fille Amalasunthe, fort vertueuse & sage Princesse, ayant lors vn fils nommé Atalaric aagé seulemét de huict ans, auec lequel elle

Qqqq

TRAICTE'

en regna huict autres; & apres la mort de son fils aduancea au royaume Theodate, qu'elle espousa; mais dés la premiere annee il la resserra en prison, & bien tost apres luy osta la vie. THEODATE apres ce forfaict ne dura que deux ans; car les Goths cognoissans sa meschanceté & insuffisance, & qu'ils auoient besoin d'vn plus valeureux capitaine pour faire teste à Bellisaire, qui ia auoit pris pied en Italie pour l'Empereur Iustinian, creerent Roy Vitiges; lequel se mit incontinant à poursuiure Theodate, & ne cessa qu'il ne l'eust pris, & mis à mort. VITIGES regna cinq ans, qui sont les plus insignes & memorables qui se trouuent point és histoires modernes; car il y eut lors continuellement vne des plus braue guerre, qui fut onques en Italie, tant à cause de l'excellence des chefs qui la manierent, que du grand nombre de soldats de part & d'autre, exercitez de fort longuemain, & endurciz au faict des armes; tellement que l'vn gagnoit vne fois, & perdoit l'autre. Cependant le pays souffroit d'estranges calamitez & desolations; mais finablement Vitiges succomba; & s'estant retiré à Rauenne, fut trahy des siens, & mis és mains de Bellisaire qui le mena depuis captif en Constantinople. De là en auant la puissance des Goths se trouua fort rabaissee; neaumoins ils ne quicterent pas pour cela l'Italie du tout, ains retindrent encore plusieurs villes & places fortes le lõg du Pau, & du Thesin; temporisans sourdement ainsi iusqu'à ce que Bellisaire fut reuoqué. TOTILAS leur cinquiesme

Roy en Italie fut le plus valeureux de tous ; car n'aiāt du commancement que bien peu de forces, il recouura nonobstant cela presque tout ce qui auoit esté perdu sous son predecesseur; & prit Naples, puis Plaisance, & en fin Rome, que de despit & de colere il gasta fort vilainement; & y eust faict pis encore, s'il n'eust esté raddoulcy par les prieres du Pape Pelage, & de S. Benoist. Bellisaire ayant du depuis refait les murailles, Totilas y retourna, & la ruina derechef: mais aiant esté depesché l'Eunuque Narses au lieu de Bellisaire, il gaigna vne grosse bataille sur Totilas, qui fut tué ainsi qu'il se pensoit sauuer, apres auoir regné dix ans. TEYAS dernier Roy luy succeda; lequel combien qu'il fut tresprudent & hardy, dés la premiere annee neaumoins fut du tout defaict par Narses: au moien dequoy prit fin le regne des Goths en Italie, au bout de 58. ans qu'il s'y establit; faisant place à la domination des Lombards qui commença bien tost apres. I'AY parauenture insisté plus prolixement que ie ne deuois, & que le present subiect ne comporte, en ces choses Gothiques, sur le propos de leurs caracteres & mode d'escrire: A quoy ie me pourrois estre ainsi relasché par le souuenir des piteuses marques qui se voient à Rome, & presqu'en toute l'Italie, de la felonnie inhumaine de ces Barbares, qui n'a pardonné aux choses mesmes insensibles, dont les bestes brutes auroient eu plus de consideration & respect; ains ruiné presque de fonds en comble ceste triomphante eternelle ville, dame iadiz & *Les desolations des Goths, Huns & Vandales en Italie.*

maistresse de toutes autres ; *Cui par nil fuit, & nihil secundum*, à dit le Poëte Martial. Les edifices les plus superbes qu'onques le Soleil apperceut, explanez iusqu'à fleur de terre : tout pesle-meslé de ruines à guise d'vn autre Chaos : les Obelisques renuersez : ceste tant admirable colomne de Traian difformee en tout-plein d'endroits ; & celle d'Antonin bien plus encore, fort endommagee du feu : le téple de la paix tout esteint, & des huict colomnes du porche les sept dissipees, dont celle qui reste remplist d'esbaïssemét ceux qui prennent garde à son estoffe qui est de marbre Parien, & a sa desmesuree grádeur toute d'vne piece, auec l'artifice & bôté d'ouurage : les sepultures inimitables du Mausolee d'Auguste masse Adrianique, Septizone de Seuere, & infinis autres trop prodigieux bastimés, qui faisoient presqu' honte à ceux d'Egypte, aneantiz entierement : Toutes les platte-peintures perdues ; & ce qui peult estre resté des testes & statues, mutilé en la plus-part de leurs parties, mais toutes en general du nez. Somme, tout ce qui auroit esté là par de si longues reuolutions de siecles comme surentassé par despit, gasté, diffamé, villenné d'vne vraye rage & forcenerie ; ou plustost par quelque secrete diuine disposition, qui auroit suscité ces gens là à venir venger de si loing les pilleries, saccagemens, & extortions, dont l'ambition insatiable du peuple Romain auoit au precedant parcouru, molesté, vollé, destroussé toutes les nations de la terre ; & au nom d'elles repeter le tour à leur tour. Or laiſſant à part tels diſcours, comment que ce ſoit ces Gothiques deſolations, gaſtz & ruines ont laiſſé leur nom à tout ce qui ſ'eſt depuis enſuiuy de groſſier, goffe, lourd & rural, tant és arts & ſciences, qu'és meſtiers; & meſme en l'architecture, peinture & ſculpture; dont en portent bon teſmoignage ce qu'on voit en infinis endroits de verrieres, images & tableaux des Egliſes, & lieux publiques de l'Europe; & pareillement l'eſcriture des ſepultures & tombeaux, qu'on appelle lettre Gothique. Mais particulierement les Goths ont eu des caracteres pour eux, tels qu'on peult voir en ceſt alphabet, tiré de pluſieurs inſcriptions d'Italie. Quant à leur langage, il ne ſ'en trouue point de marques dont on peuſt ſeurement parler: mais les Epiſtres de Caſſiodore ſecretaire de Theodoric nous apprennent, qu'en leurs actes publiques ils vſoient de la langue Latine.

Qqqq iij

TRAICTÉ
L'alphabet Gothique.

A . B . C . D . E . F . G . H . I . K . L

M . N . O . P . Q . R . S . T . V . X

Y . Z . Æ . AU . EU . EI . OI . Œ . Æ

OR tout ainſi que les Goths ſoubſdeſpaiſerent du Septentrion en diuers endroits du Ponant, les Northmans de meſme s'en vindrēt de Dannemarc, Noruuege, Suedde, & des iſles Scandianes, eſpandre d'vn autre coſté dans les Gaulles; & meſmement en Normandie, à laquelle eſtant lors appellee Neuſtrie, ils donnerent leur nom, quelle a touſiours gardé depuis. Et pendaht les rauages qu'ils exercerēt de coſté

DES CHIFFRES. 338

& d'autre par l'espace de quarante ans, auant que de s'arrester nulle part de pied-ferme; pour mieux courir les deliberations & conseils de leurs entreprises, ils inuenterent vne nouuelle maniere d'alphabet, comme le tesmoigne Beda moyne Anglois, ouquel il n'y a que les dix premiers characteres, presque conformes à ceux des Grecs, & aux nombres où ils les appliquent: les quatorze lettres qui restét, sont puis-apres representees par le redoublemét d'iceux, comme vous le pouuez icy voir: Dequoy ne s'esloigne pas fort la petite table inseree cy deuant au fueil. 230. mais plus encore s'en aproche celle du 250. La collocation s'en peult trásposer à la volonté d'vn chacun.

Alphabeth Northmanique.

a	α	1	g		7	n	Iƥ	13	t		19
b	β	2	h	H	8	o	Iλ	14	u	K	20
c	γ	3	i		9	p	IE	15	x	Kα	21
d	λ	4	k	I	10	q	IT	16	y	Kβ	22
e	ε	5	l	Iα	11	r	I3	17	z	Kγ	23
f		6	m	Iβ	12	s	IH	18	&	Kδ	24

C'EST autre est encore extrait du mesme Beda.

	a		g		n		t
	b		h		o		u
	c	L	i		p		x
	d		k		q		y
	e		l		r		z
	f		m		s		&

TRAICTÉ

LES FRANÇOIS, reliquats iadis demeurez de la destruction des Troians, quelques 440. ans auant l'incarnation du SAVVEVR, s'en vindrent finablemēt des larges & spacieuses solitudes de la Scythie, sous la conduicte de Marcomir rendre en la basse Allemagne, où leurs confreres les Saxons leur departirent vne demeure vers les bouches du Rhin, en Phrise & Hollande: Et de là faisans force grosses saillies sur les terres circonuoisines, guerroierent les Romains & Gaullois par plus de 900. ans de suitte; Si qu'ils estédirent leur domination en la plus grand'-part de l'Europe, selon que le tesmoigne bien au long leur Croniqueur Hunibauld és dixhuict liures qu'il a laissez de leurs conquestes; où il met entr'-autres choses qu'vn nommé Vvastbald auroit escrit leurs faicts & gestes de 758. ans en leur propre lāgue, & és caracteres tels qui s'ensuiuent, ressentans ie ne sçay quoy d'escriture Grecque: mais l'ordre des lettres en est transposé; qui sont au reste vn peu douteuses; pour raison pourroit estre, de leur trop grande antiquité, qui en auroit faict deprauer aux escriuains la vraye figure.

Ⱥ	a	Ƀ	é	Ƶ	n	Ђ	t
Ʉ	b	Ꙫ	th	Ӿ	x	Ⱡ	y
Ⱡ	g	Ꝺ	i	O	o	Ᵽ	ph
Ⱥ	d	Ꝥ	k	Ʋ	p	₼	ch
Ə	e	V	l	Ᵽ	r	Ⱥ	ps
Ɛ	z	Ш	m	C	s	Ꝺ	ō

IL

DES CHIFFRES. 339

IL y a vn autre alphabet des François encore dans le mesme Hunibauld, qui en refere l'inuention à vn appellé Doracq.

	a		f		m		q		u
	b		h		n		r		&
	g		i		n		s		pf
	d		k		o		ſ		x
	e		l		p		t		y
	é		m		ph		th		z

AVEC Marcomir vint és Gaulles vn Hichus, François aussi, qui inuéta à ce qu'on dit, cest autre alphabet; duquel plus de 800. ans apres, Pharamód dernier Roy Payan se seruit en ses plus secretes depesches.

	a		g		n		t
	b		h		o		u
	c		i		p		x
	d		k		q		y
	e		l		r		z
	f		m		s		&

MAIS cestui-cy, extrait aussi de la Polygraphie de Tritheme comme les quatre dessusdits, & les trois cy dessous, qui sont chiffres, & non escriture cómune de quelque natió, fut autrefois de Charlemagne, au rapport d'vn moyne appellé Otfrid, lequel allegue cest Empereur là en auoir vsé de plusieurs, selon le nombre des prouinces à luy subiectes; dont le premier est tel qu'il s'ensuit.

Rrrr

TRAICTE

	a		g		n		t
	b		h		o		u
	c		i		p		x
	d		k		q		y
	e		l		r		z
	f		m		s		&

Autre alphabet dudict Charlemagne, destiné spécialement pour l'inquisition, par luy establie au pays de Saxe.

	a		g		n		t
	b		h		o		u
	c		i		p		x
	d		k		q		y
	e		l		r		z
	f		m		s		&

Autre du mesme Empereur.

	a		g		n		t
	b		h		o		u
	c		i		p		x
	d		k		q		y
	e		l		r		z
	f		m		s		&

Autre derechef, ouquel il y a quelques lettres redoublees à l'imitation des Hebrieux.

	a		g		m		q		u
	b		h		n		r		&
	c		i		o		s		x
	d		k		p		sc		y
	e		l		ph		sch		ch
	f		m		ps		t		z

DES CHIFFRES. 340

DES DEVX alphabets enfuiuans, venuz de la bibliotheque à Treuiz, ville du domaine des Venitiens, d'vn grand & fort renommé personnage en toutes occultes sciences, appellé *Antonio de Fantis*, il y peult auoir cinquante ans, ce premier est inscrit pour *Geomantique, & Astrologique*.

Theth.	Zain.	Vau.	He.	Daleth.	Gimel.	Beth.	Aleph.

Ain.	Samech.	Nun.	Mem.	Lamæd.	Caph.	Jod.	Theth.

Thau.	Sin.	Res.	Coph.	Sade.	Phe.

Rrrr ij

TRAICTE'
Et cestui cy, *De la secrete Philosophie.*

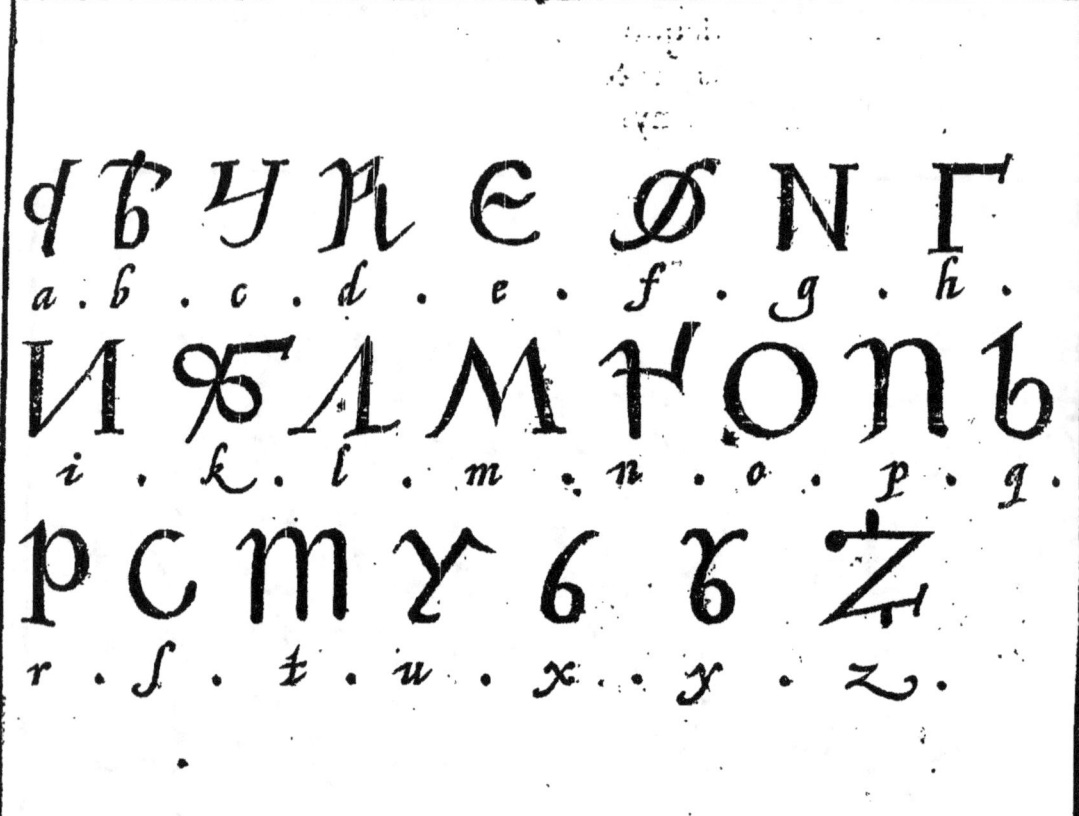

A QVELLE occasion l'vn ne l'autre de ceste sorte, ie ne le puis pas bien comprendre: car quelle conuenance peuuent auoir ces caracteres auecques la Geomantie, qui n'est qu'vne proiection de poincts, fortuite de soy sinon entant qu'elle est guiddee de la constellation qui regne ? lesquels sont reduits puisapres en des lignes; & ces lignes accommodees à des figures, dont se tire la prediction selon les reigles de cest'-art: Au moien dequoy ie croirois plustost qu'ils aient esté faicts à plaisir; & par consequant sans aucune signification ne mystere qui importe quelque efficace, tout ainsi que ceux qui sont receuz de longuemain, & vsitez de chaque nation endroit soy. Bien est vray qu'encore que Dieu ait doüé tous les hommes d'vn entendement & raison de mesme faculté & vertu, selon Mercure Trismegiste, dont ce qui s'en retrouue de moins és vns qu'és autres, vient ou de leur nonchallance & default, ou de quelque vice accidentel; il a toutesfois diuersifié leur parler de plusieurs sortes de langages, & l'escriture pareillement; ce qu'il ne fault pas estimer auoir du tout esté inuenté à la vollee, ny par vn casuel rencontre; ou à la premiere fantasie & apprehension de quelqu'vn, qui en ait formé les mots, & les caracteres à son bon plaisir, comme pourroient estre ceux des communs & vulgaires chiffres; car ce consentement vniuersel de tant de personnes, qui par vne si longue suitte de siecles, les aient gardez & retenuz sans varier, presuppose ie ne sçay quelle inspiration venant d'en-hault, qui les ait tels reuelez; de maniere que leurs figures & proportions, tant numerales que geometriques, semblent auoir vne fort grande correspondance & affinité, non seulement auec les facultez & vertuz celestes, ains auec les diuines

R rrr iij

puissances encore, dont elles soient en lieu de marques, symboles, & vehicules de leurs occultes effects icy bas; & sur tous autres les Hebraïques, qui consistent plus distinctemēt que nuls autres, de la matiere, forme & esprit, y representez par les figures des lettres, par les poincts remarquans les voyelles, & les accents dont depend la deuë prolation, qui leur dōne vie: le tout en premier lieu formé visiblément au ciel, qui est le throne & siege de Dieu, par l'assiette & collocatiō des estoilles, & leurs aspects & regards des vnes aux autres; Puis de là empraint consequemmēt en tous les indiuiduz de la terre, au triple genre des animaux, vegetaux, mineraux, desquels ces caracteres contiennent en eux les plus pregnantes & occultes proprietez; principallement quād ils sont arrengez & tissuz en des paroles & vocables, qui exprimēt la vraye & connaturelle signification de la chose à quoy ils furent primitiuement appliquez par le Protoplaste, à qui Dieu les reuela tels qu'ils sont, & dicta ainsi que de sa propre bouche; au tesmoignage mesme de Mahomet, au commancement de son Alchoran: *Deus Adam vocabula rerum sematim edocuit, nondum angelis agnita*: Et pourtant Origene dit que ces mots là estans changez & transportez en autre langue, ne gardent pas leur precedente force & vigueur; dont tant moins ont encore ceux qui sont formez à plaisir: le mesme est-il de l'escriture qui les represente. Au moien dequoy pour donner credit aux deux alphabets dessusdits, les lettres à l'imitation des Hebrieux en estoient assignees, assauoir les cinq voyelles A. E. I. O. V. & les deux d'icelles seruás quant & quant de consones, I. V. aux sept planetes, & aux sept iours de la sepmaine: les 12. consonantes, B. C. D. F. G. L. M. N. P. R. S. T. aux douze signes, & douze mois: K. Q. X. Z. aux quatre elemens, aux quatre saisons de l'annee, & à autant d'humeurs du corps: & finablement H. qui est vne aspiration, à l'esprit du monde. Mais ie persiste derechef que ces characteres sont faits à plaisir, si qu'ils n'ont aucun pouuoir, efficace, ne vertu latente en leurs figures, nomplus que les autres de la mesme farine, si ce n'est selon qu'ils peuuent signifier enuers les vns d'vne façõ, & enuers les autres d'vne autre: comme aux Romains la lettre A. en la promulgation des Edicts denotoit vn reiectement & cassation d'iceux; & és iugemens criminels plaine & entiere absolution; le C. au contraire vn condamnement. Ce n'estoit doncques pas aucune energie renclose en ces lettres qui peust absouldre ou condamner vne personne, ains seulement vn signe externe seruant à exprimer l'intention de ceux qui l'y appliquoient. Le semblable est-il de toutes sortes de characteres, esquels il n'y a aucune efficace; ny pareillement és parolles & mots tant prononcez de viue voix, comme escrits en quelque estoffe que ce puisse estre, si le tout n'est accompagné de certaine vertu spirituelle procedant d'vne forte eleuation de pensee, qui les viuifie selon la foy qu'on y adiouste; ainsi que le deduit bien au

TRAICTÉ

long apres le Talmud, Rabbi Moyse Egyptien au 61. chap. du premier liu. de son directeur. O COMBIEN (dit-il) s'esloigne ce que les hommes cuiddent entendre de l'escriture selon la lettre, en l'interpretant à leur fantasie, de ce que portoit l'intention de celuy dont elle est venuë : car la plus-part pensent qu'il n'y ait que les lettres seules qui parlent, sans y auoir rien de caché dessous, pourautant que leurs ratiocinatiõs & proiects ne se peuuent pas esleuer si hault, qu'ils atteignent à la cognoissance de ces mysteres si occults : Estant assez manifeste à quiconque vouldra peser les raisons des choses diuines, que les lettres & caracteres ou figures d'icelles, fussent mesmes les Hebraïques, bien que formees du plus excellent escriuain qui fut onques, ne sont toutesfois fors simples creatures tant seulement ; dont il ne fault pas estimer qu'elles aient aucune puissance ne vertu de soy, si nous ne voulions encheoir en l'erreur des Idolatres, qui reuerent les creatures pour leur Createur ; blaspheme enuers luy trop execrable. Mais ç'ont esté les fols malins, qui aians rencontré ces mots là, se sont aduancez là dessus de mentir tres-impudemment, affermans que les characteres à par-eux, & les parolles encore plus, qui estoient tissues de certain contexte de lettres, assemblees de ceste sorte, ou de celle-là, auroient plein-pouuoir d'accomplir & effectuer telle & telle chose, à quiconque les porteroit, ou profereroit. Tellement que les gens simples, faciles à estre persuadez, apres la mort de tels engeolleurs

leurs venans à trouuer ces abuz & deceptions parmy leurs plus chers & secrets memoires, en ont faict grand cas; & ont reputé ces mots là, & les caracteres pour vne tressaincte & miraculeuse besoigne; y allans à la bonne foy, suiuant ce que dit le Sage, *l'Innocēt croit à toute parole*. VOILA à peu pres ce qu'en mect ce docte Rabi; par où nous sommes admonestez, de n'adiouster foy trop legierement à ces friuoles superstitions, qui ne tendent qu'à deceuoir ceux qui ne se tiennent sur leurs gardes, & ne sont soigneux de les examiner vn peu de pres, pour discerner le vray du faulx. ET en cest endroit nous iecterons l'ancre, & ployerons les voiles de nostre nauigation, à la loüange, honneur & gloire de celuy qui nous a faict la grace d'arriuer au port desiré; Dōt son tressainct nom soit benit eternellement és siecles des siecles.

Prou. 14.

AINSI SOIT-IL.

Ssss

BLAISE DE VIGENERE, DE LA VILLE DE SAINCT POVRCAIN ES ENCLAVES DE BOVRBONNOIS, ET D'AVVERGNE, S'EXERCOIT APRES LES MEDITATIONS DESSVSDITES, L'AN DE SALVT M. D. LXXXV. ET DE SON AAGE LE CLIMACTERIQVE.

Double de l'attestation.

NOs subscripti Theologi, hunc librum Ziphrarum D. Blasij Vigenerij, multas res reconditæ eruditionis complectentem, typis, & publica æditione dignum esse testamur. Die prim. Iulij 1586.

GENEBRARD.   BERTHOMIER.

Extraict du Priuilege.

PAR grace & priuilege du ROY, il est permis à ABEL L'ANGELIER, Libraire iuré en l'Vniuersité de Paris, d'Imprimer ou faire Imprimer vn liure intitulé, *Le Traicté des Chiffres*, faict par BLAISE DE VIGENERE Bourbonnois: & sont faictes tres-expresses defences à tous autres Imprimeurs & Libraires, d'Imprimer ou vendre ledict liure, sans le congé dudict suppliant; & ce iusques au temps & terme de neuf ans; sur peine de confiscation de tous les liures qui se trouueront Imprimez, & d'amende arbitraire; comme plus amplement est declaré és lettres patentes donnees à Paris le cinquiesme iour de Iuillet M. D. LXXXVI.

Faultes aduenues en l'impression.

fueillet 5. b. ligne 3. lisez *peust*.
fueil. 6. b. lig. 25. *me*, lisez *ne*.
8. b. lig. 19. *Occan*, *Ocean*.
19. l. 12. *luy mesme*, adioustez *en*.
20. l. dern. apres commahcemēt adioustez cecy qui a esté oublié;
- Et au lieu du *Vau* la troisiesme lettre, *vn Iod*.
21. l. der. apres ces mots, *le maiuscule capital*, au lieu du petit א, mettez en vn grand א.
23. l. 12. *peut*, *peust*.
31. b. 16. *plaisant*, *plainsault*.
41. 17. lisez *Ternaire*.
47. b. lig. 14. raiez, *& diuersité*.
48. 21. *mille*, lisez *nulles*.
65. 25. *Merchana*, *Merchaua*.
78. 25. *longs*.
81. b. 16. apres *page*, adioustez 42. lig. 26. *couuerture coniecture*.
82. 2. *saluation*.
83. 18. raiez *&* : lig. 21. *formant*, *forment*.
96. 2. lisez *metatheses*.
105. 20. *paralelles*.
111. 10. lisez χλωρὸς.
121. b. 1. au lieu d'*auec*, lisez *ame*. lig. 9. apres *fueillet*, adioustez 101.
125. 1. deuant le premier mot *grand* adioustez *si*.
135. b. 4. *n'aians comme*, transposez, *comme n'aians*.
153. 19. *vne ostez e*, & lisez *vn*.
168. b. 17. *les ames*, *ces ames*.
172. 26. *hieroglyphiques*.
189. b. 17. raiez *pas*.
210. b. lig. antepenult. *s'esloigne*, lisez *s'estrange*.
225. 11. *medaille*.
227. 7. au lieu de *Bloys*, lisez *Orleans*: & pour *Paris*, *Manthe*.
229. 14. *Ophirien*.
235. 21. *pitié*, lisez *pieté*.
237. antepenult. au lieu de *q*. mettez *q̃*. & par toute la table de mesme du fueil. suiuant b.
252. b. 3. *adresser*, lisez *monstrer*.
253. b. 6. *discerner*, lisez *appercenoir*.
264. 11. au lieu de *s e* en rouge lisez *d o*.
265. b. lig. dern. *recueillir*, lisez *reueler*.
285. b. 2. *adressé*, *dressé*.
289. 7. *Sibylles*.
293. b. lig. dern. au lieu d'*ainsi* lisez *ains*.
307. en la figure, transposez *ayn* qui est la premiere là, en la seconde rengee la premiere deuant *dach*.

Fin du Traicté des Chiffres.

REPERTOIRE DES TABLES ET CHIFFRES CONTENVS AV present traicté.

TABLE du Sacré Ternaire, & de ce qui y symbolise & respond és trois mondes.   fueil. 30. b.

Chiffre à clef, par le moien dequoy se peult escrire vne mesme chose d'infinies sortes toutes differentes l'vne de l'autre, sans sortir de nos vingt communes lettres, & ce par leur reuoluble transposition.   fueil. 46.

Autre table seruant à ce mesme effect, & à d'autres vsages encore, mesmement de chiffres carrez à double sens, deduits au fueil. 247. 50. b.

Table du Quaternaire, & de ses correspondences, seruant auec les trois autres suiuantes pour la reigle Cabalistique de Zairagia, en tresgrand' vogue parmy les Mores & Arabes   fueil. 85.

Table du Septenaire à ce mesme effect   fueil. 87.

Table du Duodenaire pour cela encore   fueil. 88. b.

Table Geomantique, Idem   fueil. 89. b.

Table de la signifiance des lettres Hebraïques   91.

Table Hebraïque des Ziruphs ou commutations d'alphabets, dont est procedee l'inuention des deux dessusdites premieres tables, & de leurs vsages, ensemble de tous les eschanges de lettres   95.

Table premiere desdits Ziruphs, estenduz & accommodez à nos lettres & à nos vsages   96. b.

Seconde table desdits Ziruphs estendue d'vne autre maniere   97.

Alphabet Chimique formé sur les compartimens d'vn Quadrangle, en carrez & triangles   97. b.

Table du Quaternaire Chimique, & de ses correspondences au monde Elementaire   101.

Table des nombres accommodez aux lettres Hebraïques   132. b.

Autre table des mesmes nombres attribuez aux lettres Grecques   133.

Table des douze anagrammes du Tetragrammaton Iehouah   156. b.

Premiere table des chiffres carrez à double entente par l'accouplement de nos lettres   184.

ă

TABLE.

Table du nombre des anagrammes & transpositiõs de 22.lettres 191.b.

Seconde table des chiffres doubles par la triplication des caracteres de l'Algorisme 192.

Autre table de chiffre double par la triplication de nos caracteres accommodez à ceux des nombres 194.b.

Chiffre des caracteres des Planettes & 12. signes pour en desguiser l'escriture sous l'apparence de tables astronomiques 195.

Chiffre subtil auec 16. lettres, qui abrege & ameliore ceux des 3. 4. & cinquiesme liures de la Polygraphie de Tritheme 195.b.

Table de monosyllabes seruans de lettres, surquoy se peuuent bastir plusieurs chiffres à double entente de fort rare & subtile inuention 198.

Table pour escrire auec trois lettres tant seulement; ou auec des poincts, lignes, accents, & plusieurs autres sortes de caracteres, par leurs diuers accouplemens; où il n'y a point d'apparence que ce doiue estre escriture; & partant ces chiffres là exempts de tout soupçon 200.

Ladite table accommodee pour escrire d'vne seule lettre ou caractere 201.

Autre table plus abregee pour vn chiffre de trois lettres tant seulement 201.b.

Autre pour escrire de cinq estans accouplez deux à deux 202.

Deux tables pour inserer vn sens secret parmy le contexte d'vn chiffre, dont l'on ne se sçauroit douter 202.b.

Table pour escrire de trois caracteres tant seulement, sans les accoupler, & ce par le moien de leur assiette & collocation 204.

Autre table à ce mesme effect 205.

Chiffre du chassis, par où se desrobbe vn sens à part & caché sous vne escriture commune intelligible à vn chacun 205.b.

Chiffre fort subtil à clef, par la suitte & collocation des lettres qui le varient de soymesme 206.

Chiffres deguisez en Ephemerides, inuincibles au reste 209.b.

Chiffres à plusieurs couuertures & enuelouppes l'vne sur l'autre, et leurs mysteres 222. 223.b. 230. 232.b.

Table d'vn chiffre à double entente sur la multiplication carree de seize 238.b.

Autres inuentions de chiffres doubles & simples pour escrire de plusieurs sortes auec peu de lettres & caracteres, iusqu'à se reduire à vn tout seul: & ce par la voye du retranchement peu à peu des lettres, & la varieté de leur figure 239.

TABLE.

Premiere table de cest artifice — 241.
Seconde table — 241.b.
Chiffre d'vne seule lettre figuree en deux façons — 243.
Chiffre de quatre lettres tant seulement, par la duplication d'icelles; & par les notes de l'algorisme — 243.b.
Troiziesme table consecutiue des deux precedentes; & leur practique 245.
Autre chiffre double sur seize caracteres par la multiplication de quatre, reuenans à 64. reduits de là à 48. à 24. à 20. à 16. & finablement vn seul — 246.
Chiffres fort secrets & subtils, dependans de la table du fueil. 50.b. ment à 247. &c.
Table de la varieté de figure des dix caracteres de l'algorisme, dont dependent plusieurs belles inuentions d'escriture occulte — 249.
Table de l'vsage de cest artifice; & en premier lieu d'vn chiffre double auec huict caracteres tant seulement, moiennant leur duplication, & double figure, dont il est bien malaisé de s'apperceuoir — 249.
Autre chiffre par lesdits caracteres de l'algorisme — 250.
Chiffre pour la memoire — 250.b.
Chiffres auec des patenostres, grains enfilez, & autres semblables artifices tenans lieu d'escriture, sans soupçon — 251.b. 252.
Chiffre par des feux de nuict, & de la fumee sur iour — 253.
Chiffres d'vn seul caractere, sans aucune difference de figure ny de couleur, par le moien des proportionnees positions, par où est monstré toute la nature tant au ciel qu'en la terre, n'estre qu'vne escriture lisable — 255.
Par vn ciel semé d'estoilles — 259.
Par vn arbre reuestu de fueilles & fruicts — 261.
La table qui monstre cest artifice — 262.
Chiffre desguisé en tables astronomiques — 263.b. & 265.
Artifices pour inserer vn sens à part desrobbé dedans le contexte de quelque chiffre que ce soit; & ce par le moien des caracteres seruans de nulles; Trois tables de ce, auec leur practique — 266. 267.
Chiffres dont on ne se sçauroit douter qui n'en cognoistroit l'artifice, desguisez en lignes, poincts, & leurs interualles; le tout seruant de lettres, par la voye de la ghematrie Hebraique — 269.
Par des lignes & espaces — 270.

ã ij

TABLE.

Par des poincts & espaces .... 271. b.
Par des estoilles .... 272. b.
Autres desguisemens de chiffres, pour oster le soupçon que ce soit escriture 273.
Par l'apparence d'vne maçonnerie de bricques 274.
D'vne muraille de pierre de taille 277. b.
Par des hoches, & tailles 275.
Chiffres Quadruples, ou à quatre ententes toutes ensemble; chaque caractere seruant pour quatre lettres, & en quatre langues si on veult 276.
Chiffre final de la Steganographie; par lequel se peult en quelque contexte que ce puisse estre, & en quelque langue d'escriture lisable à vn chacun, couurir vn sens secret là dessous; parquoy il est hors de tout soupçon, & par consequent le plus seur, & ingenieux de tous autres 280. &c.
Alphabets de plusieurs nations, en nombre de cinquante six 287. &c.

www.ingramcontent.com/pod-product-compliance
Lightning Source LLC
Chambersburg PA
CBHW050105230426
43664CB00010B/1450